제3판

공학도를 위한 경제와 경영학

김동옥 · 김성태 · 김영구 · 배진영 · 손정민
이도화 · 이상일 · 이성희 · 이중우 · 이광봉
장영일 · 장영재 · 채두병 · 홍완표

pnc
publishing and culture
피앤씨 미디어

제3판을 내면서

개정판이 출간된 지 5년이 지났다. 그 동안 저자들은 강의를 통해 개정판의 미비점을 보완할 필요성을 절감하던 중, 마침 출판사가 바뀜에 따라 제3판을 출간할 용기를 내 보았다.

제3판은 전반적으로 개정판의 내용 중 공학도들이 다소 이해하기 어려워하는 부분들을 이해하기 쉽게 풀어쓰고자 노력하였는데, 특히 이해의 용이성과 설명의 명확성을 높이기 위해 몇 가지 그림들을 추가하거나 보완하였다.

오늘날 공학도들이 갖추어야 할 소양으로서 전공 관련 지식 또는 기술적 실무 능력 못지않게 중요한 것이 경영·경제 마인드이다. 이제 기업의 최고경영자(CEO)라는 직책은 더 이상 인문 사회 전공자만을 위한 자리가 아니다. 이것은 대한민국 최고경영자들의 출신학과 분석에서도 확인된다. 한국의 어느 기업분석 전문업체가 발표한 자료에 따르면, 2013년 현재 대한민국 1,000대 상장기업 CEO 들의 대학 시절 전공을 살펴보니 그들 중 49.6%가 비이공계 출신, 45.3%가 이공계 출신으로 나타났으며, 해를 거듭할수록 이공계 출신 CEO가 늘어나는 경향이 뚜렷하다. 이공계 출신 CEO 비율은 2010년 43%, 2001년 43.9%, 2012년 44.4%에서 2013년 들어 45.3%까지 꾸준히 높아졌다. 이 추세면 향후 5~10년 내에는 이공계가 비이공계를 역전할 가능성이 높은 것으로 분석된다.

저자들은 공학도들이 이러한 시대적 변화에 부응하여 자신들의 꿈을 펼치기 위해 준비하는 과정에서 본서가 조금이나도 도움이 되기를 기대해 마지 않는다.

끝으로 본 3판의 전반적인 내용을 꼼꼼히 검토해 준 김주한 교수에게 감사드리며, 출판계의 환경 변화에 따라 어려운 여건임에도 불구하고 기꺼이 출판을 맡아주고 그에 따르는 여러 가지 수고로움을 아끼지 않은 피앤씨미디어의 박노일 대표님 이하 관계직원 여러분의 노고에도 감사드린다.

2014년 8월

저자 일동

개정판을 내면서

본서가 출간된 지도 어언 5년이 가까워 오고 있다. 그 동안 독자들이 보내준 관심과 호응에 감사드리면서 이에 조금이라도 보답하기 위해 개정판을 내어 놓게 되었다.

본 개정판은 초판의 기본 골격을 그대로 유지하면서 몇 가지 점에서 수정과 보완이 이루어졌는데, 그것은 다음과 같다.

첫째, 초판에서 나타난 활자상의 오류를 시정하는 동시에 각 장별로 내용이 부족했던 부분 내지 설명이 미흡했던 부분을 보충하였다.

둘째, 각 장의 마지막에 그 장의 주제와 관련된 연습문제들을 수록함으로써, 독자들이 해당 장의 내용을 얼마만큼 숙지하고 있는지를 스스로 알아보게 하고 나아가 피드백 학습을 통해 경제학 및 경영학의 기초 지식들을 자연스럽게 터득할 수 있도록 하였다.

셋째, 제Ⅴ부에서 제15장 경영전략을 새로이 써서 추가하였는데, 이 장은 손정민 교수가 집필하였다.

이번의 개정작업에도 불구하고 아직도 부족한 점이 많을 것이다. 저자들은 독자들의 아낌없는 지도편달을 기대하면서, 그것을 바탕으로 계속 보완해 나갈 것을 약속드린다.

2010년 2월

저자 일동

머 리 말

공학적인 문제에서 주로 취급하는 문제는 기술적인 측면이라고 생각되어 왔다. 그러나 공학적인 문제에서 반드시 고려해야 할 또 다른 중요한 요인이 바로 경영 및 경제적 측면이다.

실로 오늘날의 복잡다기한 산업사회생활을 영위하는 데 있어서 우리는 여러 가지 형태의 경영·경제적 문제에 부딪치게 되며, 공학도(工學徒) 또한 예외일 수 없다. 일례로 실제의 공학적 의사결정에 있어서는, 현실적으로 제시되는 여러 가지 대안들 중에서 가장 효율적이고 경제적 타당성이 가장 높은 최적의 대안을 선택할 수 있어야 하며, 이를 위해서는 모두 공학적 제안들을 비용과 성과라는 경제성을 중심으로 분석하는 능력이 필요하다. 마찬가지로 기업의 경영혁신이나 인적자원관리 등과 같이 산업현장에서 실제로 부딪히게 되는 여러 가지 문제들을 체계적으로 이해하고 해결할 수 있기 위해서는, 공학도 또한 경영의 마인드를 가져야 한다.

본서는 이러한 점에 초점을 맞추어, 공학도들에게 요구되는 기초적인 경제학 및 경영학을 소개하였다. 물론 경우에 따라서는 장별로 실무적이고 현실적인 내용을 가미함으로써 현장감과 실용성을 제고하도록 노력하였다.

본서는 모두 4부, 14장으로 구성되어 있으며, 13명의 교수가 장별로 세부전공에 맞추어 집필하였다. 제 I 부는 시장경제의 작동원리와 시장성과에 대해 설명하였는데, 제1장 및 제3장은 김성태 교수, 제2장은 채두병 교수가 집필하였다. 제 II 부는 기업의 생산과 마케팅활동에 대하여 서술하였다. 제4장은 장영재 교수, 제5장은 장영일 교수, 제6장은 김영구 교수가 집필하였다. 제III부는 인적자원관리와 협상에 대해 설명하고 있는데, 제7장은 이도화 교수, 제8장은 이상일 교수가 집필하였다. 제IV부는 기업의 운영과정에서 직면하게 되는 금융과 Financing에 대해 살펴보았다. 제9장은 홍완표 교수, 제10장은 이성희 교수, 제11장은 김동옥 교수, 제 12장은 이광봉 교수, 제13장은 배진영 교수가 각각 집필하였다. 제V부는 글로벌 시대의 경영환경과 경영전략을 소개하였는데, 이중우 교수가 집필하였다.

본서가 기획되고 출판되기에는 공학교육인증제에 힘입은 바가 컸다. 저자들은 인제대학교의 공과대학에 개설되어 있는 경영·경제학 강의를 하면서, 공학도들이 경제와 경영에 관해 꼭 알아야 할 내용들을 수록하면서도 쉽게 이해할 수 있게 설명하고 있는 교재의 필요성을 절감하였고, 이에 따라 그 동안의 강의 경험을 토대로 본서를 기획, 출판하게 되었다.

저자들 나름대로는 충실한 내용이 되도록 노력했으나, 출판기일의 촉박함으로 인해 장과 장 사이의 연결 등 미흡한 점이 많을 것으로 생각된다. 향후 개정판을 통해 보다 충실한 내용이 될 수 있도록 노력할 것을 약속드리면서, 독자들의 기탄없는 비판과 조언을 바라마지 않는다.

끝으로 본서의 출판에 적극적인 지원을 아끼지 않은 인제대학교 공과대학 및 도서출판 대명의 관계자 여러분들께 감사를 드린다.

2005년 8월
神魚山 자락에서
저자 일동

차 례

제 1 부

시장경제의 이해

1 부에서는 먼저 경제를 보는 안목을 가질 수 있도록 경제학의 10대 기본원리들을 소개한다. 그리고 수요와 공급의 개념, 시장가격의 결정 등이 설명되며, 나아가 거시총량변수의 하나인 국민소득의 여러 가지 개념들을 정리하면서 균형국민소득이 어떻게 결정되는지를 살펴본다. 마지막으로 시장에서의 경제적 성과를 살펴본다. 시장은 완전경쟁시장, 독점시장, 과점시장, 독점적 경쟁시장으로 크게 넷으로 나누어진다. 하지만 여기서는 가장 바람직한 성과를 낳는 이상적 완전경쟁시장 모델로서의 경쟁시장, 그리고 불완전경쟁시장의 전형이라고 보는 독점시장의 시장성과들을 살펴본다. 한편 시장실패의 한 주요 원인인 외부효과의 예로 환경오염의 문제를 소개한다.

제 1 장

경제학의 기본원리

제1절 경제학이란?

경제(Economy)란 원래 '집안 살림하는 것'이란 의미의 그리스어에서 나왔다고 한다. 가정 살림살이와 경제와는 많은 공통점이 있는 것이다. 한 가구는 각 식구들의 능력, 노력, 희망에 따라 제한된 자원을 식구들에게 분배한다. 누가 식사 준비를 하고 빨래를 하며 또 청소를 할 것인지 그리고 그 대가로는 누가 무엇을 받아야 하는 지를 결정해야 한다. 한편 또 그러한 활동에 필요한 예산은 누가 어떠한 일을 해서 수입원으로 벌어야 할 것인지도 결정해야 한다. 사회는 그렇게 작든 크든, 기업이든 가계든 또는 국가이든 자원을 배분하고, 일을 해서 생산하고 또 그 산출물을 분배하여 소비하는 것이다. 이와 같이 어떤 수준의, 어떤 종류의 사회이든 자원을 관리하는 것은 매우 중요한 일이다. 왜 그럴까? 그 이유는 자명(自明)하다. 필요로 하는 자원이 유한(有限)하기 때문이다. 만일 우리들이 필요로 하는 자원이 공기처럼 무한(無限)하다면 그 자원관리가 아무 중요성이 없을 것이다. 이 자원의 유한성(有限性)을 경제학에서는 희소성(稀少性:Scarcity)의 원칙이라 일컫는다. 경제학(Economics)이란 바로 이 자원의 희소성에 연유하여 사회가 희소한 자원을 어떻게 효율적으로 배분하여 생산하고, 또 그 대가로 어떻게 소득을 분배하여 소비하는 것인가에 관하여 연구하는 학문이다.

많은 사회에서는 자원배분(Resources Allocation)이 어떤 계획당국자에 의해서가 아니라 수없이 많은 가계와 기업 간의 경제행위들에 의해 이루어진다. 이처럼 사람들이 어떻게 의사결정 하는가를 연구하는 학문이 바로 경제학인 것이다. 즉 얼마나 일하고 무엇을 구입하고, 얼마나 저축하고 또 그 저축을 어떻게 투자하는가 등과 같은 사람들의 의사결정 과정을 연구하는 학문인 것이다. 사람들이 서로 어떻게 상호작용하여, 그 거래대상인 어떤 재화와 서비스(Service: 용역)의

거래수량과 가격을 결정하게 되는지도 분석한다. 그리고 국민들의 평균소득의 성장, 실업률의 추이, 물가상승률 등과 같이 한 나라 경제 전체의 거시경제 변수와 그 추세 등도 경제학의 연구대상이 되는 것이다. 경제학에는 여러 분야가 있지만 몇 가지 기본원리들을 공유하고 있다. 이 장에서는 경제학의 10대 기본원리를 먼저 소개한다. 왜냐하면 이 10대 기본원리는 경제학이 어떤 학문인지 개괄적으로 충분히 독자들에게 인식시킬 수 있기 때문이다. 그리고 또한 우리들 실생활에서, 경제학의 제반 원리 원칙들이 구체적으로 어떻게 하나하나 적용되고 있는 가를 독자들이 사실적으로 느낄 수 있게도 하기 때문이다. 다음으로는 제3장에서 시장을 완전경쟁시장과 불완전경쟁시장으로 나누어 시장을 읽는 안목을 소개한다. 경제는, 시장에서 자유경쟁의 조건하에서 효율적으로 자원 배분이 이루어져 재화와 서비스가 생산되고 소비되는 것이 가장 바람직하겠지만 또한 그렇지 못한 경우도 있게 된다. 이런 시장실패(Market Failure)가 외부효과(Externalities)로부터 야기될 때에는 정부가 시장에 개입하여, 환경정책으로 이러한 외부효과를 교정시켜야만할 경우도 있게 된다. 이런 환경정책의 개념은 오늘날 자유 시장경제를 추구하는 대부분의 국가에서, 아주 중요한 정부역할의 시장간여 범위로 인식되는 만큼 그 소개를 함께 간략히 하기로 한다.

제2절 10대 기본원리

경제학의 10대 기본원리는 크게 세부분으로 나뉘어 진다. 첫째는 개별 경제주체들이 각각 어떻게 의사결정을 하는가에 관한 부분이고, 둘째는 그들 개별 경제주체들이 서로 서로 어떻게 상호 영향을 미쳐 작용을 하고 있는가에 관한 부분이고, 셋째로는 이 개별적인 경제주체들의 의사결정과 상호작용이 모두 모여 하나가 될 때 그 한 나라의 총체적인 나라경제는 어떻게 되는가에 관한 부분이다. 첫째 부분과 둘째 부분은 주로 미시경제학이 다루는 영역이라 볼 수 있겠고, 셋째 부분은 거시경제학이 그 연구 및 설명 대상으로 삼는다고 얘기할 수 있겠다.

2.1 경제주체들은 어떻게 개별적으로 의사결정 하는가?

경제주체란 개인이나 기업 또는 가계 등을 말하며, 독립적인 경제행위를 의사결정 하는 주체자란 의미이다. 이 개별적 의사결정이 독립적이긴 하지만 사실상에 있어서는 서로서로 영향을 끼치고 있어서, 상호 작용을 하고 있으며 또한 상호의존적인 면도 부인하지는 못한다. 하지만 어떻든 의사 결정하는 주체자는 외부의 어떠한 간섭도 받지 않고 독립적으로 자신의 이익을 추구하여 자유롭고도 공징하게 경세행위를 할 수 있다는 것이 바로 자유경쟁시장의 근본인 것이다. 여기서 개별 경제 주체자들의 의사결정에 관련된 네 가지 기본원리를 살펴보면 다음과 같다.

1) 기본원리 1 : 경제행위는 선택이며, 대가 없는 선택이란 없다.

이 첫 번째 기본원리는 어떻게 보면 당연한 얘기인 듯하기도 하다. 그렇지만, 이를 인식하는 사람은 올바른 경제 주체자(Economic Entity)가 될 수 있고, 이를 인식하지 못하는 사람은 결코 올바른 경제 주체자가 되지는 못한다. 그런데 따지고 보면 우리들 삶이란 언제나 순간순간 선택의 연속인 것이며 또한 선택하지 않는 순간은 단 한번도 존재하지 않는다. 왜냐하면 최소한 어떤 일을 하든지 간에, 이 어떤 일은 언제나 그 어떤 일을 할 것인가 말 것인가 둘 중에서 하나를 선택하는 것이며, 나아가 가지를 치고 계속 분파하면 결국 여러 선택 중에서 한 가지를 취하는 것이 우리 인생인 것이다. 우리들의 기본원리1은, 결국 인생이 이런 선택의 순간순간 연속인 한에는, 삶의 단 한순간도 경제행위가 아닌 것은 없다고까지 말할 수 있게 하는 원리인 것이다. 하지만 우리들은 매순간 그렇게 숨가쁘게 항상 긴장하면서, 경제행위를 한다고 판단하면서 살지는 않는다. 왜냐하면 마치 쓸만한 공기나 물이 그 수요량보다 훨씬 흔한 이상에는, 그 공기나 물 마시는데 아무런 대가를 지불하지 않듯이, 그 선택의 대가가 전혀 비용을 수반하지 않는다고 판단할 때는 우리들은 그 선택을 의식하지 않기 때문인 것이다. 우리들의 생각과 말과 행동이 모두 경제행위가 아닌 것이 없겠지만, 단지 그 생각과 말과 행동이 수요를 창출하는 쓸만한 것이 아니기 때문에 (따라서 비용을 수반하지 않는 행위가 되어) 경제행위가 되지를 못하고 있을 뿐인 것이다.

이제 좀 더 구체적인 사물의 세계를 들어 얘기하자. 보통의 한 가구의 수입은 대략 년간 몇 백 만원이든지 또는 몇 천 만원이든지 정해진다. 그런데 어떤 집은 먹는 데에는 조금의 아낌없이 철저히 잘해 먹고 또 식도락을 즐기기도 하면서 산다. 하지만 어떤 집은 가장(家長)의 성향에 따라서 먹는 것보다는 문화적 또는 예술적인 취미 생활에 보다 많은 돈을 쓰는 가정도 있다. 각 가정은 그들의 선호 경향에 따라 먹는 것에 우선을 두는 집이 있는가 하면 또 문화적 취미 생활에 우선을 두는 집이 있을 것이다. 이러한 선택은 경제주체자의 자유의사 결정 권한이라고 말할 수 있겠다. 중요한 것은 그러한 선택이 올바른 경제 행위가 되기 위해서는, 개인이나 가계나 기업은 항상 그 선택에는 대가가 있다는 사실을 인식하고 있어야만 한다는 사실이다. "이 세상에는 공짜 점심은 없다"는 속담을 인지하고 있어야만 한다는 것이다.

2) 기본원리 2 : 선택의 대가는 바로 기회비용(Opportunity Cost)이다.

앞서 기본원리1은 우리들의 경제행위는 바로 선택이며 그 선택은 언제나 대가를 수반하고 있다는 사실을 인식하자는 것이었다. 두 번째 기본원리2는 그 선택 대가의 값어치는 무엇인가 하는 얘기이다. 우리들은 여러 대안들(Alternatives)중에서 한 가지를 선택해야만 하는 것인데, 어떻게 결정하는가 하면, 가장 이익이 많이 나는 경제행위를 선택한다는 것이다. 이 이익은 이득(Benefit)에서 비용(Cost)을 제하면 된다. 그런데 먼저 이 비용(Cost)이 무엇인가 하면, 바로 그 어떤 경제 행위 선택 대가의 값어치란 것이다. 이 비용 개념을 정확히 이해하고 있어야만 올바른 판단의 선택을 할 수 있다는 말이다. 이 기회비용의 개념은 일반적인 회계학적 비용의 개념과는 사뭇 다르기 때문에 많은 경우, 많은 경제 주체자들이 그들의 의사결정에 큰 실수를 범하는 주요 원인이 되고 있는 것도 사실이다.

예를 들면 한 고등학교 졸업생이 대학진학을 앞둔 의사결정을 고려해 보자. 대학진학의 이득은 지적 성장과 평생 동안의 좋은 직업을 가질 수 있는 가능성일 것이다. 그러나 그 대학진학에 대한 대가는 즉 비용은 얼마나 될까? 등록금, 책값, 하숙비, 식비 등과 같은 현금비용이 대체적으로 생각될 것이다. 하지만 이 비용들이 대학진학의 진정한 비용들일까? 아닌 것 같다. 대학진학을 하지 않더라도 어디선가에서 숙식은 해결해야만 할 것이다. 그렇다면 식비나 하숙비의 상당부분은 사실상 비용이 아닌 것이다. 물론 등록금이나 책값 등의 현금비용은 상당부분 기회비용에 해당한다. 왜냐하면 그런 비용의 대부분은 대학진학을 하지 않는다면 다른 곳에 쓸 수 있는 비용이기 때문이다. 그러면 무엇이 가장 중요한 대학진학의 비용이 되는 것일까? 그 가장 큰 비용은, 바로 그 대학진학에 따르는 시간의 다른 기회 운용에서 벌어들일 수 있는 최대 이득(Benefit)이 바로 이 대학진학의 중요 비용이 되는 것이다. 가장 나은 다른 대안에서 얻을 수 있는 이득(Foregone benefits from the best alternative use)이 곧 바로 이 선택, 대학진학의 기회비용인 것이다. 즉 대학에 다니면서 쓰는 그 시간 동안, 가능하다면 돈을 벌 수 있는 잠재적 임금소득이 대학진학의 가장 큰 비용이 되는 셈이다. 기회비용(Opportunity Cost)이란, 어떤 선택을 위해서 포기했던 여러 선택들 중에서 가장 나은 대안으로부터 얻을 수 있는 이득(Benefit)인 것이다. 이 대학진학의 예와 같이 어떤 의사결정을 할 때에는 모든 가능한 선택에 대한 기회비용을 정확하게 아는 것이 필수적이다. 그래야만 연이어 올바른 이익(=이득-비용: 이 비용은 언제나 기회비용 즉 경제적 비용(Economic Cost)이 되어야만 한다.)을 계산하여 가장 높은 이익을 낳는 의사결정을 할 수 있게 되는 것이다. 그래서 어떤 운동선수들은 대학에 진학하기 보다는 곧바로 프로에 진출하는 결정을 하여 그 기회비용을 최소화해서 대학진학을 포기하는 것이다.

3) 기본원리 3 : 합리적 판단은 항상 한계적으로 내려진다.

이 세 번째 기본원리는 우리들의 의사결정이 모두 한계적으로(Marginally) 판단되어 이루어짐을 지적하는 것이다. 개별 경제주체는 어떤 경제행위를 선택하든 그 한계적 변화(Marginal Changes)가 큰 것이든 작은 것이든, 다시 말하면 어떤 큰 사업을 착수할 것인지 말 것인지 하는 큰 의사결정의 대상이 될 수도 있고 또는 작은 수준의 것으로서, 예하면 오늘 하루의 생산량을 하나 더 할 것인지 말 것인지 하는 것과 같은 의사결정을 할 때에도 언제나 한계적으로 합리적 판단을 한다는 사실이다. 물론 그 합리적 판단은, 한계이익(=한계이득-한계비용)을 계산하여 한계이익이 가장 큰 선택을 할 것은 자명하다. 이 때 한계비용은 앞서의 그 선택의 대가, 기회비용이 될 것이고 한계이득은 그 추가적인 경제행위가 가져다주는 이득이 되는 것이다. 만일 한 기업의 총수가 어떤 사업을 벌일 것인가를 의사결정 할 때라면, 그는 이 사업을 벌여서 앞으로 얻게 되는 총 이득의 흐름을 현재가치화해서 한계이득으로 계산할 것이고 또 이 사업을 벌여서 부담하는 온갖 기회비용을 모두 계산하여 한계비용으로 삼는 것이다. 그리고는 이

사업의 한계이익이 즉 한계이득에서 한계비용을 제하고도, 상당하고도 충분한 액수가 한계이익이 됨을 확신할 때 이 기업의 총수는 이 사업을 착수하기로 합리적으로 판단한다는 것이다. 예를 하나 더 들어보면, 어떤 택시운전기사가 부산에서 손님을 태우고 가까운 인접도시인 김해에 한 밤 중에 데려다 주었다. 그리고는 이제 다시 부산으로 돌아가야만 한다. 물론 한 밤 중이라서 돌아가는 길에 손님이 있을 리는 만무하다. 그런데 부산을 향해서 조금 가는 둥 마는 둥 했을 때 한 사람이 손을 들고 부산 입구까지만 태워주면 기본요금도 안 되는 1,500원을 주겠다고 한다. 이 택시운전기사는 어떻게 합리적 판단을 과연 하게 될까? 기본요금도 안 되는 1,500원 받고는 못 태워 주겠다고 할까?

아니다. 그는 합리적으로 판단할 줄 안다. 그 한 밤 중 시간에 이 사람을 태우는 것 말고 다른 어떤 손님을 태울 기회가 있는 것은 아니다. 그래서 다른 대안에서 얻을 수 있는 이득은 아무 것도 없다. 그냥 부산으로 손님 없이 돌아가는 것만이 대안일 뿐이다. 그렇다면 이 사람이라도 태우는 기회비용 즉 경제적 비용은 제로(0)가 되는 셈이다. 그런데 이 손님은 기본요금도 안 되는 돈이지만 1,500원은 내겠다고 하지 않는가? 이 손님이라도 태우고 가는 경제행위는 한계이득(1,500원)-한계비용(0)=한계이익(1,500원)은 낳는 셈인 것이다. 여기서 부산까지 돌아가는데 들어가는 휘발유 비용은 기회비용이 되지는 못한다. 왜냐하면 그 운전기사는 어차피 돌아가야만 하기 때문이다.

4) 기본원리 4 : 경제주체는 경제적 유인에 반응한다.

이 네 번째 기본원리는, 앞서의 그 합리적 판단을 위한 한계이득과 한계비용을 변화시키는 어떤 경제적 유인이 있으면 당연히 경제주체들은 그들의 의사결정으로 반응한다는 얘기인 것이다. 우리들은 인센티브(Incentive)라는 말을 즐겨 사용한다. 대부분 이 말을 쓸 때, 그 뜻은 어떤 경제적 동기유발을 준다는 의미로 받아들인다. 아마도 더 많은 경제적 이득을 주어, 더 분발하여 열심히 일하게 하는 수단 정도로 많은 사람들은 이해하고 있는 듯하다. 그런데 여기서 경제적 유인(Economic Incentive)이라고 하면 비단 경제적 이득을 올리는 것 뿐 만 아니라, 경제적 비용을 올리는 모든 수단과 정책들을 다 얘기하고 있다고 하겠다. 결국 경제 주체자들의 한계적 합리적 판단에 영향을 끼치는 한계이득이나 한계비용을 변화시키는 모든 유인들은 다 해당이 된다고 하겠다. 예를 들면 우리나라의 휘발유 값은 그 많은 부분이 세금인데, 이렇게 해서라도 휘발유의 가격을 올려 놓아야만 사람들이 에너지 소비 절감에 노력을 할 것이기 때문이다. 한편 미국의 휘발유 가격은 유럽의 여러 나라에 비하여 그 가격이 꽤 싼 편인데, 그러다보니 미국 사람들은 큰 차를 많이 타고 다니고 유럽 사람들은 작은 승용차를 훨씬 선호하는 것이다.

2.2 경제주체들은 어떻게 서로 상호 작용하는가?

앞서 살펴본 네 가지 기본원리는 경제주체들이 스스로 어떻게 의사결정 하는가를 보여준다.

이제 우리들은 이 경제 주체들이 서로서로 어떻게 영향을 주고받으며 상호작용 하는지를 알아본다.

1) 기본원리 5 : 자유롭고도 공정한 거래는 거래당사자 쌍방 모두를 이롭게 한다.

이 다섯 번째의 원리는 거래(去來)자체의 속성에서 이미 그 의미가 함축되어 있다고 우리는 말할 수 있겠나. 거래당사자는 쌍방 각각 합리적 판단을 하면서 서로 교환을 한다. 사는 사람은 어떤 재화나 용역을 구입할 때, 그 구입이라는 경제행위가 낳는 한계이득이 그 한계비용을 초과할 때만 한계이익을 얻게 된다고 판단하여 구입하게 되는 것이다. 이때 이 구매자의 한계이득은 한계지불의사(Marginal Willingness to Pay)로서 얼마만큼은 기꺼이 지불하려고 하는 값어치라고 말할 수 있을 것이다. 그리고 한계비용은 그 구입에 따른 실제 지불 대금이 된다. 한편 판매자의 입장에서는 이 실제 지불대금이 곧바로 자신의 한계이득이 되고, 판매자의 한계비용이란 그 재화나 용역의 한계생산비가 될 것이다. 어떤 재화나 용역을 대상으로 거래가 성립한다는 것은, 따라서 구입자의 한계지불의사가 그 당해제품의 한계생산비보다 크게 되어 있다는 것이고, 또 그 거래가 성립되었다는 사실은 이 두 가치 사이의 갭(Gap 간격) 어딘가에서 그 거래 가격의 협상(Bargain)이 달성 되었다는 것이다. 결국에는 구입자도 한계이익을 보게 되어 win(윈)하게 되었고, 판매자도 한계이익을 얻게 되어 win(윈)하게 되었다는 사실이다. 쌍방 모두가 win(윈)win(윈)하게 되는 것이 바로 거래인 것이다. 따라서 거래는 많으면 많을수록 더욱더 그 사회에 더 많은 한계이익을 낳게 하여 소득을 창출하게 되는 것이다. 단지, 이런 거래의 효율성은, 거래의 자유롭고도 공정한 관계에서만 보장되어 진다는 점을 꼭 유의해야만 하겠다. 사기나 협박, 공갈 등에 의한 거래는 결코 구매자의 한계지불의사를 올바르게 드러나도록 할 수 없는 것으로서, 거래라고 인정할 수 없는 것이다.

2) 기본원리 6 : 일반적으로 시장이 경제활동 조직의 좋은 수단이다.

지난 20세기 역사적 변화 중에서 가장 중요한 사건 하나는 1980년대의 소련과 동유럽 공산주의 체제의 붕괴라고들 한다. 그런데 이 공산주의 국가들의 체제붕괴는 미국이나 서유럽 제국의 미사일이나 폭격에 의한 전복이 아니었다. 경제학자들은 이 역사적 사실이 바로 시장경제(Market Economy)의 절대우수성을 그대로 현실로 드러낸 사건이라고 믿고 있다. 공산주의 계획경제는 오직 정부만이 국가전체의 경제적 후생을 최고로 잘 증진시킬 수 있다는 논리에 근거하였다. 중앙의 계획담당자들은 어떤 재화와 용역을 누구가 얼마나 생산하고 또 누구가 얼마나 소비해야 하는가를 모두 결정하였다. 그들의 눈에는 시장경제의 독립적이고도 분산적인 모든 경제주체들의 의사결정체제란 도무지 혼란일 뿐이지 전체 국가의 경제나 국민들의 복지향상과는 전혀 거리가 먼 것으로 보였다. 그러나 실제에 있어서 역사적 사실은 그러한 논리와 사고가 전혀 먹혀 들어갈 수가 없었음을 보여줄 뿐이었다. 앞서 언급한 공정하고도 자유로운 거래가 이루어질 수 있는 시장만이 대부분의 경우 가장 효율적인 소득과 부(富), 그리고 복리증진의 최선의 수단이 될 수 있는 게 현실인 셈이다.

언뜻 보아 시장경제의 우월성이 잘 이해되지 않을 수도 있다. 시장경제에서는 사회 전체의 경제적 후생을 책임지는 사람이 없기 때문이다. 시장경제에서는 수많은 공급자와 수요자가 각각 자기들 이익만을 추구하여 경제활동을 할 뿐이다. 그러나 이와 같이 의사결정 과정이 분산되어 있고, 각 경제주체들이 자기들의 이익만을 도모할 뿐인데도 사회 전체적으로는 전혀 개별 경제주체들은 의도하지 않았을 국부(國富)를 창출할 수 있는 까닭은 무엇일까? 1776년 국부론(國富論, An Inquiry into the Nature and Causes of the Wealth of Nations)을 저술한 아담 스미스(Adam Smith)는 다음과 같은 중요한 발견을 하였다. 시장의 '보이지 않는 손(Invisible Hand)'에 의해서 수없이 많은 가계와 기업들은 서로서로 각자의 이익을 추구하는 상호작용을 통해서 의도하지 않았던 바람직한 시장성과를 이루어

내게 된다는 것이다. 경제학에서는 오늘날 이 '보이지 않는 손'이란 바로 자유경쟁시장에서의 가격의 역할이라는 사실을 밝혀내었다. 그리고 이 가격의 자동조절기능이야말로 자본주의 시장경제의 핵심역동이라는 것도 이해하고 있다. 오늘날 북한을 비롯한 특수한 경제를 제외하고는 이 지구상 대부분의 나라에서는 이제 시장경제제도를 채택하고 있다. 중국은 자기들 방식대로의 '중국식 사회주의 시장경제'라고 칭하고 있다. 하지만 중국 정부 당사자들도 이제 시장에서의 자유거래에 의한 자원배분 방식이, 과거 중앙집권식 계획경제에 의한 배급제도보다 훨씬 우월한 시장성과를 낳는다는 사실을 잘 이해하고 있다. 과거 공산주의 국가에서는 가격이 시장에서 결정되지 않고 중앙정부의 계획담당자들에 의해서 결정되었다. 이 계획담당자들은 그 시장에서의 가격이 반영해 주어야만 할, 수없이 많은 정보들을 가지고 있을 수가 없었다. 그 개별적이고도 특수한 현장마다의 정보와 지식을 그들은 놓칠 수 밖에 없는 것이었다. 시장에서의 이 '보이지 않는 손'의 기능이란 바로 그런 총체적이고도 통괄적인 정보통합기능이라고도 일컬을 수 있겠다.

3) 기본원리 7 : 어떤 경우에는 정부가 개입하여 시장성과를 향상시켜야만 할 때도 있다.

시장에서의 '보이지 않는 손'의 기능이란, 그토록 중요한 역할을 자본주의 자유경쟁시장체제에서 충분히 해낼 수 있도록, 한편으로 또한 보장받지 않으면 안 된다. 우선, 공정하고도 자유로운 거래가 이루어질 수 있도록 질서, 관행, 법제도 등이 적절히 운용되고 또한 유지되어야만 하겠다. 그리고 이런 거래에서 생기는 이익 등을 축적하여 얻어지는 사유재산권 또한 보장되지 않으면 안 될 것이다. 이런 제반 여건 조성과 질서유지를 정부는 적극적으로 나서서 보장하지 않으면 안 될 것이다. 하지만 여기 기본원리 7에서 말하고자 하는 정부개입의 경우는 이런 기초적인 정부의 질서유지의무 등을 언급하는 것은 아니다. 여기서 시장성과를 향상시켜야만 할 경우라는 것은, 시장이 어떤 경우에는 제대로 작동을 하지 못하여 그 효율성이나 공평성의 달성에 큰 장애를 드러낼 때를 말하는 것이다. 이를 우리는 시장실패(Market Failure)라고 말한다. 이 시장실패의 원인에는 크게 두 가지가 있다. 첫째의 것은 보통 우리들이 외부효과(Externality)라고 얘기하는 것으로서, 거래당사자가 아닌 제삼자의 경제적 후생이 어떤 사람의 행위에 의하여 영향을 받는 경우이다. 부정적인 비경제적 외부효과로는 환경오염의 외부효과가 그 대표적 사례가 되겠다. 이럴 경우 정부는 환경규제를 통해서, 환경세를 부과하는 방법 등으로 사회의 경제적 후생을 증진시킬 수 있는 것이다. 한편으로 긍정적인 경제적 효과로는 새로운 발명이나 지식의 발견 등이 좋은 예가 될 것이다. 어느 과학자의 중요한 발명은 그 외 다른 수많은 사람들에게 가치 있는 자원을 제공하는 셈인 것이다. 이럴 경우는, 시장에서 그런 충분한 보상 진작 기능을 하지 못하기 때문에, 정부는 나서서 지원금을 통하여 그런 연구 활동을 장려하여 경제적 후생을 증진시킬 수 있는 것이다.

시장실패 원인의 두번째 것으로서는 시장지배력(Market Power)에 연유한 독점(Monopoly) 또는 과점(Oligopoly)의 문제이다. 이 독과점의 시장에서는 한 사람 혹은 소수의 사람들이 시장가격 형성에 대해 임의로 영향을 미칠 수 있어, 시장성과를 왜곡시켜 그 자원배분의 효율성을 이루지 못하게 되는 것이다. 시장에서의 효율성의 달성은 어떤 재화나 용역을 두고 그 수요자들의 한계효용(또는 한계이득)이 그 공급자들의 한계(생산)비용과 일치하는 곳에서 시장가격이 형성되어 자원배분이 될 때 가장 많은 잉여(Surplus)를 낳게 되어 효율성의 극대를 이루게 된다. 하지만 공급 독점의 시장에서는, 이런 수요와 공급의 균형이 낳는 경쟁가격을 형성하지 않고 독점가격을 생성하여 경제적 순손실을 안겨주게 되는 것이다. 정부는 이런 "시장지배력"(Market Power)이 문제가 되는 곳에는 적극적으로 개입하여 적절한 정부정책을 통해서 경제적 효율성은 향상시켜야만 하는 것이다.

한편으로 이상의 이런 시장실패가 없다손 치더라도, 시장의 보이지 않는 손은 경제적 풍요가 공정하게 분배되도록 하지는 못할 수도 있다. 물론 무엇이 공정한 것이고 어떻게 하는 것이 공평한 것인 줄에 관해서는, 가치판단이 개재되는 것이기 때문에 효율성의 입장에서만 얘기할 수는 없을 것이다. 하지만 약간의 효율성이 희생되고 공평성이 훨씬 개선된다면, 그래서 전체적인 한 시장경제의 성과가 향상되는 것이라면, 정부는 당연히 개입하여 정부정책을 실시치 않을 수는 없는 것이다. 아무런 최소한의 정부간여가 없는 시장경제는, 모든 사람이 좋은 음식과 좋은 옷, 충분한 의료 혜택을 누리도록 보장하지는 못하는 것이다. 소득세 및 사회보장제도 등의 많은 정부정책들이 바로 경제적 후생을 보다 공평하게 누리도록 하기 위한 제도적 장치인 셈이다.

2.3 나라 경제는 어떻게 작동하게 되는가?

앞서 우리는 개별경제주체들이 어떻게 의사결정하고 또 그들이 서로 어떻게 상호작용하는지 이해하였다. 이제 이런 개별적인 의사결정과 상호작용이 모두 모여 한 나라경제를 이룰 때 결국 어떻게 나타나는가를 살펴보자. 다음의 세 가지 기본원리들이 그것이다.

1) 기본원리 8 : 한 나라의 생산능력이 그 나라의 생활수준을 결정한다.

우리는 요즘 일인당 국민소득 2만불 시대를 신속히 달성하고자 하는 얘기를 종종 듣는다. 물론 한국통화(원화)의 미국달러 대비 평가절상이 요즘 같은 속도로 빨리 상승한다면, 그 달성기간도 얼마 남지는 않을 것 같다. 하지만 이런 환율로 인한, 평균소득이 2만불이 되는 것 자체보다는 그 의미가 담고 있는, '선진국 생활수준 달성을 신속히 이루어 내자'라는 것이 우리들의 진정한 목표인 것 같다. 그 선진국 생활수준이란 다름 아닌 삶의 질의 보다 나은 향상된 수준인 셈이다. 요즘들어 부쩍 Well-being이란 단어를 여러 곳에서 많이 쓰는 것 같은데, 다 이런 류의 생활수준 향상노력의 일환이 아닌가 싶다. 그런데 이 평균소득 수준으로써, 수치적으로 표시할 수도 있는 생활수준은 과연 어디서부터 결정되는 것일까? 경제학자들은 국가간 국민생활수준의 차이는, 거의 모든 경우, 국가간 생산성(Productivity)의 차이에서 기인한다고 보고 있다. 한 사람이 단위시간당 일해서 만들어낼 수 있는 재화와 서비스의 양의 차이에 기인한다고 보는 것이다. 단위시간당 근로자가 생산해 낼 수 있는 재화와 서비스의 양이 많은 나라에서는 국민들이 대부분 높은 생활수준을 누리고, 근로자의 생산성이 낮은 나라의 국민들은 궁핍한 생활을 영위하는 것이다. 그런데 이 단위시간당 평균적 근로자들이 얼마나 많은 양의 재화와 서비스를 생산해 낼 수 있는 가는, 즉 이 생산성은 여러 요인들에 바탕을 둔다고 우리는 생각할 수 있겠다. 우선 그 나라의 부존자원은 어떤 종류의 얼마만큼인가 하는 것이 있겠고, 근로자들의 교육정도는 어떻고, 기술수준은 어느 정도이며, 자본장비는 어떤 수준의 것으로 장착되고 있는가, 그리고 나아가서는 그 나라의 사회간접자본으로서 도로, 교통, 항만, 통신 등은 어느 정도인가 하는 것들이 큰 요인이 될 것으로 보인다. 그러므로 이 한 나라의 생산능력은 정부정책과도 큰 관련이 있다고 보아야만 하겠다.

2) 기본원리 9 : 통화량의 지나친 증발은 물가를 상승시킨다.

예나 지금이나 물가수준의 전반적인 상승현상인 인플레이션(Inflation)은, 어느 정부에서나 항상 경계하는 제일의 공적(公敵)이라고 말할 수 있겠다. 인플레이션이 장기화되어 있는 경제에서는 자연히 고정적 봉급 근로자보다는 부동산 등의 재테크에 능한 사람이 훨씬 더 잘 살게 마련이다. 그래서 항상 정부는 매년 물가상승률을 2~3%의 낮은 률로 필히 유지할 것이라고 천명하기도 하는 것이다. 그렇다면 무엇이 인플레이션을 일으키는 주원인이 되는 것일까? 물가상승의 근저에는 언제나 통화량의 증가라는 원인이 깔려 있다. 정부가 통화량을 크게 늘리면 화폐가치가 떨어질 수밖에 없고 그래서 모든 가격이 덩달아 오를 수밖에 없는 것이다. 물론 오늘날 통화량수축 및 증발의 수단으로는 중앙은행의 이자율 조절정책이 그 핵심근간을 이룬다. 하지만 낮은 지급준비율이나 우대금리율 등도 결국 직접적으로는 통화량증발로 나타나서 물가를 상승시키게 되는 것이다.

3) 기본원리 10 : 단기적으로 실업과 인플레이션은 상충관계이다.

정부가 통화량증발을 통해서 물가를 상승하게 내버려두면, 적어도 단기적으로는 실업률이 떨어진다. 이 같은 실업과 인플레이션과의 단기상충관계를 처음 관찰한 경제학자는 필립스(Phillips)이다. 그래서 이 실업률과 인플레이션률의 상충관계를 보여주는 곡선을 필립스곡선(Phillips Curve)라고 부른다. 대부분의 경제학자들은 단기적으로는 이 두 지표 사이에 상충관계가 존재한다는 점에 동의하고 있다. 1~2년 정도의 단기간에는, 따라서 정부의 정책담당자들은 이 단기 상충관계를 유용하게 활용하여, 경제정책이 인플레이션과 실업을 서로 반대방향으로 움직이게 하는 효과가 있는 단기적인 효과를 추구할 수도 있을 것이라는 말이다. 정부지출이나 조세규모 등의 재정정책 또는 통화량조절 등의 금융정책을 활용하여, 이 인플레이션과 실업을 단기적으로는 선택적으로 조절할 수도 있다는 얘기이다. 하지만 정부의 이런 정책수단들은 장기적 경제성장에 미치는 잠재적인 효과도 매우 강하기 때문에, 정부가 이런 정책수단을 어떻게 사용해야 하는지 문제를 두고서는 많은 논쟁을 일으키기도 한다.

이상 우리들은 경제학의 10대 기본원리에 관하여 알게 되었다. 경제학이란, 다양한 분야에서 여러 문제들을 다루는 학문이지만, 기본적으로는 위에서 배운 기본원리 등의 몇 가지 기초지식에 근거한다고 말할 수 있겠다. 경제학은 크게 미시경제학과 거시경제학의 두 가지로 나누어 볼 수 있다. 미시경제학은 각 개별경제주체에 초점을 맞춰, 규모가 크든 작든 관계없이, 경제행위를 분석 예측하는 분야이다. 반면 거시경제학은 1930년대 대공황을 거치면서, 케인즈(Keynes)에 의하여 성립되었다고 볼 수 있는데, 그 초점이 개별경제주체이기 보다는 거시경제변수(물가, 고용, … 등)들간의 제관계라고 말할 수 있다

연 습 문 제

1. 사람들의 의사결정에 관한 네 가지 경제원리를 간략히 언급하고 설명하라.

2. 사람들 그리고 또는 기업들을 포함한 경제주체들간의 상호작용에 관한 세 가지 경제원리를 간략히 언급하고 설명하라.

3. 한 나라경제의 운용 및 그 총체적 활동에 관한 세 가지 경제원리를 간략히 언급하고 설명하라.

4. 어떤 고등학생이 요리에 관하여 취미가 있어서 평소 요리에 관하여 많은 공부를 스스로 하여 아주 훌륭한 기술적 솜씨를 가지게 되었다고 하자. 이 학생이 졸업할 시즌에 이르러 대학진학을 선택하여야만 할 때가 되었다. 이 학생의 입장에 서서 그 기회비용을 염두에 두면서 어떻게 의사결정을 해야만 할지를 검토하여 보아라.

5. 한국 정부는 2010년부터 모든 중산층 이하 가계의 대학생들은 정부로부터 학자금을 융자받을 수 있게 조치하였다. 그리고 그 상환도 졸업후 취업을 하고난 뒤부터 평생동안 일정부분씩 갚아나갈 수 있게 한다고 그런다. 여기 전형적 우리나라 중산층가계의 대학 2학년생, 철수가 있다. 그의 경제적 유인구조가 어떻게 달라지게 되는지 그리고 그는 어떻게 의사결정하는 것이 가장 현명하게 되는 길인지를 논술하라.

6. 경제주체들간의 거래 내지 교환, 또는 국가들간의 교역이 어떻게 제로섬(zero-sum) 게임과는 다른지 설명하라.

7. 아담 스미스(Adam Smith)의 "보이지 않는 손"이란 시장에서의 어떤 기능을 일컫는 말인지를 설명하라.

8. 시장실패(Market Failure)의 전형적 예를 언급하고 그 이유를 설명하라. 이 때 정부는 어떻게 하는 것이 옳다고 생각하는지도 논하라.

9. 국가들간의 생활수준을 비교할 때는 "인당 국민소득"(Per-Capita Income)이 얼마인가가 중요한 판별기준이 된다. 이 때 인당 국민소득은 전체 국내총생산을 총인구수로 나누어서 계산한다. 따라서 중국, 인도를 비롯한 개발도상국가에서는 출산율을 감소시키는 것을 주요한 정부정책으로 국민들을 계도한다. 하지만 한국, 일본을 비롯한 선신국에서는 자국 내의 노령화사회에로의 급진전을 목전에 두고서, 출산율 제고에 총력을 기울이고 있다고 해도 과언이 아니다. 왜 그런지 논리를 전개하여 설명하라.

10. 각국 나라경제의 생산성 제고를 위해서는 어떤 요소들이 관계되는지를 논술하라.

11. 실업율과 인플레이션율과의 단기적 관계는 어떠한가?

제 2 장

시장가격과 국민소득의 결정

제1절 시장가격의 결정

1.1 시장이란?

시장이란 무엇인가? 시장이라 하면 우리는 흔히 거래가 이루어지는 특정한 구역을 연상한다. 그러나 경제학에서 말하는 시장이란 어떤 특정한 장소라기보다는 가격을 매개로 거래가 이루어지는 추상적 기구를 말한다. 이러한 의미로 본다면 남대문 시장과 동대뮤 시장만이 시장은 아니다. 가격을 메게로 거래가 이루어지기만 하면 우리는 시장이 형성되었다고 말하는 것이다. 예를 들어 국제외환시장은 구매자와 판매자가 물리적으로 동일한 장소에 있는 것이 아니라, 멀리 떨어져 있으면서 전화나 전신 혹은 그 밖의 통신수단에 의하여 연결되어 있다. 시장에서 소비자들은 집단적으로 그 재화나 서비스에 대한 수요를 결정하고 판매자들은 공급을 결정한다.

현실사회에는 여러 가지 형태의 시장이 있는데, 이들 시장형태는 보통 완전경쟁시장, 독점시장, 과점시장, 독점적 경쟁시장의 네 가지로 구별된다.

완전경쟁시장은 첫째, 판매되는 재화들이 질적으로 동일하며, 둘째, 소비자와 판매자의 수가 너무 많아서 각각의 개별소비자와 개별판매자는 시장가격에 영향을 미치지 못한다는 두 가지 조건을 만족시키는 시장이다. 예를 들어 밀 시장이 이에 해당한다.

한편 어떤 시장에는 판매자가 하나만 있어서 이 판매자가 가격을 결정한다. 이러한 시장을 독점시장이라고 하는데, 산간벽지의의 유일한 약국이 한 예가 될 것이다.

또한 비교적 소수의 판매자들이 공존하는 경우도 있다. 이러한 시장을 과점시장이라고 하는데, 일부 항공노선이 여기에 해당한다.

이밖에 질이 약간씩 다른 재화를 판매하는 다수의 판매자들로 구성된 시장도 있는데, 이러한 시장을 독점적 경쟁시장이라고 한다. 음식점의 경우가 그 좋은 예이다.

이처럼 여러 유형의 시장이 있지만, 우리가 흔히 "시장경제의 원리"라든지 "시장경제의 우수성"이라고 말할 때의 시장은 보통 완전경쟁시장을 일컫는다. 그리고 완전경쟁시장의 수요 · 공급의 원리는 보다 복잡한 시장에도 적용될 수 있다.

1.2 수요

1) 수요 및 수요량의 개념

수요(demand)란 일정기간 동안에 소비자가 어떤 재화나 용역을 구매하고자 하는 욕구를 의미한다. 이러한 소비자의 구매 욕구는 당해 재화의 가격, 여타 재화의 가격, 소비자의 소득, 소비자의 기호 등등에 따라 달라진다. 그리고 어떤 특정한 가격에서 수요되는 양을 수요량(quantity demanded)이라고 한다.

이상과 같이 정의되는 수요 및 수요량은 다음과 같은 특성을 가진다.

첫째, 수요량은 주어진 가격수준에서 소비자가 구입하고자 하는 의도된 양이지 소비자가 실제로 구매하는 양을 지칭하는 것은 아니다. 소비자가 실제로 구매하는 양은 공급이 충분하지 못한 경우 수요량보다 적을 수도 있다.

둘째, 수요량은 단순히 소비자가 필요로 하거나 원하는 수량을 나타내는 것이 아니라, 소비자가 구매능력을 갖추고 기꺼이 구입하고자 하는 수량을 의미한다. 구매력을 수반하지 않은 막연한 욕구나 필요는 시장에 아무런 영향도 줄 수 없다.

셋째, 수요량은 반드시 어떤 기간 당 얼마라는 식으로 표현된다. 즉, 수요량은 일정시점을 밝혀서 표시하는 저량(貯量, stock)개념이 아니라, 일정기간을 밝혀서 표시하는 유량(流量, flow)개념이다. 그리고 기간의 길이를 구태여 밝힐 필요가 없는 경우에는 보통 매기 당(每期當)이라는 말을 쓴다.

2) 수요의 결정요인

수요를 '구매하고자 하는 욕구'로 정의할 때, 특정 재화의 수요에 영향을 미치는 중요한 요인으로는 다음과 같은 것들을 들 수 있다.

(1) 당해 재화의 가격

일반적으로 재화의 시장가격이 높을수록 그 재화에 대한 수요는 적으며, 재화의 시장가격이 낮을수록 그 재화에 대한 수요는 많다.

(2) 연관 재화의 가격

청량음료인 콜라의 가격이 상승하면 콜라와 그 용도가 비슷한 사이다에 대한 수요가 증가한다. 이처럼 어떤 재화의 가격이 상승할 때 그와 연관되는 다른 재화에 대한 수요가 증가할 수 있는데, 이러한 관계에 있는 두 재화를 대체재라고 한다. 반대로 한 재화의 가격상승이 다른 재화에 대한 수요의 감소를 초래하는 경우도 있는데, 이러한 관계에 있는 재화를 보완재라고 한다. 예컨대 컴퓨터의 가격이 상승하면 컴퓨터 소프트웨어의 수요가 감소한다.

(3) 소비자의 소득

대부분의 재화는 소득이 증가함에 따라 그 수요가 증가한다. 이와 같이 소득이 증가함에 따라 수요가 증가하는 재화를 정상재라고 한다. 그러나 보리쌀과 같이 몇몇 특수한 재화는 소득이 증가함에 따라 그 수요가 감소되기도 하는데, 이처럼 소득이 증가함에 따라 수요가 감소하는 재화를 열등재라고 한다.

(4) 소비자의 기호

소비자의 기호가 변하면 특정 재화에 대한 수요도 달라진다. 소비자의 기호는 시대가 바뀜에 따라서 유행, 사회관습, 연령, 교육수준, 광고 등에 의해 변화한다. 1970년대에 들어 장발이 유행함에 따라 이발에 대한 수요가 크게 감소한 것이라든지, 1990년대에 들어 어린이들의 입맛이 변화함에 따라 떡에 대한 수요는 감소하고 피자나 햄버거에 대한 수요가 크게 증가한 것 등을 그 예로 들 수 있다.

(5) 소비자의 예상

장래의 소득이나 재화가격에 대한 소비자의 예상이 변화하면 수요도 변화한다. 취업이 확정된 대학 졸업예정자가 취업 후의 월급을 기대하고 졸업 전에 승용차를 구입한다든지, 며칠 후에 휘발유가격이 상승될 것이라고 언론에 발표되면 현재의 휘발유 수요가 크게 증가하는 현상이 그 예에 속한다.

(6) 소비자의 수(數)

수요는 개별수요와 시장수요로 구분된다. 개별수요란 각 개인의 수요를 의미하고, 시장수요란 시장전체의 수요로서 그 시장에 참여하는 모든 소비자들의 개별수요들을 합한 것이다. 따라서 시장에 참여하는 소비자들의 수가 변화하면, 시장수요도 변화할 것이다. 예를 들어, 인구가 증가하면 식품에 대한 수요가 증가한다. 그리고 총인구의 크기는 변화하지 않더라도 연령별 인구분포 등이 변화하면 수요는 변화할 수 있는데, 그 예로서 총인구는 불변인 상태 하에서 유아인구가 감소하면 유아용품에 대한 수요가 감소하는 것을 들 수 있다.

물론 수요에 영향을 미치는 요인으로는 이상의 여섯 가지 이외에도 여러 가지 요인을 들 수 있을 것이다. 예를 들어 기후, 소비자에 대한 각종 조세와 보조금 같은 것들도 특정 재화의 수요에 영향을 미칠 수 있을 것이다.

3) 수요표, 수요곡선 및 수요함수

수요표란 수요의 결정요인 중 가격을 제외한 여타의 요인들은 불변이라는 가정 하에서 가격이 변화함에 따라 수요량이 어떻게 변화하는가를 나타내는 표이다. <표 2-1>은 사과에 대한 가상적인 수요표이다.

이 표에 의하면 사과가격이 250원이면 소비자는 한 달에 4,000개의 사과를 수요하고자 하며, 사과가격이 200원이면 소비자는 한 달에 5,000개의 사과를 수요하고자 한다. 여기서 사과가격이 낮아질수록 사과의 수요량이 증가하는 것을 볼 수 있는데, 이와 같이 여타의 조건은 불변인 상태 하에서 재화의 가격과 수요량이 반비례하는 것을 수요의 법칙(law of demand)라고 한다. 수요의 법칙은 경험적으로 인식될 뿐만 아니라 소비자가 합리적으로 행동한다는 전제 하에서 논리적으로 도출될 수 있다.

❙표 2-1❙ 소득이 200만원일 때 사과에 대한 수요표

조합	사과가격(원)	월간 사과수요량(개)
a	400	1,000
b	350	2,000
c	300	3,000
d	250	4,000
e	200	5,000
f	150	6,000
g	100	7,000
h	50	8,000

수요표를 직각좌표 상에 그래프로 나타낸 것이 수요곡선이다. [그림 2-1]은 <표 2-1>에 나타나 있는 사과가격과 수요량 사이의 관계를 그래프로 그린 것이다.

물론 [그림 2-1]의 수요곡선은 사과가격 이외의 여타의 조건은 불변이라는 가정 하에서 그린 것이다. 그림에서 d점은 사과가격이 250원이면 소비자가 매월 소비하고자 하는 수요량은 4,000개라는 것을 나타내고, e점은 사과가격이 200원이면 그 수요량은 매월 5,000개라는 것을 나타낸다.

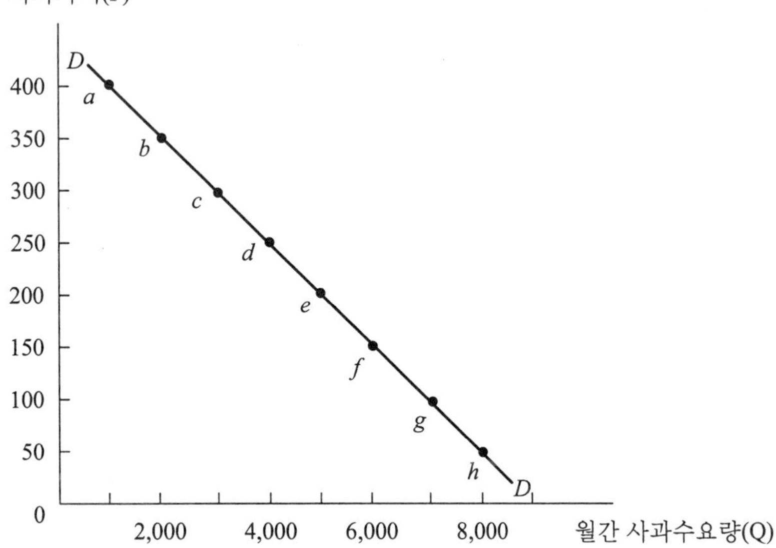

❙그림 2-1❙ 사과의 수요곡선

여기서 수요곡선이 음(-)의 기울기를 가지는 것을 볼 수 있는데, 이것을 우리는 수요곡선이 우하향(右下向)한다고 표현하기도 한다. 수요곡선이 음(-)의 기울기를 가진다거나 우하향한다고 하는 것은 수요의 법칙이 성립한다는 것과 같은 말이다.

<표 2-1>과 [그림 2-1]에 나타난 사과가격과 사과수요량 사이의 관계를 수식으로 나타내면, 다음의 (2.1)식과 같이 된다.

$$Q_d = -20P + 9{,}000 \tag{2.1}$$

여기서 독립변수인 P는 사과가격을 나타내며, 종속변수인 Q_d는 사과수요량을 나타낸다. 이와 같이 특정재화의 가격과 수요량 사이의 관계를 함수로 표현한 것을 수요함수라고 하는데, 그 일반적인 형태는 통상 (2.2)식과 같이 표현된다.

$$Q_d = f(P) \tag{2.2}$$

여기서 f는 P와 Q_d 사이에 어떤 함수관계가 있다는 기호인데, (2.2)식을 'Q_d는 P의 함수이다'라고 읽으라는 표시이다.

수요함수와 관련시켜 수요곡선에서 주의할 점은 수요곡선을 그릴 때 수학에서의 관계와는 달리 독립변수인 사과가격(P)을 종축에 표시하고, 종속변수인 사과수요량(Q_d)을 횡축에 표시한다는 점이다. 따라서 우하향하는 수요곡선을 해석할 때, 가격이 내리면 수요량은 증가한다고 해석해야 하며, 수요량이 증가하면 가격은 내린다고 해석해서는 안 된다.

(2.1)식과 (2.2)식의 수요함수는 엄밀히 말해 '좁은 의미의 수요함수'이다. 왜냐하면 앞에서 살펴 본 바와 같이 사과의 수요량에 영향을 미치는 요인으로는 사과가격뿐만 아니라 연관 재화의 가격, 소비자의 소득, 기호 등 여러 가지 요인이 있으나, 그것들은 모두 일정불변이라고 가정하고 단지 사과가격만을 독립변수로 취급했기 때문이다. 사과가격을 포함하여 사과수요량에 영향을 미치는 모든 요인들과 사과수요량 사이의 관계를 함수로 표현한 것을 '넓은 의미의 수요함수'라고 하는데, 그 일반적인 형태는 통상 (2.3)식과 같이 표현된다.

$$Q_d = f(P_n, P_1, \ldots\ldots\ldots\ldots, P_{n-1}, I, T_a, E_c, N) \tag{2.3}$$

여기서 Q_d는 n재화의 수요량, P_n은 n재화의 가격, $P_1, \ldots\ldots\ldots\ldots, P_{n-1}$은 연관 재화의 가격, I는 소비자의 소득, T_a는 소비자의 기호, E_c는 소비자의 예상, N은 소비자의 수를 나타낸다. '넓은 의미의 수요함수' (2.3)식에서 P_n을 제외한 나머지 독립변수들을 일정불변으로 가정한 수요함수가 '좁은 의미의 수요함수' (2.1)식과 (2.2)식인 것이다.

4) 수요의 변화와 수요량의 변화

수요의 변화와 수요량의 변화는 그 개념을 명확히 구분하여 사용할 필요가 있다. 먼저 수요량의 변화란 당해 재화의 가격이 변화함에 따라 그 수요량이 변화하는 것을 의미한다. 반면에 수요의 변화란 당해 재화의 가격은 불변인 채, 소비자의 소득, 연관 재화의 가격, 소비자의 기호 등과 같은 당해 재화가격 이외의 요인들이 변화함에 따라 수요량이 변화하는 것을 의미한다.

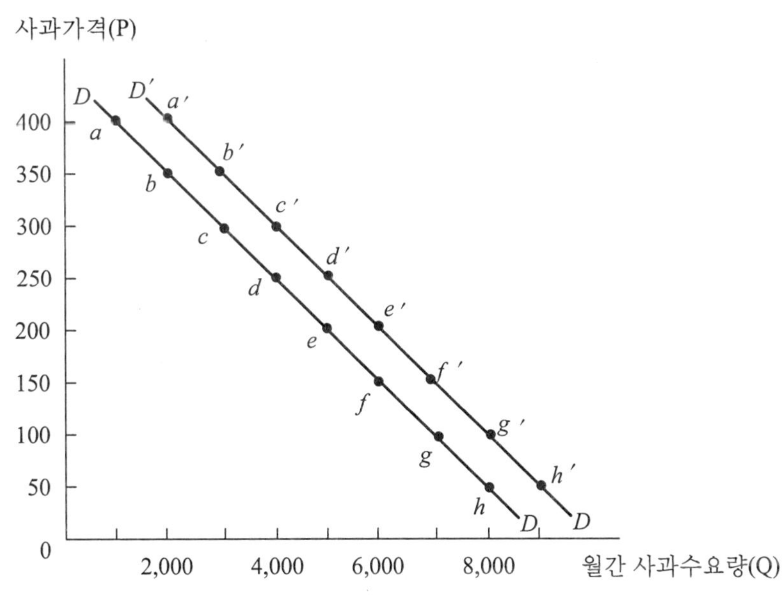

그림 2-2 수요의 변화와 수요량의 변화

이상의 차이를 수요표와 수요곡선으로 설명해 보자. 앞에서 설명한 바와 같이 수요표 및 수요곡선은 가격과 수요량 사이의 관계를 나타내기 위해 수요의 결정요인 중에서 가격을 제외한 여타의 요인은 불변이라는 가정 하에서 도출된 것이다. 앞에서 살펴 본 <표 2-1>은 소비자의 소득이 월200만원일 경우의 수요곡선이다. 그리고 <표 2-1>의 수요표를 그래프로 표시한 것이 [그림 2-2]의 수요곡선 DD이다.

여기서 사과가격이 200원에서 250원으로 상승하면 사과의 수요량은 5,000개에서 4,000개로 감소하는데, 이것은 [그림 2-2]의 수요곡선 DD상의 점 e에서 점 d로의 이동으로 나타난다. 이러한 경우가 바로 수요량의 변화인데, 이것은 주어진 수요곡선 상의 이동으로 표시되며, 그 원인은 당해 재화의 가격변화이다.

한편 일정불변이라고 가정된 소비자의 소득이 월 300만원으로 증가한다면 사과에 대한 수요량은 어떻게 될 것인가? 사과가 정상재인 한 소득이 월 300만원인 경우에 소비자가 각각의 가격수준에서 소비하고자 하는 사과의 량은 소득이 200만원이었을 때 소비하고자 했던 종전의 양보다는 많을 것이다. <표 2-2>의 수요표에 이러한 것이 나타나 있는데, 이 수요표에 대응한 수요곡선이 바로 [그림 2-2]의 수요곡선 D'D'이다.

여기서 가격은 200원으로 일정할 때 소득이 200만원에서 300만원으로 증가하면 수요량이 5,000개에서 6,000개로 증가하는데, 이것은 [그림 2-2]의 수요곡선 DD 상의 점 e에서 새로운 수요곡선 D'D'상의 점 e'에로의 이동으로 나타난다.

표 2-2 소득이 300만원일 때 사과에 대한 수요표

조합	사과가격(원)	월간 사과수요량(개)
a′	400	2,000
b′	350	3,000
c′	300	4,000
d′	250	5,000
e′	200	6,000
f′	150	7,000
g′	100	8,000
h′	50	9,000

마찬가지로 가격은 250으로 불변인 채 소득만 200만원에서 300만원으로 증가하면 수요량이 4,000개에서 5,000개로 증가하는데, 이것은 수요곡선 DD 상의 점 d에서 새로운 수요곡선 D'D' 상의 점 d'에로의 이동으로 나타난다.

이러한 경우가 바로 수요의 증가에 해당하는데, 이것은 수요곡선 자체의 우측이동으로 표시되며, 그 원인은 소득의 증가이다. 물론 수요의 증가의 원인으로는 소득의 증가 이외에도 대체재의 가격상승, 보완재의 가격하락 등을 들 수 있다. 반대로 소득의 감소나 대체재의 가격하락, 보완재의 가격상승 등은 수요의 감소를 초래해 수요곡선을 좌측으로 이동시킨다. 이와 같이 수요의 결정요인 중 당해 재화가격 이외의 다른 요인들의 변화는 동일한 가격에서 수요곡선 자체를 이동시키는데, 이것을 수요의 변화라고 한다.

요컨대 수요량의 변화란 당해 재화의 가격변화로 인한 수요곡선 상에서의 이동을 의미하고, 수요의 변화란 수요의 결정요인 중 당해 재화가격 이외의 요인들의 변화로 인한 수요곡선 자체의 이동을 의미한다.

1.3 공급

1) 공급 및 공급량의 개념

공급에 대한 제반개념은 수요에 대한 제반개념을 소비자로부터 생산자에게로 대응시킴으로써 쉽게 이해할 수 있다. 공급(supply)이란 일정기간 동안에 생산자가 재화나 용역을 판매하고자 하는 욕구를 의미하며, 공급량(quantity supplied)이란 특정 가격에서 공급되는 양을 가리킨다.

공급량은 수요량과 마찬가지로 다음의 세 가지 중요한 특성을 가진다. 첫째, 공급량은 주어진 가격수준에서 생산자가 판매하고자 의도하는 최대수량으로서, 실제로 판매된 수량과는 구분된다. 둘째, 공급량은 생산자가 실제로 판매능력을 갖추고 판매하고자 하는 수량이다. 셋째, 공급량은 일정기간을 명시해서 표현되는 유량(流量)개념이다.

2) 공급의 결정요인

공급을 '판매하고자 하는 욕구'로 정의할 때, 공급에 영향을 주는 중요한 요인으로는 다음과 같은 것들을 들 수 있다.

(1) 당해 재화의 가격

일반적으로 어떤 재화의 시장가격이 높을수록 그 재화의 공급은 많으며, 시장가격이 낮을수록 공급은 적다.

(2) 생산 면에서의 연관 재화의 가격

재화는 소비 면에서 뿐만 아니라 생산 면에서도 다른 재화와 대체관계 또는 보완관계에 있다. 이 때 한 재화의 공급은 생산 면에서 대체관계나 보완관계에 있는 다른 재화의 가격변화에 영향을 받는다. 예를 들어 강원도의 농부는 자기 소유의 토지로 고추를 경작할 수도 있고 콩을 재배할 수도 있다 이 때 고추와 콩은 생산 면에서 대체관계에 있다고 말한다. 고추의 가격이 상승하면 농부는 수익성이 상대적으로 좋아진 고추의 생산을 늘리는 대신 콩의 생산은 줄인다. 따라서 고추의 가격상승은 콩의 공급을 감소시킨다. 한편 쇠고기와 쇠가죽은 생산 면에서 보완관계에 있다. 이 경우 쇠고기의 가격이 오르면 쇠고기의 공급량 증가와 함께 쇠가죽의 공급량도 증가한다.

(3) 기술수준

생산기술의 진보는 종전과 동일한 양의 생산요소 투입으로 보다 많은 생산을 가능하게 함으로써 공급을 증가시킨다.

(4) 생산요소의 가격

생산요소의 가격하락은 종전과 동일한 생산비로 더 많은 상품을 생산할 수 있게 함으로써 공급을 증가시킨다. 반대로 생산요소의 가격상승은 공급의 감소를 초래한다.

(5) 공급자의 예상

저장이 용이한 재화의 경우 공급자는 그 재화의 가격이 앞으로 상승할 것으로 예상되면 가격이 올랐을 때 팔기 위해 금기(今期)의 공급을 감소시킨다.

(6) 생산자에 대한 조세와 보조금

생산자에게 부과되는 물품세는 생산비를 증가시켜 공급의 감소를 초래한다. 반면에 특정상품의 생산에 대한 정부의 단위당 보조금은 생산비를 낮추어 공급을 증가시킨다.

이 밖에도 특정재화의 공급에 영향을 미치는 요인으로는 시장에 참가하는 생산자의 수, 기후 등을 들 수 있다.

3) 공급함수, 공급표 및 공급곡선

우리는 위에서 공급에 영향을 주는 여러 가지 요인들을 살펴보았다. 이제 n이라는 재화의 공급량을 Q_s라고 하면, 이상의 논의를 다음과 같은 함수의 형태로 나타 낼 수 있는데, 이것이 바로 광의의 공급함수이다.

$$Q_s = f(P_n, P_1, \ldots\ldots\ldots, P_{n-1}, T_e, F_1, \ldots F_m, E_s, G) \quad (2.4)$$

여기서 P_n은 n재화의 가격, $P_1, \ldots P_{n-1}$은 생산 면에서 연관 재화의 가격, T_e는 기술수준, $F_1, \ldots F_m$은 생산요소의 가격, E_s는 공급자의 예상, G는 생산자에 대한 조세와 보조금을 나타낸다. 그런데 Q_s에 영향을 미치는 여러 가지 독립변수들 중에서 P_n의 영향력이 적어도 단기적으로는 가장 크고 직접적이라고 할 수 있다. 그리하여 수요의 경우와 마찬가지로 P_n을 제외한 다른 모든 변수들이 일정불변이라고 가정하면, (2.4)식은 다음과 같이 바꾸어 쓸 수 있다.

$$Q_s = f(P_n) \quad (2.5)$$

(2.5)식을 n재에 대한 협의의 공급함수 또는 단순히 공급함수라고 한다. 공급함수의 가상적인 일례로서 다음의 (2.6)식과 같은 공급함수를 생각할 수 있는데, 이에 대응한 공급표 및 공급곡선이 <표 2-3> 및 [그림 2-3]에 나타나 있다.

$$Q_s = 20P + 1,000 \quad (2.6)$$

표 2-3 사과의 공급표

조합	사과가격(원)	월간 사과수요량(개)
k	400	9,000
l	350	8,000
m	300	7,000
r	250	6,000
s	200	5,000
t	150	4,000
v	100	3,000
w	50	2,000

(2.6)식과 <표 2-3> 및 [그림 2-3]은 공급의 결정요인 중 당해 재화의 가격을 제외한 여타의 요인들은 일정불변이라고 가정하고 있음을 다시 한번 상기하자. 여기서 사과가격이 높아질수록 사과의 공급량이 증가하는 것을 볼 수 있는데, 이와 같이 여타의 조건은 불변인 상태 하에서 재화의 가격과 공급량이 비례하는 것을 공급의 법칙(law of supply)이라고 한다. 공급의 법칙이 성립한다고 하는 것은 공급곡선이 양(+)의 기울기를 가진다거나 우상향(右上向)한다는 것과 같은 의미를 지닌다.

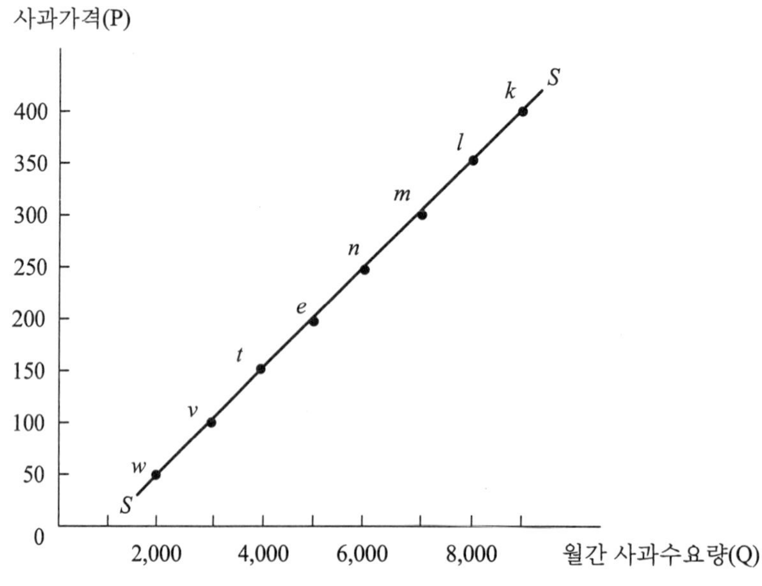

그림 2-3 사과의 공급곡선

그리고 수요의 경우와 마찬가지로 공급곡선을 그릴 때 수학에서의 관례와는 달리 독립변수인 가격(P)을 종축에 표시하고, 종속변수인 공급량(Q_s)을 횡축에 표시한다는 점을 주의해야 한다.

4) 공급의 변화와 공급량의 변화

공급의 변화와 공급량의 변화라는 개념의 차이는 수요의 변화와 수요량의 변화 사이의 구분과 흡사하다.

먼저 공급량의 변화란 당해 재화의 가격이 변화함에 따라 그 공급량이 변화하는 것을 의미하는데, 그것은 공급곡선 상에서의 이동으로 나타난다.

[그림 2-4]의 (a)는 공급량의 증가를 나타내고 있다. 반면에 공급의 변화란 공급의 결정요인 중 당해 재화가격 이외의 요인들이 변화함에 따라 공급량이 변화하는 것을 의미하는데, 그것은 공급곡선 자체의 이동으로 나타난다. [그림 2-4]의 (b)는 공급의 증가를 나타내고 있다. 공급의 변화 중에서 공급의 증가는 공급곡선 자체의 우측이동으로 나타나고 공급의 감소는 공급곡선 자체의 좌측이동으로 나타나는데, 공급증가의 원인으로는 생산 면에서 대체관계에 있는 재화의 가격하락, 보완관계에 있는 재화의 가격상승, 기술수준의 향상, 요소가격의 하락 등을 들 수 있다.

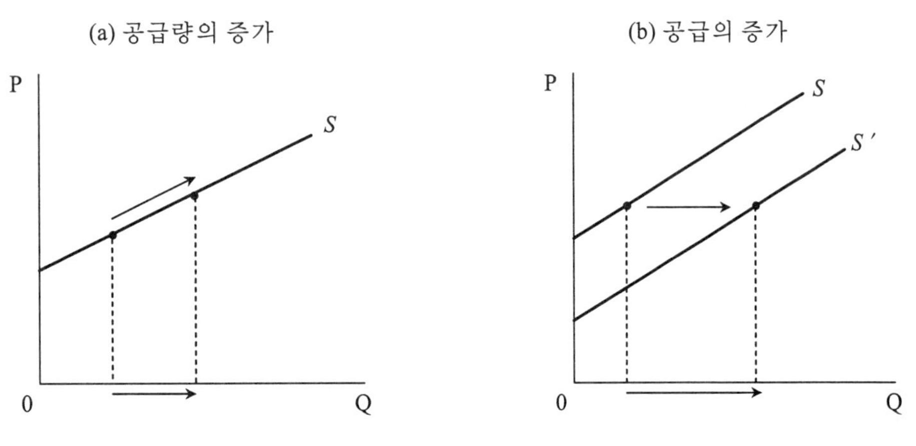

그림 2-4 공급량의 증가와 공급의 증가

1.4 수요와 공급에 의한 시장가격의 결정

1) 균형가격의 결정

지금까지 우리는 수요와 공급에 대해 각각 살펴보았다. 이제 이 수요와 공급을 결합시켜서 가격이 시장에서 어떻게 결정되는가 알아보자.

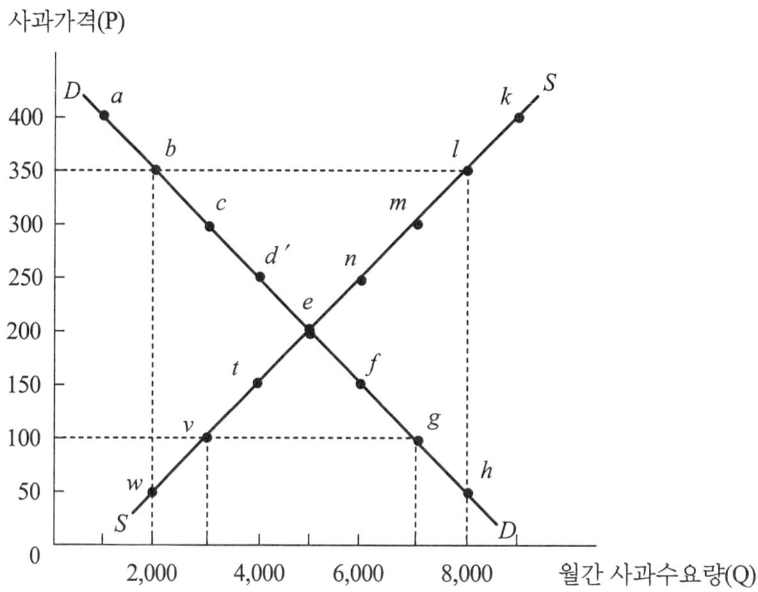

▌그림 2-5▐ 균형가격의 결정

[그림 2-5]는 [그림 2-1]의 수요곡선과 [그림 2-3]의 공급곡선을 동일한 평면 위에 그린 것이다. 사과가격이 현재 350원이라고 하자. 가격이 350원이면 수요량은 2,000개이고 공급량은 8,000개가 된다. 따라서 2,000개만 시장에서 거래되고 6,000개는 팔리지 않고 남게 되는데, 이와 같이 공급량이 수요량을 초과하는 상태를 초과공급이라고 하며, 그 양을 초과공급량이라고 한다. 6,000개라는 초과공급량이 불필요한 재고로 쌓이게 되면 생산자들은 가격을 낮추어서라도 재고를 처분하려 할 것이고, 그 결과 가격은 하락하게 된다. 그리하여 가격이 300원으로 하락했다고 하자. 가격이 300원으로 하락하면 공급량은 종전보다 감소하는 반면 수요량은 종전보다 증가하여, 초과공급량은 4,000개가 된다. 그러나 여전히

4,000개라는 초과공급량이 재고로 남게 되므로 생산자들은 가격을 더 낮추어서라도 재고를 처분하려 할 것이고, 가격은 계속 하락하게 된다. 이와 같은 과정은 초과공급이 존재하는 한 되풀이 되어 결국 초과공급이 존재하지 않는 200원까지 가격은 하락하게 된다.

이번에는 현재의 사과가격이 100원이라고 가정하자. 가격이 100원이면 수요량은 7,000개이고 공급량은 3,000개가 된다. 그 결과 3,000개의 사과가 시장에서 거래되고 4,000개의 사과가 부족한 현상이 나타나는데, 이와 같이 수요량이 공급량을 초과하는 상태를 초과수요라고 하고, 그 부족분 4,000개를 초과수요량이라고 한다. 시장에서 사과의 부족현상이 발생하면 소비자들은 남보다 높은 가격을 주고서라도 부족한 사과를 사고자 할 것이고, 이와 같은 구매경쟁의 결과로 가격은 상승한다. 가격이 상승하면 공급량은 증가하는 반면 수요량은 감소하여 초과수요량은 축소되나, 초과수요가 존재하는 한 위와 같은 과정은 되풀이 된다. 그리하여 초과수요가 존재하지 않는 200원의 가격에 이르러서야 비로소 가격은 상승을 멈추게 된다.

마지막으로 사과가격이 200원이라고 하자. 이 가격에서는 공급량과 수요량이 모두 5,000개로서 초과수요나 초과공급이 존재하지 않는다. 따라서 소비를 충족시키지 못해 가격을 인상시키려는 수요자는 존재하지 않으며, 판매를 하지 못해 가격을 인하하려는 공급자도 존재하지 않는다. 그리하여 사과가격이 일단 200원이 되면 가격은 더 이상 변화하지 않는데, 우리는 이와 같은 상태를 균형상태라고 한다. 여기서 균형이란, 일단 그 상태에 도달하면 외부로부터의 자극이 없는 한 그로부터 이탈하려는 경향이 없는 상태를 말한다. 그리고 이러한 의미에서 공급량과 수요량이 일치하는 가격수준을 균형가격이라고 부르고, 그 때의 수급량을 균형거래량이라고 부른다. 우리의 예에서 균형가격은 200원이고 균형거래량은 5,000개이다. 그리고 [그림 2-5]에서 수요곡선과 공급곡선이 만나는 e점을 균형점이라고 부른다.

이상에서 살펴 본 바와 같이 초과공급이 존재하는 한 가격이 하락하고 초과수요가 존재하는 한 가격은 상승하여, 결국 경쟁시장에서의 가격은 균형가격, 즉 공급량과 수요량을 일치시키는 가격으로 향하는 경향이 있다. 달리 말하자면 경쟁시장에서는 어느 누구의 강제적인 힘의 발동 없이 가격이 자연스럽게 균형가격을 향해 움직임으로써 수요량과 공급량을 일치시키려는 경향이 있는 것이다. 우리는 이것을 가격의 자동조절기능이라고 한다.

2) 균형가격의 이동

위에서 우리는 수요곡선과 공급곡선이 주어졌을 때, 균형가격과 균형거래량은 두 곡선이 교차하는 점에 대응해서 결정된다는 것을 보았다. 이것은 수요곡선과 공급곡선이 이동하지 않는다는 가정, 즉 수요와 공급의 결정요인 중 당해 재화 가격 이외의 다른 요인들은 일정불변이라는 가정을 전제로 한 것이었다.

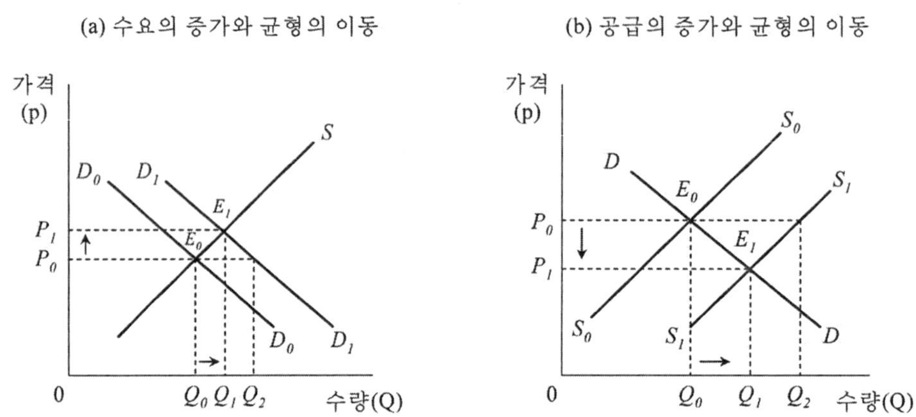

【그림 2-6】 균형의 이동

그러나 앞에서 살펴 본 바와 같이 연관 재화의 가격, 소비자의 소득, 소비자의 기호, 소비자의 예상, 소비자의 수 등이 변하면 수요곡선이 이동하고, 생산 면에서의 연관 재화의 가격, 기술수준, 생산요소의 가격, 공급자의 예상, 생산자에 대한 조세와 보조금 등이 변하면 공급곡선이 이동한다. 이제 이와 같이 수요곡선이나 공급곡선이 이동할 경우 균형가격과 균형거래량이 어떻게 변동하는지 살펴보자.

[그림 2-6]의 (a)는 수요가 증가하는 경우의 균형의 이동을 보여주고 있다. 최초의 균형점은 수요곡선D_0D_0와 공급곡선 SS가 교차하는 E_0점이고, 이 때의 균형가격과 균형거래량은 각각 P_0와 Q_0이다. 이제 어떤 요인으로 인해 수요곡선이 D_0D_0에서 D_1D_1으로 이동하면 E_0는 더 이상 균형점이 되지 못하고, 원래의 가격수준 P_0에서는 Q_0Q_2만큼의 초과수요량이 존재하게 되어 가격은 상승하게 된다. 그리하여 새로운 균형가격과 균형거래량은 공급곡선과 새로운 수요곡선 D_1D_1이 교차하는 새로운 균형점 E_1에 대응하여 P_1과 Q_1으로 각각 결정될 것이다.

이와 같이 수요가 증가하면 균형가격은 상승하고 균형거래량은 증가한다.

[그림 2-6]의 (b)는 공급이 증가하는 경우의 균형의 이동을 보여주고 있는데, 최초의 균형점은 E_0이고 그 때의 균형가격과 균형거래량은 각각 P_0와 Q_0이다. 이제 어떤 요인으로 인해 공급곡선이 S_0S_0에서 S_1S_1으로 이동하면 원래의 가격수준 P_0에서 Q_0Q_2만큼의 초과공급량이 존재하게 되고, 따라서 가격은 하락하게 된다. 그리하여 새로운 균형점은 E_1이 되고 새로운 균형가격과 균형거래량은 P_1과 Q_1으로 각각 결정될 것이다. 이와 같이 공급이 증가하면 균형가격은 하락하고 균형거래량은 증가한다.

우리는 수요가 증가하는 경우와 공급이 증가하는 경우만 살펴보았는데, 현명한 독자들은 수요가 감소하는 경우, 공급이 감소하는 경우, 수요증가와 동시에 공급이 감소하는 경우, 수요 감소와 동시에 공급이 증가하는 경우, 수요증가와 동시에 공급이 증가하는 경우 등등에 대해서도 마찬가지의 논리를 통해 균형가격과 균형거래량의 변화를 이끌어 낼 수 있을 것이다.

제2절 국민소득의 결정

2.1 국민소득의 여러 가지 개념

1) 국민총생산(GNP)

(1) GNP의 정의

국민소득은 국민경제의 전반적인 성과를 나타내는 대표적인 지표이다. 여러 가지 국민소득 개념 중에서 가장 널리 사용되는 것이 국민총생산(gross national product : GNP)인데, GNP를 한마디로 정의하면, "일정기간 동안에 국민들에 의하여 생산된 모든 최종생산물의 시장가치"라고 할 수 있다.

여기서 '일정기간 동안에'라는 것은 GNP가 일정기간에 걸쳐 측정되는 유량(flow)임을 의미한다. 보통 1년을 단위로 측정되지만, 3개월 또는 6개월 동안의 GNP도 측정된다. 따라서 중고품이나 골동품 등 그 기간 이전에 이미 생산된 생산물의 거래차익, 그 기간 이전에 성립된 외상거래에 대한 금기의 지불 등은 금기의 GNP에 포함되지 않는다.

'국민들에 의하여'라는 것은 그 나라 국민이 소유한 생산요소에 의하여 생산된 생산물의 가치만이 GNP에 포함된다는 뜻이다. 따라서 해외에서 생산된 것일지라도 자국민이 소유한 생산요소에 의하여 생산된 것은 GNP에 포함되는 반면, 국내에서 생산된 것이라도 외국인이 소유한 생산요소에 의하여 생산된 것은 GNP에 포함되지 않는다.

'생산된'이라는 것은 재화와 용역의 실제 생산과 직접 관련이 없는 거래는 포함되지 않는다는 뜻이다. 예를 들어 개인 간의 증여, 정부의 실업수당 등과 같은 이전지출은 생산활동에서 초래된 것이 아니라 단순히 경제주체 간에 자금이 이전하는 것이기 때문에 GNP에 포함되지 않는다. 또한 증권이나 채권의 거래도 단지 자산에 대한 소유권의 이전에 지나지 않기 때문에 GNP에 포함되지 않는다.

'최종생산물'이라는 것은 원재료, 반제품 등과 같은 중간생산물의 가치는 포함시키지 않는다는 뜻이다. 국민소득지표에서의 총생산(gross product)이란 물건의 판매수입을 뜻하는 총산출(gross output)과는 뚜렷이 구별된다. 총생산은 총산출에서 중간투입액을 뺀 것을 의미한다. 예를 들어, A산업에서 원재료를 전혀 투입하지 않고 순전히 노동만으로 50원어치의 A를 생산하고, 이 50원어치의 A를 사용하여 B산업에서 150원어치의 B를 생산하고, 다시 이것을 사용하여 C산업에서 300원어치의 C를 생산하는 경제를 상정해 보자. 이 경우 경제의 총산출(gross output)은 거래총액인 500원(= 50 + 150 + 300)인 반면에, 경제의 총생산(gross product)은 각 산업에서의 총생산의 합인 300원(= 50 + 100 + 150)이 되는데, 이것은 또한 최종생산물인 C의 가치와 일치하게 된다. 따라서 GNP를 측정할 때 중간생산물의 가치를 포함시키면 이중계산을 초래한다.

'시장'가치라는 것은 시장에서 거래되는 생산물의 가치만이 원칙적으로 GNP에 포함된다는 것을 뜻한다. 따라서 예를 들어 전업 주부의 가사노동은 GNP에 포함되지 않는다. 다만 농가의 자가소비를 위한 농산물 생산액 및 주택소유에 따른 귀속임대료 등 몇 가지 주요항목은 예외적으로 그 추정치가 GNP에 포함된다.

시장'가치'라는 것은 시장가격으로 평가한 화폐액을 뜻한다. 한 나라 안에는 수많은 생산자가 각양각색의 생산물을 생산하고 있다. 그리고 이들 생산물은 종류에 따라 거래단위가 다르기 때문에 그 경제의 생산량을 한 가지의 거래단위로 통일하여 집계한다는 것은 불가능한 일이다. 따라서 GNP는 각 생산물의 생산량에 시장가격을 곱하여 화폐금액을 구한 다음, 이들 화폐금액을 합계하여 추계하고 있다. 이 때 시장가격을 당해연도의 시장가격으로 잡느냐 아니면 특정 기준년도의 시장가격으로 잡느냐에 따라 다음에서 보는 바와 같이 GNP는 다시 명목GNP와 실질GNP로 나누어진다.

(2) 명목GNP와 실질GNP

어떤 경제에 n가지의 최종생산물이 있고 i생산물의 생산량과 가격을 각각 Q_i ,P_i로 표시하면 GNP는 다음과 같이 계산된다.

$$GNP = P_1Q_1 + P_2Q_2 + \dots\dots + P_nQ_n$$

이 때 당해연도의 생산량에 당해연도의 시장가격을 곱하여 계산한 것을 명목GNP 또는 경상가격GNP라고 한다. 명목GNP는 매년 생산량이 변하면 바뀔 뿐만 아니라 생산량은 불변인 채 물가만 변해도 바뀐다.

이에 반하여 임의의 특정년도를 기준년도로 정해 두고, 당해연도의 생산량에 기준년도의 시장가격을 곱하여 계산한 GNP를 실질GNP 또는 불변가격GNP라고 한다. 실질GNP는 물가변동에는 영향을 받지 않고 생산량의 변화만을 반영해 준다. 즉, 매년 물가수준이 아무리 변하더라도 각 생산물의 생산량만 변하지 않는다면 실질GNP도 변동하지 않는다.

명목GNP와 실질GNP는 이상과 같은 차이점을 지니고 있기 때문에 그 용도도 다르다. 예를 들어 당해연도의 국민경제의 구조나 국민소득구성요소의 변동 등을 분석하는 경우에는 명목GNP를 사용하고, 국민경제가 장기적으로 어떻게 변화하고 있는가를 알아보기 위해서는 실질GNP를 사용한다.

한편 명목GNP를 실질GNP로 나누어 사후적으로 얻어지는 값을 GNP 디플레이터(GNP deflator)라 한다. GNP 디플레이터는 일종의 물가지수로서 기준년도를 100으로 하여 산출된다.

(3) GNP 개념의 유용성과 한계

① 경제활동지표로서의 GNP

GNP는 그 나라 국민경제의 활동수준을 나타내는 대표적 지표로 널리 이용되고 있다. 한 나라의 경제활동수준은 생산수준 및 고용수준에 의하여 평가될 수 있는데, 이들은 모두 GNP와 밀접한 관련이 있다. 실질GNP가 증가한다는 것은 대부분의 경우 생산과 고용이 증가한다는 것을 의미한다. 따라서 실질GNP의 증가율은 경제성장률과 동일시되고 있으며, 많은 나라들이 보다 높은 실질GNP증가율의 달성을 경제정책의 주요한 목표 중의 하나로 삼고 있다. 또한 각국의 GNP를 미국의 달러화로 환산하여 나라들 사이의 경제력과 생활수준을 비교하는 지표로도 이용하고 있다.

그러나 GNP는 다음과 같은 몇 가지 문제점 때문에 국민경제의 활동수준을 나타내는 완전한 지표가 되지는 못한다.

첫째, 매일 매일 시장에서 이루어지는 무수한 재화와 용역의 거래를 직접 추적하여 정확하게 계산한다는 것은 현실적으로 불가능하다. 따라서 GNP의 실제 측정에 있어서는 조세통계 등 각종 관련통계로부터 GNP의 각 항목을 추측하여 계산하는 방식을 택하고 있다. 그런데 후진국은 말할 필요도 없고 선진국에서조차 GNP의 추계에 있어서 이용할 수 있는 통계치는 양적인 면과 질적인 면에서 어느 정도 한계를 지니고 있다. 이러한 사정은 통계기법의 발달정도에 좌우될 뿐만 아니라 그 경제에서 지하경제(underground economy)가 차지하는 비중이 크면 클수록 더욱 두드러진다. 따라서 만족할 만큼 GNP에 대한 정확한 수치를 얻는다는 것은 어려운 형편이다.

둘째, GNP를 통계적으로 정확하게 추계할 수 있다고 하더라도, GNP가 경제활동수준을 나타내는 완전한 지표가 되기에는 여전히 문제가 있다. 농가의 자가소비 농산물 생산액, 주택소유에 따른 귀속임대료 등 몇몇 주요 항목을 제외하고는, 시장을 통하지 않은 생산물의 가치는 원칙적으로 GNP에 포함되지 않는다. 예를 들어, 가정주부가 가족을 위해 제공하는 취사, 빨래, 육아 등의 가치는 시장에서 거래되지 않았다는 이유로 인해 GNP에 포함되지 않는다. 그러나 똑같은 용역이 음식점, 세탁소, 보모에 의해 이루어지면 GNP에 포함된다. 마찬가지로 세차업자가 자기 차를 세차하는 것은 GNP에 포함되지 않는 반면, 고객의 차를 세차하는 것은 GNP에 포함된다. 따라서 극단적으로 두 세차업자가 서로 상대방의 차를 세차해 주고 세차비를 받는다면, 실질적인 생산의 증가없이 GNP는 증가하는 모순이 생기는 것이다. 이러한 점은 국가간 또는 시대간 GNP를 서로 비교할 때 문제가 된다. 노동의 시장화가 진전되어 비시장부문의 생산이 비교적 작은 비중을 차지하는 선진국이나 최근의 GNP가 상대적으로 과대평가되기 쉽다.

마지막으로, 각국의 GNP를 국제환율에 의해 달러화로 환산함으로써 국가간 경제력을 비교하는 경우가 많은데, 이 때 저소득국의 GNP가 상대적으로 과소평가되는 경향이 있다. 생산물 중에서 대체적으로 재화는 교역이 가능한 교역재이고 용역은 교역이 불가능한 비교역재이다. 그리고 비교역재인 용역은 고소득국에서 비싸고 저소득국에서 싸다. 그런데 환율은 비교역재가 아니라 교역재의 수출입관계에서 결정된다. 따라서 싼 후진국의 용역을 환율로 환산하면 상대적으로 저평가되는 반면, 비싼 선진국의 용역을 환율로 환산하면 상대적으로 고평가된다. 이와 같은 이유로 인해, 국제환율로 환산한 저소득국의 GNP는 고소득국에 비해 상대적으로 과소평가되는 것이다.

이상에서 살펴 본 바와 같이, GNP는 국민경제의 활동수준을 완전하게 나타내는 이상적인 지표는 아니다. 그러나 GNP는 현실적으로는 여전히 시장에서 거래되는 최종생산물에 대한 가장 신빙성 있는 자료이며, 따라서 국민경제의 활동수준과 그 변화를 나타내는 훌륭한 지표라고 할 수 있다.

② **국민후생지표로서의** GNP

GNP가 증가한다는 것은 물질적으로 풍요하게 된다는 것을 의미하고, 물질적 풍요는 국민의 생활 및 복지수준과 상당한 관련이 있다. 따라서 GNP는 경제적 복지를 측정하는 포괄적인 지표로 여겨지기도 한다. 그러나 GNP를 국민후생지표로 사용하는 데는 많은 문제점이 있다.

현대 산업사회의 발전은 대기 및 수질오염으로 인한 환경파괴, 도시과밀회, 교통체증, 붕괴된 공동체, 잠식당한 인간관계 등 바람직하지 못한 부산물을 수반하기도 한다. 그런데 GNP에는 물질적 생산만 계상될 뿐 그것을 생산하는 과정에서 파생되는 이와 같은 비효용이나 사회적 비용은 공제되지 않는다. 따라서 GNP는 이들 사회적 비용만큼 국민의 경제적 후생을 과대평가하고 있으며, 생활의 질을 반영하는 참된 후생지표라고 할 수 없다.

한편 인간의 복지를 결정하는 요인 중의 하나로 여가를 들 수 있다. 그런데 GNP에는 여가가 계상되지 않는다. 실제로 노동시간의 감소와 이에 따르는 여가의 증가는 분명히 인간의 복지를 증가시키는 반면, GNP는 오히려 감소시킨다. 이와 같은 사실은 GNP와 경제적 후생과의 관계를 더욱 모호하게 만든다.

나아가 공평분배는 경제적 후생의 본질에 속하는 문제이다. 그러나 GNP는 총생산을 나타내는 것일 뿐이고, 누가 소비를 하고 무엇이 소비되는가라는 점과는 관계가 없다. 따라서 국내적으로 또는 국가들 사이에서 잘못된 자원의 배분을 통해 한편에서는 가난한 사람들이 더욱 가난하게 되는 상황에서 다른 한편에서는 소수의 사람들의 사치성 소비의 증가가 GNP의 증가로 나타나는 경우도 충분히 있을 수 있다. 이러한 경우 GNP가 증가되는데도 불구하고 경제적 후생은 명백히 감소하게 되는 것이다.

또한 GNP는 질적인 척도라기보다는 양적인 척도이기 때문에 생산물의 질의 변화를 제대로 반영하지 못한다. 예를 들면, 개인용 컴퓨터는 성능이 향상되는데도 가격은 계속 하락하고 있다. 또 어떤 재화는 가격규제로 말미암아 가격은 불변인 대신 품질이 떨어지는 경우도 있다. 게다가 끊임없이 새로운 종류의 상품이 개발되기도 한다. 소비자의 경제적 후생에 영향을 미치는 이러한 질적인 변화를 GNP는 제대로 반영하지 못하는 것이다.

이상에서 살펴 본 바와 같이 GNP의 증가가 경제적 후생의 향상을 의미한다고 믿는 데는 상당한 문제점이 있다. 이와 같은 한계를 극복하기 위하여 노드하우스(W. Nordhaus)와 토빈(J. Tobin)은 GNP에 가사용역이나 여가 등의 가치를 더하고 오염이나 교통혼잡 등의 비후생적 요인들을 비용으로 환산하여 공제함으로써 국민의 복지수준을 보다 잘 나타낼 수 있는 경제후생지표(measure of economic welfare : MEW)라는 새로운 지표를 만들어 냈다. 새뮤엘슨(P.A. Samuelson)은 나중에 이를 순경제후생(net economic welfare : NEW)이라고 불렀는데, 최근에 많이 거론되고 있는 소위 Green GNP도 그 한 예라 하겠다. Green GNP는 국민계정상의 공식개념 내지 명확히 정의된 학술상의 개념은 아니나, 예를 들어 환경요인 조정 국내순생산(environmentally adjusted net domestic product : EDP)이 이에 가까운 개념이라 할 수 있다. EDP는 광물채굴 또는 산림벌채 등에 따른 자연자산의 감모나 환경오염에 따른 환경자산의 질적 악화 등 사회적 환경손실분을 화폐로 평가하여 이를 기존의 국민소득지표인 국내순생산(net domestic product : NDP)에서 공제함으로써 추계된다. 그러나 이상의 지표들은 객관적으로 수량화하는 데 어려움이 있어 아직은 널리 이용되지 못하고 있는 실정이다.

2) 국내총생산(GDP)

GNP는 국내에서 생산되든 해외에서 생산되든 관계없이 자국인이 소유한 생산요소에 의하여 생산된 것은 모두 포함시킨다. 이에 비하여 자국인의 생산요소에 의한 것이든 외국인의 생산요소에 의한 것이든 관계없이, 자국의 국경 안에서 생산된 모든 최종생산물의 시장가치를 국내총생산(gross domestic product : GDP)이라고 한다. 따라서 GDP에는 자국 내에서 활동하는 외국의 생산요소에 지급한 요소소득(대외지불요소소득)은 포함되는 반면, 자국인이 외국에 생산요소를 제공한 대가로 받은 소득(대외수취요소소득)은 포함되지 않는다. GDP를 GNP와 관련시켜 표시하면 다음과 같다.

GDP = GNP + 대외지불요소소득 - 대외수취요소소득

즉,

GNP = GDP + (대외수취요소소득 - 대외지불요소소득)
= GDP + 대외순수취요소소득

봉쇄경제에서는 GDP와 GNP가 같다. 그러나 개방경제에서는 양자가 서로 다른 것이 일반적이다. 해외투자를 상대적으로 많이 하는 나라는 GNP가 GDP보다 크고, 그 반면에 상대적으로 외국인투자를 많이 유치하는 나라는 GDP가 GNP보다 크다. GDP는 한 나라 안에서 실제로 활동하고 있는 생산요소에 의해 생산된 최종생산물을 가리키는 것이기 때문에, 생산물에 대한 그 나라의 이용가능성을 나타내는 척도로서는 GNP보다 유용하다. 해외부문의 비중이 커짐에 따라 GDP의 개념이 각국에서 점차 널리 사용되고 있다.

3) 국민순생산(NNP)

GNP와 GDP는 앞에서 살펴 본 바와 같은 개념상의 차이가 있기는 하나 모두 총생산이라는 공통점을 가지고 있다. 총생산은 총산출에서 중간투입액을 뺀 것이다. 이와 같이 계산되는 총생산은 엄밀히 말해서 생산과정에서 새로이 창출된 가치, 곧 부가가치는 아니다. 생산과정에서는 원재료가 소진될 뿐만 아니라 건물이나 기계와 같은 고정자본이 마모되는데, 이 고정자본 마모분을 감가상각이라고 한다. 따라서 부가가치 내지 순생산은 총생산에서 다시 감가상각을 뺀 부분이다. 그러므로 한 경제에서 일정기간 동안에 생산된 순국민생산을 파악하기 위해서는 GNP에서 감가상각을 공제해야 하는데, 이를 국민순생산(net national product : NNP)이라 한다.

NNP = GNP - 감가상각
= 모든 생산과정에서의 부가가치의 합계

개념상으로는 GNP에 비해 NNP가 보다 엄밀한 국민소득 개념이다. 그러나 실제로는 NNP보다 GNP를 더 많이 사용하고 있다. 그 이유는 감가상각을 정확하게 추계하는 것이 현실적으로 매우 어려울 뿐만 아니라 단기적으로 GNP에서 감가상각이 차지하는 비중이 대체로 안정적이어서 단기간의 시계열(時系列)을 비교하는 데는 별로 문제가 되지 않기 때문이다. 그러나 장기적으로는 기술혁신 등으로 생산구조가 변하여 감가상각이 크게 변동할 가능성이 높기 때문에 장기간의 시계열 분석에는 NNP가 필요하게 된다. 그 반면에 고용과 관련된 분석에서는 NNP보다 GNP가 더 유용하다. 왜냐하면 고용량은 순생산의 크기보다는 총생산의 크기와 더 밀접한 상관관계가 있기 때문이다. 이와 같이 분석하고자 하는 문제의 성질에 따라서 GNP가 더 유용할 때도 있고 NNP가 더 유용할 때도 있다.

4) 국민소득(NI)

국민소득이라는 개념은 넓은 의미에서는 국민경제의 소득수준을 나타내는 모든 지표들을 두루 가리키는 개념이다. 이에 비하여 민간부문(가계+기업)의 생산요소에 분배되는 소득, 즉 임금, 이자, 지대, 이윤을 합계한 이른바 요소비용에 의한 국민소득(national income at factor cost)을 좁은 의미의 국민소득(national income : NI)이라고 한다.

정부부문이 없는 경우, NI는 NNP와 일치한다. 그러나 정부부문이 도입되면 양자는 같을 수 없게 된다. 정부가 부과하는 물품세, 부가가치세 등의 간접세는 생산을 통해 얻어진 소득이 민간부문의 생산요소에 분배되기 전에 정부부문으로 빠져나가 버리는 부분이다. 반면에 정부가 기업에 주는 보조금은 생산활동에 의한 것은 아니므로 NNP에는 계상되지 않았으나, 기업에게는 분명히 소득이 되므로 NI에는 포함시킨다. 따라서 NI는 다음과 같이 계산된다.

$$
\begin{aligned}
\text{NI} &= \text{NNP} - \text{간접세} + \text{정부의 기업에 대한 보조금} \\
&= \text{NNP} - (\text{간접세} - \text{정부의 기업에 대한 보조금}) \\
&= \text{NNP} - \text{순간접세} \\
&= \text{임금} + \text{지대} + \text{이자} + \text{이윤} \\
&= \text{피용자보수} + \text{영업잉여}
\end{aligned}
$$

NI는 그 기간 중 경제의 민간부문이 벌어들인 소득을 나타내는 훌륭한 지표이나, 농부, 의사, 자영업자 등 비법인기업의 소득에는 여러 종류의 요소소득이 혼합되어 있기 때문에 NI를 임금, 지대, 이자, 이윤으로 정확히 구분하기가 어렵다. 따라서 현실의 소득통계에서는 NI를 피용자보수와 영업잉여로 대별한다. 피용자보수는 노동을 제공한 대가로 가계에 분배되는 급료와 임금을 말하고, 영업잉여는 생산활동을 주관한 생산주체의 몫을 말한다.

5) 개인소득(PI)

개인소득(personal income : PI)이란 개인 또는 가계부문에 귀속되는 소득을 말한다. 앞에서 살펴 본 NI가 모두 개인소득이 되는 것은 아니다. 이자, 지대 등은 그대로 개인에게 귀속된다고 볼 수 있으나 임금과 법인이윤의 경우는 그렇지 않다. 임금의 일부는 원천공제되어 근로자가 퇴직한 후 연금을 받을 수 있도록 고용주가 사회보장부담금으로 정부에 납부한다. 또한 법인이윤의 일부는 주식에 대한 배당금으로 주주 개인에게 돌아가지만, 그 전에 일부는 법인세로 정부에 납부되며, 나머지 미배당법인이윤은 사내(社內)에 유보된다. 따라서 PI를 구하기 위해서는 NI에서 사회보장부담금과 법인세 및 사내유보이윤을 공제해야 한다.

한편 개인에 대한 정부나 기업으로부터의 이전지출은 생산활동에 의한 것이 아니므로 GNP, NNP, NI 등에는 계상되지 않았으나, 개인의 입장에서 볼 때는 엄연한 소득이므로 PI에 포함되어야 한다. 이를 정리하면 다음과 같다.

$$PI = NI - 사회보장부담금 - 법인세 - 사내유보이윤 + 이전지출$$

6) 개인가처분소득(PDI)

개인가처분소득(personal disposable income : PDI)이란 개인이 실제로 자유로이 처분할 수 있는 소득을 말하는데, PI에서 개인이 부담하는 직접세(개인소득세)를 공제함으로써 얻어진다.

$$PDI = PI - 개인소득세$$

개인이나 가계는 이 PDI를 소비하거나 저축한다. 따라서 PDI야말로 국민들이 소비와 저축을 어떤 형태로 하는가를 알아보는 데 기본이 되는 소득개념이다.

2.2 국민소득의 순환과 균형국민소득의 결정

국민경제에서 생산의 주체인 기업은 가계가 제공하는 생산요소들을 결합하여 생산을 한 뒤, 그 생산물을 판매함으로써 수입을 얻는다. 이 수입은 생산요소를 제공했던 가계에 대해 보수를 지불하는 데 사용되는데, 이는 곧 가계의 소득이 된다. 그리고 가계는 이 소득을 기초로 하여 생산물에 대한 구매행위를 하는데, 이 때 소득의 크기가 생산물에 대한 지출(수요)의 크기를 결정한다. 그리고 기업은 이 수요를 기반으로 하여 다시 생산활동을 수행함으로써 최초의 출발점으로 되돌아오게 된다.

이와 같이 국민경제는, 생산(공급)이 소득을 결정하고 소득은 지출(수요)을 결정하며 지출(수요)은 다시 생산을 결정하는, 생산 → 소득 → 지출 → 생산이라는 순환적인 성격을 가진다. 국민경제의 이러한 순환적 성격을 우리는 특히 화폐소득과 그 지출이라는 측면에서 살펴보면서, 그 순환과정을 국민소득의 순환이라고 한다. 그리고 소득흐름의 크기가 매회 마다 일정할 때, 소득순환과정이 균형상태에 도달했다고 말한다.

국민소득의 순환과정을 보다 명확하게 이해하기 위하여 하나의 모형을 설정해 보자. [그림 2-7]은 가계, 기업, 정부만이 존재하며 해외부문은 존재하지 않는 3부문경제의 소득순환과정을 나타내고 있다.

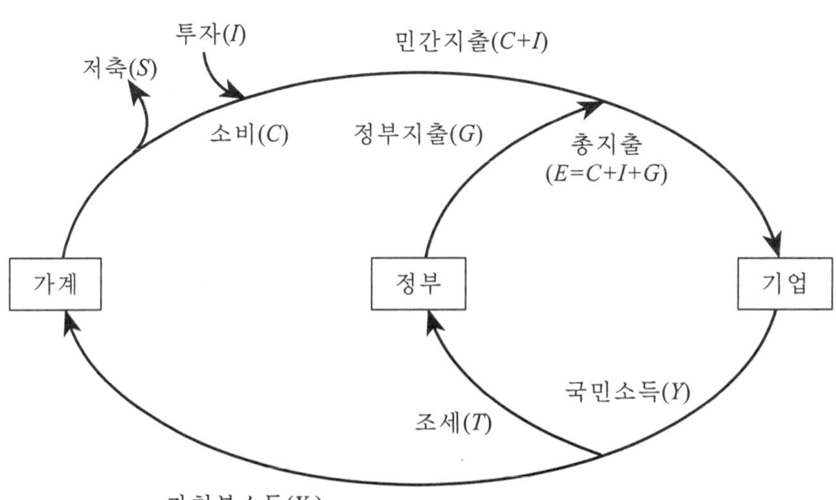

그림 2-7 3부문경제의 소득순환과정

그림의 아래 부분과 좌상 부분은 생산을 통해 얻어진 국민소득이 분배된 뒤 처분되는 과정을 나타내고 있다.[1)]

가계는 기업에 생산요소를 제공하는 대가로 소득 Y를 얻고, 소득 Y에서 조세 T를 납부한 나머지인 가처분소득 Y_d를 기초로 해서 소비 C와 저축 S를 한다. 그런데 경제학에서 저축이란 "가처분소득 중에서 소비되고 남는 부분"이라고 정의된다. 즉, 저축의 정의식은 다음과 같다.

$$\begin{aligned} S &\equiv Y_d - C \\ &\equiv Y - T - C \end{aligned} \tag{2.7}$$

따라서 다음과 같은 관계가 쉽게 도출된다.

$$Y \equiv C + S + T \tag{2.8}$$

(2.8)식은 국민소득이 어떠한 형태로 나뉘어 처분되는가를 나타내는 단순한 항등식이다. 즉, 생산을 통해 얻어진 국민소득이 모두 분배되고 처분된다면 국민소득은 항상 소비, 저축 및 조세의 합과 같다는 것을 의미하고 있으며, 이는 곧 국민경제의 총공급수준을 나타낸다.

한편 [그림 2-7]의 우상 부분은 국민소득을 기초로 해서 생산물에 대한 지출이 이루어지는 과정을 나타내고 있다. 가계는 소비를 목적으로 소비재에 대하여 소득을 지출하는데, 이를 소비지출 또는 간단히 소비(C)라고 한다. 기업은 투자를 목적으로 자본재를 구입하며, 이 때의 지출을 투자지출 또는 간단히 투자(I)라고 한다. 정부 또한 공공재의 공급과 공기업의 운영 등 고유의 역할을 수행하기 위하여 소비재와 자본재를 구입하는데, 이 때의 지출을 정부지출(G)이라고 부른다. 따라서 기업의 생산물에 대한 총지출 E는 항상 소비, 투자 및 정부지출의 합과 같다.

즉,

$$E \equiv C + I + G \tag{2.9}$$

---

1) 단순화를 위해, 감가상각, 순간접세, 이전지출, 사회보장부담금, 법인세, 사내유보이윤 등은 0이라고 가정하자. 이것은 $GNP = NNP = NI = PI$의 관계가 성립됨을 의미하는데, 그림에서는 국민소득 Y로 표시되어 있다. 그리고 Y에서 개인직접세 T를 공제한 개인가처분소득(PDI)이 그림에서는 가처분소득 Y_d로 표시되어 있다.

(2.9)식은 생산물에 대한 국민경제의 총수요수준을 나타내는 항등식이다.

이제 [그림 2-7]로 되돌아가 소득순환의 전체적인 흐름을 살펴보자. 소득은 조세, 소비 및 저축의 형태로 처분된다. 이 중에서 조세와 저축은 소득의 순환으로부터 빠져나가 버린다. 이러한 부분을 우리는 누출(leakage)이라고 부르는데, 누출은 소득의 순환으로부터 빠져나감으로써 그 만큼 순환소득의 크기를 감소시킨다. 그 반면에 정부지출과 투자는 소득순환의 외부로부터 새로 들어와 그 만큼 순환소득의 크기를 증가시킨다. 이처럼 소득순환의 외부로부터 도입되어 새로운 소득을 창출하는 지출을 주입(injection)이라고 부른다. 만약 누출의 합계가 주입의 합계보다 크다면 순환하는 소득의 크기는 감소될 것이며, 반대로 누출의 합계가 주입의 합계보다 작다면 순환하는 소득의 크기는 증가될 것이다. 결국 누출의 합계와 주입의 합계가 똑 같을 경우에 소득은 최초의 수준을 그대로 유지하면서 순환하게 되는데, 우리는 이 때 소득순환과정이 균형상태에 도달했다고 말하면서 그 국민소득을 균형국민소득이라고 부른다. 따라서 소득순환의 균형조건 내지 국민소득의 균형조건은 아래의 식과 같다.

$$S+T=I+G \tag{2.10}$$

이상의 논의는 (2.8)식으로 나타나는 총공급수준과 (2.9)식으로 나타나는 총수요수준 사이의 관계로부터 설명할 수도 있다. 만일 총수요가 총공급보다 크다면 기업은 생산을 증가시킬 것이고 이에 따라 국민소득은 증가할 것이다. 반대로 총공급이 총수요보다 크다면 기업은 생산을 감소시킬 것이고 이에 따라 국민소득도 감소하게 된다. 결국 국민소득의 균형은 총수요와 총공급이 일치할 때 달성된다. 따라서 국민소득의 균형조건은 다음과 같다.

$$Y=E \tag{2.11}$$

여기서 $Y \equiv C+S+T$이고, $E \equiv C+I+G$이다. 따라서 국민소득의 균형조건을 나타내는 (2.11)식은 다음과 같이 여러 가지의 형태로 고쳐 쓸 수 있다.

$$Y=C+I+G \tag{2.12}$$

$$C+S+T=C+I+G \tag{2.13}$$

$$S+T=I+G \tag{2.14}$$

연 습 문 제

1. 수요의 결정요인을 5가지 이상 쓰고, 그 요인들이 구체적으로 수요에 어떻게 영향을 미치는지 설명해 보시오.

2. 어떤 재화의 수요곡선과 공급곡선이 다음과 같다고 한다. 이 경우 시장에서 결정되는 균형가격과 균형거래량은?

$$Q_D = -6P + 300 \qquad\qquad Q_S = 4P$$

3. 가격의 자동조절작용을 설명해 보시오.

4. 사이다와 콜라는 서로 대체재이다. 만약 콜라의 가격이 상승한다면 사이다의 균형가격과 균형거래량은 어떻게 변화하겠는가?

5. 10년 전에 5,000만원을 주고 구입한 아파트를 올해 1억5.000만원을 받고 팔았다. 이것이 올해의 GNP를 얼마만큼 어떻게 변화시키는가?

6. GNP를 국민후생지표로 사용하는 데는 많은 문제점이 있다고 한다. 그 이유를 설명해 보시오.

7. 최근 한 나라의 경제활동수준을 나타내는 지표로서는 GNP보다 GDP가 더 유용하게 사용되고 있다고 한다. 그 이유를 설명해 보시오.

8. 작년의 명목GNP가 120조원이었으며, 작년의 GNP디플레이터가 150이었다. 작년의 실질GNP는 얼마인가?

9. 어떤 나라의 저축(S)이 70, 투자(I)가 50, 조세(T)가 30, 정부지출(G)이 40이라고 한다. 이 나라의 국민소득은 앞으로 어떻게 변화하겠는가?

제 3 장

시장과 경쟁

우리는 제1장에서 시장경제야발로 한정된 자원의 배분을 가장 효율적으로 달성할 수 있는 제일 나은 수단이란 것을 이해하였다. 이 제3장의 제1절에서 그런 가장 이상적인 시장으로 완전경쟁시장을 모델하여 설명한다. 그런데 그런 각종 재화와 서비스 시장은, 그렇게 '보이지 않는 손'의 자동조절작용을 통하여 항상 효율적이지만은 않은 것으로 나타난다. 그런 시장이 바로 불완전경쟁시장이라고 일컫는 독점시장이나 과점시장의 경우인 것이다. 이럴 경우 물론 앞서서 얘기한 대로 정부는 시장성과를 개선하기 위해서 시장개입을 하기도 한다. 이 장에서는 그런 대표적 시장으로 공급독점의 경우를 들어 예로 삼는다(제2절). 한편 정부가 시장에 개입해야만 하는 또다른 전형적 시장실패의 경우의 하나로 외부효과(외부비경제)가 있다. 이를 교정시키기 위한 경우로, 우리는 환경오염의 문제를 예로 삼아 설명을 한다(제3절).

제1절 경쟁시장(Competitive Market)

경쟁시장이란 동일한 상품을 취급하는 수많은 공급자와 수많은 수요자로 구성되어 있어, 모든 공급자들과 수요자들이 가격수취자(Price Taker)가 되는 시장이다. 이는 한편으로 완전경쟁시장(Perfect Competitive Market)이라고도 불린다. 다시 말하면 이 경쟁시장에는 다음과 같은 세 가지 특징이 있다.

- 수많은 수요자와 수많은 공급자로 이루어진다.
- 공급자들이 공급하는 재화는 거의 동질적이다.
- 모든 공급자들은 자유롭게 시장에 진입할 수 있고 또 퇴출할 수 있다.

이런 특징들로 인하여 이 시장의 어느 개별 수요자나 공급자도 시장가격 형성에 영향력을 행사할 수 없고, 그래서 시장가격을 그저 주어진 것으로 받아들이는 가격수취자가 될 뿐인 것이다. 예를 들자면, 우리들 주변의 많은 주유소들도 휘발유 소매 시장의 경쟁시장이 되는 것이다. 물론 그들 주유소들이 위치하는 곳에 따른 시장영향력을 전혀 도외시할 수는 없겠지만, 그 주기능을 살펴보면 위에서 들은 세 가지 특징을 거의 만족한다고 할 수 있겠다. 수없이 많은 자동차 운전자들이 그 수요자에, 수없이 많은 주유소들이 그 공급자에 해당한다. 또한 그 거래대상이 되는 휘발유는 거의 동질적이라고 평가되어 언제라도 서로 대체하여 소비할 수 있는 상품인 것이다. 그리고 주유업자들의 시장 진입과 퇴출 또한 어떤 시장진입 장벽 등이 있어 제한을 받는 것으로는 보이지 않는다. 이 시장에서의 시장가격 형성은 수요자들과 공급자들의 큰 힘에 의해서, 균형가격과 균형수급량(수요량 및 공급량)의 대세가 결정되는 것이지 어느 특정 수요자나 공급자 또는 공급자들의 영향력에 의해서 결정되지는 않는 것으로 보인다. 각 공급자는 시장가격에서 얼마든지 판매할 수 있기 때문에 굳이 가격을 인하할 이유가 없고 또 가격을 조금이라도 인상한다면 소비자들은 모두 다른 공급자에게 갈 것이기 때문에 그렇게 하지 못한다. 한편으로 장기적으로 보아서 공급자들의 이 시장으로의 진입과 퇴출이 자유롭기 때문에, 독점기업이나 과점기업들이 군림할 여지는 없게 된다. 만일 장기에 있어 정상이윤(Normal Profit)을 초과하는 이윤이 이 시장의 기업에게 발생하고 있다면, 언제라도 이 산업(시장)으로 새로운 잠재기업들이 진입하여 경쟁을 유발시켜 마침내 장기에는 항상 정상이윤만이 존재하게 할 수 있기 때문이다. 독점을 초래하는 어떤 법적, 제도적, 또는 시장제한적 장벽은 존재할 수 없음이 경쟁시장의 관건인 것이다.

어떤 시장이든, 경쟁시장이냐 불완전경쟁시장이냐를 막론하고, 기업들의 목적은 이윤극대화(Profit Maximization)이다. 이윤은 총수입에서 총비용을 제한 나머지이다. 경쟁시장에서 공급자인 기업의 총수입은, 시장에서 주어진 가격(상품 단위당)에 얼마나 많이 파는가를 보여주는 판매량을 곱하면 쉽게 구하여진다.

$$R = P \times Q$$

R: Revenue(총수입), P: 상품단위가격, Q: 판매량

그리고, 총비용은 여기서는 간략하게, 생산량의 함수로 표시하여 다음과 같이 쓸 수 있다.

$$C = f(Q)$$

C: Cost(총비용), Q: 생산량(판매량)

다시 위에서 정의한 이윤을 수식으로 정리하면 아래와 같다.

$$\mathrm{Pr} = R - C$$

Pr: Profit(이윤)

여기서 우리는 R(총수입)도 그리고 C(총비용)도 모두 생산량(또는 판매량)의 함수인 이상 Pr(이윤) 또한 생산량의 함수가 됨을 알 수 있다.

즉,

$$\mathrm{Pr}(Q) = R(Q) - C(Q)$$
$$\mathrm{Pr}(Q) = P \times Q - C(Q)$$

간단한 미분을 이용하여 1차도함수 그리고 2차도함수를 구하여 극대이윤의 조건을 풀어보면 다음과 같다.

$$\mathrm{Pr}'(Q) = P - C'(Q) = 0$$
$$\therefore\ P = C'(Q)$$

$\mathrm{Pr}'(Q)$: 이윤의 Q에 관한 1차미분
$C'(Q)$: 비용함수의 Q에 관한1차미분즉 한계비용

위의 이윤함수의 1차미분 도함수를 살펴보면, 이윤의 극대화를 이루는 조건이 바로 시장가격(P)와 한계비용(Marginal Cost)이 같게 된다는 것이다. 한편 위 이윤의 1차 도함수를 다시 한번 Q에 관하여 미분하여 2차 도함수를 구하면 아래와 같다.

$$\mathrm{Pr}''(Q) = -C''(Q) < 0$$
$$\therefore\ C''(Q) > 0$$

$\mathrm{Pr}''(Q)$: 이윤의2차 도함수
$C''(Q)$: 한계비용, $C'(Q)$을 다시 한번더 Q에 관하여 미분한 한계비용함수의기울기

즉 이윤극대화의 2차 충분조건은, 한계비용이 생산량(Q)의 증대에 따라서 계속 상승하고 있어야만 하겠다는 말이다. 이는 평균비용이 상승하는 구간에서는 항상 한계비용이 그 평균비용보다 위에 있어서 언제나 한계비용이 증가하고 있는 국면이라고 볼 수 있는데, 바로 규모의 경제(Economy of Scale) 영역은 이미 지나쳐버린 생산단계여야만 한다는 말이다.

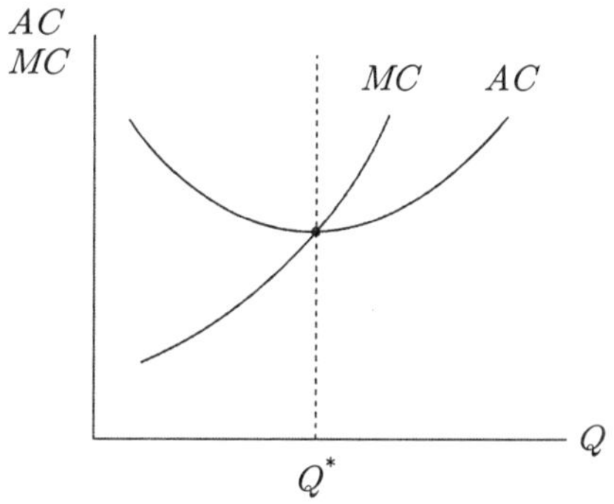

이 2차 충분조건은 생산자인 공급자가 자기의 생산비용구조를 살펴보면서 충분히 알아서 결정해야만 할 것으로 보인다. 그런데 기업의 이윤극대화를 위한 1차 필요조건인, 시장가격이 곧 기업의 한계비용과 일치해야만 한다는 얘기는 참으로 중요한 의의를 시장경제에 던져준다고 이해해야만 하겠다. 왜냐하면, 이 시장가격이란 것은 어떤 재화의 소비자들이 사회적으로 평가하는 한계이득(Marginal Benefit) 또는 한계편익이라고 할 수 있는데, 이 시장소비자들의 한계이득이 바로 시장공급자들의 한계비용(Marginal Cost)과 일치한다는 것은 이 시장경제사회가 올바르게 의사결정을 실현하여 전체적으로 제일 큰 잉여를 자아내고 있다는 얘기이기 때문이다. 앞선 제1장에서 배운 기본원리 중에서, 한계적으로 의사 결정하는 경제주체들의 실현이 곧바로 전체 사회적으로도 또한 올바

른 한계적 자원배분을 위한 결정이 되고 있음을 말해주고 있기 때문인 것이다. 이 점, 시장가격이 항상 이 사회에서의 그 생산의 한계비용(Marginal Cost)과 일치한다는 사실($P=MC$)이 바로 경쟁시장의 수월성인 것이다. 한편 나아가서는, 어떤 한 경제내의 이런 각각의 재화와 서비스시장에서의 시장균형을 통하여 드러내는 미시적 관찰의 사회잉여(Social Surplus) 또는 총잉여(Total Surplus)의 한 경제내 전체 시장에서의 총체적 집합(수평적 합산)이 다름 아닌 거시적 관찰의, 한 경제내의 국민소득 창출에 상응하는 부가가치의 합산값이 될 것으로 보인다. 왜냐하면 결국 한 나라경제의 부가가치의 합산, 곧 당해연도의 국민소득이란 그 나라경제내 수많은 시장 (또는 산업)의 잉여가치의 집산이어야만 하기 때문이다.

제2절 독점시장(Monopoly Market)

여기서 소개하려는 독점(Monopoly)은 앞서 소개한 완전경쟁시장(Perfect Competitive Market)과 더불어 시장구조상 경쟁과 독점이라는 양극단의 전형적 모델이라고 할 수 있겠다. 완전경쟁의 완선 동질적인 제품을 거래대상으로 하는 경쟁시장이, 너무 이상적이라서 사실상 현실을 100% 있는 그대로 반영할 수 있는 시장이 아닌 것과 마찬가지로, 독점도 순수 독점의 아무런 대체상품이 전혀 없는 그런 독점은 발견하기 힘든 것도 사실이다. 하지만 이 두 극단의 시장 모델은 그 이론이 체계적이고 매우 정교하다. 그래서 독점시장과 완전경쟁시장은 다른 형태의 시장을 분석하는 기초가 된다. 독점은 전형적인 폐단의 시장인데 반해서 경쟁시장은 가장 이상적인 시장으로 볼 수 있는 것이다. 실제의 시장 구조의 구분은, 대부분의 시장에서 다소 차별화된 상품으로 경쟁을 하기 때문에, 완전경쟁에 가장 가까운 경쟁시장으로서는 다수의 공급자들로 이루어진 "독점적 경쟁시장"(Monopolistic Competitive Market)을 꼽고 있으며 그리고는 소수의 공급자들로 구성된 차별과점이 대부분의 시장유형이라고 말할 수 있겠다. 그러나 과점시장에 있어서도 한 기업이 시장점유율 60~70% 이상을 차지하면서 그 시장 내에서 절대적 우위를 점유하고 있으면, 이 시장은 사실상 이 한 기업에 의해서 지배되는 독점적 과점시장(Dominant Firm Oligopoly)이 된다. 즉 주도기업은 어떤 적극적인 경쟁상대도 가지고 있지 않으며, 다른 기업들은 독점적 주도기업의 정해진 가격에 따라가는 추종자에 불과하게 되는 것이다. 이런 경우 사실상의 독점시장 성과가 나타나게 된다.

독점기업도 경쟁시장의 기업과 마찬가지로 이윤극대화가 기업의 목표이다. 그러나 독점시장에서는 경쟁시장과는 달리 공급자가 한 사람에 불과하기 때문에 시장가격형성에 그 영향력이란 절대적이다. 그래서 독점시장의 기업은 가격설정자(Price Maker)가 된다. 기업은 시장수요곡선 자체가 자기가 홀로 직면하는 수요곡선이 되어, 시장에 많이 생산하여 공급하면 가격이 떨어지고 또 적게 생산하여 출하하면 가격이 올라가게 된다는 것도 안다. 그래서 얼마만큼이 가장 적절한 생산량이 되어, 자신의 극대이윤을 낳게 되는 가격인가를 스스로 결정하는 것이다. 앞서 경쟁시장과 마찬가지로 이를 수식으로 풀어보면 아래와 같다.

$$\mathrm{Pr}(Q) = R(Q) - C(Q)$$

Pr(Q): 이윤함수(Profit Function)
R(Q): 총수입(Total Revenue)은 생산량(Q)의 함수
C(Q): 총비용(Total Cost)은 생산량(Q)의 함수

즉, 이윤은 총수입에서 총비용을 제한 나머지이다. 여기서 독점기업의 총수입은 $R = P \times Q$와 같이 나타낼 수는 없다. 왜냐하면 가격(Price) 또한 생산량의 함수가 되어, 이런 식으로 구태여 표현하면 $R(Q) = P(Q) \times Q$가 될 것이다.

이윤극대화의 조건을 미분을 이용하여 도출하면 다음과 같다.

$$Pr'(Q) = R'(Q) - C'(Q) = 0$$
$$\therefore R'(Q) = C'(Q)$$

$\mathrm{Pr}'(Q)$: 이윤함수의 Q에 관한 1차 도함수
$R'(Q)$: 총수입을 Q에 관하여 1차미분한 도함수
즉, 한계수입(Marginal Revenue)
$C'(Q)$: 총비용을 Q에 관하여 1차미분한 도함수
즉, 한계비용(Marginal Cost)

이 1차 도함수로 표시되는 이윤극대화의 필요조건은 바로 기업의 한계수입(MR)과 한계비용(MC)이 일치하는 생산량이 곧 극대이윤의 필요조건이라는 의

미이다. ($MR = MC$)경쟁시장에서의 기업들도 마찬가지이겠지만, 경쟁기업들은 시장가격이 주어지기 때문에 바로 그 시장가격이 한계수입이자 또한 평균수입이 된다는 사실이 주요 차이점인 것이다. 한편, 이윤극대화의 2차 충분조건을 살펴보기 위해서 한번 더 위 식을 미분하여 보면,

$$Pr''(Q) = R''(Q) - C''(Q) < 0$$
$$\therefore R''(Q) < C''(Q)$$

$Pr''(Q)$: 이윤함수의 Q에 2차 도함수
$R''(Q)$: $R'(Q)$, 한계수입함수의 기울기
$C''(Q)$: $C'(Q)$, 한계비용함수의 기울기

위의 2차 충분조건을 살펴보면, 바로 이윤극대화를 이루는 한계수입과 한계비용이 일치하는 점에서, 한계수입의 (Q에 관한) 기울기보다는 한계비용의 (Q에 관한) 기울기가 더 커야만 한다는 조건이다. 이는 실제에 있어서, 그 이윤극대점 부근에서는 항상 한계수입은 떨어지고 있어서 한계수입의 기울기는 마이너스(-)가 되고, 또 한계비용은 상승하고 있어서 그 한계비용의 기울기가 포지티브(+)가 되기 때문에 별 문제의 여지가 없는 충분조건이 되는 셈이다. 여기서 우리가 간과할 수 없는 사실은, 독점기업이 직면하는 수요곡선이 바로 그 산업(또는 시장)의 수요곡선이 되는 이상에는, 그래서 이 수요곡선이 독점기업의 평균수입(시장가격은 언제나 기업의 평균수입이 됨) 곡선이 되는 한에는, 또 그래서 그 평균수입곡선이 항상 右下向(우하향), 오른쪽 아래로 내려가는 선이 되어버리는 이상에는 항상 한계수입(MR)곡선은 그 밑에서 똑같이 右下向(우하향)하게 된다는 것이다. 이는 곧바로 한계수입과 한계비용이 일치하는 독점기업의 이윤극대점의 생산량에서는, 항상 필연적으로 독점시장의 균형가격(또한 독점기업의 평균수입)이 그 한계비용의 값보다 높이 위치하게 됨을 뜻한다. 즉 시장에서 독점 가격이 언제나 그 생산물의 한계비용보다도 훨씬 높다는 사실이다. ($Pm > MC = MR$: 독점시장가격 > 한계비용 = 한계수입)

이 독점가격(Pm) 즉 소비자들의 한계이득이 생산자의 한계비용보다 높다는 점은 바로 이 사회가 효율적인 자원배분을 하지 못하고 있다는 것이 되어 그 만큼의 경제적순손실(Dead Weight [Welfare] Loss, 또는 사중적손실)을 이 독점시장은 낳게 됨을 의미한다.

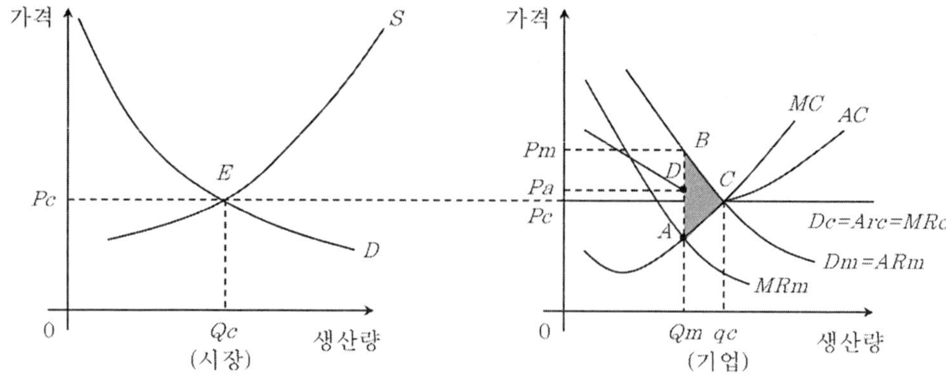

┃그림 3-1┃ 경쟁시장과 독점시장의 비교

그럼 여기서 똑같은 시장수요를 가지고 있는 어떤 시장이, 경쟁시장일 경우와 독점시장이 될 경우를 가정하여 그래프를 그려서 분석하면 우리는 더욱 뚜렷한 차이점을 알 수 있게 된다.

그래프를 살펴보면, 왼쪽 것은 시장의 전체적인 수요곡선과 공급곡선을 나타내고 있다. 만일 이 시장이 경쟁시장이 될 것 같으면, 시장에서의 균형은 E점에서 이루어지고 그 때 시장가격은 *Pc*(경쟁시장가격) 균형수급량은 *Qc*가 된다. 이를 개별기업의 입장에서, 어떻게 극대이윤을 이루어내는 균형을 달성하는가를 보여주는 것이 오른쪽 그래프가 된다. 그래서 평균비용곡선을 *AC*(Average Cost), 한계비용곡선 *MC*(Marginal Cost)로 표시할 수 있다. 이 개별기업이 경쟁시장의 수많은 공급자들 중의 한 기업이라면, 그리고 장기균형(Long-run Equilibrium)상태에 있는 경우라고 가정하면 그 균형점 즉 *MRc* = *MC*(한계수입=한계비용)의 경쟁시장 균형은 평균비용(*AC*)의 극소점에서 이루어진다. 이 때 물론 기업은, (단기에는, 있을 수도 있는 초과이윤(Excess Profit)은 없고,) 단지 정상이윤(Normal Profit)만 있을 뿐이다. 주목해야 할 점은 경쟁기업이 직면하는 개별수요곡선이 *Dc*로서 수평적이 되어 무한히 탄력적이라는 것이고, 또 이 수준이 곧바로 평균수입(*ARc*)이자 한계수입(*MRc*)가 된다는 사실이다. 그리고 이 수평적 개별기업 수요곡선은 바로 시장에서 전체적인 수요의 힘과 공급의 힘이 만나서 결정되는 경쟁시장가격(*Pc*)로 주어지게 된다는 것을 나타낸다. 한편 그 때 이 개별경쟁기업이 담당하는 수급량은 *qc*가 된다.

그런데 만일 이 시장이 (공급)독점시장이 된다면 더 이상, 왼쪽 그래프와 같이 균형이 이루어지지는 않는다. 이 독점기업이 직면하는 산업(또는 시장)의 수요곡선은 곧장 개별독점기업의 수요곡선이 되어(Dm), 이는 이 독점기업의 평균수입곡선(ARm: Average Revenue of Monopoly)이 되어버린다. 이 독점기업은 평균수입의 스케줄로부터 바로 자신의 한계수입곡선(MRm: Marginal Revenue of Monopoly)을 도출하여 자신의 이윤극대화 생산 및 판매량을 결정하게 되는 것이다. 이 그래프에서는 편의를 위해서, 그냥 경쟁기업의 평균비용(AC)과 한계비용(MC)곡선을 그대로 표시하고 있다(즉 경쟁시장에서의 개별 경쟁기업이 바로 어떤 독점시장에서 한 독점기업이 되었다고 가정한다는 말이다.). 독점기업의 이윤극대화 조건인 $MRm = MC$(한계수입=한계비용)는 A점에서 이루어진다. 따라서 이 독점기업의 균형공급량은 Qm이 되어, 그 때의 독점가격은 B점에서 나타나 Pm이 되는 것이다. 이 독점공급량 Qm의 생산량에서는 평균비용이 Pa가 되어 결국 독점기업은 $\square PmBDPa$만큼 초과이윤(Excess Profit)을 누리게 되는 것이다. 이 독점기업은 이러한 초과이윤을 향유하는 반면 이 시장을 통한 사회는, 경쟁시장과 비교해볼 때, 가격은 더 높고($Pm > Pc$) 공급량은 더 줄어들어($Qm < qc$)결국 $\triangle BAC$만큼의 경제적 후생손실($DWWL$: 사중적손실 또는 경제적순손실)를 안고 가게 되는 것이다. 이 있어야 할 잉여(Surplus)가 사라져 없어지게 되는 것은, 생산공급량 $Qm+1$에서 살펴보면 자명하게 된다. 이 $Qm+1$의 생산량에서 보면 소비자들의 한계이득(또는 한계편익: Marginal Benefit)은 BQm의 높이인데 반해서, 이 생산을 위한 한계비용(Marginal Cost)은 AQm의 높이에 지나지 않는다. 따라서 사회는 BA 크기만큼의 한계잉여를 놓치고 마는 셈이다. 그렇게 하여 우리는 이 독점시장에서 $Qmqc$만큼의 재화를 덜 생산하여 $\triangle BAC$만큼의 잉여를 향유할 기회를 박탈당하게 되는 것이다. 이것이 바로 독점의 폐해이자 독점의 사회적비용(Social Cost of Monopoly)인 것이다. 이러한 자원배분의 왜곡을 통한 비효율성은 애초에 독점이라는 시장구조가 빚어내는 것인 셈이다. 왜냐면 기업이란, 독점기업이든 또는 경쟁기업이든, 언제나 기회만 되면 극대이윤을 추구하는 것이 당연하기 때문이다.

제3절 환경오염의 문제

우리는 요즘 환경오염으로 인한 피해에 무척 관심을 쏟는다. 그래서 어떤 경우에는 중요한 국책사업들도 몇 년씩 발목을 잡혀 그 시행이 연기되는 경우도 종종 있는 것 같다. 왜 이런 환경의 문제는 시장에서 '보이지 않는 손'에 의해서 해결되지는 못하는 것일까? 우리는 기본원리를 배우면서, 자유롭고도 공정한 거래는 모든 사람을 이롭게 한다고 이해하게 되었고 또 시장이 그러한 경제활동을 조직하는 가장 좋은 수단이라고 알게 되었는데 왜 이 환경의 문제는 시장에서 해결하지는 못하는 것일까? 그런데 우리는 기본원리 중에서, 때로는 정부가 시장에 개입해서 더 나은 성과를 향상시킬 수 있다고도 배웠다. 이 환경문제의 경우가 바로 그런 것에 해당한다 하겠다. '보이지 않는 손'의 기능은 때로는 그 역할을 올바르게 수행할 수 없는 조건에 부닥치게도 되는데 이 환경문제가 그 경우로서 주 요인은 부정적 외부효과(Negative Externality)이다. 외부효과란 거래당사자들의 행위가 제삼자의 경제적 후생에 영향을 미치고 그에 대한 보상은 이루어지지 않는 현상을 일컫는다. 이에는 긍정적 외부효과(Positive Externality)로서 신기술 개발이나 발명 등이 있겠고 또 부정적 외부효과로서 환경오염 문제 등이 가장 전형적인 예가 될 것이다. 긍정적 외부효과의 경우에는 그 시장 공급량이 최적 수급량에 미치지 못하기 때문에 정부는 지원금 등을 통해서 그 공급을 늘려 시장성과를 개선할 수 있겠다. 한편 부정적 외부효과의 경우에는 그 시장 수급량이 최적공급량을 훨씬 초과하여 경제적순손실을 초래하기 때문에 이의 억제를 위해서 세금이나 규제 등을 통해서 성과를 개선한다. 요체는 이러한 외부효과를 내부화(Internalization)시켜, 수요자 및 공급자의 의사결정에 그 제삼자에게 미치는 영향만큼을 반영시켜 시장균형을 달성케 하는 것이다. 여기서는 환경오염의 경우, 그 오염물질 배출로 인한 사회적 비용을 어떻게 내부화시켜 최적 수급량을 실현시킬 수 있는지 살펴본다. 수년전 낙동강 하류지역에 살고 있는 부산 및 경남도민들은 대구 지역의 위천공단 염색공장 등에서 방출하는 수질오염물로 크나큰 고초를 겪었다. 위천공단의 염색도료 생산자들은 그들의 생산비에 오염물질(페놀 등)의 수질오염으로 인한 피해를 계상하지 않는다.

그 피해를, 제삼자인 일반 대중이 겪는 비용만큼 그대로 만일 생산비에 반영한다면, 시장가격은 도저히 경쟁적이질 못해서 모두 도산하여 위천공단의 염색산업은 모두 문을 닫아야만 한다는 것이었다. 아마도 옳은 말이었을 것이다.

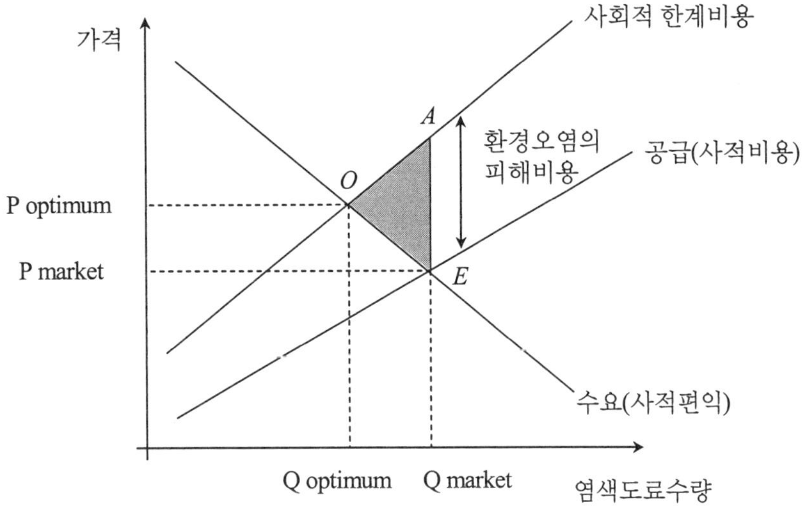

| 그림 3-2 | 환경오염의 후생손실

그래프에서 살펴보면, 만일 정부 환경당국의 아무런 간섭 없이 그대로 시장에 방치하고 있으면 시장균형은 E점에서 이루어진다. 그래서 염색도료의 시장수급량은 $Qmarket$가 되고 그 가격은 $Pmarket$가 될 것이다. 하지만 이 공급곡선은, 사회의 외부효과로 피해를 입는 비용을 포함하는 진정한 비용이 되지는 못한다. 단지 염색산업의 생산비만을 계산한 사적한계비용(Private Marginal Cost)곡선인 것이다. 실제의 환경오염으로 인한 피해비용까지도 계산한 사회적 한계비용(Social Marginal Cost)곡선이, 사적비용만의 공급곡선 위에 위치한 것으로서, 바로 사실상의 공급곡선인 것이다. 그래서 최적점은 이 사회적 한계비용의 실제 공급곡선과 수요곡선이 만나는 0점에서 이루어져야만 한다. 따라서 사회적으로 바람직한 최적공급량은 $Qoptimum$이 되어야하고 그 때의 가격은 $Poptimum$이 되어야 하겠다. 최적공급량은 실제로 시장 수급량 보다 많이 줄어들어야만 하겠고 또 적정가격은 시장가격보다도 높아야만 한다는 것이다. 만일 우리가 이러한 오염피해의 비용을, 환경세를 부과하는 방법으로 내부화시켜서 공급자들의 생산비에 부담시킬 수 있다면, 훨씬 환경오염을 유발하는 염색도료의 생산을 줄일 수도 있고 또 걷어 들인 환경세로는 수질오염을 방지하거나 제거하는 재원으로 사용하여 그 피해를 사전에 방지할 수도 있는 것이다. 정부가 간여하여 이러한 환경정책을 실시하지 않으면, 이 사회는 자원배분의 왜곡을 통해서△OEA만큼의 사중적(死重的) 후생손실(Dead Weight Welfare Loss)도 겪어야만 하는 것이다.

연 습 문 제

1. 완전경쟁시장의 대표적 특징, 세가지를 설명하라.

2. 만일 경쟁시장의 한 기업이 자신의 생산량을 세배로 하여 출하하면, 그 가격과 수입은 어떻게 변화하게 되는가?

3. 경쟁시장에서 어떤 기업은 초과이윤을 단기에 낼 수 있는가? 만일 그렇다면 장기에는 어떻게 되는지를 산업 전체를 고려하면서 설명하라.

4. 경쟁시장에서의 전형적 대표기업은 그 생산함에 있어서 최소평균비용을 시장가격과 일치시킨다. 이는 단기에 발생하는가 또는 장기에 일어나는가? 또는 장기, 단기 모두 그러한가?

5. 독점시장에서, 기업이 직면하는 수요곡선에서 한계수입곡선을 도출하여 보라. 이때 왜 독점기업의 한계수입곡선은 수요곡선 아래 위치하게 되는지를 설명하라. 그리고 이를 이용하여 독점시장에서의 균형점을 표시하라.

6. 독점의 폐해 또는 독점의 사회적 비용이란 무엇인가를 바로 위의 문제에서 지적하고 이 때 그 균형수급량과 시장가격을 경쟁시장의 경우와 비교하여 보라.

7. 독점의 경우에도 기업은 이윤극대화를 위해서 한계산출규칙(Marginal Output Rule), 즉 한계수입(MR) = 한계비용(MC)을 적용하여 생산, 출하하는가? 만일 그렇다면 독점의 폐해의 근원이라고 할 수 있는 “시장가격이 항상 한계생산비보다 훨씬 위에 있음”은 어떻게 일어나게 되어 사회적비용 내지는 경제적순손실을 초래하게 되는지를 설명하라.

8. 환경문제를 야기시키는 외부효과란 무엇인가를 설명하라.

9. 외부효과를 교정하기 위하여 정부는 어떤 방법을 사용하는지 몇가지 예를 들어 설명하라.

10. 정부는 환경세를 부과하여, 외부비경제를 내부화하여 환경문제로 인한 시장왜곡을 해결한다고 한다. 이럴 경우, 일반조세는 과세할 경우 조세의 초과부담을 야기시켜 오히려 경제적순손실을 낳게 된다고 얘기하는데, 환경세의 경우는 어떻게 일반조세의 경우와 다른 것인지를 설명하라.

제 2 부

생산과 마케팅

오늘날 대부분의 제품은 기업이 생산하고, 소비자는 이를 구매하여 소비한다. 기업은 이윤을 목적으로 제품을 생산 판매하는 경제 조직체이다. 2부에서는 공학도의 입장에서 기업의 생산과 마케팅 활동에 대한 이해를 제고하여 전략적 사고를 함양하는 것에 목표를 두었다.

먼저, 4장 '기업의 생산과 비용'에서는 기업이 이윤을 시현하기 위해 장단기적으로 어떻게 생산비용을 관리하여야 하는지를 살펴보았다. 5장 '생산관리'에서는 기업의 생산개념을 명확히 정의해봄으로써 효율적인 생산관리 방안을 모색하고, 시장 중심의 생산관리, 공정관리, 그리고 품질경영을 서술하였다. 6장 '마케팅'에서는 기업이 생산하는 제품을 소비하는 고객관리를 어떻게 하여야 하는지를 서술하면서, 고객중심의 제품개념과 신제품개발과정을 중점적으로 다루었다.

제 4 장

기업의 생산과 비용

오늘날 우리들이 사용하고 있는 제화와 용역을 살펴보면 우리 스스로 생산한 것보다는 기업이나 다른 사람이 생산한 것들이 대부분이고 일부의 상품은 기업이 아닌 정부나 공공부문에서 생산된 것이다. 자신이 원하는 상품을 직접 생산한다면 더 기호에 맞게 생산할 수 있을 것인데 왜 우리는 기업이 생산한 상품을 구입하여 사용하는 것인가?

기업이 이윤을 창출하는 효과적인 제도라면 모든 사람이 기업을 조직하여 운영하지 않는 까닭은 무엇인가? 왜 어떤 기업은 기업경영에 성공하여 성장을 거듭하는 반면 어떤 기업은 망해 버리는가? 기업이 생산량을 무한히 늘리지 않는 이유는 무엇이며, 기존 기업이 문을 닫고 있는 그 순간에도 끊임없이 새로운 기업이 생성되는가?

독창적인 신기술을 개발한 공학도들이 특허권을 취득하게 되면 독점적으로 그 상품을 생산하여 판매하려는 새로운 기업을 창업하게 된다. 높은 이윤을 기대하고 창업한 이들 기업들 중 많은 기업이 왜 특허권에도 불구하고 성공하지 못하는 이유는 무엇인가?

왜 어떤 기업은 특정 부품을 생산할 기술을 가지고 있음에도 불구하고 다른 기업이 생산한 부품을 구입하여 사용하는가? 기업들이 대중매체에 광고를 하며, 연구와 기술 개발에 엄청난 돈을 쓰는 이유는 무엇인가? 컴퓨터와 통신기술의 발달은 기업들이 의사결정에 어떠한 영향을 끼치는가? 자동차를 생산하는 기업이 왜 어떤 나라에는 여러 개 있지만 또 다른 나라에는 하나도 없는가?

기업은 어떤 방법으로 의사 결정을 하는가? 기업은 우선 생산을 할 것인가를 결정해야 하고 얼마나 생산을 할 것인가도 결정해야 한다. 어떤 방법으로 생산 여부와 생산량을 결정하게 되며 생산에 필요한 노동과 자본의 양은 어떻게 결정하게 되는가를 이해하게 되면 기업의 창업과 운영을 보다 잘 할 수 있게 될 것이다.

기업이 이러한 결정을 하기 위해서는 상품의 판매로부터 얻을 수 있는 판매수입이 생산량에 따라 어떻게 변하는가와 생산하는데 드는 비용이 생산량이 변함에 따라 어떻게 변하는가의 정보가 필요하다. 판매수입의 변화는 시장구조에 따라 달라지므로 다음 장에서 다루게 될 것이고 이 장에서는 생산요소의 투입량에 따라 생산량이 어떻게 변하는가의 관계와 생산량이 변함에 따라 생산비용이 어떻게 변하는가의 관계를 다양한 기준으로 분석하게 된다.

제1절 기업이란 무엇인가?

1.1 기업이란?

기업(firm)이란 이윤을 목적으로 상품을 생산하고 판매하는 경제조직으로 생산의 주체이다. 대부분의 기업은 생산에 필요한 모든 활동을 혼자서 수행하지는 않으며 다른 기업이 생산한 재화와 용역을 구입하여 이용한다. 예를 들면 자동차를 생산하는 기업은 필요한 모든 부품을 혼자서 만드는 것이 아니라 다른 기업이 생산한 부품들을 구입하여 사용한다. 일상에서 접하게 되는 기업은 하나의 제품을 생산하는 경우는 드물며 대개 여러 개의 관련 제품을 생산하고 때로는 관련성이 희박해 보이는 상품을 생산하는 경우도 있다.

기업이 어떤 생산과정을 직접 담당하며 어떤 재화를 시장에서 구입하여 사용하게 되는가? 다시 말하면, 왜 기업은 생산의 전 과정을 기업 내에서 수행하지 않으며 시장에서 모든 재화와 용역을 구입하지 않는가? 이러한 질문에 대한 대답은 기업의 목표가 무엇인가로부터 찾아져야 할 것이다. 기업의 목표는 이윤을 얻는 것이며, 그 이윤을 최대로 하기 위해 각종 의사 결정을 하게 된다. 즉 기업은 이윤극대화(profit maximization)의 목표를 가지고 있는 것이다.

시장을 통한 거래에는 거래에 따른 거래비용(transaction cost)이 드는데, 거래에 필요한 정보수집 비용, 협상 및 결정비용, 감시 감독비용 등과 같은 계약비용이 든다. 이러한 비용은 거래 상품에 대해 거래당사자가 가지고 있는 정보의 차이에 기인한다고 할 수 있다. 예를 들어, 자동차의 부품에 대한 품질은 자동차를 상당기간 사용한 후에 정확하게 알 수 있는데 완성차 업체는 사용해보기 전에 부품을 구입하여 조립하여야 한다.

기업 내부에서 생산하는 경우에는 거래횟수를 줄일 수 있으며 따라서 계약비용들의 감소시켜 거래비용을 줄일 수 있게 되어 보다 낮은 비용으로 좋은 품질의 제품을 생산해 고객에게 제공할 수 있다. 예를 들어 50명의 대학생들이 개인용 컴퓨터에 필요한 12개의 부품을 전자부품상가에 가서 각각 구매하고 한 사람에게 조립하도록 하여 개인용 컴퓨터를 한 대씩 가지고자 한다면 601(50 × 12 + 1)번의 거래가 필요하다. 반면에 어떤 기업이 PC 50내를 판매한다고 하면 각 부품업체와의 거래와 조립기술자 및 개인들과의 거래로 63번의 거래가 필요하므로 거래횟수가 획기적으로 줄어들게 된다. 동일한 일을 반복하면서 발생하는 학습효과(learning effect)로 기업은 부품간의 조화에 대한 전문적인 지식을 획득하여 좋은 PC를 만들 수 있을 뿐만 아니라 대량구입으로 부품들을 보다 싸게 구입할 수 있고, 불량 부품이 있는 경우에도 쉽게 교환할 수 있을 것이다.

기업의 규모가 무한히 커질 수 없는 이유 중 하나는 더 기업의 규모가 커짐에 따라 경영자들이 시의 적절한 결정을 내리는 것이 점점 어려워지기 때문이다. 기업규모가 커지게 되면 많은 대리인(agent)들에게 의사결정을 위임해야 하며 이 대리인들이 기업의 이윤칭출에 맞는 의사결성을 하도록 유도하는 동기부여시스템의 유지에 드는 비용이 증가하게 된다. 경우에 따라서는 다른 특정 지식에 기초한 상품들을 생산하게 되는 경우에도 대리인간의 의견을 조정하는 등의 비용이 증가하게 된다.

기업들은 한 종류의 상품이 아니라 여러 종류의 상품을 생산하여 판매하고 있는데 다양한 연관 상품을 생산하는 이유는 무엇인가? 이들 제품을 다른 기업이 각각 생산하여 판매하는 것보다 한 기업이 동시에 생산하여 판매하는 것이 더 많은 이윤을 제공해 줄 수 있다면 동시에 생산하여 판매할 것이다. 다수의 상품을 각각 생산하는 데 드는 총비용보다 동시에 생산하는 데 드는 비용이 더 작다면 범위의 경제(economies of scope)가 있다고 하며, 이 범위의 경제가 다양한 종류의 연관 상품을 동시에 생산하여 판매하는 주요한 이유라고 볼 수 있다.

이윤극대화의 관점에서 보면 생산 과정중의 일부를 기업이 직접 수행하는 것이 기업의 이윤을 증가시킬 수 있는 것은 기업 내부에서 자체적으로 수향하는 반면에 시장에서 그 재화나 용역을 구입하는 것이 이윤을 보다 증가 시킬 수 있다면 그러한 생산과정의 일부를 기업이 직접 수행하는 대신에 기업은 시장에서 그 재화나 용역을 구입하여 사용하게 된다. 일련의 다단계 생산 과정을 기업이 직접 수행하는 수직통합(vertical integration)의 정도는 시장을 통해 거래 할 때 발생하는 거래 비용의 크기에 달려있다. 범위의 경제 및 수직통합은 제 5장 3절에서 다시 다루어질 것이다.

완성차를 생산하는 가상의 한국자동차(Korea Motors)를 고려해 보자. 자동차 생산에 필요한 수많은 부품을 모두 직접 생산 할 수는 없다. 어떤 부품을 시장에서 구입하여 사용하고자 한다면 그 부품이 적기에 원하는 양만큼 항상 공급될 수 있는가를 검토해야 한다. 수많은 부품의 조립으로 완성차가 생산되는데 시장에서 구입하고자 했던 어떤 몇 가지 부품의 공급이 원활하지 못하면 전 생산라인이 가동을 멈추어야 한다. 따라서 한국자동차는 완성차의 성능에 영향을 크게 미치는 부품과 적기 공급이 필수적인 부품의 생산은 자신이 직접 하든가, 아니면 자신이 통제할 수 있는 자회사가 수행하도록 할 것이다. 경쟁업체와의 경쟁을 위하여 새로운 기술과 디자인을 적용한 새로운 모델을 생산하려고 한다고 하자. 시장을 통해 부품을 구입하는 경우라면 부품생산 기업이 새로운 기술을 적용한 부품을 생산하도록 하기 위해 노력해야 하며, 이러한 경우 기업내부에서보다 훨씬 어려운 점이 많다. 이러한 문제는 제품의 품질을 향상시켜야 할 경우라든가 비용을 절감하려고 하는 경우에도 마찬가지로 적용된다.

특허를 획득한 독창적인 기술을 이용하여 생산하는 경우라도 상품의 생산에는 항상 생산비용이 수반되는 것이므로 그 생산된 상품이 생산원가를 상회하는 가격에 판매될 수 있는 충분한 수요가 시장에 존재하지 않는다고 하면 그 기업은 이윤을 창출할 수 없다는 것을 알 수 있다. 소비자의 기호가 변하거나 그 상품을 대체할 수 있는 대체재의 등장 혹은 더 낮은 가격으로 생산할 수 있는 기업의 등장 등으로 어떤 특정 상품에 대한 시장의 수요는 시장의 환경변화에 따라 변하기 마련이다. 이러한 환경변화에 잘 적응한 기업은 성공하는 반면 잘 적응하지 못하는 기업은 어려움을 겪게 된다. 이런 관점에서 보면 신제품을 시장에 도입하게 될 때 기업들이 왜 많은 광고비를 지출하는가를 이해할 수 있다.

1.2 이윤극대화의 한계원칙

기업 활동의 목적은 가능한 한 많은 이윤을 창출하는 것으로 볼 수 있는데 이것을 이윤극대화가설(hypothesis of profit maximization)이라고 한다. 기업의 이윤(profit)은 어떤 산출량 Q를 판매해서 얻을 수 있는 총수입(total revenue: TR)에서 그 산출량을 생산하는 데 들어간 총비용(total cost: TC)의 차이이다. 총수입과 총비용은 각각 생산량에 따라 그 크기가 달라진다. 따라서 이윤(π)의 크기는 생산량(Q)의 크기에 의존하고 이윤함수는 다음과 같이 나타낼 수 있다.

$$\pi(Q) = TR(Q) - TC(Q) \tag{4.1}$$

생산량(Q)의 변화에 따른 이윤의 변화는 총수입과 총비용의 변화로 파악하여 이윤이 극대가 되는 생산량을 찾을 수 있지만 한편으로는 마지막 단위의 판매와 생산에 따른 총수입의 변화와 총비용의 변화를 비교하여 이윤이 극대가 되는 생산량을 파악할 수도 있다.

이윤극대화가 달성되는 산출량 수준을 구하기 위해 식(4.1)을 산출량 Q에 대해 미분하여 0으로 두면 다음과 같다.

$$\frac{d\pi(Q)}{dQ} = \frac{dTR(Q)}{dQ} - \frac{dTC(Q)}{dQ}$$

$$= MR(Q) - MC(Q) = 0$$

$$MR(Q^*) = MC(Q^*) \tag{4.2}$$

제1장의 기본원리3(합리적 판단은 항상 한계적으로 내려진다.)가 식(4.2)에 적용된 것으로 볼 수 있다. 이윤극대화의 한계원칙은 한계수입(marginal revenue : MR)과 한계비용(marginal cost : MC)이 같아야 하며 산출량을 그 수준 이상으로 증가시키면 한계비용이 한계수입보다 더 빨리 증가해야 한다. 한계수입(MR)이란 산출물 한 단위를 추가로 판매하여 얻을 수 있는 총수입의 증가분을 말하며, 판매량에 따른 한계수입(MR)은 시장이 완전경쟁, 독점, 과점, 독점적 경쟁 등의 시장형태에 따라 달라진다. 한계비용(MC)이란 산출물 한 단위를 추가로 더 생산하기 위한 총비용의 증가분을 말하며, 생산량(Q)에 따른 한계비용(MC)은 그 기업의 기술수준, 임금과 자본의 사용가격 등에 따라 달라진다.

생산요소의 관점에서도 이러한 한계원칙이 적용된다. 이윤극대화를 위해서는 각 생산요소의 한계수입생산(marginal revenue product: MRP)이 한계요소비용

(marginal factor cost: MFC)과 같아지도록 생산요소의 고용량을 조정해야 한다. 생산요소의 한계수입생산(MRP)이란 생산요소를 한 단위 더 고용하여 얻어진 한계 생산물의 판매로 증가하게 되는 총수입의 증가분을 의미한다. 그리고 생산요소의 한계요소비용(MFC)이란 어떤 생산요소를 한 단위 더 고용하기 위해 필요한 총비용의 증가분을 의미한다.

생산량에 따른 이윤의 크기를 결정하기 위해서는 생산량의 변화에 따라 총비용, 평균비용, 한계비용이 어떻게 변하는가에 대한 정보가 필요하게 된다. 실제로 생산량에 대한 의사결정을 하려면 이들 비용함수들을 비용에 대한 정보와 생산량에 대한 정보를 이용하여 구체적으로 추정해야 할 것이다.

경영자가 새로운 기업을 창업하거나 생산설비의 규모를 결정해야 한다면 장기적으로 성립하는 생산과 비용의 관계에 기초하여 의사결정을 하여야 할 것이다. 공학도인 우리가 새로운 기업을 창업한다는 생각하여 장기의 생산과 비용부터 다루어 보기로 하자.

제2절 장기의 생산과 비용

2.1 단기와 장기의 비용

장기(long run)란 모든 생산요소의 투입량을 조절할 수 있는 기간으로 장기계획을 세우는 기간이다. 반면 단기(short run)는 설비나 기계와 같은 어떤 생산요소의 투입량을 조절 할 수 없을 만큼의 짧은 기간을 의미한다. 달력에서 말하는 몇 개월, 몇 년 하는 개념과는 분명히 다르다는 것을 유의해야 한다. 예를 들면 완성차를 생산하는 기업은 새로운 모델을 도입하고자 할 때 그 모델을 디자인하여 필요한 기계와 장비를 설치하고 생산을 하는 데는 수년이 걸리는 반면, 외식체인점을 개점하려고 하는 경우에는 필요한 점포공간을 확보하여 인테리어 시설을 하고 필요한 교육훈련을 받고 하는 등으로 몇 개월의 기간이 필요할 것이다. 이러한 경우에 는 그 몇 개월이 장기에 해당되며 그 기간보다 짧은 기간은 단기로 보아야 할 것이다. 부동산중개업을 하는 경우는 개업 시 근처의 상가를 임대하여 전화를 가설하는데 몇 주일이면 충분할 것이다. 완성차를 생산하는 기업에게 장기는 몇 년 이상이며 그 보다 짧은 기간은 모두 단기인 반면 부동산 중개업을 하는 기업에게는 몇 주 이상이 장기에 해당 되고 그 보다 짧은 기간은 단기에 해당할 것이다.

장기에는 모든 생산요소의 투입량을 조절할 수 있으므로 고정요소는 존재하지 않으며 생산에 이용되는 모든 생산요소 가변요소(variable factor)가 된다. 반면에 단기에는 생산요소의 투입량을 조절할 수 있는 가변요소(variable factor)도 있고 투입량을 주어진 기간 동안에 그 투입량을 조절할 수 없는 고정요소(fixed factor)도 있다. 따라서 단기의 생산과 비용분석에서는 가변요소와 고정요소를 구분하여야 한다.

어떤 산출량 수준 Q를 생산하는 데 요구되는 비용이 단기와 장기에 어떤 관계를 가지는가를 먼저 살펴보기로 하자. 이윤극대화를 추구하는 기업의 입장에서 보면 최소의 비용으로 Q단위의 산출량을 생산하려고 할 것이다. 따라서 우리는 다음과 같은 관계를 얻을 수 있다.

$$LTC(Q) \le STC(Q) \tag{4.3}$$

동일한 Q단위의 산출량을 생산하는 경우에 장기총비용(Long-run Total Cost : LTC)은 단기총비용(Short-run Total Cost : STC)보다 크지 않다. 장기에는 Q단위의 산출량을 최소의 비용으로 생산할 수 있도록 노동투입량과 자본투입량을 모두 조절할 수 있으므로 주어진 자본량을 가지고 노동의 투입량만을 변화시켜 Q단위의 산출량을 생산해야 하는 단기보다는 비용이 더 많이 들지 않는다는 것이다.

2.2 총비용, 평균비용, 한계비용

총비용이 Q단위의 산출량 생산에 소요되는 모든 비용을 나타낸다면 평균비용(average cost)은 Q단위의 산출량을 생산한다고 할 때 산출량 한 단위당 소요되는 비용을 나타낸다. 즉,

$$AC(Q) = \frac{TC(Q)}{Q} \tag{4.4}$$

한계비용(marginal cost)은 Q단위의 산출량을 생산한다고 할 때 마지막 단위의 생산에 소요된 추가비용이 얼마인가를 나타낸다. 따라서 마지막 단위의 산출량을 더 생산하기 위해 추가로 소요된 총비용의 증가분을 의미한다. 즉,

$$MC(Q)=\lim_{\Delta Q\to 0}\frac{\Delta TC(Q)}{\Delta Q}=\frac{dTC(Q)}{dQ} \tag{4.5}$$

평균비용과 한계비용은 어떤 관계를 가지는가를 보기 위해 평균비용 AC(Q)를 Q로 미분하면 다음과 같은 관계를 얻을 수 있다.

$$\frac{dAC(Q)}{dQ}=\frac{[dTC(Q)/dQ]Q-TC(Q)}{Q^2}=\frac{1}{Q}\left[\frac{dTC(Q)}{dQ}-\frac{TC(Q)}{Q}\right] \tag{4.6}$$
$$=\frac{1}{Q}[MC(Q)-AC(Q)]$$

평균비용의 도함수의 부호로부터 ① 한계비용(MC)이 평균비용(AC)보다 큰 산출량 수준에서는 평균비용이 증가하고 ② 한계비용(MC)이 평균비용(AC)보다 작은 산출량 수준에서는 평균비용이 감소하며, 한계비용(MC)과 평균비용(AC)이 같을 때 평균비용은 최소가 된다는 것을 알 수 있다.

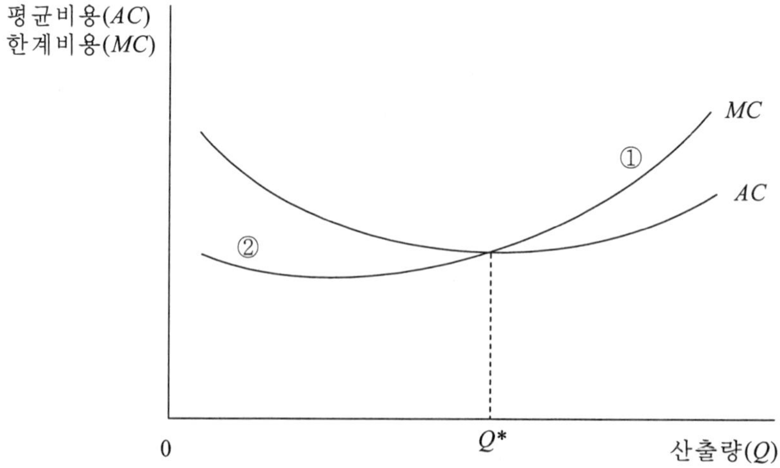

| 그림 4-1 | 평균비용과 한계비용

총비용은 고려하는 기간에 따라 장기총비용과 단기총비용으로 나누어진다는 것을 우리는 이미 알고 있다. 장기에 있어 산출량 Q와 비용들의 관계를 나타내려면 총비용(TC(Q))은 장기총비용(LTC(Q))으로 바뀌어야 하며 그에 상응하여 장기평균비용(LAC(Q))과 장기한계비용(LMC(Q))으로 바뀌어야 한다. 마찬가지로 고려하는 기간이 단기라고 하면 총비용(TC(Q))는 단기총비용(SMC(Q))으로 바뀌어야 하며 그에 상응하여 단기평균비용(SAC(Q))과 단기한계비용(SMC(Q))으로 바뀌어야 한다.

식 (4.3)로부터 다음의 관계를 유도힐 수 있다.

$$LAC(Q) \leq SAC(Q) \tag{4.7}$$

$$LMC(Q) \leq SMC(Q) \tag{4.8}$$

장기평균비용곡선(long run average cost : LAC)은 장기총비용을 산출량으로 나눈 장기평균비용과 산출량의 관계를 그래프로 나타낸 것인데, 단기평균비용곡선들을 포락선(envelope)형태로 감싸는 형태가 된다. 장기에는 자본과 노동의 투입량을 모두 조절하여 비용이 최소가 되도록 하므로 장기 평균비용곡선은 단기 평균비용곡선보다 완만해진다.

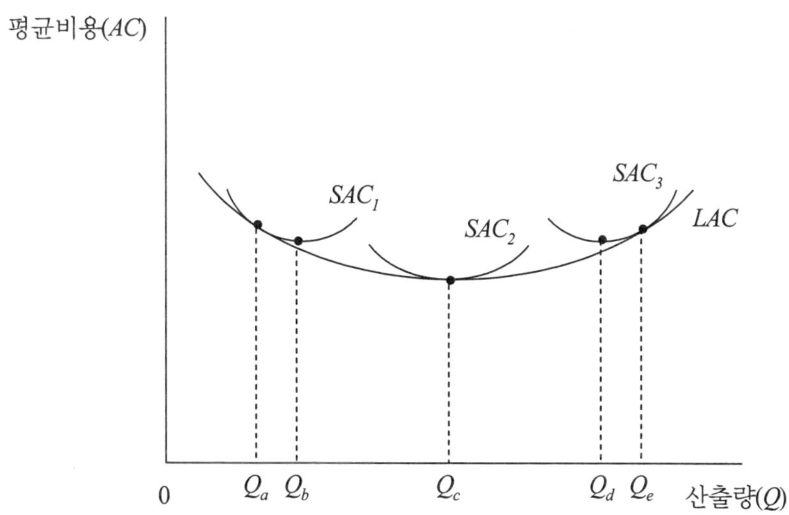

| 그림 4-2 | 단기평균비용곡선과 장기평균비용곡선

2.3 규모의 경제와 규모의 불경제

규모를 확장한다는 것은 모든 생산요소를 같은 비율로 증가시키는 것을 의미한다. 많은 기업에서 장기 평균비용곡선은 U자형의 모양으로 나타나는 것으로 알려져 있는데 이유는 규모(scale)를 늘려감에 따라 어느 수준까지는 규모의 경제가 발생하다가 일정한 규모를 지나면 규모의 불경제가 발생하기 때문이다. 규모의 경제(economies of scale)란 산출량(규모)을 늘려감에 따라 장기 평균비용이 감소하는 경우를 말하며 규모의 불경제(dis-economies of scale)란 산출량(규모)을 늘려감에 따라 장기 평균비용이 상승하는 경우를 말한다.

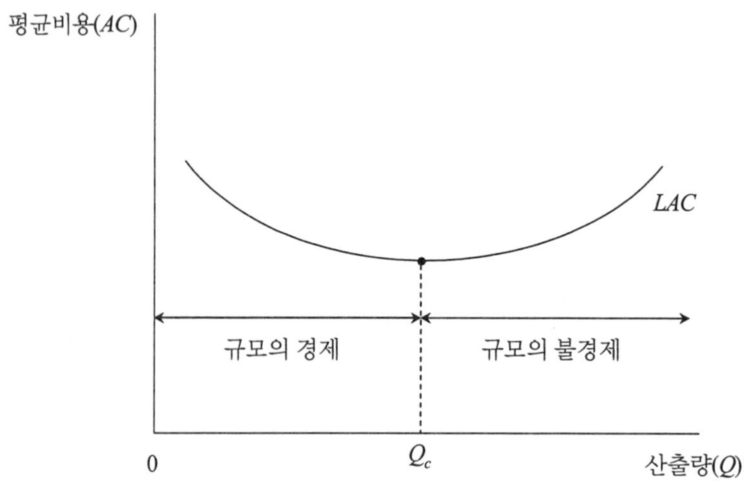

그림 4-3 규모의 경제와 규모의 불경기

노동과 자본을 2배로 늘려 규모를 확장했다고 하자. 2배로 늘어난 노동과 자본을 이전과 동일한 형태로 조직하기 보다는 노동을 더욱 세분화하여 전문화시키며 기계도 효율적인 방법으로 사용될 수 있도록 전문화 할 것이다. 보다 세분화된 직무를 수행하는 노동자가 그 직무를 반복적으로 수행하면서 보다 많은 노하우(know-how)를 알게 되면 여러 직무를 수행하던 때보다 시간과 노력을 줄일 수 있다. 기계의 경우에도 생산규모가 작을 경우에는 다용도 기계를 사용하다가 생산규모가 커지면 특정한 작업에 보다 효율적인 기계를 사용함으로써 자본을 효율적으로 사용할 수 있다. 공학적 특성상 예를 들어 생산용량이 2배인 기계의 가격이 2배보다는 작은 것이 일반적이다. 이러한 전문화는 중간관리자나 경영진에게도 적용되므로 규모를 늘려감에 따라 평균생산비가 줄어들 수 있을 것이다. 여러 단계를 거쳐 생산이 이루어지는 경우에 생산규모가 늘어나면 어떤 단계의 생산과정을 수직통합(vertical integration)함으로써 비용이 줄어 들 수 있다.

규모의 불경제가 일어나는 가장 큰 이유는 노동과 자본을 같은 비율로 늘려간다고 하더라도 경영능력을 같은 비율로 늘려가기는 힘들다는데 있다. 다양한 상품을 생산하는 기업의 경우에 생산규모가 상당히 커지면 각 상품별 또는 생산단계별로 나누어 의사결정이 이루어지게 된다. 이러한 경우, 조정과 통제의 어려움이 발생하게 되어 평균비용이 상승할 수 있다. 고용되는 노동자의 수가 많아져 노동이 전문화되면, 노동자와 사용자의 비대칭적 정보로 인하여 근무태만(shirking)이 일어나 평균비용이 증가할 수 있으며 이를 막기 위한 감독자들이 많아져 평균비용이 증가할 수도 있다. 또한 생산규모가 더욱 커지면 생산과정에서 필수적인 부분만을 직접 생산하고 나머지는 외주(outsourcing)하게 되는데 이러한 경우 또한 거래비용의증가로 평균비용이 상승할 수 있다.

개별 기업이 직면한 수요곡선이 장기평균비용(LAC)곡선과 교차하게 되면 최적의 자본투입량을 획득하기 위해 필요한 금액을 조달하여 생산하여 판매함으로써 이윤을 실현할 수 있게 된다. 새로운 기술개발로 특허를 획득한 경우라 하더라도 수요곡선이 장기평균비용(LAC)곡선의 아래에 위치하게 되면 이윤창출을 할 수 없으므로 기업은 광고, 새로운 용도의 개발, 수출 등의 수단을 사용하여 수요곡선을 우상향으로 이동시키거나 보다 비탄력적인 수요곡선을 만들려는 마케팅 노력을 하게 된다. 마케팅은 6장에서 보다 상세하게 다루게 될 것이다.

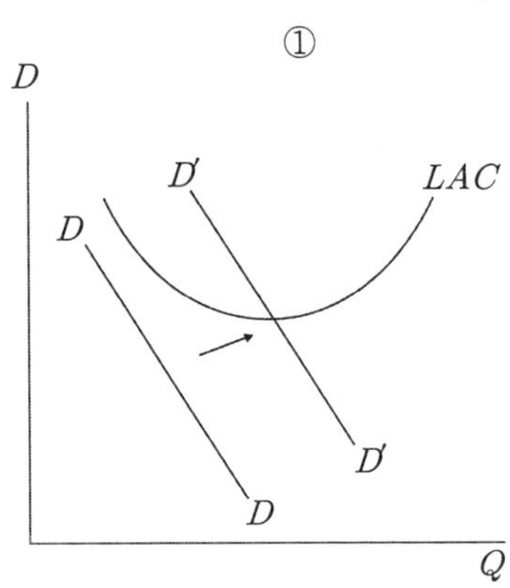

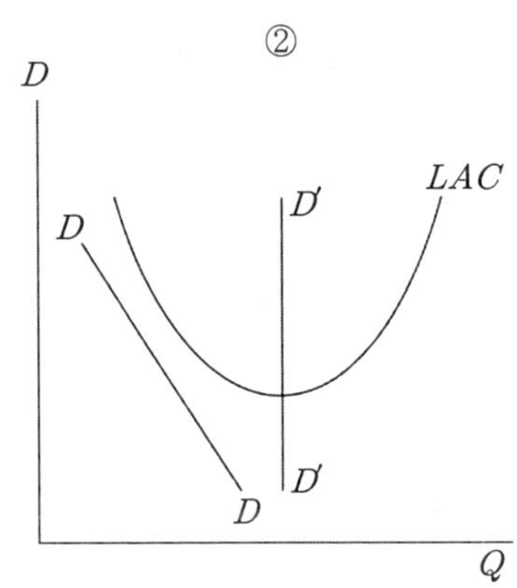

특정 산업에서는 장기평균비용곡선이 L자형으로 나타나기도 하는데 이 L자형 장기평균비용곡선에서 장기평균비용이 최소가 되는 최초의 생산규모를 최소효

율규모(minimum efficient scale : MES)라고 한다. U자형 장기 평균비용곡선의 경우 최소효율규모는 바로 효율규모이다. 최소효율규모는 사장수요의 크기와 함께 시장의 구조를 결정하는 주요 요인이다.

최소효율규모가 시장수요에 비해 상대적으로 작으면 시장에는 다수의 공급자들이 경쟁할 것이고 최소 효율규모가 시장수요에 비해 상대적으로 크다면 시장에는 소수의 공급만이 존재할 것이다. 최소효율규모가 시장수요에 비해 아주 크다면 시장에는 하나의 공급자만이 존재하게 될 것이다.

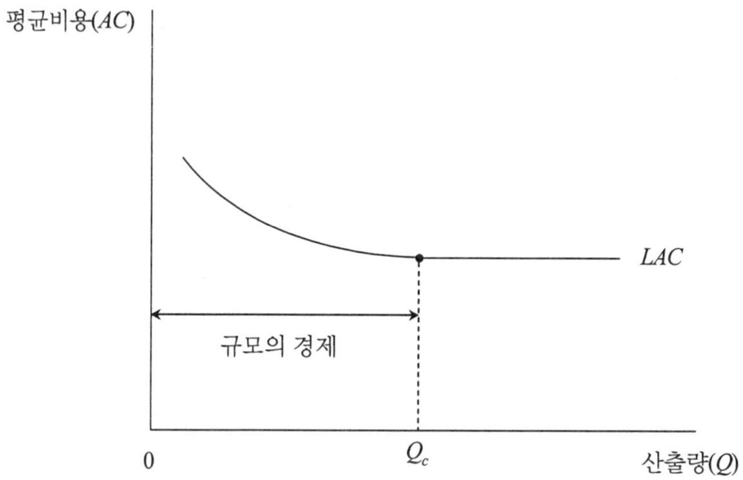

| 그림 4-4 | 최소효율규모

최소효율규모는 산업에 따라 다르며 산업별로 시장구조는 다른 형태로 나타난다. 농산물의 경우는 최소효율규모가 시장수요에 비해 상대적으로 작아 다수의 공급자가 경쟁하는 구조가 되며, 자동차와 같은 장치산업의 경우에는 시장규모에 비해 최소효율규모가 상대적으로 커 소수의 공급자가 경쟁하게 된다. 전력과 같은 산업은 최소효율규모가 시장수요에 비해 더욱 커서 하나의 공급자가 존재한다.

2.4 기술적 효율성과 경제적 효율성

생산함수(production function)란 주어진 기술 수준에서 일정한 기간 동안에 투입된 생산요소의 양과 생산량간의 관계를 나타내는 함수이다. 이때 생산량은 주어진 기술을 최대로 활용하여 생산 할 수 있는 최대산출량을 의미한다. 생산함수는 표, 그래프, 수식의 형태로 표현될 수 있다.

생산요소(production factor)란 기업이 판매하려고 생산하는 상품의 생산에 투입되는 모든 생산 자원을 뜻하는데, 기계설비와 같은 자본(capital)과 노동(labor), 여러 가지 원자재(raw materials)등으로 대별 할 수 있다. 일반적으로 주어진 기술수준에서는 원자재의 투입량과 생산량 간에는 공학적인 비례관계에 있으므로 분석의 단순화를 위해 노동과 자본만을 생산요소로 간주하여 분석해 보자.

노동투입량과 자본투입량을 모두 변화시킬 수 있는 장기의 생산량을 결정하는 것은 기업의 크기를 결정하는 것과 같다. 장기의 생산함수 혹은 일반 생산함수는 산출량 Q는 노동투입량 L과 자본투입량 K의 관계를 나타내는 함수이다.

$$Q = f(L, K) \tag{4.9}$$

한계수입(MR)과 한계비용(MC)으로부터 이윤최대화 산출량이 $\overline{Q}$로 주어졌다고 하자. 이 주어진 생산량 $\overline{Q}$를 노동의 투입량 L과 자본의 투입량 K를 사용하여 생산하는 것이 총비용을 최소로 하는 방법일까?

일정한 양의 생산요소로 주어진 기술을 이용하여 생산할 수 있는 최대 산출량을 생산하면 기술적 효율성(technical efficiency)이 달성되었다고 한다. 혹은 일정한 수준의 산출량을 생산하는데 생산요소가 최소로 투입되는 경우에도 기술적 효율성이 달성된다. 반면에 일정한 양의 산출량을 최소의 비용으로 생산하거나 또는 일정한 비용으로 최대산출량을 생산하는 경우에는 경제적 효율성(economical efficiency)이 달성되었다고 한다.

등량곡선(isoquant)이란 주어진 산출량 수준을 생산하는 데 필요한 최소한의 노동투입량과 자본투입량의 다양한 조합들을 이은 곡선이다. 등량곡선상의 모든 점에서 기술적 효율성이 달성되는 것을 알 수 있다. 등량곡선위에서는 다음과 같은 관계가 성립한다.

$$\overline{Q} = f(L, K) \tag{4.10}$$

$$\begin{aligned} \triangle Q &= \frac{\partial f(L,K)}{\partial L} \triangle L + \frac{\partial f(L,K)}{\partial K} \triangle K \\ &= MP_L \cdot \triangle L + MP_K \cdot \triangle K = 0 \end{aligned}$$

$$MRTS = -\frac{\Delta K}{\Delta L} = \frac{MP_L}{MP_K} \tag{4.11}$$

한편 등비용선(isocost)은 노동의 단위당 비용인 임금을 w로 자본의 단위당 비용을 r로 나타낼 때 주어진 비용으로 고용할 수 있는 최대의 노동투입량과 자본투입량을 나타내는 직선이다. 등비용선위에서는 다음과 같은 관계가 성립한다.

$$\overline{C} = w \cdot L + r \cdot K \tag{4.12}$$

$$\Delta C = w \cdot \Delta L + r \cdot \Delta K = 0 \tag{4.13}$$

$$-\frac{\Delta K}{\Delta L} = \frac{w}{r}$$

[그림 4-5]에서 등량곡선과 등비용선이 접하는 E점은 주어진 산출량을 최소의 비용으로 생산할 수 있는 최적 요소결합이 된다. 즉 주어진 산출량을 더 적은 비용으로는 생산할 수 없으며 주어진 비용으로는 더 많은 산출량을 생산할 수 없다. E점에서는 기술적 효율성뿐만 아니라 경제적 효율성까지 달성된다.

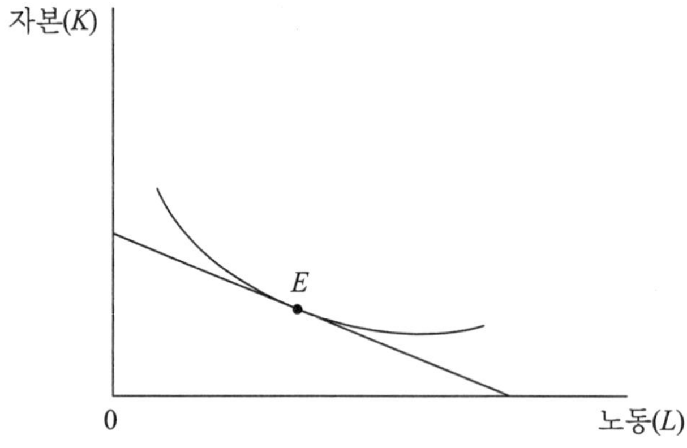

그림 4-5 최적요소 결합

E점에서는 등량곡선과 등비선의 기울기가 같으므로

$$\frac{MP_L}{MP_K} = \frac{w}{r} \tag{4.14}$$

위 식의 양변에 MPK를 곱하고 w로 나누면 비용단위당 생산요소의 한계생산성이 같아야 한다는 다음 식을 얻는다.

$$\frac{MP_L}{w} = \frac{MP_K}{r} \tag{4.15}$$

식(4.14)의 양변에 r을 곱하고 MPL로 나누면 마지막 산출물의 단위당 한계비용이 어떤 생산요소를 추가적으로 고용하든지 같아야 한다는 다음 식을 얻는다.

$$MC(\overline{Q}) = \frac{w}{MP_L(L,K)} = \frac{r}{MP_K(L,K)} \tag{4.16}$$

한 사람의 노동자를 추가적으로 고용하게 되면 $MP_L(L,K)$만큼의 산출량이 증가하게 되는데 1단위의 산출량 증가를 위해서는 $1/MP_L(L,K)$ 단위의 노동을 추가 고용해야 한다는 것을 의미한다. 산출량을 한 단위 더 추가생산하려면 다른 조건이 일정한 상태에서 단위당 w의 임금에 $1/MP_L(L,K)$ 단위의 노동을 추가적으로 고용해야 하므로 한계비용(MC)은 $MC(\overline{Q}) = w/MP_L(L,K)$가 된다. 같은 방법으로 다른 조건이 일정한 상태에서 자본을 한 단위 추가적으로 사용하여 산출물을 한 단위 추가적으로 생산할 때 한계비용(MC)은 $MC(\overline{Q}) = r/MP_K(L,K)$가 된다.

임금 w는 변함이 없는데 r이 r_0에서 r_1로 하락한 경우에 노동과 자본의 투입량은 어떻게 변하겠는가? 등비용선이 더 가파르게 회전하므로 상대적으로 싸진 자본으로 상대적으로 비싸진 노동을 대체 투입하여 노동의 한계생산성 *MPL*은 상승하고, 자본의 한계생산성 *MPK*는 하락하도록 *E*점보다 좌상향의 점 중에서 새로운 요소투입량 조합이 결정되게 될 것이다.

장기 총비용함수(long run total cost function)는 장기에 걸쳐서 주어진 생산량을 최소의 비용으로 생산할 때, 생산량과 비용의 관계를 나타내는 함수이다. 생산요소의 가격이 일정하게 유지될 때, 산출량을 증가시켜감에 따라 [그림 4-5]에서의 *E*점과 같이 등비용선과 등량곡선이 접하는 점들을 이은 곡선을 확장경로(expansion path)라고 하는데 장기비용함수는 이 확장경로를 따라 생산요소의 사용량을 증가시켜 간다고 할 때 생산량과 비용의 관계를 나타내는 곡선이다.

제3절 단기의 생산과 비용

3.1 단기 총생산과 단기 총비용

단기에 있어 산출량 결정은 노동투입량 결정과 동일한 의사결정이 된다. 단기에는 산출량의 증감을 노동투입량의 증감으로만 조절할 수 있으므로 더 많은 산출량의 생산을 위해서는 더 많은 노동의 투입이 요구되는 것이다.

단기 총생산(short run total product)은 주어진 기간 동안에 투입한 가변요소의 양에 의해 결정되며, 가변요소의 투입량과 총생산의 관계를 나타낸 함수가 단기 생산함수이다. 자본의 투입량이 $\overline{K}$로 주어진 경우 단기 산출량은 아래와 같이 나타내어질 수 있다.

$$Q = f(L, \overline{K}) \tag{4.17}$$

예를 들어 어떤 아파트 단지에서 세 대의 빵 제조기를 이용하여 빵을 만들어 파는 제과점이 있다고 하자. 세대의 기계를 보유하고 있는 기업에서 노동자를 한사람씩 더 고용해 감에 따라 월간 총생산량이 <표 4-1>과 같이 변한다고 하자. 노동자의 월 임금은 200만원이라고 하자. 노동자의 수가 3명에 도달할 때까지는 한 사람의 노동자를 더 고용함에 따라 추가되는 생산량이 점점 증가하다가 그 이후로는 총생산량이 증가하기는 하나 점점 적게 증가하는 것을 보여준다. 노동자의 고용량을 계속하여 늘려 가면 어느 단계이후에는 총생산량이 오히려 감소하게 되겠지만 실제로 어떤 기업도 총 생산이 줄어드는 정도로 노동자의 고용을 늘리지는 않을 것이다. <표 4-1>에 나타난 노동자의 수와 총생산량의 관계가 자본의 투입량이 일정한 상태의 단기 생산함수의 한 예이다.

총고정비용(total fixed cost : TFC)은 투입량이 고정된 기계장비 3대에 대한 총 임대비용으로 월 400만원이며 생산량에 따라 변하지 않는다. 반면에 총가변비용(total variable cost : TVC)은 노동자의 수에 월급을 곱한 금액이므로 노동자의 수를 늘려감에 따라 증가하고 있다. 즉, 한 사람의 노동자를 추가 고용할 때마다 200만원의 임금을 지불해야 하는데 이 마지막에 고용된 노동자가 총생산에 기여

❙표 4-1❙ 단기총생산과 단기총비용

노동자수 (명)	총생산량 (1000개)	총고정비용 (만원)	총가변비용 (만원)	단기총비용 (만원)
0	0	400	0	400
1	2	400	200	600
2	5	400	400	800
3	10	400	600	1000
4	14	400	800	1200
5	17	400	1000	1400
6	19	400	1200	1600
7	20.8	400	1400	1800
8	22	400	1600	2000
9	22.8	400	1800	2200
10	23.2	400	2000	2400

하는 양은 일정치 않고 변하고 있으며 따라서 총가변비용과 총생산은 정의 상관관계를 가지지만 선형적인 관계를 가지지는 않는다는 것을 알 수 있다.

<표 4-1>의 다섯째 열은 셋째 열과 넷째 열의 합인데 단기 총비용(short run total cost: STC)은 총고정비용(TFC)과 총가변비용(TVC)의 합으로 표현된다.

$$STC = SFC + SVC \tag{4.18}$$

<표 4-1>에서 노동자를 4명 고용할 경우에 총생산량은 10,000개이며 총비용은 총고정비용 400만원과 총가변비용 800만원을 합한 1200만원이 된다. 물론 총가변비용 800만원은 4명의 노동자에게 월200만원의 임금을 곱하여 얻은 금액이다.

단기총비용함수 STC는 <표 4-1>을 이용하여 총생산량 Q와 단기 총비용 STC의 관계를 나타낸 [그림 4-6]과 같다.

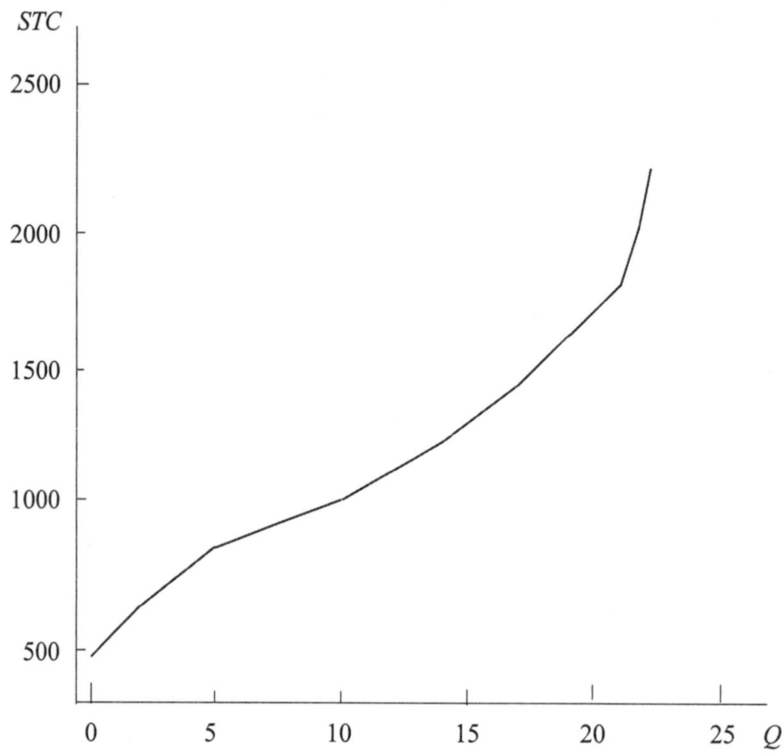

▎그림 4-6▎ 단기 총비용함수

3.2 단기평균비용

단기 평균비용(short run average cost : SAC)이란 산출물 산출단위당 비용으로써 단기 총비용을 총생산량으로 나누어 다음과 같이 구해진다.

$$SAC(Q) = \frac{STC(Q)}{Q} \tag{4.19}$$

단기 총비용은 총고정비용과 총가변비용의 합이므로 단기 평균비용도 평균고정비용(average fixed cost : AFC)과 평균가변비용(averge variable cost : AVC)의 합으로 나타낼 수 있다.

$$SAC(Q) = \frac{STC(Q)}{Q} = \frac{TFC + TVC(Q)}{Q} \qquad (4.20)$$
$$= AFC + AVC(Q)$$

여기서 평균고정비용과 평균가변비용은 단기평균비용과 마찬가지로 총고정비용과 총가변비용을 총생산량으로 각각 나눈 값으로, 산출물단위당 고정비용과 가변비용을 의미한다. 단기 평균비용곡선이 U자형으로 나타나는 이유는 가변요소인 노동이 고정요소인 자본과 결합되는 비율이 바뀌어 감에 따라 노동의 평균생산성이 증가하다가 감소하기 때문이다.

[그림 4-6]에서 단기 총비용곡선상의 어떤 점과 원점을 이은 직선의 기울기가 그 점이 나타내는 산출량수준의 단기 평균비용이며, 총고정비용선상의 어떤 점과 원점을 이은 직선의 기울기가 그 점의 평균고정비용이며, 총가변비용곡선의 어떤 점과 원점을 이은 직선의 기울기가 그 점의 평균가변비용이다.

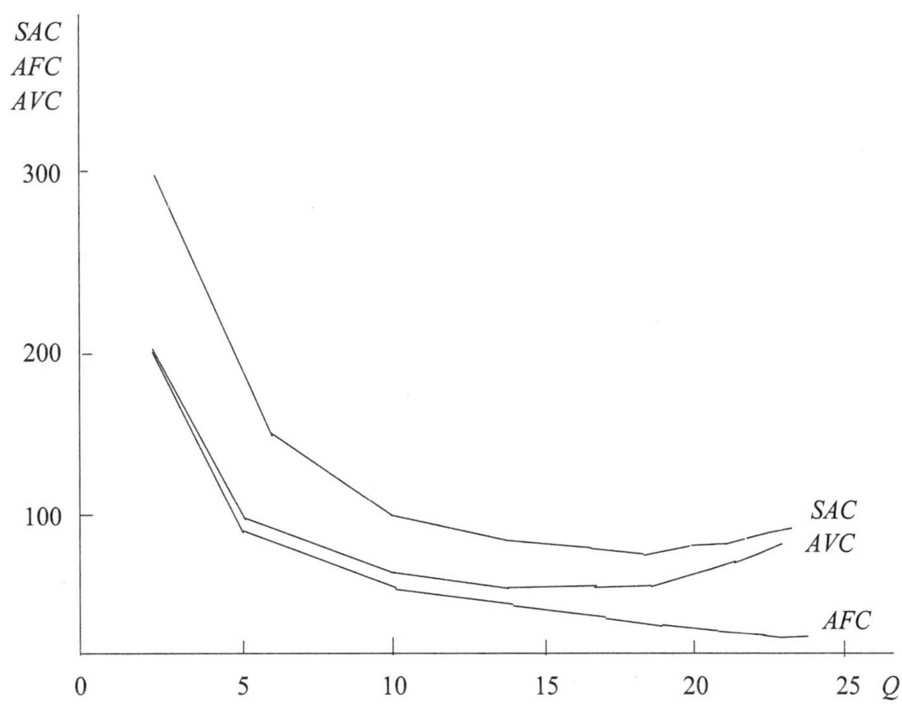

【그림 4-7】 단기평균비용곡선, 평균고정비용, 평균가변비용

3.3 한계생산과 단기 한계비용

한계생산(marginal product : MP)이란 다른 모든 생산요소의 투입량을 고정시킨 상태에서 어떤 한 생산요소(가변요소)의 투입을 한 단위 추가하였을 때 그 마지막 한 단위가 기여하는 총생산의 증가분을 의미한다.

단기의 경우 가변요소는 노동뿐이므로 노동의 한계생산은 다음과 같이 정의된다.

$$MP_L(L,K) = \frac{\Delta Q}{\Delta L} \text{ 혹은 } MP_L(L,K) = \frac{\partial f(L,K)}{\partial L} \tag{4.21}$$

첫째 정의는 노동의 투입량을 미량씩 증가시킬 수 없어 일정한 단위씩 증가시킬 경우에 적용할 수 있으며 둘째 정의는 노동의 투입을 미량씩 증가시킬 수 있는 경우에 적용할 수 있다.

다른 생산요소(자본)의 투입량이 고정되어 있을 때 가변요소(노동)의 투입량을 늘려 가면 가변요소의 한계생산은 결국 체감하게 되는데, 이러한 현상을 수확체감의 법칙(law of diminishing returns)이라고 한다. 이러한 현상은 노동의 투입을 늘려감에 따라 노동과 결합되는 자본의 양이 점점 감소하게 되어 노동의 추가적인 투입이 기여할 수 있는 총생산의 증가분이 점점 감소하기 때문이다.

제4절 생산요소의 수요

4.1 장기생산요소수요

노동의 한계생산 MPL(L,K)과 평균생산 APL(L,K)은 노동투입량 L 뿐만 아니라 자본의 투입량 K에도 의존한다. 노동의 투입량 변화에 따른 노동의 한계생산과 평균생산의 변화를 이용하여 최적노동투입량을 분석하는 경우 자본의 고용량 K가 주어진 것으로 가정하여 분석하며 자본의 최적투입량을 분석하는 경우에도 노동의 고용량이 주어진 것으로 가정하여 분석한다. 만일 이렇게 구한 노동과 자본의 최적 고용량이 주어진 것으로 가정했던 노동과 자본의 최적고용량과 정확히 일치하면 그 때의 노동과 자본의 최적고용량은 바로 주어진 임금과 자본의 사용자비용에서 최적고용량이 된다. 식(4.2)와 식(4.16)을 결합하면 다음의 관계식을 얻는다.

$$MC(\overline{Q}) = \frac{w}{MP_L(L,K)} = \frac{r}{MP_K(L,K)} = MR(\overline{Q}) \tag{4.22}$$

산출물 단위기준의 (4.22)식으로부터 MPL(L,K)과 MPK(L,K)를 각각 MR에 곱하여 생산요소 단위기준의 다음과 같은 식을 얻을 수 있다.

$$\begin{aligned} w &= MR(\overline{Q}) \cdot MP_L(L,K) \\ r &= MR(\overline{Q}) \cdot MP_K(L,K) \end{aligned} \tag{4.23}$$

어떤 생산요소의 한계수입생산(marginal revenue product: MRP)이란 다른 생산요소의 투입량을 일정하게 유지한 채 그 생산요소의 투입량을 한 단위 추가 투입하였을 때 생산·판매하여 얻게 되는 수입의 증가분을 나타낸다. 완전경쟁시장에서 활동하는 기업이라면 한계수입생산은 그 요소의 한계생산(MP)에 그 재화의 시장균형가격 P를 곱하여 얻을 수 있으며 이 경우의 MRP는 한계생산가치(value of marginal product : VMP)라고도 불린다. 완전경쟁시장이 아닌 시장에서 활동하는 기업이라면 추가로 생산된 재화의 판매하기 위해 불가피하게 판매가격이 하락하게 되어 한계수입생산(MRP)는 한계생산가치(VMP)보다 작아지게 된다.

어떤 생산요소의 평균수입생산(average revenue product : ARP)이란 다른 생산요소의 투입량을 일정하게 유지한 채 그 생산요소의 투입량으로 총(판매)수입을 나눈 값을 나타낸다. 완전경쟁시장에서 활동하는 기업의 경우에는 평균수입생산은 그 요소의 평균생산(AP)에 그 재화의 시장균형가격 P를 곱하여 얻을 수 있으며 이 경우의 ARP는 평균생산가치(value of average product : VAP)라고도 불린다. 완전경쟁시장이 아닌 시장에서 활동하는 기업이라면 추가로 생산된 재화의 판매를 위해 불가피하게 판매가격이 하락되어 평균수입생산(ARP)는 평균생산가치(VAP)보다 작아지게 된다.

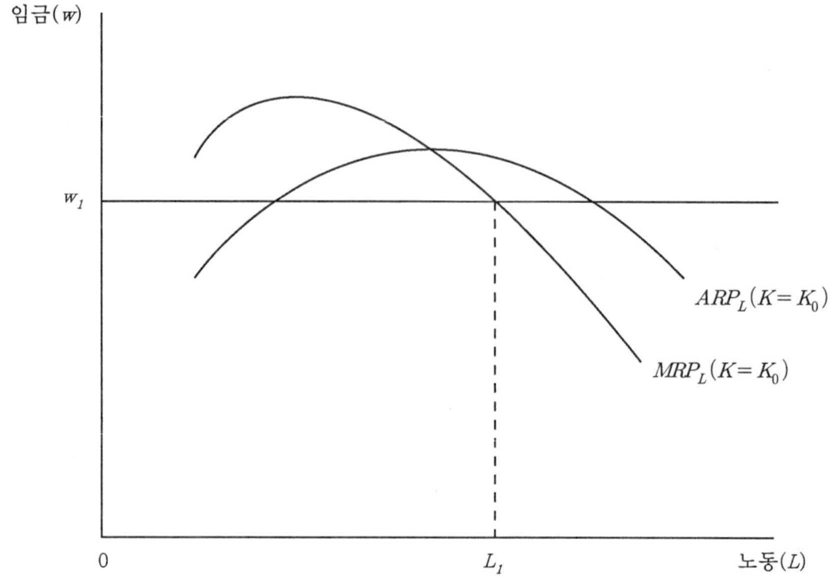

▌그림 4-8▐ 자본의 고용량이 K_0일 때 노동의 최적고용량

[그림 4-8]에서 자본의 고용량이 K_0로 주어진 경우에 노동의 한계수입생산 MRPL과 임금수준 w_1이 만나는 노동량 L_1이 노동의 최적고용량이 되며 이 때 가정했던 자본의 고용량이 바로 자본의 최적고용량과 일치하면 노동의 최적고용량은 장기 최적고용량이 된다.

[그림 4-9]에서는 노동의 고용량이 L_0로 주어진 경우에 자본의 한계수입생산 MRPK와 자본의 사용자비용 r_1이 만나는 자본량 K_1이 자본의 최적고용량이 되며 이 때 가정했던 노동의 고용량이 노동의 최적고용량과 일치하면 자본의 최적고용량은 장기 최적고용량이 된다. 따라서 노동과 자본의 최적고용량은 동시에 결정된다는 것을 알 수 있다.

임금수준이 변화하게 되면 노동의 최적고용량이 변화하게 되고 이것은 다시 자본의 최적고용량 변화로 이어져 MRPL 곡선의 이동을 야기하게 된다. 이러한 반응들을 거쳐 다시 주어진 자본량에서 노동의 최적고용량과 주어진 노동 투입량에서 자본의 최적고용량이 결정될 때까지 변화하게 된다. 자본의 사용자비용이 변화하게 되는 경우도 마찬가지로 노동과 자본의 최적고용량은 동시에 변화하게 된다. 자본의 사용자비용을 절감할 수 있는 다양한 방법들에 대해 11장의 자본의 조달과 관리에서 보다 상세하게 다루게 될 것이다. 또한 노동의 고용비용을 절감할 수 있는 다양한 방법들에 대해 7장의 인적자원관리에서 다루게 될 것이다.

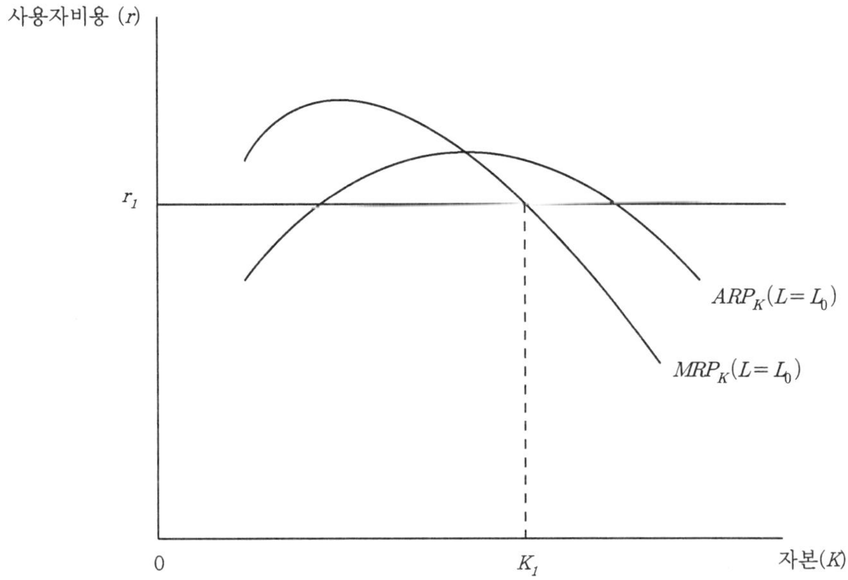

| 그림 4-9 | 노동의 고용량이 L_0일 때 자본의 최적 사용자비용

4.2 단기 생산요소수요

단기에는 자본의 투입량이 K_0로 일정하게 주어진 상태에서 가변요소인 노동에 대한 수요를 고려할 수 있다. 자본의 투입량 K_0에 고정되어 있으므로 노동의 한계생산 $MPL(L,K_0)$과 평균생산 $APL(L,K_0)$은 노동투입량 L에 따라 달라진다. 마지막 노동자의 고용으로 지불하게 되는 임금은 w인데 그 노동자가 생산에 기여한 한계생산은 $MPL(L,K_0)$이므로 마지막 단위의 산출물 생산에 소요된 비용과 그 마지막 단위의 판매로부터 얻은 한계수입이 같아야 하므로 (4.24)와 같은 관계식을 얻는다.

$$MC(\overline{Q}) = \frac{w}{MP_L(L,K_0)} = MR(\overline{Q}) \tag{4.24}$$

(4.24)식으로부터 다음과 같은 식을 얻을 수 있다.

$$w = MR(\overline{Q}) \cdot MP_L(L, K_0) \tag{4.25}$$

(4.23)의 첫 식과 정확히 일치하며 (4.23)의 특수한 경우라고 이해할 수 있다. 어떤 생산요소의 한계수입생산(marginal revenue product : MRP)이란 다른 생산요소의 투입량을 일정하게 유지한 채 그 생산요소의 투입량을 한 단위 추가 투입하였을 때 추가 생산된 생산물을 판매하여 얻게 되는 수입의 증가분을 나타낸다. 완전경쟁시장에서 활동하는 기업의 경우에는 한계수입생산은 그 요소의 한계생산(MP)에 그 재화의 시장균형가격 P를 곱하여 얻을 수 있으며 이 경우의 MRP는 한계생산가치(value of marginal product : VMP)라고도 불린다. 완전경쟁시장이 아닌 시장에서 활동하는 기업의 경우는 추가로 생산된 재화의 판매를 위해 판매가격의 하락이 불가피하게 되어 한계수입생산(MRP)는 한계생산가치(VMP)보다 작아지게 된다.

어떤 생산요소의 평균수입생산(average revenue product : ARP)이란 다른 생산요소의 투입량을 일정하게 유지한 채 그 생산요소의 투입량으로 총(판매)수입을 나눈 값을 나타낸다. 완전경쟁시장에서 활동하는 기업의 경우에는 평균수입생산은 그 요소의 평균생산(MP)에 그 재화의 시장균형가격 P를 곱하여 얻을 수 있으며 이 경우의 ARP는 평균생산가치(value of average product: VAP)라고도 불린다. 완전경쟁시장이 아닌 시장에서 활동하는 기업의 경우는 추가로 생산된 재화의 판매를 위해 판매가격의 하락이 불가피하게 되어 평균수입생산(ARP)는 평균생산가치(VAP)보다 작아지게 된다.

[그림 4-10]에서 자본의 고용량이 K0로 주어진 경우에 노동의 한계수입생산 MRPL과 임금수준 w1이 만나는 노동량 L1이 노동의 최적고용량이 된다.

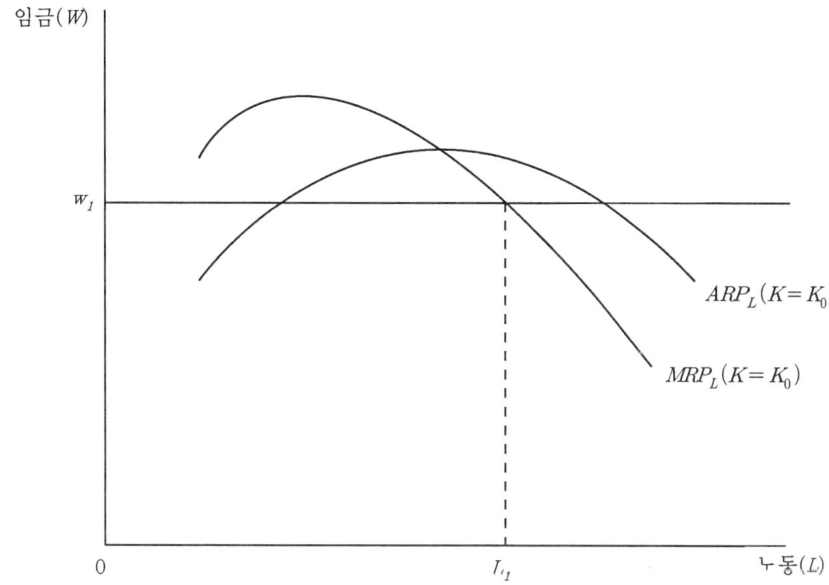

▌그림 4-10▐ 자본의 고용량이 K_0일 때 노동의 최적고용량

제5절 비용함수의 추정

5.1 비용의 측정

생산요소의 가격과 비용을 회계자료로 이용하게 되면 명목단위로 측정되므로 인플레이션에 따른 변화를 포함하고 있는 명목비용(nominal cost)이 된다. 즉 비용함수의 추정을 위해 여러 시점에서의 생산요소의 가격을 사용하여 비용을 각각 계산하게 되면 산출량(Q)의 변화에 따른 변화와 인플레이션에 따른 비용변화를 모두 포함하게 된다. 따라서 비용함수의 추정에 사용되는 비용은 실질비용(real cost)이어야 하므로 비용자료는 인플레이션의 영향을 제거한 실질비용으로 측정되어야 한다.

$$\text{실질비용} = \frac{\text{명목비용}}{\text{물가지수}} \times 100 \tag{4.25}$$

비용을 실제로 계산하는 데는 여러 가지 어려움이 따른다. 제 1장에서 합리적인 의사결정을 위해 사용되는 비용은 기회비용(opportunity cost)이어야 한다는 것을 보았다. 하지만 실제로 기회비용을 반영하는 것은 간단한 일이 아니다. 투입한 노동에 대한 비용은 지불된 임금총액을 근거로 하여 쉽게 측정할 수 있지만 자본에 대한 사용자 비용에는 자본의 구입금액 뿐만 아니라 사용과 기술발달에 따른 감가상각(depreciation)도 반영되어야 한다. 화폐의 지출에 근거하고 있는 회계자료에 나타난 비용은 생산요소의 기회비용을 제대로 반영하는 것이 어려우므로 회계자료를 활용한 비용은 기회비용과 꽤 많은 차이가 날 수 있다고 하겠다. 어떤 공장에 설치되어 있는 기계 설비는 그 장소와 기업의 필요에 따라 제작된 특정 기업용이 되는데 이 기계 설비를 다른 용도로 이용하거나 다른 장소에서 다른 기업이 이용하려면 생산에 대한 기여가 현저하게 낮아지므로 적은 기회비용을 가지게 되어 구입비용이 함몰비용(sunk cost)이 되는 경우 비용을 어떻게 반영할 것인가와 같은 어려움도 있다. 또한 어떤 생산설비가 여러 재화의 생산에 공통적으로 사용되었을 때 어떻게 그 생산설비의 비용배분문제와 부산물(by-product)이 나오는 경우에 비용을 평가하는 문제와 생산과정이 여러 단계를 거쳐 이루어 질 때 이전가격(transfer price)의 책정문제 등이 있다. 이러한 여러 가지 어려움에도 불구하고 회계정보에 기초하여 비용자료를 활용하는 것이 보통이다. 회계정보에 대해서는 10장 기업과 회계정보에서 보다 상세하게 다루어 질 것이다.

5.2 추정

경영자가 생산량과 가격에 대한 의사결정을 하려면 산출량 변화에 따른 비용의 변화 사이에 존재하는 구체적인 관계를 알아야 하는데 그에 필요한 수치적인 관계를 도출하려고 하면 비용함수가 어떤 함수형태를 가지는가를 가정해야 한다. 예를 들면, 평균가변비용(AVC)는 산출량에 대해 2차식의 형태로 나타낼 수 있다고 가정하는 것이다.

$$AVC(Q) = \frac{TVC(Q)}{Q} = \beta_0 + \beta_1 Q + \beta_2 Q^2 \tag{4.26}$$

비용에 영향을 끼치는 많은 요소들을 고려하지 않고 산출량과 평균가변비용(AVC)만의 관계를 추정하므로 실제자료의 관계식은 확률교란항을 포함하는 형태가 될 것이며 다중회귀를 추정할 수 있는 통계프로그램으로 쉽게 추정할 수 있을 것이다.

$$AVC(Q) = \frac{TVC(Q)}{Q} = \beta_0 + \beta_1 Q + \beta_2 Q^2 + \epsilon \tag{4.27}$$

연 습 문 제

1. "특허를 가진 상품을 생산하여 판매하는 기업은 독점기업이므로 항상 독점 이윤을 얻을 수 있다"는 주장에 대해 어떻게 생각하는가?

2. '규모의 경제(economies of scale)'와 '범위의 경제(economies of scope)'가 어떻게 다른가를 예를 들어 설명해 보라.

3. 어떤 기업은 특정 부품을 생산할 수 있는 기술과 생산설비를 모두 갖추고 있음에도 불구하고 다른 기업이 생산한 부품을 구입하여 이용하는가?

4. '이윤극대화의 한계원칙(marginal principle of profit maximization)'에 따라 의사결정을 한다고 할 때 최적 산출량수준에서는 어떤 관계가 성립하여야 하는가?

5. 장기총비용(LTC)과 단기총비용(STC) 사이에 성립하는 관계가 왜 성립하여야 하는가?

6. 평균비용(AC)과 한계비용(MC)사이에는 어떤 관계가 성립하는가?

7. '규모의 경제'와 '규모의 불경제'를 발생시키는 요인들에는 어떤 것들이 있는가?

8. 과점상태(oligopoly)에 놓여 있는 산업의 경우라면 최소효율규모(혹은 효율규모)와 시장수요에 크기에 대해 어떻게 설명할 수 있는가?

9. 경제적 효율성(economical efficiency)과 기술적 효율성(technical efficiency)을 정의하고 경제적 효율성이 기술적 효율성(technical efficiency)은 어떤 관계를

가지는가를 설명하라.

10. 경제적 효율성이 달성되는 노동과 자본의 조합(L_0,K_0)수준에서 성립하는 임금(w), 자본의 사용자 비용(r), 노동 및 자본의 한계생산 사이에 성립하는 관계의 다양한 경제적 의미는 무엇인가?

11. 수확체감의 법칙(law of diminishing returns)이 나타나는 궁극적인 이유는 무엇인가?

12. 어떤 기업이 20대의 기계를 사용하여 1000개의 부품을 생산하기 위해 50명의 노동자를 고용하고 있다. 다른 조건이 일정할 때 20번 째 기계가 생산에 추가적으로 기여한 양은 30개이고, 다른 조건이 일정할 때 50번 째 노동자가 생산에 추가적으로 기여한 양은 5개라고 한다. 기계 한 대의 사용자비용이 500만원이고 노동자에 대한 비용이 200만원이라고 한다. 이 기업이 기계의 일부를 처분하든가 새로 구입하여 사용할 수 있으며 노동자도 추가로 고용하든가 일부 노동자에게 직장을 그만두라고 할 수 있다고 하자. 이 기업을 인수한 새 경영자는 어떤 의사결정을 할 것인가?

13. 주어진 자본량 K_0 수준에서 $w_0=MRPL(L_0,K_0)$가 성립하는 노동량 L_0를 고용하고 있었는데 기업이 성능이 개선된 새로운 기계를 추가로 구입하여 사용하기로 한다고 하자. 다른 조건이 일정하다면 노동의 고용에 어떤 영향을 끼치는가?

14. 어떤 기업이 경기불황으로 단기적으로 노동자를 한 명도 고용하지 않기로 결정했다고 한다. 이러한 경우에 해당하는 상황을 그래프로 설명해 보라.

15. 어떤 기업이 비용함수를 추정한 결과가 다음과 같을 때 AC(Q) = 3Q2 − 400Q + 2000로 나타난 경우에 총비용과 한계비용을 구하라.

제 5 장

생산관리

제1절 기업활동에 있어서의 생산의 개념

1.1 기능(function)으로서의 생산

1) 생산이란?

production
manufacturing
operation
의 개념을 구분해 보자.

2) 생산기능의 개념

기업활동의 어떤 부분을 생산기능이라고 말할 수 있을까에 대한 명확한 대답을 할 수 있어야 한다.

예를 들어 다음과 같은 기업활동들에 있어 생산기능은 구체적으로 어떤 활동들을 의미하는가?

① 할아버지 혼자서 운영하는 구멍가게
② 부산백병원과 같은 종합병원
③ 외환은행의 본점 및 각 지점들
④ 해운대 파라다이스 비치 호텔
⑤ 삼성자동차 부산공장

기업이 가지는 생산기능의 개념을 명확히 정의해 보자.

1.2 제조업과 서비스업

제조업 성향	서비스업 성향
유형, 내구적 제품	무형 보관 불가능한 제품
산출물 재고축적 가능	산출물 재고축적 불가능
고객접촉 적음	고객접촉 많음
반응시간이 김	반응시간이 짧음
지역, 국내, 국제 시장	국지적 시장
대규모 설비	소규모 설비
자본집약적	노동집약적
품질측정이 용이	품질측정 곤란

제조업과 서비스 조직의 차이를 연속성 상의 양 끝으로 표현했는데 양쪽 박스의 내용은 과연 맞는가? 맞지 않는 서비스업의 종류를 생각해 나열해보자.

① 제조업과 서비스업의 공통점과 차이점?

② 미래 산업의 발전 방향에 대해 생각해 보자.

③ 매년 신규창업은 증가하지만 왜 대부분의 우리나라 사람들이 제조업은 어렵다. 또는 위험부담이 크다고 느끼는가?

④ 서비스업은 과연 안전한가? 왜 그런가를 생각해 보고 각자의 견해를 논리적으로 서술해 보자.

⑤ 기술과 산업의 발전, 그에 따른 고객 생활양식의 변화에 대응해야 하는 현대의 기업들에 있어서는 제조업과 서비스업의 구분이 점차 어려워지는 경향이 있다. 그 이유는 무엇일까 생각해 보자.

1.3 생산관리의 새로운 추세-생산환경의 변화

과거로부터 현재에 이르기까지의 산업발달의 궤적을 생각해 보면서 미래의 생산활동은 어떤 모습으로 나타날까를 생각해 보자.

제품, 공정 및 기술 개념의 변화추세

HARDWARE		*SOFTWARE*
THICK		*SLIM*
HEAVY	⟹	*LIGHT*
LONG		*SHORT*
STANDARDIZATION		*CUSTOMIZATION*

생산환경의 변화는 다음 두 가지의 원천으로부터 비롯되는 것이다.

① 고객 NEEDS의 변화

② 기술변화

1.4 여기서 잠깐!! 기업의 책임? 또는 목표, 사명에 관하여

이는 경영학을 공부함에 있어 반드시 짚고 넘어가야 할 문제이다. 이것은 '무엇을 달성하기 위해 경영을 하는가?', 즉 생산관리는 무엇을 달성하기 위한 방향으로 이루어져야 하는가를 확실하게 해주는 중요한 철학이다.

1.5 생산성이란 개념과 관련하여

생산성이란 과연 경영성과의 올바른 측정 도구인가? 각자의 견해를 논술해 보자.

제2절 생산전략의 개념

2.1 기업전략과 생산전략

1) 전략이란?

한마디로 말해 큰 싸움(전쟁)에서 이기기 위한 책략이다.

여기서 전쟁이란 자신의 생존을 위해 상대해야 할 적(들)이 존재함을 의미하며 Business 의 세계에서는 전쟁을 경쟁, 적을 경쟁자로 표현할 뿐이다.

그러나 Business의 세계는 전쟁의 경우보다 훨씬 더 복잡하다. 왜?

① 적(경쟁자)들의 종류가 많고 경우에 따라선 명확히 파악되지도 않는다.
② 협력관계와 적대관계의 구조가 복잡하고 그 변화도 훨씬 자주 일어난다. 동시에 일어날 수도 있고 구분도 불명확하다.
③ 전쟁에서 보다 훨씬 다양한 동반적 이해관계자들이 존재한다. 누가?
④ 전쟁에서는 적을 직접 공격하여 적의 지배영역을 빼앗으면 되지만 Business 의 경우는 적보다 고객을 더 많이 확보함으로써 승리하는 것이다.

여기서 고객 지향적 생산 전략이란 용어의 의미가 분명해진다. 다시 말해서 경쟁자를 압도하는 생산기술이나 능력 보다는 경쟁자 보다 더 고객에게 어필하는 생산활동을 지향해야 한다는 것이다.

2) 경쟁(Competition)개념의 변화와 경쟁환경의 변화

과거 단순한 Competiotion의 개념에서 오늘날에는 Co-opetition이란 신조어가 등장.

3) 새로운 생산전략 개념의 대두

과거의 정태적 생산전략개념에서 탈피하여 오늘날의 경쟁환경에 적합한 생산전략의 새로운 패러다임이 모색되어야 한다.

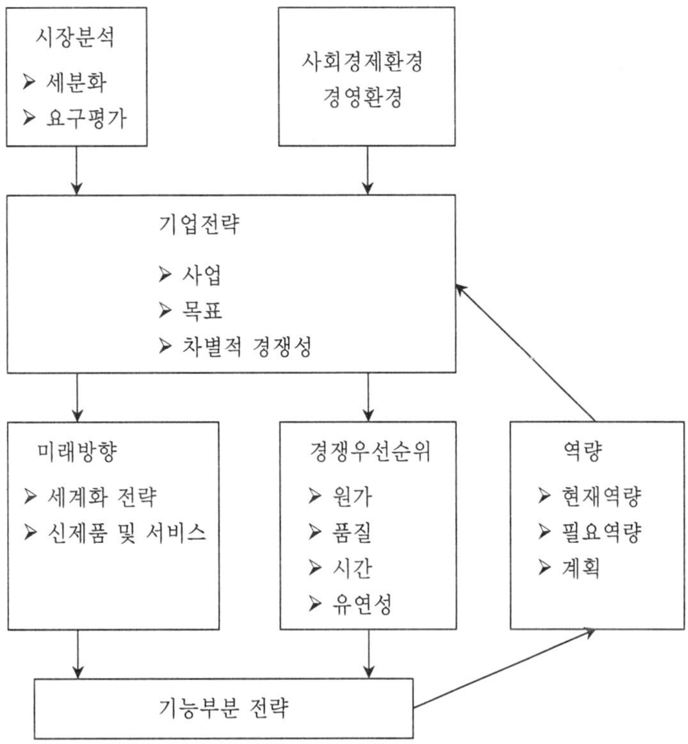

▌그림 5-1▐ 경쟁우선순위 : 기업전략과 부뮤별 전략의 연계

위의 [그림 5-1]을 보면 기업전략과 하위부문별 선략의 연계과성이 그려져 있는데 이 관점은 과연 옳은가?

2.2 시장분석

시장 세분화와 요구평가는 고객지향적 생산전략의 중요한 요소이다. 결국 생산부문이 기업전체의 전략적 목표달성에 기여할 수 있도록 방향을 잡아주기 위해서는 마케팅 컨셉이 필요하다는 것이다. 다시 말해서 우리가 공부하고 있는 경영학 내지는 현대의 기업경영의 알파요 오메가는 마케팅이라는 결론에 도달하게 된다. 이 말이 각자에게 어떤 느낌으로 받아들여지는가를 한 번 토론해 보자.

2.3 경쟁우선순위

네 가지의 경쟁우선순위 개념은 앞으로 모든 경영학 공부에서 가장 중요한 역할을 하게 된다. 따라서 이를 완벽하게 숙지해야 할 것이다.

오늘날의 기업들에게는 경쟁우선순위들 간의 Trade-off 관계가 존재함에도 불구하고 적어도 이들 가운데 두 가지 이상을 동시에 추구하여 달성해야만 실질적인 성과를 거둘 수 있다는 주장이 설득력 있게 받아들여지고 있다. 이점을 각자 어떻게 생각하는가?

Trade-Offs in Competitive Priorities

Fast!

Cheap!

Good!

Pick any two.

| 그림 5-2 | 경쟁우선순위

2.4 경쟁우선순위의 변화

경쟁 우선순위는 제품 및 서비스 수명주기와 진입-퇴출 전략에 의해 변화된다.

수명주기는 제품의 계획, 도입, 성장, 성숙, 쇠퇴의 다섯 단계로 나뉘며, 수명주기 감사는 기존 제품 라인의 폐쇄와 신제품 도입 시기를 결정한다.

진입-퇴출 전략은 세 가지가 있다. 일찍 진입하여 늦게 퇴출하기 위해서는 소량 유연 생산시스템에서 대량 저원가 시스템으로 진화하는 과정이 요구되며, 소규모의 혁신 기업의 경우에는 일찍 진입하여 일찍 퇴출하는 경향을 보인다. 낮은 단가로 높은 생산량을 유지하며 대량 마케팅 전략에 주력하고 유통망을 개발하는 경우는 늦게 진입하여 늦게 퇴진하는 경우다.

이제 우리는 일반적인 수명주기의 개념이 적용되지 않는 제품이나 서비스의 경우를 찾아내어 그 특징을 분석해 보기로 하자. 그 대표적인 예가 컴퓨터 소프트웨어이다. 소프트웨어의 경우 개발 기간이 상당히 긴 반면에 성장과 쇠퇴 기간이 상당이 짧아 한 제품이 성장 말기에 도달했을 때 신제품을 개발하기 시작한다면 늦기 마련이다. 따라서 신제품의 개발 결정은 상당히 빨리 이루어져야 하는데, 실제의 경우 한 제품이 미처 완전히 개발되기도 전에 다른 제품의 개발을 시작하는 경우도 있다. 그런데 오늘날 대부분의 산업에서 소프트웨어와 유사한 양태로 수명주기가 바뀌어 가는 현상이 관찰되고 있다. 그만큼 기술변화의 속도가 가속되고 있기 때문이다.

제3절 공정설계와 위치전략

3.1 공정의 선택, 설계와 주어진 기존 공정의 개선 및 관리는 의사결정의 단계가 다르다.

공정의 선택에 관한 의사결정은 1회적이며 장기적인 영향을 미치는 전략적 의사결정으로 TOP의 수준에서 이루어지며 공정의 개선이나 효율적 관리는 현재의 생산시스템을 운영하는 담당자의 몫이다.

공정의 선택에 관련된 의사결정은 위치전략에 해당하는 것이다. 공정선택의 결정기준은 생산량과 고객화의 정도에 따른다고 씌어있다. 정말 그렇다고 보는가? TOP의 입장에서 공정을 선택한다고 할 때, 즉 어떤 형태의 생산방식을 가지고 목표시장의 고객이 필요로 하는 제품을 생산할 것인가를 결정하는 문제에서 중요하게 고려되어야 하는 요소들은 이들 외에 어떤 것들이 있을 수 있겠는가? 각자 자기의 생각을 이야기 해 보자

3.2 프로세스 재설계-리엔지니어링

1) 리엔지니어링

리엔지니어링은 정보기술과 프로세스 혁신의 개념이 결합된 것으로서, 정보

기술을 적극 활용하여 현재의 환경에 맞는 경영방식을 찾아내자는 것이다.

과거 생산자주도의 상황에서 별다른 경쟁 없이 성장했던 오늘날 많은 기업들이 경영의 어려움을 겪고 있다. 이는 기업 간 국가 간의 경쟁이 심화되고 고객의 요구 또한 날로 까다로워지고 복잡해지는데 반해 이에 대처하는 기업들의 자세는 그렇지 못하기 때문이다.

물론 기업에서는 생산성을 향상시키고자 품질운동, 과학적 경영, 자동화 등 여러 경영개선기법을 도입하고 있으나 그 실적이 미미한 편이다. 이러한 점진적인 경영개선 방법은 기업의 많은 문제들 중 극히 일부분만 개선하는 것이어서 기업경영의 본질적인 문제들을 해결해 주지는 못했다.

개선의 일반적인 도구인 자동화 역시 생산성의 극적인 향상을 이루지 못했다. 정보기술에의 과다한 투자가 실망스러운 결과를 가져다주는 예를 우리는 얼마나 많이 보아 왔는가. 그 이유는 옛 업무방식을 그대로 고수하고 업무내용만 단순히 전산화했기 때문이다. 정보기술은 잘못된 기존의 프로세스의 업무처리 속도만을 높이는 데 사용되었을 뿐이다. 정보기술에 대한 많은 투자에 비해 가시적인 효과가 별로 눈에 띄지 않는 것은 구시대의 경영감각으로 업무를 전산화했기 때문이다.

마이클 해머가 1990년 리엔지니어링의 개념을 소개한 이래 미국의 여러 기업에서 이를 도입하여 급격한 생산성 향상을 달성해 왔다. 한 마디로 리엔지니어링은 업무를 기능별로 파악하는 것이 아니라 고객의 관점에서 일관된 프로세스로 파악하고 정보기술을 적극적으로 활용하여 프로세스, 즉 업무흐름을 완전히 새롭게 바꾸어 놓은 것이다.

리엔지니어링의 사례가 아직도 많지는 않으나 그 중 한가지로 IBM을 들 수 있다. IBM크레디트는 컴퓨터 구입을 위한 대출신청의 처리 프로세스를 리엔지니어링한 결과 처리에 소요되는 기간을 1주일에서 하루로 줄였고, 처리 건수를 10배나 늘려 처리할 수 있게 되었다.

물론 리엔지니어링을 수행하는 모든 회사가 성공하는 것은 아니다. 종전의 개선과는 달리 급속한 변화를 수반하기 때문에 저항도 심하고 이로 인해 많은 기업들이 실패하는 것도 사실이다. 그러나 IBM크레디트처럼 괄목할 만한 성공은 리엔지니어링 자체가 놀라울 정도로 효과적이라는 것을 보여 주는 것이지만 성공적인 수행을 위해서는 요소요소의 문제점을 극복해 가는 세심한 운영도 필요하다는 것이다.

2) 경영패러다임의 변화

경영패러다임은 절대적 진리라기보다는 경험과 상황에 따라 결정되는 상대적인 것이다. 경영환경이 급속히 변화될 때에는, 이러한 변화에 신속히 대응하는 기업들만이 살아남을 수 있다. 이러한 대응능력을 갖추려면 상당한 유연성과 새로운 아이디어 그리고 접근방법에 대한 포용력이 필요하다. 이러한 기반구축을 위해서는 우리가 잠재의식 속에 가지고 있는 경영가정들을 객관적으로 재고하고 필요하다면 바꾸어야 한다. 그러므로 경쟁력 확보를 위해서는 과거의 패러다임을 찾아내고 재고하여 현재와 미래의 상황에 맞도록 고쳐야 할 것이다.

3) 리엔지니어링의 핵심 -- '무'에서 시작

리엔지니어링의 핵심은 기업운영에 내재되어 있는 구시대의 규칙과 기본가정들로부터의 단절이다.

경영 패러다임이 급속도로 변하고 있는 현대 정보화 사회에서 우리는 이러한 기존관념에서 벗어나지 않고 현존 프로세스의 자동화나 단순한 감량경영만으로는 획기적인 업무증진을 이룩할 수 없다. 우리는 지나간 시대에 만들어진 회사운영에 대한 옛 사고방식을 버려야 한다.

기존 프로세스 구조는 단편적이고 조각조각 나뉘어서 품질과 서비스를 유지하는 네 필요한 통합이 부족하다. 사람들이 대체로 프로세스 자체의 큰 목적보다는 특정 부서의 더 작은 목표를 더 중요시하고, 일이 사람과 사람 사이, 부서와 부서 사이로 옮겨질 때마다 실수와 시간의 지연은 피할 수가 없게 된다. 중요한 사안 결정에 대한 책임은 누구도 맡지 않으려 하게 되고 아무도 프로세스 전체의 목적 자체를 고려하지 않기 때문에 새로운 상황에 재빨리 대응할 수 없게 된다.

리엔지니어링은 경영의 주요 프로세스를 전사적 관점에서 본다.

리엔지니어링에서 기본 가정들에 대해 재고하기 위해서는 현재의 업무방식에 대해 Who와 What If란 질문을 계속해야 한다. 왜 우리는 물품구입시 책임자의 서명을 받아야 하는가? 그것은 통제의 메커니즘이기 때문인가? 아니면 책임자가 결정해야 할 사항이기 때문인가? 만일 책임자의 승인 없이 자율적으로 구입하게 하면 어떤 장단점이 있는가. 프로세스의 업무방식은 그것을 필요로 하던 환경보다 오래 남아 있게 되며 장기간 계속되면서 마치 당연한 가정처럼 받아들이게 된다. 리엔지니어링은 이 같은 상황을 발견하여 프로세스를 바꿀 수 있기 해준다.

리엔지니어링은 구태의연한 사고방식과 조직의 경계에서 오는 제한에서 벗어나 시야를 넓히고 전사적인 관점을 갖도록 도와준다. 정보기술이 사용되는 주목적은 현존 프로세스의 자동화가 아니라 새로운 방식으로 업무처리를 할 수 있도록 하기위한 것이다.

이런 폭넓은 변화를 수반하기 때문에 리엔지니어링을 성공시키는데 필요한 한 요인으로서 실제적인 비전을 가진 최고경영층의 리더십이 요구된다. 리엔지니어링은 조직내의 사람들이 익숙해 있는 시스템을 바꾸려 하기 때문에 리엔지니어링을 원하는 사람은 아무도 없으며 오직 최고경영층의 의지만이 리엔지니어링을 지원하고 사람들을 설득할 수 있기 때문이다.

3.3 비즈니스 리엔지니어링

마이클 해머는 리엔지니어링을 이렇게 정의했다. 리엔지니어링이란 비용, 서비스, 속도와 같은 현재의 중요한 평가척도의 급격한 향상을 위해 업무 프로세스를 본질적으로 재고하고 완전히 재설계하는 것이다.

1) 업무 프로세스(Business Process)

리엔지니어링된 업무 프로세스는 전통적인 업무 프로세스와 근본적인 차이를 가지고 있어야 한다. 리엔지니어링된 프로세스들에게서 흔히 접할 수 있는 몇 가지 공통적인 특성을 알아봄으로써 리엔지니어링된 프로세스의 모습을 살펴보자.

- 몇 개의 작업들이 하나의 작업으로 통합됐다.
- 제일선 작업자들이 의사결정을 하게 되었다.
- 확인이나 통제업무가 줄었다.
- 조정업무가 극소화됐다.
- 하나의 프로세스가 융통성을 갖게 되었다.

2) 본질적인 재고찰(Fundamental Rethinking)

앞에서 살펴보았듯이 리엔지니어링은 아무런 가정이나 당연한 사실이 없이 시작되어야 한다. 종전의 일하는 방법 및 사고방식에 매달리지 않아야 한다. 예를 들어 "우리가 어떻게 고객의 신용확인을 할 것인가"라는 질문에는 고객의 신용확인이 반드시 이루어져야 한다는 것을 전제로 하고 있다. 그러나 많은 경우 신용확인에 드는 비용이 신용확인을 안 했을 경우라면 신용확인 자체를 생략하는 것이 더 효율적인 프로세스가 되는 것이다.

3) 근원적인 재설계(Radical Redesign)

리엔지니어링은 기존의 방식을 약간 손질하는 것이 아니라 과거의 것을 모두 버리고 무에서부터 새롭게 출발하는 것이다. 리엔지니어링은 향상, 개선 또는 수정이 아니며 경영의 혁명이라는 점을 이해해야 할 것이다.

4) 급진적인 향상(Dramatic Improvement)

리엔지니어링의 목적은 약간의 개선이 아닌, 생산성의 급격한 향상에 있다. 즉 리엔지니어링은 10~20%의 점진적인 개선이 아니라 50~100%의 향상을 꾀하는 것이며, 이를 위해서는 기존의 생산성 향상 방법론으로는 부족하며, 리엔지니어링과 같이 일하는 방식을 근본적으로 바꾸어 주는 이론이 필요하다.(도요타 시스템을 생각해보자.)

5) 새로운 평가지표

현대와 같은 경쟁환경에서 경쟁력을 강화하기 위해서는 어떠한 점들이 고려되어야 하는 가. 그중 중요한 것이 고객 서비스를 통한 고객의 만족이다. 요즘 한창 논의 되고 있는 고객만족 운동은 그 이념적 중요성만 강조할 뿐이며 그 운동의 범위도 주로 대고객 부서에만 제한되어 있을 뿐 실제적, 구체적인 평가척도를 개발하여 실질적으로 고객을 위한 전체 프로세스의 개선으로 연결되지 않고 있다. 경쟁력을 향상시키기 위해서는 대고객 부서의 서비스 향상만으로는 부족하며 고객의 취향에 맞는 제품의 개발 및 공급, 개발시간의 단축, 고객의 요구사항 처리과정의 간소화 등을 리엔지니어링을 통해 이루어 나가야 하며 종래의 구태의연한 숫자놀음의 평가기준이 아니라 이러한 점을 반영하는 척도를 사용해야 한다.

3.4 수직적 통합과 Outsourcing의 개념

중요한 문제는 오늘날의 환경에서는 수직적 통합의 장점 보다는 단점이 더욱 강조되고 있다는 점일 것이다. 즉 보다 많은 유연성의 확보와 위험의 감소를 위해 후방통합보다는 Supply Chain Management의 개념이 부각되고 있다.

3.5 범위의 경제에 대하여

1) 경쟁력원천의 변화

사회구조의 변화에 따라 기업경쟁력의 원천으로서 경제성의 개념이 변화하고 그 중요도도 바뀌어 가고 있다. 실례로 4S 경제성 즉, Scale merit(규모의 경제성), Scope merit(범위의 경제성), Speed merit(속도의 경제성), System merit(시스템의 경제성)의 중요성이 변화하고 있다.

일찌기 공업화사회에서는 "규모의 경제성"이 강조되었는데, 수요의 다양화, 小로트화에 따라 대량생산방식이 다품종소량생산 방식으로 이행되어 감에 따라 제품의 범위가 넓어지고 다양한 제품의 취급에 의해 업무를 다각화시킴으로서 "범위의 경제"효과가 나타났다. 따라서 1980년대 "범위의 경제성"의 중요성이 강조되기 시작하였다. 그러나 정보화가 진전됨에 따라 점차 스피드와 네트워크의 중요성이 커지게 된다. 이에 따라 속도를 중심으로 경제성을 추구하는 "속도의 경제성"과 조직간 또는 복수의 기업간 각각의 역할을 시스템적으로 결합하는 네트워크구축력을 나타내는 "시스템 경제성"이 오늘날 기업경쟁력의 핵심 부분으로 등장하고 있다.

2) 기업활동의 탈경계화의 추세와 4S 경제성개념의 변화현상

최근 기술이 고도로 발달하고 복잡, 복합화되면서 개별기업 가치활동의 범위에 변화가 오고 있다. 즉 자신은 특정한 영역에 특화하고 나머지 영역은 외부기업의 가치활동에 의존하는 이른바 외부업무위탁(outsourcing)현상이 활발해지고 있다.

이러한 현상에는 전통적인 방식인 부품외주에서부터 최근의 개발, 기획의 외부의존현상에 이르기까지 다양한 형태로 나타나고 있다. 또한 점차 제조방식에 있어서 자사소유의 공장을 고집하지 않고 자신이 설계한 상품기획을 외부의 공장에 발주하여 자사의 상표로 판매하는 이른바 무공장 생산방식(파브레스 : Fabless, Fabrication-less)이 도입되고 있다.

이것은 기업역할에 있어서 탈경계화의 시작에 불과하다. 리복이나 나이키의 경우는 자신의 공장을 가지지 않고 해외에 엄청난 시장을 확보하는 전형적인 회사이다. 게다가 얼마전 우리나라에서는 인사부마저 외부화되는 등 구조와 방법의 다양함이 나타나고 있다.

이제 대부분의 제품은 단일기업의 활동에 의해 만들어졌다기보다는 다수의 가치활동이 다수의 기업들에 의해 분업화되고 이들 가치활동이 다시 결합되어 탄생된 이른바 시스템상품이라 할 수 있을 것이다.

자동차산업을 예로 들어보면 일본의 도요다자동차나 니산자동차는 자동차부품의 25%정도만 내부에서 생산하고(즉 內製率 25%) 나머지 자동차관련부품은 외부의 부품업체에 의존하고 있다. 그러면 과연 도요다 상표의 자동차는 도요다 자동차로 볼 수 있는가? 그래서 일본에서 도요다 자동차는 자동차제조업체로 불려지지 않고 자동차 조립업체(assembler)로 불려지고 있다.

도요다 자동차의 경쟁력은 도요다자동차업체의 경쟁력이 아니라 도요다 자동차가 구축한 도요다후지산이 도요다 자동차의 경쟁력이 된다(주석). 결국 자동차란 단일업체의 경쟁력이 아니라 다수 관련기업들의 경쟁력이 시스템적으로 결합된 시스템 상품이며, 도요다상표 자동차의 경쟁력은 시스템경쟁력이라 할 수 있다.

따라서 이제 제품의 경쟁력은 단일 기업의 관리구조나 기업내 학습조직의 구조에 의해 결정된다기보다는 기업간 관계구조(inter-corporate governance)나 기업간 학습관계에 의해 영향받는 부분이 크다는 쪽으로 그 초점이 이행하고 있다. 이러한 과정에서 필연적으로 기업의 경쟁력 원천에 커다란 변화가 일어나고 있고, 이를 4S 경제성개념으로 그 변화를 설명해보면 다음과 같다.

(1) 1차원적 경쟁력 : 규모의 경제성

규모의 경제성이란 기업규모의 확대로 인해 실현되는 가장 전통적인 경제적 효과를 말한다. 규모의 경제성은 원가우위의 본원적 전략을 추구하며 가격중심적 경쟁력과 이익확보능력을 중시하며, 일반적으로 넓은 의미로 통합의 경제성을 포함하는 개념이나 좁은 의미로 통합의 경제성과 분리하여 사용하는 경우도 있다.

이 경우는 기업간 수평적 통합에 의해 발생하는 경제적 효과를 규모의 경제성이라 하고, 수직적 통합에 의해 발생하는 경제적 효과를 통합의 경제성이라 한다.

규모의 경제성에서 각 기업들은 상호 독립적이면서 기업간 관계는 대립적이고 경쟁적 관계를 가정한다. 제조력중심의 사고이며 전통적인 경쟁우위의 요소인 생산기술, 설비, 자본을 중시하며, 특히 단순반복작업의 경우 강력한 경쟁력 우위원천이 될 수 있다.

굴뚝사회로 비유되는 제2의 물결시대를 주도한 가장 전통적인 의미에 있어서의 경제성이다. 다만 인간의 욕구가 세분화되고 있어 단순화와 규모위주의 경쟁력은 공룡시대에 공룡의 경쟁력으로 비판되기도 한다. 4S 경쟁력중에 1차원적 경쟁력에 해당된다.

또한 수직적 통합결정은 통합의 경제를 통해 원가절감을 꾀할 뿐만 아니라 소요자본장벽을 더욱 높임으로서 신규기업들에 대한 진입장벽의 효과를 가지고 있다.

(2) 2차원적 경쟁력 : 범위의 경제성

범위의 경제성은 공정상 필요한 투입요소를 여러 분야에서 공동으로 활용함으로써 얻게 되는 경제적 효과를 말한다. 이 범위의 경제성은 한 제품의 생산공정중 다른 제품의 생산시 추가적 비용 없이 전용 가능한 공통생산요소가 존재하기 때문에 발생한다.

이는 인적자원, 물적자원, 재무자원, 정보자원 중 공통적으로 사용할 수 있도록 최적조합을 기하는 경제성이라는 측면에서 조합의 경제성(Economy of Combination)이라는 용어로 쓰이기도 있다.

이 공통생산요소로는 설비, 기술, 정보와 노하우 등을 들 수 있다. 예를 들면 기업들간에 공동유통경로이용이나 양립될 수 있는 제품간 공동광고의 채용, 혹은 상호 유익한 마케팅 및 정보의 공유를 시도할 때 나타나는 효과이다.

특히, FMS방식의 출현으로 대량 생산시설 체제하에서 다품종 소량생산이 가능해 지게 되고, CAD, CAM 등이 보다 차별화된 제품을 경제성 있게 디자인하고 제조하는 것을 가능케 하고 있어 범위의 경제성효과의 가능성이 커지고 있다.

철강업계의 미니 밀(Mini mills)이나 자동차업계에서 10만대이하를 생산하는 자동차모델을 개발하고 있는 일본자동차업체의 시장관리방향도 범위의 경제성을 추구하는 과정이다.

다만 일반적인 의미에서의 범위의 경제성이란 주로 단일 주체, 단일 조직의 입장에서 공통자원을 통합, 복합생산의 경제적 효과를 의미한다. 4S 경쟁력에서는 2차원적 경쟁력에 해당된다.

(3) 3차원 경쟁력 : 속도의 경제성

속도의 경제성(economies of speed)이란 Chandler(1977)가 수회의 시장거래를 거치는 것보다 유통기관을 통합함으로써 신속한 조달과 공급에 따른 경제성을 설명한 개념이다.

즉, 유통기관의 통합은 공급자로부터 사외조달에 따른 가격절충, 디자인협상, 계약절충 등과 같은 시간을 단축시켜 속도의 경제성을 더해준다. 그러나 점차 정보화시대로 들어서면서 기업의 가장 중요한 경쟁요소는 스피드와 연결이라는 점이 강조되면서 최근 새롭게 해석되고 있다.

정보기술과 통신기술을 바탕으로 정보획득의 속도를 통해 경쟁우위를 설명하는 이론과 실제사례들이 많이 개발되고 있다. 특히 시간요소가 1990년대의 산업경쟁에서 우월한 지위를 누리기 위한 주요한 경쟁의 수단으로 관심을 모으게 된 것은 세계적인 경영컨설팅기관인 보스톤 컨설팅그룹(BCG)의 부사장인 Stalk가 시간 자원의 전략적 활용이 초우량기업의 공통적인 성공요인이라고 주장한 데서 비롯되었다. 속도의 경제성을 나타내는 대표적인 시스템으로서 QR(Quick Response System), ECR(Efficient Consumer Response)이 출현하고 있다. QR, ECR 시스템이란 제조업체와 유통업체가 네트워크로 연결하여 소비자의 욕구에 효율적으로 신속하게 대응하는 生販통합시스템이다.

즉, 기다리기 싫어하는 존재로서 소비자들을 위해 고객에 대한 신속한 응답성을 경쟁의 초점으로 하여 경쟁력을 확보해 가고 있다. 응답성이 빠른 대표적인 기업으로 뽑히고 있는 양판점의 월마트의 경우 P&G등의 메이커와 전략적 제휴를 통해 생산과 판매를 통합하는 QR시스템을 구축한 결과, 고객들의 요구에 대한 응답시간이 경쟁업체의 1/3수준이었으며, 상품보충에 걸리는 시간도 업계 평균인 6주에서 36시간으로 단축되었다.

그 결과 성장률이 전체 산업성장률의 3배에 달했으며 경쟁업체에 비해 2~5배의 수익을 올렸다. 의류산업에서도 현재 소매업자들이 주문 후 13일 이내에 제품배달을 원하고 있지만 향후에는 속도에 대한 관심의 정도가 커질 것으로 전망되고 있어 2년내에 6일로 단축될 것으로 예상되어지고 있다.

최근 나노 초(10억분의 1초), 피코 초(1조분의 1초)등과 같이 시간의 측정단위가 세분화되고 있는 것도 속도의 중요성이 사회에 반영된 결과라 할 수 있다. 속도의 경제성은 4S 경쟁력에서 3차원적 경쟁력에 해당된다.

(4) 4차원 경쟁력 : 시스템경제성

오늘날 각 개별기업들은 각각의 기술에 깊이 파고들어 철저한 전문화를 추구하고 있다. 이와 동시에 기업들은 특화하지 않은 영역들을 중심으로 기업외부의 특화된 능력에 의존하여 외부업무위탁(outsourcing)을 시도하게 된다.

이러한 시도는 개별기업의 경계를 뛰어넘어 발생하며, 이것이 기업활동 탈경계화의 과정이다. 그래서 각 미시적인 개별기업차원에서는 철저한 전문화를 추구하는 한편, 거시적인 산업조직차원에서는 각 개별기업차원의 전문화된 활동을 연결하고 시스템화하는 네트워킹체제가 구축되게 된다고 표현할 수 있을 것이다.

네트워킹체제는 각 단위기업의 가치활동들을 연결하고, 각 개별기업들간 상호작용의 기반을 제공한다. 이때 기업간 관계는 주체간의 연쇄적 분업효과와 더불어 기능 보완적이고 연쇄적인 연결효과가 발생한다.

이때 발생하는 경제적 효과는 기업간 단순협력 이상의 긍정적 의미를 가지는 새로운 경제성으로서, 지금까지의 경제성개념으로 설명할 수 없는 제 3의 효과로 부르기도 하였다. 그러나 최근 이러한 현상이 활발하게 일어나게 되면서, 연결의 경제성, 네트워킹의 경제성, Relationship Merit, 시스템적 경제성 등으로 불려지고 있다.

시스템 경제성은 대체로 기업간 시스템적 연결 관계에 의해 간접적으로 발생되는 正의 외부성(externalities)효과가 매우 중요하다. 왜냐하면 기업간 네트워킹에 의한 시스템경쟁력의 구축은 시장으로 이탈되어 버리는 외부효과의 내부화가 주요 초점이 된다. 그래서 네트워크의 외부성(network externalities)효과로 불려지기도 한다.

특히 오늘날과 같이 점차 정보네트워크사회로 이행되고 있는 상황에서 복수의 주체간, 기업과 기업간 연결이 이루어져 업제화됨에 따라 시스템적 경쟁력이 많이 나타나고 있다. 이러한 효과는 4S 경쟁력에서 4차원 경쟁력으로 지칭된다.

제4절 품질경영

4.1 품질경영의 기본개념

1990 년대 이후 품질은 기업이 경쟁에서 이길 수 있는 가장 중요한 무기로서 인식되고 있다.

최근의 저명한 미국의 연구소에서 조사한 결과에 따르면 기업이 제공하는 제품의 품질과 가격이 투자수익률에 미치는 영향을 다음과 같이 발표하고 있다.

- 품질이 나쁜 제품을 싼값에 판매하는 기업들의 평균 투자수익률 : 15%
- 고품질의 제품을 높은 가격에 판매하는 기업들의 평균 투자수익률 : 30%
- 어중간한 품질의 제품을 어중간한 가격에 판매하는 기업들의 평균투자수익률 : 2%

우리나라는 저가격의 중국과 고품질의 일본 사이에 끼어 오도 가도 못하는 상황임을 생각하면 우리가 왜 이 모양인가가 실감될 것이다. 구매력기준으로 보면 선진국 시장이 전체의 70%를 차지하는데 우리나라는 선진국 시장에서 무역적자를 면치 못하고 있다. 선진국 시장은 그 속성상 가격 보다는 품질이 우선적 구매기준이란 점을 감안한다면 우리에게 품질혁신에 대한 요구는 생존 그 자체임을 알 수 있다.

품질이란? 무엇인가를 정의하려 애쓰기 보다는 Juran의 품질비용의 개념부터 이해하는 것이 효과적인 접근방법이라 생각된다.

품질의 3원칙

① 제품이든 서비스든 고객의 불만을 야기시킬 소지가 있는 불량품은 아예 만들지 않는다.

② 만에 하나 첫 번째의 원칙을 지키지 못해 불량품이 만들어지는 경우 이것은

절대로 고객에게 전달하지 않는다.

③ 그래도 불량품이 고객에게 전달되는 경우가 발생한다면 신속하게 조치를 취해야 한다.

이들 세 가지의 기본원칙을 준수하는데 들어가는 비용, 즉 예방비용, 검사비용, 실패비용을 합친 것이 품질비용이라고 할 수 있다.

그러나 보이지 않는 품질비용도 있고 보이지 않는 품질이익도 있다.

① 품질불만족 → 고객이탈률의 증가로 이어지는 기회손실비용

② 고품질의 제품 → 고객의 브랜드 인지도 상승 → 높은 가격 또는 신제품이나 신사업의 시장성공 확률이 커짐

품질의 대가 또는 선구자로 불리는 사람들의 철학을 이해해야 한다.

다음은 오늘날의 품질경영 개념에 대해 선구적 역할을 해온 유명한 사람들이다.

① Deming, E.W.

데밍의 Five-Step Chin Reaction

Costs decline

↓

Improved productivity

↓

Increased market share

↓

Increased profits

↓

More jobs

② Juran, J.M.

③ Feigenbaum, A.V.

④ Crosby, P.B.

<u>Setting Goals</u>

"If management decides it can live with a 10% defective rate, it will get a 10% defect rate. A company gets what it asks for. Management must take the lead."

Philip Crosby
Management Consultant
Wall street Journal

⑤ Taguchi, G.

품질경영의 발전과정과 현대적 관점

Quality 개념의 진화

Inspection era (~1930s)

The statistical quality control era (1930s~1950s)

The Quality Assurance era (1950s~1980s)

The strategic quality management era (1980s~)

품질을 '결함이 없는 것'으로 간주하던 시대는 이미 지나갔다. 제품을 받아 들일만 한가 아닌가를 결정하는 것은 기업 내부의 어떤 부서가 정할 수 있는 것이 아니라 고객만이 할 수 있는 것이다. 따라서 규격을 만족시킨다는 것은 부차적인 관심사이며 고객의 요구를 제대로 파악하지 못한다면 제조공정이 아무리 우수하다 해도 별 의미가 없다.

4.2 TQM Wheel에 따른 주요개념

1) 고객지향적 품질정의

- Conformance to specifications
- Value
- Fitness for use
- Support
- Psychological impressions

2) 시장에 있어서의 품질의 의미

a. Market share increases by
- High quality level
- Improving quality even at low levels

b. Increase in profit margin by
- Charging premium for higher quality level
- Reducing cost through high conformance to quality in manufacturing

3) 지속적 개선

- SPC training
- Make SPC a normal aspect of daily operations
- Build teams
- Initiate employee involvement
- Utilize problem-solving techniques
- Develop employee ownership of processes

4) 열악한 품질의 비용

- Prevention
- Appraisal
- Internal failure
- External failure

5) 예방과 사후검사의 차이

"More U.S. companies are now controlling quality through prevention. Too many companies still equate quality control with having more inspectors at the end of the assembly line. Or with plastering walls with posters exhorting workers to take pride in their work."

6) 훈련

"Prevention means better training of workers. Above all, it means reshaping the attitudes, from the board room to the leading dock, so that quality becomes more important than getting the product out of the door."

7) 벤치마킹

A continuous, systematic process that measures products, scrvices and practices against those of industry leaders

Four Steps :

1. Planning
2. Analysis
3. Integration
4. Action

제5절 생산능력

5.1 생산능력이란?

생산능력의 개념 자체는 사후적으로 본다면 특별한 설명이 필요 없을 만큼 쉽게 이해되고 널리 쓰여지는 용어이다. 그러나 정작 어떤 식으로 생산능력을 측정하고 계획할 것인가에 대해, 즉 사전적으로 생산능력을 다루고자 한다면 용이하게 해답을 내기 어려운 문제로 바뀌는 것이다.

어떤 사업을 시작하기 전에 생산능력을 얼마로 해야 할 것인가를 결정하는 문제는 매우 어렵지만 피해갈 수 있는 것도 아니다. 현재 진행중인 사업에 대해 향후 몇 년 간에 걸친 생산능력의 조정을 결정하는 것 역시 어렵지만 늘 생각해 두어야 하는 문제이다. 이것은 성공과 실패를 떠나 생존을 좌우하는 문제인 것이다.

과거 우리나라의 기업들은 (특히 재벌기업들) 새로운 사업에 착수할 때 마다 이 생산능력의 문제를 매우 간단하게 생각하는 경향이 있었다. 정부로부터 인가만 나면 대충 최대한 크게 벌이자는 식으로 덤벼들게 마련이다. 이런 식의 크고 작은 실패사례들은 우리 주변에 널려 있다.

생산능력의 과잉 뿐만 아니라 과소에서 오는 문제도 심각하다. 초창기의 이동전화사업은 한국이동통신이 가입자 수의 폭발적 증가를 미처 예상하지 못하고 설비규모를 갖추는 바람에 통화품질이 급격히 떨어졌다. 당시 벌써 미국 등에서 수요증가가 예상을 초월한다는 사실이 알려져 있었으나 한국에선 다를 거라고 이를 전혀 감안하지 않았다. 한국이동통신이 독점사업자였기에 그러한 과소 생산능력의 문제는 고스란히 고객의 몫으로 돌려질 수밖에 없었으나 경쟁상황이 달랐다면 망했어야 마땅한 일이었다. 이후로 CDMA방식으로 전환을 모색하면서 현재는 너무 많은 사업자들 간의 중복투자와 Capacity과잉이 문제가 되고 있다.

현재 우리 주변에서 볼 수 있는 여러 산업들에 대해 생산능력의 과잉과 과소 상태를 판단해 보자. 예를 들어 신문, 방송 등의 매스컴, 유선방송, 정보통신 등의 서비스 산업 및 자동차 반도체, 가전 등의 제조업들에 속한 기업들이 가진 생산능력을 검토해 보고 이들 가운데 적절한 생산능력을 가진 곳이 있는가, 아니면 어느 정도의 생산능력이 향후의 시장변화를 감안할 때 적절하다고 생각되는가를 각자 한두 가지씩 생각해서 토론해 보자.

5.2 생산능력의 측정

모든 종류의 산업에 있어 생산능력을 정확히 측정할 수 있는 단위가 무엇인가를 딱 짚어 말하기는 어렵다. 병원의 경우만 보더라도 일반적으로 쓰이는 병상수와 같은 투입요소 기준의 측정단위나 일별 진료환자수와 같은 산출요소 기준의 측정단위가 그 병원의 생산능력을 정확히 보여준다고는 말할 수 없음을 누구나 알고 있다. 어떤 종류의 측정 단위가 더 나은가의 문제는 어떤 목적으로 생산능력을 측정하고자 하느냐에 따라 달라질 것이다.

1) 생산능력의 측정

Type

- Output measure for product focus
- Input measure for process focus

Utilization

- Average output rate ÷ maximum capacity
- Design (or peak) capacity
- Effective capacity

2) 생산능력의 측정의 예

Typc of organization	Measure of capacity	
	Inputs	Outputs
Truck manufacturer	Machine hours per shift	Number of truck per shift
Hospital	Number of beds	Number of patients treated per day
Airline	Number of planes	Seat-miles flown per week
Restaurant	Number of seats	Customers served per day
Retaıler	Size of display area	Sales dollars per year
Theater	Number of seats	Number of customers per week

병목자원의 문제

어떤 생산시스템에서나 적어도 하나 이상의 병목자원이 존재한다. 시스템의 생산능력은 이러한 병목자원의 처리능력을 넘어설 수 없으므로 생산능력의 측정이나 계획을 위해서는 병목자원이 무엇인지를 정확히 파악하고 있어야 한다. 그런데 중요한 문제는 병목자원이 어떤 것인가는 처음부터 일정하게 정해져 있는 것이 아니라 시스템이 처한 상황과 작업의 내용에 따라 수시로 변할 수 있다는데 있다. 또한 하나의 병목자원에서의 처리량이 어떤 이유로든 증가하여 병목상태를 벗어나게 되면 또 다른 자원이 반드시 병목이 될 수밖에 없다는 사실을 이해하여야 한다. 따라서 생산관리자는 끊임없이 병목자원을 체크하고 그 처리능력과 시스템 전체의 생산능력을 균형화 하려는 노력을 계속해

5.3 규모의 경제와 규모의 불경제

규모의 경제에 대해선 이전의 강의에서 어느 정도 언급이 되었으나 다음과 같이 정리해 두기 바란다.

1) Reasons for Diseconomies of Scale

- Complexity
- Loss of focus
- More layers of employees and bureaucracy
- Less agile
- More risk avoidance

2) Reasons for Economies of Scale

- Spreading fixed costs.
- Reducing construction costs. Example of a trash burning plant :

Expansion Size(MW)	Cost($Million)
12.5	25
25.0	36
50.0	54

- Cutting cost of purchased materials.
- Finding process advantages.

5.4 집중화 공장

1) Focused factory의 개념

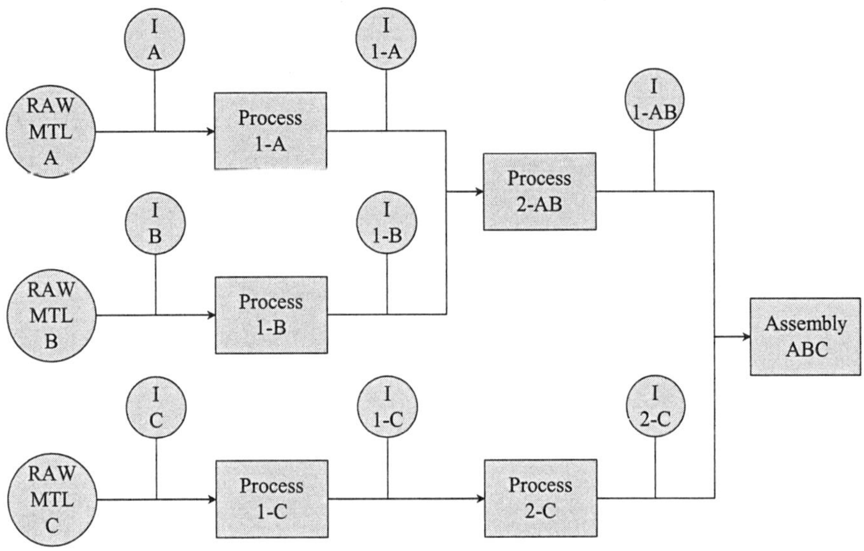

| 그림 5-4 | Focused Facility

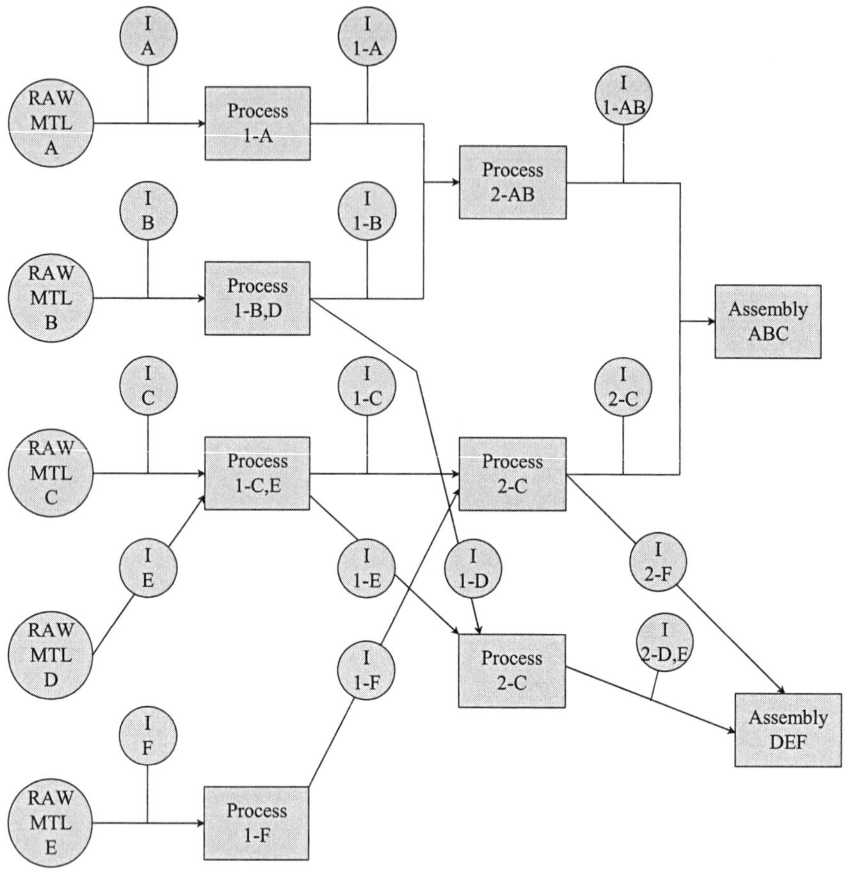

| 그림 5-5 | Loss of Focus

5.5 생산능력 전략

Capacity cushion

Two capacity strategies

Links with other areas

연 습 문 제

1. 오늘날의 경영자가 환경의 변화에 적응하며 경쟁력을 갖추기 위해서는 생산부문을 어떻게 관리해야 하는지를 서술하시오.

2. 위 본문에 나온 네 가지 예- ① 할아버지 혼자서 운영하는 구멍가게 ② 부산백병원과 같은 종합병원 ③ 외환은행의 본점 및 각 지점들 ④ 해운대 파라다이스 비치 호텔 ⑤ 삼성자동차 부산공장- 들에 대해 투입물과 변환과정, 산출물은 각각 무엇이 될 것인가 서술하시오.

3. 각자 한 가지씩 특정한 산업이나 업종을 대상으로 생산성을 향상시킬 수 있는 방법을 나름대로 생각하여 그 이유를 서술하시오.

4. 품질경쟁력이란 측면에서 현대기아자동차와 일본, 유럽 및 미국 자동차메이커들의 특징과 장단점을 비교 분석해 보시오.

5. 애플사의 아이폰이 가지는 경쟁적 우위의 원천이 무엇인가에 대해 논하고 향후 무선정보통신 단말기 시장의 발전 방향에 대한 각자의 예상을 서술해 보시오.

6. 수직적 통합과 아웃 소싱의 장단점을 논하고 특정 제품을 생산 하는 기업 하나를 택하여 현재의 수직적 통합 및 아웃 소싱의 수준을 분석해 본 후에 향후의 바람직한 선택방향은 어느 쪽이 되어야 할 것인가에 대한 각자의 의견을 서술하라.

7. 현재 우리가 겪고 있는 취업난은 기업들로 하여금 고용을 더 늘릴 것을 요구하게 된다. 하지만 기업의 입장에서는 세계수준의 경쟁력을 갖추기 위해 불필요한 인건비는 최대한 줄여야만 한다는 입장을 버리기 어렵다. 이러한 딜레마를 해결하기 위한 타개책은 과연 무엇이 되어야 할 것인가 각자의 견해를 서술하라.

제 6 장
마케팅

기업의 성패는 제품에 의해 결정되는 것이 아니라
고객에 의해서 결정된다.

- Peter Drucker -

제1절 마케팅과 마케팅관리 철학

1.1 마케팅의 개념과 정의

1) 마케팅의 의의

장수하는 기업, 다시 말해서 치열한 경쟁에서 생존하는 기업들을 조사한 여러 연구에서 공통적으로 두 가지가 발견되었다. 하나는 윤리경영을 해왔다는 것이고, 또 하나는 소비자로부터 인정받는 기업이라는 것이었다. 소비자로부터 오래도록 인정받아 오는 기업은 마케팅을 잘하고 있는 기업이다.

모든 기업은 제품을 적절한 가격에 적절한 양을 판매함으로써 기업의 목적을 달성할 수 있다. 이렇게 판매가 되려면 판매의 대상 즉 구매자가 다른 기업의 경쟁제품보다 자사의 제품을 구매하여야 한다. 동일한 대상을 두고 경쟁자들이 있을 때는 구매 이전에 먼저 구매자가 그 제품을 구매하고 싶도록 만드는 것이 중요하다. 정보화가 날로 진전되고, 전 세계가 거의 하루 만에 이동이 가능한 요즈음 시대에는 경쟁이 더욱 심화되고 있다. 그러므로 어떤 기업의 제품이 팔리기 위해서는 구매자들이 경쟁제품 보다는 자신의 제품을 매력적으로 보도록 하여야만 한다. 따라서 마케팅(marketing)이란 자신이 제공하고자 하는 것을 상대

당사자에게 매력적으로 보여서 수용하게 하는 행위 또는 노력이라고 할 수 있다.

마케팅이란 말은 시장(market)에서 파생된 말이다. 20세기 초에 미국에서 보편적으로 마케팅이라는 말이 사용되기 시작하였다. 1905년에 미국 펜실베니아 대학교에서 The Marketing of Products라는 제목의 과목이 개설되었으며, 1914년에 Marketing Methods and Salesmanship이 마케팅 서적으로 처음 출판되었다.

초창기에는 마케팅은 주로 기업이 행하는 것으로 받아들여졌다. 1969년에 이르러 기업 외의 여타 조직들도 기업이 행하는 마케팅과 비슷한 행동을 한다는 주장이 제기되었고, 요즈음에는 조직 뿐만 아니라 개인도 마케팅을 한다고 할 정도로 마케팅에 대한 이해가 넓혀진 상태라 할 수 있다.

2) 마케팅의 정의

1960년대 말까지 마케팅은 단지 기업의 행위로 인식되었다. 이후 마케팅의 핵심을 교환에 두게 됨에 따라, 기업 뿐만 아니라 교환이 일어나는 비영리조직에도 적용하기 시작하였다.

1985년 미국마케팅학회(AMA)에서 마케팅을 “Marketing is the process of planning and executing the conception, pricing, promotion, and distribution of ideas, goods and services to create exchanges that satisfy individual and organizational objectives.”이라 정의하였다.

2002년 한국마케팅학회에서는 마케팅을 다음과 같이 정의하였다. “마케팅은 조직이나 개인이 자신의 목적을 달성시키는 교환을 창출하고 유지할 수 있도록 시장을 정의하고 관리하는 과정이다.”

3) 마케팅의 기본 개념

(1) 필요/욕구(Needs/Wants)

사람이 살아가려면 무엇인가가 필요하게 되고 이 필요한 것을 채우고자하는 욕구가 생긴다. 이를 근본적 욕구라고 말할 수 있는데, 음식, 의복, 가옥, 존경, 안전, 편안함 등에 대한 욕구이다. 이러한 근본적 필요가 발생하면 근본적 욕구를 실현시킬 수 있는 수단에 대한 욕구가 생긴다. 어떤 문화권이든 사람은 배가 고프고, 배가 고프면 문화권에 따라, 그 사람의 취향에 따라 빵을 원하기도 하고, 밥을 원하기도 한다.

이 어떤 것에 대하여 구체적 욕구를 실현할만한 구매력과 구매의지가 있으면 수요가 발생하였다고 한다. 소비자의 욕구를 자사제품에 대한 수요로 구체화시키는 노력으로 제품의 판매가 가능해진다.

(2) 제품(Product) 혹은 제공물(Offering)

제품이란 필요와 욕구를 충족시키기 위해 유무형으로 시장에 제공되는 것이다. 보통 유형의 제공물을 제품이라 하고, 무형의 것을 서비스라 한다. 제품에는 사람, 조직, 이이디이, 운동경기, 국가, 장소 등 많은 것들이 다 포함된다.

(3) 교환(Exchange)

다른 사람의 생산물로 자신의 필요를 채우는 방법에는 여러 가지가 있다. 이러한 방법들을 당사자들끼리 보상과 합의가 이루어지는가에 따라 네가지로 나눌 수 있다. 보상도 없고 합의도 이루어지지 않는 도적질이나 갈취 또는 강도질, 보상이 있기는 하지만 그 보상에 대한 합의가 이루어진 것은 아닌 수용이나 징용 또는 징발, 보상은 없지만 합의가 이루어질 뿐만 아니라 때로는 감사하기도 하는 자선, 다른 편에서 보면 구걸이 있고, 끝으로 당사자들 끼리 합의도 하고 보상이 이루어지는 교환이 있다.

이들 방법들 가운데서 당사자들 서로 간에 지속적으로 행해질 수 있는 것은 역시 교환 하나 뿐이다. 누가 계속하여 갈취를 당하고 있을 것이며, 수용을 당하다 보면 언젠가는 반발하게 되는 것은 인류의 역사가 증명한다. 자선이나 구걸은 한 두 번이지 얼마나 오래갈 수 있을 것인가? 생산과 소비가 분리되어 행해지는 현대 사회에서는 합의도 하고 보상도 이루어지는 교환의 방법만이 지속적으로 당사자들의 필요를 충족시켜나가는 가장 합리적인 길이다. 여기서 교환의 한 당사자인 기업이 자신이 생산을 하였든지 구매를 하였든지 가진 바 제품이나 정보들을 그것을 필요하는 당사자들과 교환이 이루어지도록 하는 것이 그 기업이 지속적으로 생존 내지 성장하게 하는 핵심임을 알 수 있다.

어떤 조건에서 교환이 이루어질 수 있는가? 마케팅 선진국인 미국의 마케팅 교수 Kotler는 다음의 다섯가지를 들었다.

첫째, 상대방이 있어야 한다. 교환할 상대자가 없으면 할 수 없이 자급자족할 수 밖에 없다.

둘째, 각 당사자들이 각기 상대방에게 가치 있는 것을 소유하여야 한다. 상대방에게 별로 필요치도 않는 것을 교환하자고 하는 것은 수용이나 징발에 다를 바 아니다. 또한 한쪽 당사자에게만 일방적으로 가치있는 것이 있다면 자선이나 구걸을 할 수 밖에 없다.

셋째, 서로 간에 의사소통과 배달이 가능하여야 한다. 각기 필요한 것이 무엇인지, 보상의 조건은 어떠한지를 서로가 납득할 수 있도록 정보의 교환이 이루어져야 한다. 그렇지 않으면 어느 한 편이 수용을 당한 꼴이 되고 만다. 정보가 교환되었으면 실제로 교환된 정보대로 각기 교환되는 그것을 가질 수가 있도록 배달이 가능하여야 한다.

넷째, 제안에 대하여 각 당사자들이 받아들이거나 거부할 자유가 있어야 한다. 이러한 자유가 없으면 탈취나 수용이 발생한다.

마지막으로 교환을 하는 것이 바람직하다고 각 당사자들이 믿을 때이다.

이 마지막 조건이 교환의 핵심조건이라 할 것이다. 앞의 네 가지 조건들은 교환을 앞에서 이야기한 다른 사람의 생산물로 자신의 필요를 채우는 방법 중 교환이 아닌 방법과 교환을 구별해주는 것이라면, 다섯째 조건은 보상과 합의가 이루어지기 위한 조건이다. 이 조건이 충족되어야 자유로운 경쟁이 존재하면서 실제로 교환이 이루어진다. 경쟁이 존재하면 교환을 통해 필요를 채울 수 밖에 없어진다. 또 이 조건이 충족될 때 각 당사자들은 계속하여 그 당사자와 그 필요한 것을 교환하려 할 것이다.

그러면 어떻게 각 당사자들이 서로 상대방과 거래하는 것이 좋다고 믿을 수 있을까? 여러 제품들이 있는 경쟁 상황에서 고객이 생각하고 평가한 끝에 어떤 기업의 제품을 교환대상으로 삼는 것이 적절하고 바람직하다고 고객이 믿게 되면 교환이 일어난다.

(4) 시장(Market)

시장은 자사제품에 의하여 그 욕구가 충족될 수 있으며 구매력을 갖춘 개별 잠재고객들을 말한다. 즉 교환의 상대 당사자이다.

시장의 유형에는 소비자 시장(consumer markets), 산업구매자 시장(industrial markets), 재판매자 시장(reseller markets), 정부시장(government markets), 국제시장(international markets) 등으로 분류할 수 있다.

4) 마케팅 기본시스템

기업은 마케팅을 통해 자사 제품의 수요 또는 시장을 창출할 수 있다. 기업은 소비자를 교환 상대 당사자로 하여 기업이 제품/서비스를 제공하고, 그 댓가를 서로 교환하는 것이 마케팅의 핵심이다. 이러한 교환이 이루어지기 위해서는 기업은 소비자의 필요와 욕구에 대한 정보가 필요하고 이 정보에 따라 제품/서비스를 생산하고 판매하여야 한다. 또한 기업이 제공하고자 하는 제품/서비스가 시장이 필요하고 욕구하는 바로 그 제품/서비스임을 시장과 생각과 느낌을 공유(Communication)하여야만 교환이 일어난다[그림 6-1].

┃그림 6-1┃ 마케팅 기본 시스템

따라서 기업은 때로는 기업이 생산 판매하는 제품과 서비스를 초과하는 수요가 있을 때는 수요를 억제하는 디마케팅(demarketing)을 하기도 한다. 무엇보다 요즈음과 같이 경쟁이 치열하여지는 경우에는 기존고객과의 우호적 관계를 계속적으로 유지함으로써 자사의 고객으로 남아있도록 하는 마케팅 노력이 있어야 한다. 이를 관계마케팅(relationship marketing)이라 하고, 최근 기업들은 고객관계관리(Consumer Relationship Marketing : CRM)에 많은 노력을 기울이고 있다.

1.2 마케팅관리 철학

기업의 마케팅행위는 기업 자체, 고객, 사회에 영향을 미친다. 기업이 어떤 철학을 가지고 마케팅관리를 하느냐에 따라 그 영향이 달라지는데, 크게 기업중심인지, 고객중심, 사회중심인지에 따라 셋으로 나누어볼 수 있다.

1) 기업중심 관리철학

기업이 자사의 목적달성에만 관심을 기울이는 경우이다.

(1) 생산개념(The Production Concept)

제품수요가 공급보다 많은 경우, 즉 구매와 판매자 사이에서 판매자가 우위를 차지하는 판매자시장에서 대개 기업은 이러한 철학으로 관리한다. 기업의 관심은 제품의 생산성증대에 있다. 대량생산으로 원가를 낮추어서 대량판매를 하여 이익을 남기자는 생각이다.

(2) 제품개념(The Product Concept)

기업이 차별화되고 좋은 품질의 제품이면 경쟁자보다 구매자들이 자사의 제품을 구매할 것이라고 보는 생각이다. 기업은 제품 자체의 특징, 성능, 품질 등의 향상에 초점을 둔다.

(3) 판매개념(The Selling Concept)

광고나 판매원의 노력에 의하여 판매를 증대시키고자 하는 생각이다.

2) 고객지향 관리철학 - 마케팅 컨셉(The Marketing Concept)

마케팅 컨셉의 요체는 고객지향, 전사적 노력, 고객만족을 통한 이익실현이다.

(1) 고객지향(Customer orientation)

고객의 욕구를 기업의 관점에서가 아닌 고객의 관점에서 정의하는 것이다. General Electric: “We're not satisfied until you are.” Sears: “Satisfaction guaranteed, or your money back.” LG그룹: “고객과 함께, LG와 함께.” SK그룹: “고객이 OK 할 때 까지 - OK! SK.” 등의 예를 볼 수 있다.

| 표 6-1 | 기업중심 관리철학과 고객지향 관리철학

관리철학	출발점	수 단	목 적
기업중심	기업의 기존 제품	판매와 촉진	판매량 증대에 의한 이익실현
고객중심	고객의 욕구	전사적 노력	고객만족을 통한 이익실현

(2) 전사적 노력(Total company efforts)

기업의 모든 부문과 모든 사원들이 고객지향적 사고를 가지는 것이다. HP의 Packard는 'marketing is too important to be left only to the marketing department.'라 하였다.

따라서 내부마케팅(internal marketing) 즉 고객에게 봉사할 수 있는 사원을 선발, 교육하고, 사원들이 고객중심의 사고를 하고 행하도록 모티베이션을 부여하는 것이 중요하다.

(3) 고객만족을 통한 이익실현(Profit through customer satisfaction)

마케팅은 기업목적 지향적이어야 하며, 기업에 있어 적정한 이익실현은 목적달성을 위한 필수불가결한 조건이다. 그런데 마케팅 컨셉은 이익은 고객만족 노력의 결과이며 이익자체만을 추구할 때 실현될 수 없다고 본다.

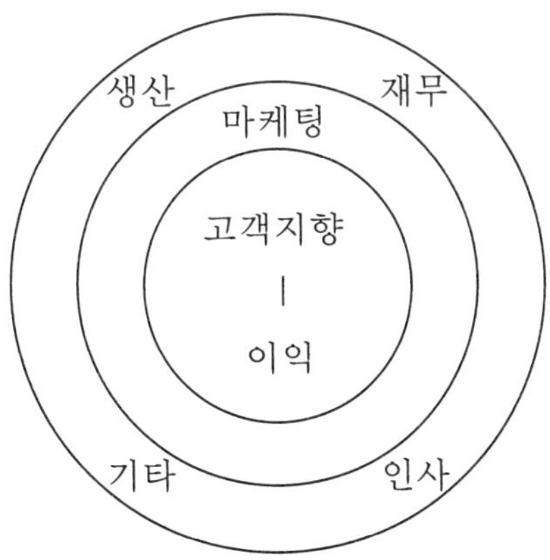

| 그림 6-2 | 마케팅 컨셉

3) 사회지향 관리철학 - 사회지향적 마케팅(The Societal Marketing Concept)

단기적으로 혹은 개인소비자들이 원하는 제품도 장기적으로, 혹은 사회전체적으로 폐해를 가져올 수 있다. 자동차는 수송에 편의를 제공하지만, 대기를 심각하게 오염시킨다. 합성세제는 사람에게 깨끗한 의복을 입게 하지만, 수질을 오염시키고, 청량음료는 시원함과 청량감을 주지만, 자원 낭비가 많고 쓰레기를 증가시킨다.

마케팅이 장기적으로 사회전체적으로 부정적 결과를 야기하지 않도록 관리하고자 하는 생각을 사회지향적 마케팅이라 한다. 사회지향적 관리철학은 고객만족, 기업목적, 사회복지를 모두 고려하는 것이다. 그린마케팅을 예로 들 수 있다.

그림 6-3 사회지향적 마케팅

제2절 전략적 마케팅계획

기업의 마케팅계획은 시장지향성(market orientation)을 가지고 수립된다. 시장지향성이란 다음과 같이 시장 즉 잠재소비자를 포함한 시장정보를 창출하여 이 정보를 조직 전체가 공유하여 시장에 전사적으로 반응하는 것이다.

시장지향성
- 시장정보의 창출
- 정보를 조직 전체에 교류
- 정보에 전사적으로 반응

이때 시장정보란 유통업자를 포함하는 고객이 지금 표현하는 욕구와 미래의 욕구, 그리고 여러 외부적 영향요인(경쟁자, 정부규제, 기술 등)에 대한 정보를 말한다. 마케터는 이러한 외부적 영향요인들과 이 요인들의 흐름을 파악함으로써 마케터가 결정할 수 있는 요인들을 효과적으로 정할 수 있다.

2.1 마케팅믹스의 정의

마케팅목적을 달성하기 위하여 마케팅 관리자가 통제가능한 마케팅수단들의 집합을 마케팅 믹스라 부르고, 제품(product), 가격(pricing), 경로(place), 촉진(promotion)으로 구성되어 있다 하여. 흔히 이를 4P라고 한다.

마케팅 관리자가 마케팅믹스를 어떻게 구성할 것인지 결정하기 위해서는 마케팅환경변수들을 알아야 한다. 마케팅 환경변수들은 마케팅 관리자가 통제할 수 없는 변수들이다.

마케팅 관리자 즉 마케터가 어떻게 마케팅믹스를 결정하느냐에 따라 시장의 반응이 있게 되고, 그 결과 기업의 마케팅 성과가 결정된다.

2.2 전략적 마케팅 계획

전략적 마케팅계획이란 기업의 목표와 자원을 변화하는 환경에 따라 마케팅 기회에 적응시켜 기업을 계속 유지·성장시키기 위한 관리과정을 말한다. 전략적 마케팅 계획 수립과정은 [그림 6-4]와 같다.

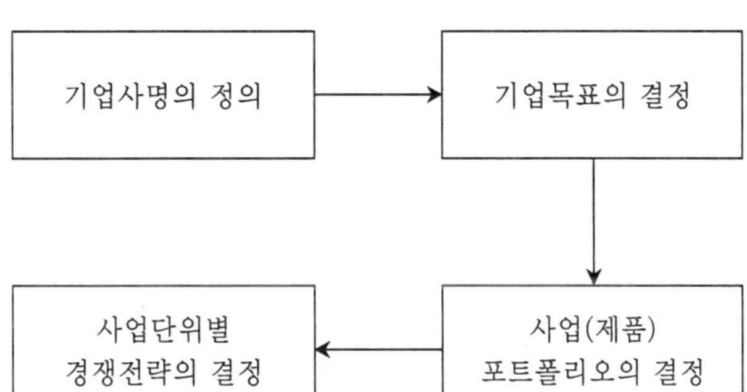

그림 6-4 전략적 마케팅계획 수립과정

(1) 기업사명과 목표

기업이 무엇을 하여야 하는지가 분명하여야 한다. 사명이 명확한 기업은 목표가 확실해지고, 각 사업단위별로 무엇을 하여야 하는지가 확실해진다. 보통 기업사명은 기업의 장래설계를 기술함으로 분명해진다.

기업사명이 반영해야 할 근본적인 질문들은 다음과 같다.

① 우리회사는 어떤 사업을 하고 있는가? (what is our business?)

② 우리의 고객은 누구인가? (who is the customer?)

③ 우리의 사업이 고객들에게 어떤 가치를 제공하는가?
(what is value to the customer?)

④ 우리 사업이 앞으로 어떻게 될 것인가?
(what will our business be?)

⑤ 우리 사업이 앞으로 어떻게 되어야 할 것인가?
(what should our business be?)

기업사명을 기술할 때는 다음과 같은 특성을 지니는 것이 효과적이다.

① 명확한 가치의 제공

② 기업이 활동할 사업영역(business domain or competitive domain)의 명시

③ 종업원들의 동기를 유발함

④ 기업장래에 대한 비젼(vision)을 제공함

사명이 확정되면 기업목표를 확정하여야 하는데, 바람직한 기업목표는 다음과 같은 특성을 가진다[그림 6-5].

① 계층적으로(hierarchical) 서술되어야 함

② 계량적으로 서술되어야 함

③ 실현가능한 것이어야 함(realistic)

④ 일관성이 있어야 함

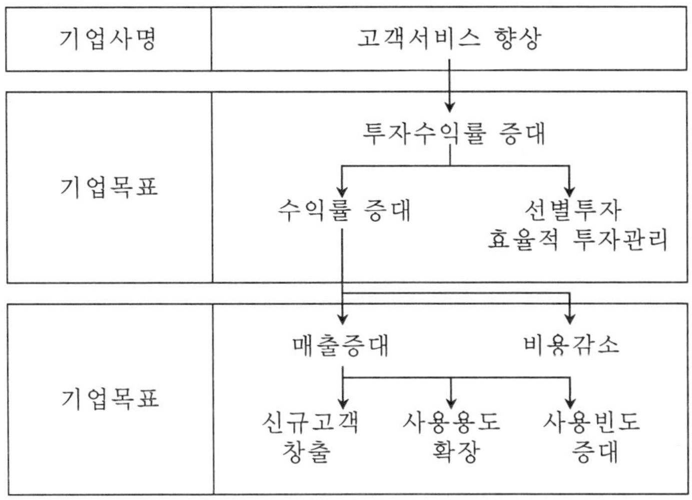

| 그림 6-5 | 계층적 기업목표

(2) 사업단위별 전략결정

사업단위별 전략 수립시 가장 먼저 고려하여야 할 사항은 경쟁전략이다. 자사가 속한 산업의 구조를 분석하여 핵심 성공요인을 파악하고, 경쟁사의 자원과 핵심역량에 따른 경쟁사이 강약점과 자사의 강 약점을 확인하여아 경쟁전략이 도출될 것이다.

Michael Porter는 경쟁구조를 잠재적 진입자, 대체기업, 공급자, 구매자가 기존 경쟁기업에 영향을 미친다고 하였다. [그림 6-6]은 이와 같은 구조에 따라 국내 이동전화 단말기 시장의 경쟁구조를 나타내었다.

(3) 제품수준 마케팅 계획

제품수준 마케팅계획은 기업수준에서 수립된 전반적인 마케팅계획에 맞추어 제품 수준에서 수립되는 구체적인 마케팅계획이다.

① 수요분석

해당 제품시장의 크기와 성장률 분석은 제품수준의 마케팅 계획에서 가장 주된 내용이 될 것이다. 제품시장이 클수록, 성장률이 높을수록 매력적이다. 제품시장은 경쟁이 덜 치열하거나 자사의 사업단위가 그 제품시장에서 보다 경쟁력을 가질수록 매력적이다.

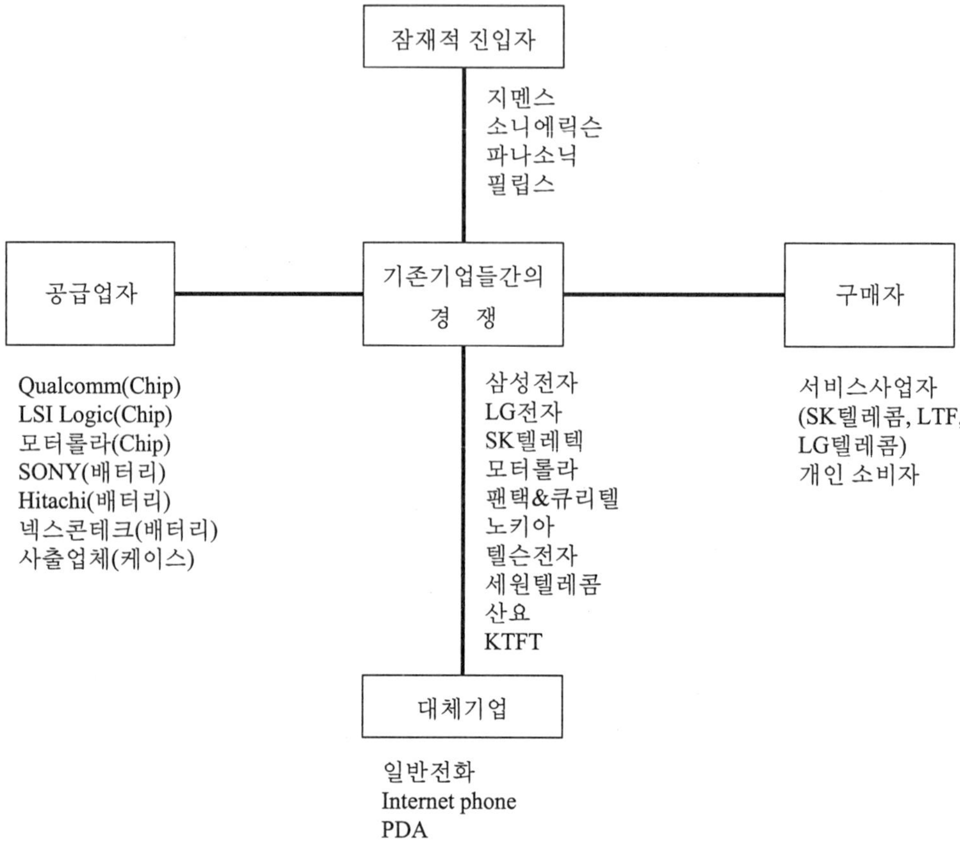

|그림 6-6| 국내 이동전화 단말기 시장의 경쟁구조

② 목표시장 선택 및 포지셔닝(STP)

기업 목표를 이룰 정도의 수요가 있을 경우, 그 시장을 세분화하여 자사의 전략에 합당한 시장을 목표시장으로 정하고, 이 목표시장에서 다른 경쟁제품과 자사의 제품이 이 시장 즉 소비자들에게 어떻게 차별화하여 지각시킬 것인지 경쟁제품과의 관계에서 어디에 위치할 것인지를 정하여야 한다. 이를 포지셔닝이라 부른다.

이에 따라 마케팅 믹스를 결정하여 실행하고, 그 실행된 성과를 계획된 목표와 대조함으로써 마케팅 노력을 평가하고, 이에 따라 새로운 전략적 계획을 수립하여야 나가는 과정이 전략적 마케팅 관리과정이다[그림 6-7].

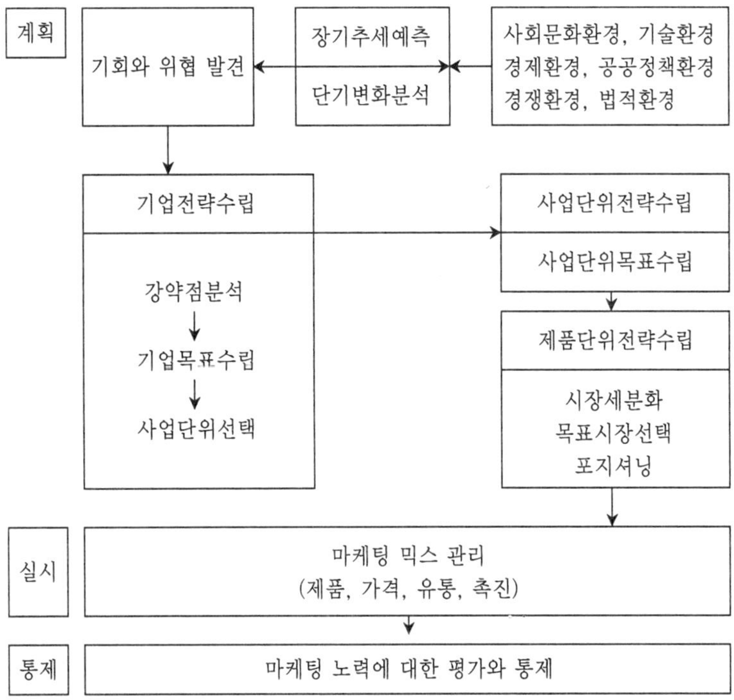

| 그림 6-7 | 마케팅관리과정

제3절 제품관리

마케팅 관리자가 결정하여야 할 변수 4P 중 가장 기본적인 변수는 제품이다. 제품이 결정되어야 가격, 유통경로, 촉진도 결정할 수 있다. 그러므로 이 장에서는 4P 중 제품을 주로 서술할 것이다. 그 중에서도 제품의 개념, 브랜드의 개념과 전략, 그리고 신제품개발에 대해 간략히 소개한다.

3.1 제품의 개념과 개별 제품 결정

1) 제품의 개념과 차원

제품(product)은 넓은 의미에서 소비자가 욕구를 충족하기 위해 구매하는 모든 것들을 말한다. Kotler는 제품을 [그림 6-8]과 같이 세 가지 차원으로 나누었다.

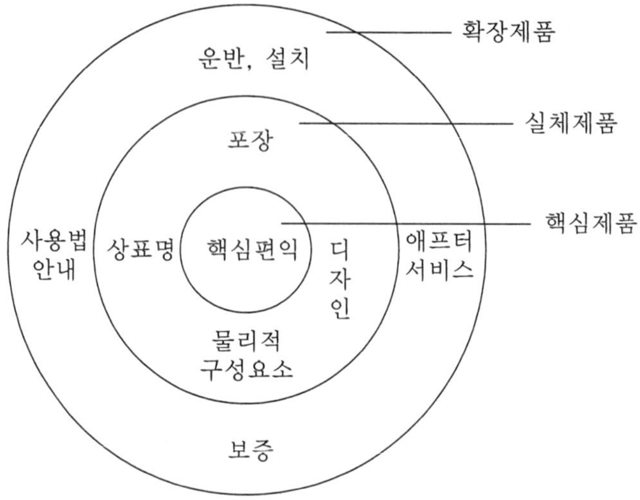

┃그림 6-8┃ 제품의 세가지 차원

여기서 가장 중요한 것은 핵심제품이다. 소비자가 제품을 구매할 때, 자신의 어떤 편익과 욕구를 만족시키고자 하였는지 그 충족시키고자 하는 본질적인 요소를 말한다.

승용차를 구매할 때, 어떤 소비자는 단순히 수송수단으로 구입하기도 하지만, 어떤 소비자는 안정성을 추구하기도 한다. 어떤 소비자는 자신의 지위를 나타내고 싶어 고급승용차를 구매한다.

그러므로 마케팅 관리자는 소비자들이 자사의 제품을 무슨 편익과 욕구를 충족시키기 위해 구매하는지를 파악하는 것이 가장 근본적이고 기본적인 마케팅의 출발이라 할 것이다.

실체제품은 그 편익을 실현하기 위하여 실체로 만들어진 것들이다. 소비자들이 생각하는 핵심제품을 어떻게 실체로 표현하여야 하는 것은 마케팅 관리자가 결정하여야할 중요한 부분이다.

확장제품은 부가 서비스에 해당한다. 소비자들은 다른 것들이 다 비슷하다고 여길 때, 확장제품이 어떠한가에 관심을 더 기울이게 된다.

2) 개별제품에 대한 결정

(1) 제품속성 결정

소비자가 제품을 구매하는 이유는 그 제품을 소비함으로써 얻게 되는 편익이 있기 때문이다. 대개 소비자들은 제품의 품질과 제품의 특징을 통해 자신들이 얻게 될 편익이 어떠할 것이라고 지각하게 된다.

따라서 품질은 반드시 높은 수준이 바람직한 것은 아니다. 소비자들이 지불하는 가격에 대비한 품질수준, 즉 소비자가 판단하는 가치를 고려하여야 한다. 그러므로 품질은 일관성을 유지하는 것이 중요하다. 또한 소비자들이 그 제품의 품질은 어느 수준이라고 생각하는 지각된 품질이 중요하다.

목표 고객들이 각각의 특징에 대하여 부여하는 편익의 크기에 따라 제품특징을 결정하는 것이 효과적이다.

3.2 브랜드 결정

1) 브랜드의 의미

경쟁제품과의 차별화가 중요하므로 경쟁제품과 자사의 제품을 소비자들이 구별하도록 하는 것이 필요하다. 브랜드는 이같이 경쟁제품과 자사의 제품을 구별시키는 독특한 이름, 상징물, logo, 혹은 이들 모든 것의 결합이다.

기업은 자사의 브랜드에 대한 배타적 사용권을 확보하고 법률적인 보호를 받기 위해 브랜드를 특허청에 등록하게 되는데 이를 등록상표라 한다. TM(trademark) 혹은 R로 표시한다.

요컨대 소비자들이 기업이 제공하는 제품을 다른 경쟁품과 구별하여 브랜드로 인지하면 그 브랜드로 인해 경쟁력을 가지게 된다.

2) 제조업자 브랜드와 유통업자 브랜드

브랜드에는 제조업자가 결정하여 사용하는 제조업자 브랜드가 있고, 요즈음에는 유통업자가 기획하여 제품을 개발하는 유통업자 브랜드, PB(private brand)가 활발하다.

3) 공동브랜드(co-brand)

두 개 이상의 기업들이 연합하여 공동으로 사용하는 브랜드이다. 주로 브랜드 파워가 약한 중소기업들이 연합하여 개발한다. 한 기업의 기존 브랜드에 유명 브랜드를 결합하는 방식(예: LG-IBM)도 있다.

3.3 브랜드 자산과 신제품 브랜드 전략

1) 브랜드 자산

브랜드 자산(brand equity)은 어떤 브랜드를 가진 제품이 브랜드가 없는 경우나 모르는 브랜드가 부착된 경우에 비하여 그 브랜드가 부착됨으로써 갖게 되는 차별적 마케팅효과가 있는 경우를 말한다. 브랜드 자산은 경쟁우위를 제공하고, 유통레버리지, 브랜드 확장 등이 용이하다.

브랜드 자산의 결정요인과 혜택은 [그림 6-9]에 나타나 있다.

• 브랜드 애호도 : 소비자들이 특정 브랜드를 선호하고 계속 구매하는 정도
• 브랜드 인지도 : 소비자들이 그 브랜드를 아는 정도.
• 지각된 품질 : 소비자들이 주관적으로 생각하는 품질수준.
• 브랜드 연상 : 브랜드와 관련되어 일어나는 연상들.

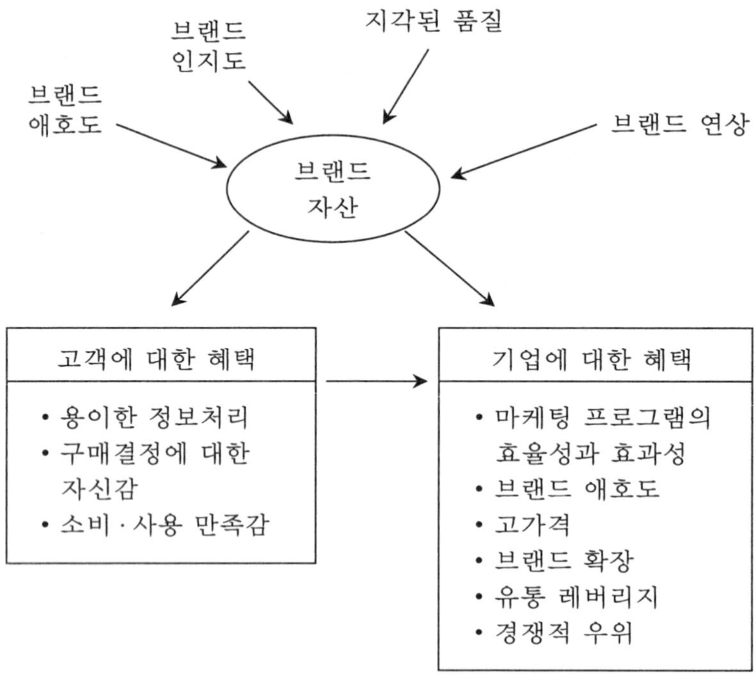

┃그림 6-9┃ 브랜드 자산의 결정요인과 혜택

세계 유명브랜드 자산<표 6-2>, 국내 기업명 브랜드 자산<표 6-3>을 예시하였다.

❙표 6-2❙ 세계 유명브랜드 자산

순위	회사명	금액(억 달러)	순위	회사명	금액(억 달러)
1	Coca Cola	704.5	11	Toyota	207.8
2	Microsoft	651.7	12	Hewlett Packard	198.6
3	IBM	517.7	-	-	-
4	GE	423.4		-	-
5	Intel	311.1	18	Honda	156.3
6	Nokia	294.4	-	-	-
7	Disney	280.4	20	Sony	131.5
8	McDonald's	247.0	-	-	-
9	Malboro	221.8	-	-	-
10	Mercedes	213.7	25	Samsung	108.5

자료원: Business Week, 2003. 8. 4

❙표 6-3❙ 국내 기업명 브랜드 자산

(단위: 억원)

순위	2003년		2002년	
1	삼성선자	180,836	삼성전자	88,654
2	SK텔레콤	71,574	LG전자	39,572
3	현대자동차	56,220	KT	28,570
4	KT	43,279	SK텔레콤	24,375
5	포스코	24,924	KTF	16,000
6	LG전자	23,329	현대자동차	15,063
7	KTF	20,292	포스코	13,390
8	삼성SDI	15,944	삼성SDI	8,684
9	기아자동차	15,690	CJ	8,609
10	CJ	11,076	SK	7,881

자료원: 2003 브랜드 가치 평가, 산업정책연구원

제4절 신제품 개발

제품이 시장에 출시되어 성공적인 매출을 보인다 하더라도 언젠가는 시장에서 쇠퇴하게 된다. 그러므로 신제품 개발은 기업의 생존과 지속적 성장을 반드시 필요한 부분이다.

4.1 신제품의 유형

마케팅에서 말하는 신제품이란 소비자들이 새로운 제품으로 인지하면 그 제품은 신제품이다. 그러므로 신제품에는 전혀 새로운 제품을 개발하여 새로운 제품시장(product market)을 창출하는 새로운 제품군, 기존제품을 혁신적으로 발전시킨 것, 기존제품을 응용하여 소비자들이 새롭게 인지하는 신제품, 기존제품에 약간의 변화를 주어 소비자들이 신제품으로 인지하는 제품, 타기업 성공제품의 모방제품도 소비자들이 새롭게 받아들일 때 신제품이라 할 수 있다.

그 새로움(newness)의 정도에 따라 도시하면 다음과 같다.

〈고〉				〈저〉
새로운 제품군	기존제품의 혁신적 발전	기존제품의 응용	기존제품의 약간의 변화	타기업 성공 제품의 모방

4.2 신제품의 성공과 실패

1) 신제품 실패원인

① 시장조사를 하지 않거나 하였더라도 그 결과를 무시하고 최고경영층이 좋아하는 아이디어를 무리하게 진행시켰다.

② 제품 아이디어는 좋으나 시장규모가 너무 작았다.

③ 제품 아이디어를 실현시킬 수 있도록 실제제품이 제대로 설계되지 못했다.

④ 신제품이 시장에서 올바로 포지션되지 못하거나, 광고를 효과적으로 못하거나, 혹은 가격이 너무 높게 책정되었다.
⑤ 개발비가 당초 예상보다 너무 많이 들었다.
⑥ 경쟁자의 반격이 예상보다 강했다.

2) 신제품 성공요인

① 고객의 니즈를 충족시키며 높은 가치를 실현시켰다.
② 혁신적인 제품이다.
③ 기술적 우위를 가졌다.
④ 성장가능성에 대한 면밀한 분석이 있었다.
⑤ 경쟁이 그다지 치열하지 않았다.
⑥ 기업의 역량에 잘 부합하였다.
⑦ 최고 경영층의 적극적인 지원이 있었다.

4.3 신제품 개발전략의 유형

1) 선제전략(proactive strategy)

고객의 현시적(顯示的) 니즈(current needs)를 토대로 하는 전략이다. 여기에는 R&D전략이 필수적이다. 잠재적 니즈(latent needs), 즉 표현되지 않은 니즈, 미래의 니즈를 예측하여 신제품을 개발하여 잠재고객들에게 니즈를 불러일으키는 전략이다.

2) 대응전략(reactive strategy)

① **모방전략** : 다른 기업의 성공제품을 모방, ‘me too’ 전략.
② **보다 나은 두 번째 전략** : 경쟁신제품보다 더 우수한 제품을 개발.
③ **방어전략** : 경쟁자의 신제품출시로 매출이 하락할 자사의 기존제품을 보호하는 전략.

4.4 신제품 개발절차

1) 아이디어 개발

아이디어 개발 단계는 아이디어의 창출과 선별과정을 거친다.

(1) 신제품 아이디어의 원천

기업내부, 고객, 경쟁자와 타기업들, 유통업자, 납품업자, 기타 기업관련 기관들, 그리고 환경의 변화에서 아이디어를 얻을 수 있다.

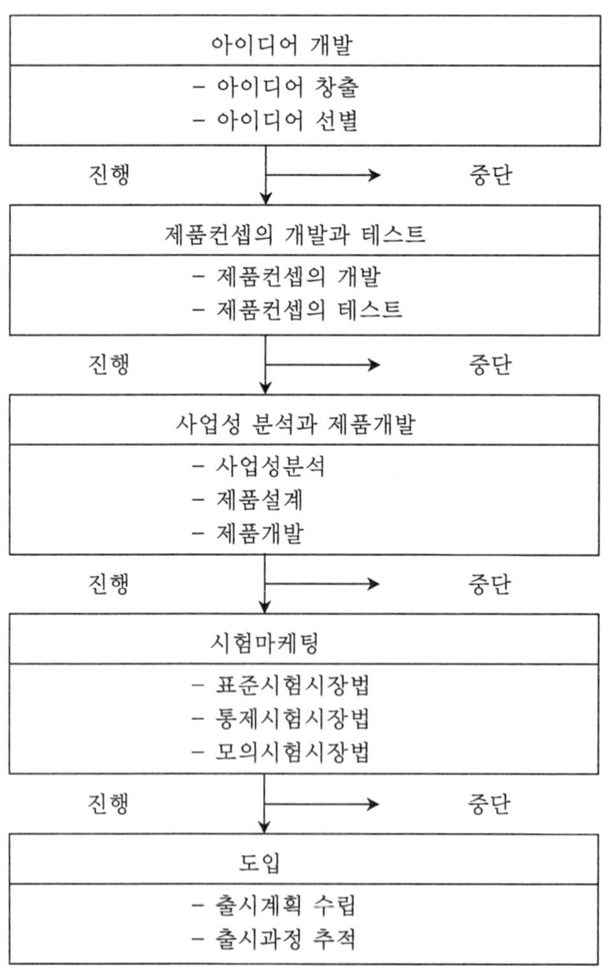

｜그림 6-10｜ 신제품개발절차

(2) 아이디어 창출기법

제품의 속성을 열거해보는 방법, 둘 이상의 제품을 강제적으로 결합해 보는 방법, 속성별로 분석해보는 방법, 여러 사람이 아이디어를 내보는 브레인 스토밍방법 등이 있다.

(3) 아이디어 선별법

아이디어를 평가할 때는 제품의 우수성, 비용대비 가치, 마케팅 지원, 경쟁력 등으로 할 수 있다. 무잇보다 고객의 입장에서 가치가 있는가를 평가하는 것이 중요하다.

2) 제품컨셉의 개발과 테스트

제품아이디어를 소비자 입장에서 구체적으로 표현해보는 것이 제품컨셉(product concept)이다. 목표시장 소비자들이 제품컨셉을 평가하도록 하는 제품컨셉 테스트를 실시하여 컨셉을 잡기도 한다.

3) 사업성분석과 제품개발

사업성분석이 신제품 개발에서 가장 중요한 단계이다. 이 단계까지는 전체 신제품개발비용 중에서 비중이 낮지만, 이 단계를 넘어서서 계속 진행하게 되면 개발비는 급격히 상승하게 된다. 현시점에서 고려하는 가격, 유통, 촉진 등의 마케팅노력 투입시 예상되는 매출과 이익 등을 추정하여 사업성분석을 실시한다.

제품개발 단계에서는 제품컨셉 기술서나 그림으로부터 실체적 제품을 만든다. 시제품 개발단계에서 제품을 엄격하게 테스트할 필요가 있다. 실제 목표 소비자들을 대상으로 HUT(Home Usage Test)를 실시하기도 한다.

4) 시험마케팅

시험마케팅(test marketing)은 시험시장을 결정하여 마케팅 노력과 함께 제품을 시장에 출시해보는 단계이다.

(1) 표준시험시장법

- 어느 정도 대표성을 갖는 도시에서 마케팅 캠페인과 함께 신제품을 도입

한 후 성과를 측정하는 것.

- 실제상황에 가장 근사한 방법.
- 문제점

  첫째, 비용과 시간이 가장 많이 든다.

  둘째, 신제품 개발과 도입전략에 대한 정보 노출.

  셋째, 경쟁자들의 방해로 인하여 시험시장의 결과를 해석에 오류 발생.

(2) 통제시험시장법

- 일정 수의 점포를 선택하여 신제품을 시험적으로 판매하는 방법.
- 선반의 위치와 수, 전시, POP촉진, 가격 등을 사전 계획에 따라 통제함.
- 장점 : 비용과 시간이 적게 든다.
- 한계점 : 대표성 결여, 정보 누설.

(3) 모의시험시장법

- 모의 쇼핑환경에서 신제품을 테스트.
- 장점 : 비용과 시간이 가장 적게 든다.
- 한계점 : 추정결과에 대한 신뢰도가 가장 낮다.

5) 도입(출시)

시험마케팅에서 성공적이면 목표시장에 신제품을 출시한다. 출시시점, 시장, 마케팅 프로그램, 생산계획 등을 수립하여 실시한다.

마케팅 부분 요약

마케팅의 핵심은 교환이다. 기업의 입장에서 상대 당사자인 시장, 즉 소비자의 필요와 욕구에 대한 정보를 가지고, 소비자들이 원하는 제품을 생산하여 이를 소비자들에게 알려서 교환이 이루어지도록 하여야 수요가 창출된다.

전략적으로 마케팅을 수행하기 위해서는 마케팅 환경변수들과 이들의 추세를 파악하여 기회와 위협, 자사의 강약점에 따라 전략의 방향을 정하고, 사업단위별로 목표시장을 결정하여 마케팅 결정변수인 제품, 가격, 유통, 촉진의 수단을 결정하고 실시한 다음, 이들 노력의 결과와 계획을 대조하여 수정 보완해나가야 한다.

이러한 과정을 통해 목표고객들과 관계가 지속적으로 형성되어 교환이 이루어지면 효과적인 마케팅이 이루어진다.

연 습 문 제

1. 마케팅의 기본 개념인 필요, 욕구, 수요를 각기 설명해보라. 이렇게 필요, 욕구, 수요를 구분해서 설명하면 마케팅 관리자에게 어떤 유익이 있는가?

2. '교환' 개념이 마케팅을 정의하는데 핵심적인 이유를 설명해보라.

3. 마케팅 관리 철학 다섯 가지를 설명하고, 이들 가운데 세계가 하나의 시장이 되고 있고, 각 소비자의 다양한 욕구충족이 가능하게 된 요즈음의 마케팅 환경에서 가장 효과를 거둘 수 있는 개념은 무엇인지 제시해보라.

4. 기업의 마케팅 전략 수립에 있어 가장 중요시하여야 할 사항은 시장지향성이라 할 수 있다. 그러면 시장지향성은 무엇을 어떻게 하는 것인가?

5. 마케팅믹스를 정의해보라. 4P라고도 불리는 마케팅믹스 중 가장 먼저 결정해야 할 것은 무엇인가, 왜 그런가?

6. 전략적 마케팅 계획 수립과정을 설명하라. 이때 기업사명을 정의하는 것이 왜 그렇게 중요한지와 효과적으로 기업사명을 기술하려면 어떻게 하여야 하는가를 제시하라.

7. 시장세분화, 목표시장 선택 및 포지셔닝의 차이점을 설명하라.

8. 마케팅에서 제품이라 하면 무엇을 말하는가? Kotler가 말하는 제품의 세 가지 차원 각각의 제품이 마케팅 관리자에게 주는 의미는 무엇인가?

9. 제품의 품질은 반드시 높은 수준이어야 할 필요는 없다. 그 이유를 설명해보라. 그러면 기업은 어떤 목표를 가지고 품질을 관리하여야 바람직한가?

10. 브랜드와 브랜드 자산을 구분하여 설명해보라.

11. 두개 이상의 기업들이 연합하여 공동브랜드를 사용하는 이유가 무엇인가?

12. 마케팅에서 말하는 신제품이 무엇인지 설명해보라.

13. 많은 신제품이 시장에서 실패하는 이유는 무엇이라고 생각하는가?

14. 신제품 개발절차를 제시하고, 이 절차 중 어디에서부터 개발 비용이 급격히 높아지겠는가? 그 이유를 설명하고, 신제품 개발비용을 줄이려면 어떻게 하여야 하는지를 제시하라.

제 3 부

인적자원관리

3 부에서는 기업경영의 주체인 사람을 관리하는 인적자원관리와 사람(나아가 조직)사이의 관계와 거래조건을 설정하는 협상에 대해 서술하기로 한다.

인적자원관리는 기업내 모든 경영자들이 수행해야 하는 기본 기능의 하나로서, 기업의 전략적 자원인 인적자원을 효과적으로 확보하고 활용하는 것이다. 최근 경제구조가 지식경제화 되면서 부가가치 창출의 핵심요소인 인적자원을 올바로 관리하는 것이 기업경쟁력 강화의 요체가 되어가고 있다. 여기에서는 환경변화에 따른 인적자원관리의 대응과제와 채용, 인사고과, 교육훈련, 보상 등 세부 기능이 어떻게 이루어지는지를 소개할 것이다.

인간관계의 틀 속에 사는 모든 사람들은 협상을 하면서 살아간다. 사소한 일상생활에서부터 다양한 국제업무까지 협상이라고 하는 행위와 관련되어 있지 않은 일은 없다고 해도 과언이 아니다. 따라서 이와 같은 협상을 성공적으로 이끌기 위해서는 협상에 대한 올바른 이해가 무엇보다도 중요하다. 게임이론(game theory)은 게임이라고 하는 상황에 참여하고 있는 당사자들이 서로 어떻게 연관되어 있는지를 체계적으로 설명하는 이론으로서, 협상에서 사용되는 전략과 전술의 기초가 될 뿐만 아니라 사회과학을 비롯하여 학문 전반에 걸쳐서 폭넓게 이용되고 있는 이론이다.

제 7 장

인적자원관리

제1절 인적자원관리의 의의

1.1 경영과 인적자원관리

사회가 발전할수록 제한된 자원의 효율적 활용과 성과의 극대화를 위해 경영(Management)의 개념이 중시되고 있다. 경영은 기업뿐 아니라 가정에서부터 크게는 국가에 이르기까지 모든 조직의 운영원리로 볼 수 있다. 그러면 조직의 운영원리로서의 경영을 어떻게 정의할 수 있는가? 경영은 "조직내외부에 있는 자원을 획득하고 이를 효과적으로 활용하여 조직의 유지 및 성장에 필요한 성과를 창출하는 활동"이라고 할 수 있다. 기업의 경영활동 관점에서 볼 때 자원(Resourse)에는 금전, 시설·설비, 정보·지식, 인적자원 등이 있는데, 각 자원을 효과적으로 다루기 위하여 경영은 여러 전문분야로 분화되어 발전되어 왔다. 구체적으로, 기업에서 금전을 운용하는 경영의 기능을 재무관리라 하고, 시설·설비를 다루는 분야를 생산관리라 한다. 정보와 지식을 조직화하여 의사결정에 활용하는 기능으로는 회계와 MIS(경영정보시스템)가 있다. 그리고 인적자원을 대상으로 하는 관리 기능이 이 장의 관심사인 인적자원관리(Human Resourse Management)이다. 따라서 인적자원관리는 경영의 세부 기능의 하나로서, "기업의 경영성과 달성을 목표로 인적자원을 확보하고 활용하는 것과 관련된 제반 관리 기능"이라고 정의할 수 있다.

1.2 인적자원의 특성

인적자원관리의 대상이 되는 인적자원은 다른 자원과 차별화되는 다음의 세 가지 특성을 가지고 있다.

1) 능동성

인적자원 외의 물적자원은 자원 자체의 양과 질에 의하여 성과가 대부분 결정되지만 인적자원은 양과 질(능력)뿐 아니라 욕구, 동기 등에 의하여 성과의 차이가 크게 나타난다. 아무리 능력이 뛰어난 직원이라 하더라도 사기가 저하되면 자기 능력의 일부 밖에 발휘하지 않을 수 있는 것이다.

2) 개발가능성

일반적으로 자원에는 자체의 확장과 개발에 일정한 한계가 있다. 예컨대 기계는 설계용량의 범위내에서 운전될 수 밖에 없다. 그러나 인적자원은 교육과 훈련에 의해 지속적인 성장이 이루어 질 수 있다.

3) 전략적 특성

경영활동의 세계화와 기술혁신의 확산으로 일반 물적자원에 있어서는 기업사이의 차이가 점점 줄어들고 있다. 시장에서 이러한 자원들에 대한 접근이 상대적으로 수월해진 것이다. 최근에 경영전략에서는 기업 경쟁력 비교우위 결정요소로서 인적자원에 주목하고 있다. 장기간에 걸쳐 기업 특유의 인적자원관리에 의해 형성된 기업문화와 기업문화 형성의 주체이자 객체인 인적자원은 타 기업이 단기간에 쉽게 모방하거나 구입할 수 없기 때문에 기업 경쟁력 결정의 핵심요소가 된다고 보는 것이다.

이와 같은 인적자원의 특성을 고려할 때 인적자원관리는 인적자원의 능동성과 개발가능성, 그리고 전략적 특성을 최대한 살리는 방향으로 이루어져야 소기의 사명을 다하는 것이 될 것이다.

1.3 인적자원관리의 특성

인적자원관리는 다음과 같은 세 가지 특성을 가지고 있다.

1) 경영의 기본기능

위에서 살펴본 대로 자원관리관점에서 경영의 각 기능은 나름대로 해당 자원을 다루고 있다. 그러나 이들 각 기능은 자원 스스로가 어떠한 성과를 달성하는 것이 아니고 이들 자원을 운용하는 조직구성원 즉 인적자원에 의해서 지향하는 목적과 성과가 결정될 뿐이다. 그러므로 인적자원관리가 경영 그 자체라는 점이 일찍부터 인정되어 왔고, 우리나라에서도 인사가 만사라는 격언이 널리 수용되고 있는 것이다. 이와 같은 점은 인적자원관리가 경영성과의 중요한 결정요인이라는 실증결과에 의해서도 명백히 입증되고 있다.

2) 일반관리자의 기본기능

인적자원관리는 모든 조직구성원을 대상으로 경영의 각 분야에서 성과달성을 위해 발휘되는 필수기능이므로 조직의 최고경영층에서 일선관리자에 이르기까지 경영 각 계층 관리자들의 일반 관리기능이다. 이들 관리자들은 물론 인적자원 전문 스태프들의 지원을 받아 인적자원관리 기능을 수행한다. 그러나 인적자원관리의 최종책임은 어디까지나 이들 관리자들에게 있다 따라서 인적자원관리는 인적자원관리 전문 스태프의 지원과 일반관리자의 책임하에 수행된다고 볼 수 있다.

3) 성과지향적·인간중심적 관리기능

인적자원관리는 조직의 목적과 성과를 달성시키고자 하는 경영과정의 하나이다. 조직의 목적달성은 인적자원관리뿐 아니라 생산, 마케팅, 재무, 회계 등 경영 각 분야의 공통된 목표이다. 즉 생산관리에서는 생산성과 품질, 마케팅에서는 고객만족과 시장점유율, 재무관리에서는 자금의 효율적 조달과 활용, 회계에서는 경영실적 자료의 신속하고 정확한 제공을 중시한다. 인적자원관리는 제반 인적자원관리 기능을 통해 이들 경영 각 분야 구성원들이 자신의 목표를 제대로 달성했는가를 스스로의 평가기준으로 삼고 있다. 즉 생산부서의 생산성 향상, 마케팅 부서의 고객만족 향상이 인적자원관리 부서 자신의 중요한 평가기준이 되는 것이다. 그리고 인적자원관리와 다른 경영 부서와의 차이점은 이러한 성과 지향적 목표외에 조직구성원의 인간적 가치, 구체적으로는 직장생활의 만족과 개인적 성장을 강조한다는 것이다. 기업의 성과가 아무리 뛰어나다고 하더라도 조직구성원의 사기가 저하되고 개인적 능력이 고갈되었다면 그 기업의 인적자원관리는 성공적이라고 볼 수 없다.

1.4 인적자원관리의 주요 기능

인적자원관리는 다음 그림과 같이 상호연관된 여러 가지 세부기능으로 구성되어 있다.

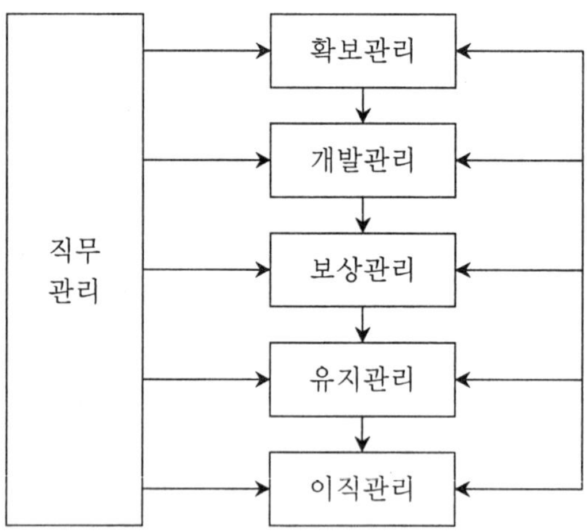

| 그림 7-1 | 인적자원관리의 세부 기능

여기서 직무관리는 과학적 인적자원관리를 위해 확보관리에서 이직관리에 이르기까지의 여타 인적자원관리 기능에 대해 직무정보를 제공하는 역할을 한다. 확보관리는 기업이 필요로 하는 인적자원을 채용하는 것이고, 개발관리는 채용한 인적자원의 능력을 향상시키기 위해 직무수행 성과를 평가하고 미흡한 부분에 대해서 교육과 훈련을 시키는 것을 말하고, 보상관리는 조직구성원의 역할 수행에 대한 보상으로 임금과 복지후생 기타 비경제적 보상을 제공하는 것을 지칭한다. 그리고 유지관리는 조직구성원의 성과 창출 의지와 능력을 계속 유지하도록 심리적, 신체적 건강과 안전을 제고하는 것을 의미하고, 마지막으로 이직관리는 조직구성원이 자의 또는 타의에 의해 조직과의 관계를 청산하는 과정을 관리하는 것을 말한다. 이상의 인적자원관리의 세부 기능들은 서로 투입과 산출의 관계를 갖고 있을 뿐 아니라 개별 세부 기능이 다른 기능에 피드백되어 영향을 미친다.

제2절 환경변화와 인적자원관리 과제

최근의 경영환경은 과거에 볼 수 없었던 규모와 속도로 변화하고 있다. 소위 불연속성의 시대가 도래함에 따라 과거에 성공적이었던 패러다임이 더 이상 유효하지 않은 상황에서 기업이 생존하고 성장하기 위해서는 새로운 관점의 경영방식이 절실히 요구된다. 특히 인적자원관리에 영향을 많이 미치는 환경은 무엇이고 기업에서는 이에 대해 어떻게 대응해야 하는가?

2.1 노동시장의 변화

최근 노동시장에 있어서 주목되는 큰 변화는 고령화와 여성인력의 비중이 가파르게 증가하고 있다는 사실이다.

먼저 고령화에 있어서는 우리나라 인구전체의 고령화와 함께 기업내 근로자의 평균연령이 계속 증가하고 있는 것이 중요 이슈로 대두되고 있다. 인구전체의 고령화는 국민연금 자원의 고갈로 이어지기 때문에 정부의 재정정책 차원에서 근로자의 정년을 연장한다든지 퇴직자를 임시직으로 재고용하거나 기타 노인재취업 프로그램을 가동하는 등의 노력을 기업에 권고할 가능성이 있다.

현직 근로자의 평균연령 증가는 능력과 무관하게 근속연수에 따라 임금이 상승하는 연공급 체계에서는 기업의 인건비 상승으로 연결되기 때문에 기업들은 연공급을 폐지하거나 비중을 줄이고 대신에 직무내용, 업무수행 능력, 직무성과를 측정해서 임금을 차별화시키는 방향으로 임금제도를 변경시키고 있다. 일정연령에 도달한 이후에는 임금이 오히려 일정비율로 삭감되는 임금피크제의 도입도 이러한 맥락에서 시도되고 있다. 그리고 근로자의 평균연령이 증가하면 일반적으로 변화에 대한 적응능력이 떨어지기 때문에 새로운 시장, 기술, 경영혁신에 적응하는 것이 어려워진다. 따라서 기업에서는 이들에 대한 재교육 노력이 필요하고 경우에 따라서는 조기퇴직을 실시하기도 한다.

최근에 여성인력은 노동시장에 차지하는 비율이 증가할 뿐 아니라 조직내 서열상 지위도 높아지고 있는 추세에 있다. 이의 배경으로는 사회의 민주적 변화와 함께 여성의 직업관과 경력관이 변화하고 있다는 사실과 가계 지출 증대에 따른 가계 수입 증대 요구가 있다는 사실 등을 들 수 있다. 여성인력의 증가는 채용에 있어서 남녀고용평등법 준수, 전근·출장 등을 고려한 배치, 성희롱 문제, 직장과 가정의 균형 유지 문제 등에 대해 올바로 대처할 것을 요구하고 있다. 기업에서는 채용뿐 아니라 인적자원관리 전반에 걸쳐 과거와 같은 남녀차별적 인사관행을 변경하고 여성의 가정에서의 입장을 배려한 다양한 경력제도, 유연근무시간제도, 기업내 탁아시설 등의 복지후생제도를 적극 고려할 필요가 있을 것이다.

2.2 사회·가치관 변화

1960년대 이후 우리나라의 경제수준이 향상되면서 사회의 발전과 가치관의 변화가 이루어져 왔다.

사회발전의 가장 큰 축은 교육수준의 향상인데, 우리나라에서는 고등교육의 대중화가 이미 이루어져 있는 상황이다. 교육수준의 향상은 인적자원 질의 향상으로 이어지지만, 기업에서 간과할 수 없는 문제들도 발생시킨다. 교육수준이 높아지면 욕구의 다양화와 함께 수준도 높아지는 경향이 있다. 과거 생계유지에 만족하던 근로자들이 문화생활 영위에 필요한 높은 임금과 함께 보람있고 재미있는 일, 쾌적한 작업환경과 여유있는 근로시간, 그리고 의사결정에의 참여를 요구하게 되는 것이다. 기업에서는 이러한 경향에 대응하여 직무재설계, 작업환경 개선, 유연근무시간제, 각종 근로자 의사결정 참여제도를 도입할 필요가 있다. 한편 교육수준이 높아지는 반면에 경제 전체적으로는 높은 학력 수준을 요하는 일자리가 충분치 않아서 하향취업(underemployment)이 발생하기도 한다. 이 경우에 근로자가 자기 일에 쉽게 만족하지 못해서 직무 및 조직몰입도가 떨어지고 이직성향이 높아지는 문제가 생기는 만큼 이들 과잉자격요건을 갖춘 근로자를 채용하는 기업은 이러한 잠재적 문제점에 유의하여야 할 것이다.

사회발전과 함께 근로자의 가치관도 많이 변하고 있다. 특히 신세대 근로자들은 개인희생과 조직우선의 가치관을 지녔던 선배 근로자들에 비해 개인우선, 일과 조직보다 여가와 개인경력을 우선시 하는 가치관을 중시하는 경향을 보이고 있다. 따라서 이들은 일과 조직에 대한 불만족을 보이기 쉽고 결과적으로 이직성향도 높아지므로 이들에게 일과 조직에의 몰입도를 높일 수 있는 대책을 마련하는 것이 필요하다. 구체적으로는 직장의 인간화를 위한 직무재설계, 참여제도, 능력개발 프로그램, 일과 놀이를 접목하는 소위 Fun 경영 방식의 도입 등을 고려해야 할 것이다.

사회적 발전과 기업의 국가경제적, 사회적 영향력 증대로 인해 기업의 경영활동에 대한 사회적 감시와 제재가 높아지고 있다. 이로 인해 선진 기업들은 스스로 기업윤리를 정립하고 조직구성원들이 경영활동에 있어서 윤리적 기준을 벗어나지 않도록 유도하고 있다. 그러나 투명성이 높지 않은 우리나라 대부분 기업의 경영관행상 근로자들은 많은 의사결정에 있어서 윤리적 딜레마에 빠질 가능성이 크다. 이를 해소하기 위해서는 구체적 윤리규범과 사례중심의 교육이 필요할 것이다. 또한 조직내부의 비윤리적 행위를 외부에 공개하는 Whistle Blower(공익고발자)를 보호하는 제도적 장치도 필요하다.

2.3 기술고도화와 자동화

과학기술과 정보기술이 고도화됨에 따라 기업 경쟁력에서 기업의 기술력이 차지하는 비중이 날로 커지고 있다. 그리고 인건비 상승과 기술의 발전으로 생산과 사무의 자동화가 급진전되고 있다. 기술혁신과 자동화로 인해 인력수급의 불균형, 중고령층 사원의 기능 노후화, 그리고 자동화 부문에서의 인력과잉이 중요한 인적자원관리 이슈가 되었다. 인력수급 불균형은 국내 노동시장에서 기업이 필요로 하는 고급기술인력의 공급은 적고 범용기술인력의 공급은 많다는 의미이다. 이 경우에 기업들은 대학과 연계한 산학협동형 맞춤식 인재양성,

그리고 구인시장의 광역화 등을 적극 고려할 필요가 있다. 중고령층 사원의 기능노후화와 관련해서는 이들에 대한 직무능력 재개발, 자동화부문의 인력과잉 문제에 대해서는 부문간 인력재배치, 새로운 정원관리 정책, 순잉여인력에 대한 고용조정 등이 검토되어야 할 것이다.

2.4 지식기반경제화

지식산업의 발달로 인해 기업의 가치는 그 기업이 보유하고 있는 지식의 가치에 의해 결정되는데, 기업에서 지식을 창출하고 활용하는 과정을 지식경영이라 한다. 지식경영에 있어서는 기술적 측면보다 지식을 창출하고 공유하는 조직문화가 더욱 중요하다는 사실이 널리 인정되고 있다. 지식이 조직구성원사이에 공유되기 위해서는 조직과 구성원 그리고 조직구성원 사이에 신뢰가 존재해야 한다. 또한 기업은 채용에 있어서 동료구성원과의 팀웍 능력 그리고 평생학습 능력과 욕구를 중요 평가 기준으로 삼아야 할 것이고, 교육·훈련에 있어서는 학습능력 및 새로운 지식을 창출하는 능력을 제고하는 프로그램을 도입해야 할 것이며, 보상에 있어서는 지식의 창출과 공유 동기를 제고할 수 있는 평가와 보상제도의 도입이 필요하다.

2.5 세계화

최근 우리나라 기업의 적극적인 해외진출과 외국인력의 국내유입에 따라 異文化 관리가 중요한 인적자원관리 이슈의 하나가 되고 있다. 예컨데 중국에 진출한 우리나라의 중국현지 기업에서 노사분규가 빈발한다든지 유럽에 진출한 국내의 굴지 대기업이 노동법위반으로 제소당하는 등의 사례는 현지의 문화, 관습, 법규 등에 대한 몰이해가 주요 원인으로 작용하고 있다. 기업의 세계화가 성공하려면 현지의 인적자원을 효과적으로 사용할 수밖에 없는데, 이 때 제일 중요한 고려사항은 국내의 해외파견 관리인력에게 현지 문화에 대한 교육을 제대로 시키는 것이다. 또한 해외파견 관리인력은 본사내의 인맥구성과 정보접근 등의 측면에서 불리한 관계로 승진에 있어서 불이익을 당할 수 있는 만큼 이들에 대해서 경력관리면에서 배려해 주는 것도 필요할 것이다.

이하에서는 인적자원관리 전체 내용 중에서 상대적으로 중요하다고 판단되는 채용, 인사고과, 교육훈련, 보상에 대해 설명하기로 한다.

제3절 채용

채용은 크게 모집과 선발로 구성된다. 모집은 인재선발을 전제로 하여 양질의 지원자를 확보하는 활동을 말하고 선발은 모집된 지원자 중에서 해당 기업에 가장 적합한 인재를 선정하는 것이다.

3.1 모집

1) 모집방법

(1) 내부노동시장

내부노동시장에서 지원자를 모집하는 방법으로서 사내공모제도가 있다. 이 제도는 사내에 공석이 생겼을 때 사내 게시판에 지원자를 찾는다는 모집공고를 내어 요구하는 자격을 갖추었다고 생각하는 직원이라면 누구라도 지원하게끔 유도하는 방법이다.

(2) 외부노동시장

외부노동시장에서 지원자를 모집하는 방법으로는 다음과 같은 다양한 것들이 있다.

① 신문, 전문잡지, TV, 옥외게시판 등 광고
② 공공 및 사설 직업 소개기관, 인터넷 취업정보업체
③ 리쿠르터(recruiter)
④ 인턴제도(internship)
⑤ 교육기관 추천

⑥ 현직종업원 추천
⑦ 채용박람회(job fair)
⑧ 헤드헌터(head hunter)
⑨ 자발적 지원

여기에서 하나 주의할 사항은 전통적인 모집관행에서는 지원자에게 기업에 대해 좋은 인상을 갖도록 과대선전하는 경향이 있다는 것이다. 이같은 방식의 단점은 신입사원의 높은 기대수준으로 인해 높은 비용, 즉 이직비용과 대체고용비용을 초래한다는 것이다. 그래서 이런 문제점을 줄이기 위해 지원자에게 기업과 담당직무에 관해 사실에 기반한 정보를 제공하는 RJP (Realistic Job Preview) 프로그램에 주목할 필요가 있다.

3.2 선발

1) 선발방침

인재를 선발하기 전에 기업은 먼저 선발기준과 선발방법에 대한 기본방침을 설정해야 한다.

(1) 선발기준

선발기준으로는 직무중심, 경력중심, 그리고 기업문화중심의 세 가지가 있다.

직무중심 기준은 공석이 된 직무의 자격요건을 지원자가 얼마나 충실히 갖추었느냐를 보는 것이고, 경력중심 기준은 공석이 된 직무가 요구하는 자격요건뿐만 아니라 지원자가 갖춘 장래 발전 가능성까지를 염두에 두는 것이다. 그리고 기업문화중심 기준은 지원자가 해당 기업의 체질에 적합한지 여부를 중시하는 것이다.

(2) 선발방법에 대한 방침

선발에 있어서 지원자가 선발의 모든 단계(예: 서류전형, 실기시험, 면접시험, 인성검사, 신체검사 등)를 거치게 하여 각 단계에서 지원자가 획득한 점수를 합계하여 선발하는 종합적 평가법과 선발의 각 단계마다 지원자의 자격수준이 미달할 경우 탈락시키는 단계적 제거법이 있다.

2) 선발도구

(1) 바이오 데이터 분석

바이오 데이터(bio-data; biographical data)는 지원자의 이력서, 지원서, 면접 등을 통해 획득한 개인의 신상에 관한 모든 것(성별, 학력, 부양가족수, 군복무관계 등)을 말하는데, 바이오 데이터의 분석결과를 선발에 활용하려는 근거는 개인의 바이오 데이터와 직무성과 사이에 상관관계가 있음이 발견되었기 때문이다. 분석방법은 각 신상항목의 등급별로 직무성과가 높은 집단의 비율을 산정하여 이를 가중치로 환산하고, 이 가중치를 지원자 집단에 적용하는 것이다.

(2) 선발시험

① **능력검사** : 능력검사는 어떤 사람이 해당직무에 대해 적당한 훈련을 받으면 그 직무를 배울 수 있는 능력 혹은 잠재적인 능력을 측정하는 것인데, 지능검사, 사이코모터(psychomotor)검사, 직무지식검사 등이 있다.

② **성격 및 흥미도 검사** : 지원자의 인성과 동기부여 정도를 측정하기 위한 것이다.

③ **실무능력검사** : 지원자로 하여금 직무의 대표적인 과업을 수행하도록 하고 그 성취도를 검사하는 방법이다.

(3) 선발면접

① **선발면접의 종류**

가. 구조적 면접 : 직무명세서를 기초로 질문항목을 미리 준비하여 면접자가 피면접자에게 일정하게 질문하는 것이다.

나. 비구조적 면접 : 특정한 질문서를 가지지 않고 면접자가 중요하다고 생각하는 내용을 자유롭게 면접하는 형태이다.

② **선발면접의 형태**

가. 집단면접 : 피면접자가 복수가 되는 형태이다.

나. 위원회면접 : 다수의 면접자가 한 명의 피면접자를 평가하는 방법이다.
다. 스트레스면접 : 특수직무를 수행하는데 필요한 지원자의 스트레스 처리 능력을 측정하기 위해 면접자가 지원자의 약점을 공개적으로 비난하여 피면접자가 어떻게 반응하는가를 관찰하는 방법이다.
라. 기타 : 최근 면접의 타당성을 높이기 위해 기업에서는 블라인드 면접, 다차원 면접, 프리젠테이션 면접 등 다양한 방법을 사용하고 있다.

3) 선발도구 평가

선발도구 평가기준은 신뢰도와 타당도가 있다.

(1) 신뢰도

신뢰도란 지원자의 어떤 특성을 측정할 때 측정도구가 어느 정도 정확성이 있느냐를 가리키는 것으로서, 내적일관성 측정과 시험-재시험 방법이 있다.

(2) 타당도

선발도구의 타당도란 특정 선발도구가 얼마나 평가목적을 충족시키느냐에 관한 것이다. 다시 말해서 특정 선발도구에 대한 지원자의 성적이 장래 직무성과를 어느 정도 잘 예측하는가를 산정하는 것이다. 타당도에는 현직종업원을 대상으로 한 현재타당도와 실제 지원자를 대상으로 한 예측타당도가 있는데, 후자의 타당도가 더 정확하다고 할 수 있다.

제4절 인사고과

인사고과는 인적자원의 개발과 보상에 관한 의사결정을 위해 종업원의 능력, 태도, 행위, 성과 등을 체계적으로 평가하는 활동이다.

4.1 인사고과 오류

인사고과에서 가장 문제가 되는 것은 인사고과가 어느 정도 정확하게 피고과자의 능력, 태도, 행위, 성과를 측정할 수 있느냐 하는 것이다. 이는 인사고과 척도의 신뢰도와 관련한 문제로서, 인사고과의 신뢰도를 저하시키는 고과자의 오류로는 다음과 같은 것들이 있다.

① **관대화경향** : 피고과자의 능력이나 성과를 실제보다 더 높게 평가하는 경향
② **중심화경향** : 피고과자에 대한 평가점수가 보통 또는 척도상의 중심점에 집중하는 경향
③ **가혹화경향** : 관대화경향과 반대로서 피고과자의 능력이나 성과를 실제보다 낮게 평가하는 경향
④ **상동적 오류** : 피고과자가 소속되어 있는 집단의 특성을 피고과자의 특성으로 투사하는 오류
⑤ **후광효과** : 고과자가 피고과자의 한 면의 특성을 기준으로 다른 특성까지 함께 평가해 버리는 오류
⑥ **시긴적 오류** : 쉽게 기억되는 최근의 업적이나 능력을 중심으로 피고과자를 평가하는데서 오는 오류
⑦ **상관편견** : 고과자가 유사한 항목 사이의 차이를 구분하지 못해서 그들에 대해 비슷하게 평가하는 오류
⑧ **유사성 오류** : 고과자와 피고과자 사이의 가치관, 행동패턴, 그리고 태도면에서 유사한 정도에 따라서 고과결과가 영향받는 것

상기와 같은 고과자 오류로 인해 인사고과의 유용성과 수용성이 감소하는 만큼 이를 줄이기 위한 노력이 필요하다. 고과자에게 인사고과의 오류가 발생하는 원인에 대해 교육을 실시한다든지, 고과결과를 피고과자에게 공개하여 인사고과 과정에 고과자가 보다 신중해지도록 한다든지, 고과자를 복수로 하여 고과의 객관성을 높이는 등의 대책이 요구된다.

4.2 인사고과 방법

인사고과는 고과자, 고과기법에 따라 다양하게 실시할 수 있다.

1) 고과자

고과자는 피고과자의 능력, 태도, 행위, 성과를 평소 관찰할 기회가 있는 사람이라면 누구나 가능할 수 있다.

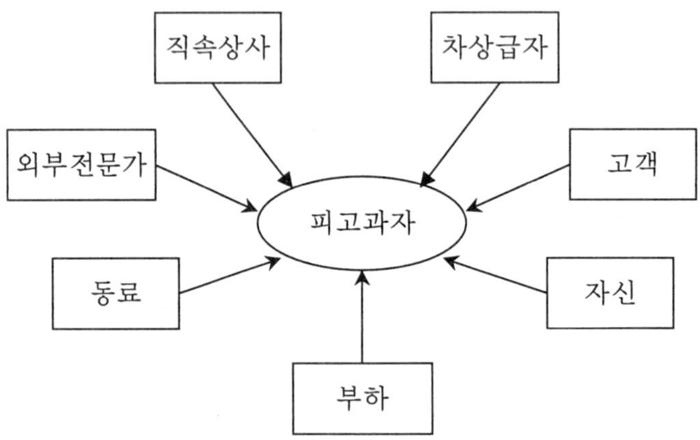

▌그림 7-2▌ 잠재적 고과자

전통적인 인사고과는 직속상사 및 차상급자가 피고과자를 평가하는 것이 일반적이다. 이 경우에 상급자들은 자신의 평소 관찰 영역밖에 있는 피고과자의 진실된 모습을 볼 수 없기 때문에 정확한 고과를 할 수 없게 된다. 그래서 최근에는 피고과자를 둘러싸고 있는 여러 관계자들을 동원하여 피고과자를 평가하는 다면평가(또는 360。 피드백)를 실시하는 기업들이 증가하고 있는 추세를 볼 수 있다.

2) 고과기법

최근까지 개발된 중요한 인사고과 기법들을 소개하면 다음과 같다.

① **서열법** : 피고과자에 대해 능력·업적 등을 통틀어 그 가치에 따라 서열을

매기는 방법

② **평정척도법** : 평가요소들을 제시하고 이에 대해 단계별 차등을 두어 평가하게 하는 기법

③ **체크리스트법** : 고과내용이 되는 피고과자의 능력, 태도, 작업행동, 그리고 성과 등에 관련되는 표준행동을 제시하고 고과자가 해당서술문을 체크하여 평가하는 방법

④ **강제선택서술법** : 쌍으로 된 평가항목의 서술문을 고과자에게 제시하고 고과자가 두 개의 서술문 중 반드시 한 곳에만 체크하게 하는 기법

⑤ **중요사건기술법** : 고과자가 일상 작업활동에서 관찰 등을 통해 피고과자가 보여준 특별히 효과적인 혹은 비효과적인 행동을 기록하여 이를 고과 시점에 정리하여 평가하는 방법

⑥ **행동기준평가법** : 평정척도법과 중요사건기술법의 특징을 함께 가지고 있는 방법으로서, 평가항목의 각 등급에 대해 관찰 가능한 행동을 부여하여 평가의 객관성을 높인 평가 기법

⑦ **목표관리법**(MBO; Management by Objective) : 평가기간 동안의 목표를 업무담당자와 상사가 협의하여 설정하고, 상사의 중간피드백과 지원을 거쳐 달성한 업무성과를 기말에 목표와 대비하여 평가하는 방법

제5절 교육훈련

교육훈련 활동은 다음 그림과 같은 요소와 과정으로 구성되어 있다.

5.1 교육훈련 필요성 분석

무작정 교육훈련에 돌입하기 전에 기업은 주어진 조직의 목표를 달성하기 위하여 교육훈련이 필요한지를 먼저 확인해야 한다. 그렇지 않을 경우에는 교육훈련에 많은 투자를 하고도 기대하는 효과를 거두기 어렵다.

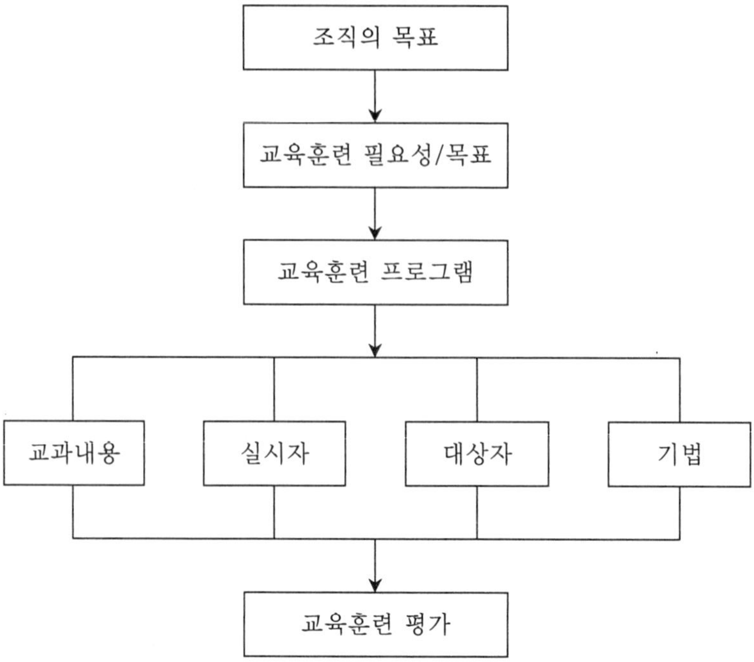

그림 7-3 교육훈련 시스템의 구조

1) 필요성 분석수준

(1) 조직수준

매출액, 생산성, 시장점유율, 수익성 등 조직전체와 관련되는 제현상에 있어서 문제가 발생했거나 미래에 기대하는 조직성과와 이를 뒷받침할 수 있는 인적자원간의 차이가 발견되었을 조직수준에서의 교육훈련 필요성 분석이 요구된다.

(2) 직무수준

기술변화로 인해 작업자의 자격요건에 변화가 발생했을 때, 새로운 직무를 수행할 수 있는 사람을 자체에서 양성해야 할 때 직무수준에서의 필요성 분석이 이루어져야 한다.

(3) 개인수준

조직전체 수준에서의 지표와 직무수준에서 밝혀진 교육훈련 필요성을 개인별로 측정하는 것이다.

2) 필요성 분석방법

① **관찰법** : 상사가 부하의 직무수행 내용과 결과를 관찰

② **간행물조사법** : 해당기업의 업종과 관련되는 전문잡지 등에서 소개하는 새로운 관리기법 등을 조사

③ **자료조사법** : 해당기업이 보유하고 있는 종업원의 인사고과 자료, 지각률, 이직률, 불량률 등을 검토

④ **작업표본법** : 종업원이 수행한 작업결과의 일부를 검토

⑤ **설문지법** : 종업원의 대상으로 설문지를 통해 조직의 문제점과 종업원의 태도를 조사

⑥ **전문가 자문법** : 기업 내외부의 교육훈련 전문가에게 해당기업의 교육훈련 필요성 분석을 의뢰

⑦ **면접법** : 교육훈련 담당자가 종업원을 개인 혹은 집단으로 면접하여 교육훈련 필요성에 관한 정보를 취득

⑧ **집단토의법** : 특정집단에게 일정한 주제를 주고 토의를 시켜 교육훈련 필요성에 관한 정보를 획득

3) 교육훈련 프로그램

교육훈련에 대한 필요성이 밝혀지면 이로부터 교육훈련 목표가 설정된다. 이러한 교육훈련 목표를 달성하기 위해 교육훈련 교과내용, 실시자, 대상자, 기법이 선택되어 교육훈련이 진행된다. 교과내용은 개별 교육훈련마다 목표에 따라 전부 다르므로 여기에서는 실시자, 대상자, 기법을 중심으로 살펴본다.

(1) 실시자

① **직장 상사/선배 동료** : 현재 부여받은 직무를 수행하면서 직장의 상사나 선배 동료로부터 주어진 교과내용을 학습하는 것으로서 OJT(on the job training)라고 한다.

② **교육훈련 전문가** : 사외의 교육훈련 전문가가 수행하는 것으로서 교육훈련 대상자는 자신의 직무에서 벗어나 오로지 교육훈련만 받는데, 이를 직장외 훈련(off the job training)이라고 한다.

③ **대상자 자신** : 교육훈련을 대상자 자신이 스스로 하는 것으로서 자기개발이라고 한다.

이하에서는 대상자와 해당 대상자의 교육훈련에 많이 사용되는 기법을 묶어서 함께 설명하기로 한다.

(2) 신입사원 교육훈련

① **오리엔테이션** : 입사초기에 신입사원의 성공적인 사회화를 위하여 기업의 경영철학, 정책, 각 부서의 주요업무, 인사제도, 개인의 역할 등에 관해 교육하는 것이다.

② **멘토시스템** : 멘토(mentor)는 후진(mentee : 멘토의 지원을 받는 자)에게 역할모델을 제공할 뿐 아니라 도전적 직무부여, 상담 및 조직에 대한 지식제공, 조직내 유력자에게 소개 등을 통해 그의 조직내 정착과 성공적인 경력관리에 도움을 주는 자로서 기업에서는 공식적 혹은 비공식적으로 멘토시스템을 운영할 수 있다.

(3) 작업층 교육훈련

① **실습장 훈련** : 기업내 작업장과 별도의 공간에 설비를 갖추어 교육대상자에게 주로 기능을 전수시키는 훈련기법이다.

② **도제제도** : OJT와 Off-JT를 혼용한 방법으로서 교육대상자는 일정기간동안 작업장내에서 상사내지 선배동료로부터 기능을 배우고 이어서 직장외의 일정한 장소에서 강의에도 참가한다. 이 제도는 특히 정교한 수작업이 요구되는 분야에 많이 적용된다.

③ **직업학교 훈련** : 교육대상자를 직업학교에 수학케 하는 것이다.

(4) 관리층 교육훈련

① **인바스켓 훈련**(in-basket training) : 관리자의 의사결정 능력을 고시키기 위해 개발된 기법으로서, 훈련실시자는 대상자에게 기업에 대한 가상 정보를 제공한 뒤 이들에게 특정 경영상황에서 문제해결을 위한 의사결정을 하게 한다.

② **비즈니스게임** : 기업의 경쟁상황에서의 올바른 의사결정 능력을 제고시키기 위해 개발된 기법이다. 교육실시자는 교육참가자들을 여러 개의 3-5명

정도 규모의 팀으로 구성하고, 이들에게 상호경쟁적인 상황에서 의사결정을 하도록 한다. 이 게임은 각 팀이 경영의 주요 측면(예: 생산성, 재고량, 가격, 판매조건, 임금수준 등)에 대해 의사결정을 하고 그 결과를 컴퓨터에 입력하도록 하여 컴퓨터 분석결과를 각 팀에 피드백해줌으로써 자기 팀의 경영실적을 알게 하고, 성공 및 실패요인을 자체 분석할 수 있도록 한다.

③ **역할연기법**(role playing) : 관리자 뿐 아니라 일반 종업원을 대상으로 인간관계 개선 및 인간관계 기술을 제고시키기 위한 기법이다.

④ **행동모델법**(behavior modeling) : 특정상황에 대한 이상적인 행동을 비디오테이프에 담아 이를 교육참가자에게 보여주고 행동 이유, 과정 등을 이해시키고 이를 그대로 반복·연습하게 함으로써 행동변화를 유도하는 것이다.

이 외에도 교류분식법, 대역법, 청년중역회법 등이 있다.

제6절 보상

보상에는 임금, 복지후생등 경제적 보상과 직무재설계, 능력개발, 인정 등 다양한 비경제적 보상이 있지만 여기에서는 임금에 대해서만 설명하기로 한다. 임금관리에 있어서는 임금수준과 임금체계가 중요한 이슈이다.

6.1 임금수준

임금수준은 기업의 임금총액을 종업수로 나눈 값으로서 평균임금을 지칭한다. 어느 기업의 임금이 비교대상 기업과 비교해서 높은가 낮은가를 알게 해 주는 것으로서 기업의 지불능력, 생계비 수준, 노동시장 임금수준 등에 의해 결정되는 것이 보편적이다.

1) 기업의 지불능력

(1) 생산성 분석

① **물적 생산성** : 단위노동생산요소의 투입량에 대한 생산량의 비율로서 개념이 간단하지만 증가된 생산성이 시장가치를 반영하지 못할 수 있고, 생산성 향상에 노동력이 기여한 부분이 얼마나 되는지 파악하기가 어려운 단점이 있다.

② **부가가치 생산성** : 생산된 제품의 시장가치가 반영된 기준인데, 매출액에서 제조원가를 뺀 부가가치에 노동분배율을 곱한 값을 공정한 임금수준으로 본다. 여기서 노동분배율은 부가가치에서 인건비가 차지하는 비율이다.

(2) 수익성 분석

① **손익분기점** : 손익분기점이란 총수익과 총비용이 일치하는 수준에서의 매출량 또는 매출액 수준을 말하는데, 기업이 일정한 이익을 달성하는데 필요한 매출량과 그에 소요되는 인건비규모를 알 수 있게 해준다.

② **원가구성 분석** : 전체 원가구성요소 중 인건비가 차지하는 비율을 과거의 자료를 근거로 계산하여 임금수준 결정에 활용하는 것이다.

2) 생계비

(1) 생계비 산정방식

① **실태생계비** : 도시근로자들의 가계부를 분석하여 실제로 생계를 꾸려가기 위해 지출된 비용을 산출하는 것이다.

② **이론생계비** : 근로자가 일정한 생활수준을 영위하는데 필요한 생활비를 이론적으로 파악하는 것이다.

(2) 최저임금제

최저임금제란 국가가 노사간의 임금결정에 개입하여 임금의 최하 수준을 정하고, 사용자에게 이 수준 이상의 임금을 지불하도록 법으로 강제함으로써 저임금 근로자를 보호하는 제도이다. 우리나라에서는 1986년에 최저임금법이 제정되어 1988년부터 시행되고 있는데, 현재(2004.9~2005.8) 최저임금액은 시간당 2,840원이다.

3) 노동시장

노동시장에서의 임금수준을 의미하는데, 이는 노동의 수요와 공급에 의해 형성된다. 즉 노동시장에서 노동의 수요곡선과 공급곡선이 만나는 곳이 바로 노동시장에서의 임금수준이 되는 것이다. 기업에서는 노동시장에서의 임금수준을 고려하여 자신의 임금수준 정책을 설정하게 된다.

6.2 임금체계

임금체계는 광의로 해석하면 어느 기업의 임금이 어떤 항목으로 구성되어 있느냐 하는 것으로서, 우리나라에서는 일반적으로 기본급, 수당 등 기준외 임금, 상여금의 요소가 있다. 그리고 임금체계를 협의로 해석하면 임금 전체 중에서 기본급이 어떤 기준으로 정해지느냐를 가리킨다. 기본급의 형태는 직무가치를 반영하는 직무급, 근로자의 개인적 가치를 반영하는 연공급과 직능급, 결과가치를 반영하는 성과급이 있다.

1) 직무급

해당기업에 존재하는 직무들을 평가하여 직무의 상대적 가치에 따라 임금을 차등화시키는 것이다. 직무급은 직무의 가치를 기준으로 임금이 결정되기 때문에 "동일 직무, 동일 임금" 철학에 따르는 것이다.

2) 연공급

종업원의 근속연수를 기준으로 임금을 차별화하는 제도인데, 근속연수에 따라 매년 일정하게 호봉이 상승하여 임금이 자동적으로 높아지는 제도이다. 연공급은 다시 직급별 호봉제와 단일호봉제로 구분되어 실무에서 사용되고 있다.

3) 직능급

근로자가 보유하고 있는 직무수행능력(직능)을 기준으로 임금을 결정하는 제도로서, 종업원들이 연공이나 담당 직무가 동일하더라도 직능이 상이할 경우 임금액은 달라진다.

4) 성과급

성과급은 종업원이 달성한 성과의 크기를 기준으로 임금액을 결정하는 제도인데, 이는 다시 개인성과급 제도와 집단성과급 제도로 나뉜다. 개인성과급 제도는 개인의 직무성과와 임금액을 연결하는 제도로서 단순성과급, 테일러식 복률성과급, 메릭식 복률성과급, 표준시간급, 할증급이 있고, 최근 우리나라에서 많이 도입되고 있는 성과형 연봉제도 개인성과급의 일종이다.

집단성과급 제도는 작업집단의 팀웍과 성과동기를 강화하기 위하여 설계된 것으로서 개인의 임금에 성과향상액의 일정부분을 추가로 지급하는 것이다. 이에는 스캔론 플랜(Scanlon Plan)과 럭커 플랜(Rucker Plan), 이익배분 등이 있다.

연 습 문 제

1. 인적자원의 고유한 특성을 살리는 인적자원관리 방식의 예를 들어 보시오.

2. 인적자원관리에서 인적자원관리 전문 스태프와 일반관리자의 역할은 어떻게 다른가를 논의하시오.

3. 인적자원관리 세부기능은 무엇이며, 각각의 대표적 예는 무엇인가를 설명하시오.

4. 최근의 경영환경 변화에 따라 인적자원관리 기능에 요구되는 관리 과제는 무엇인가를 논의하시오.

5. RJP(Realistic Job Preview)가 어떤 이유로 모십과정에서 유효하게 사용될 수 있는지를 설명하시오.

6. 직무중심, 경력중심, 기업문화중심 선발기준은 각각 어떤 인적자원관리 방식을 채택하는 기업에 적절하게 사용될 수 있을지를 논의하시오.

7. 최근 기업들은 면접의 타당도를 높이기 위해서 다양한 면접방법을 사용하는 경향이 있다. 그러한 면접방법의 예를 들고 어떤 측면에서 효과적일지를 논의하시오.

8. 선발도구의 신뢰도와 타당도의 차이를 구분해서 설명하시오.

9. 인사고과자들은 인사고과 과정에서 다양한 오류를 범하기 쉽다. 이러한 오류를 극복할 수 있는 방법을 제시하시오.

10. 목표관리법은 어떤 측면에서 전통적인 인사고과 방법들과 차이가 있는지를 설명하시오.

11. 교육훈련에 있어서 필요성분석은 왜 필요한지를 설명하시오.

12. OJT와 Off-JT는 각각 어떤 교육훈련에 보다 더 적합할지를 논의하시오.

13. 최근 신입사원들의 높은 이직률이 인적자원관리 이슈 중의 하나인데, 교육훈련 측면에서 그 문제를 줄일 수 있는 방법을 제시하시오.

14. 기업에서 임금수준을 결정하는데 영향을 주는 요인은 무엇인가를 설명하시오.

15. 임금체계를 협의와 광의로 해석할 때, 각각 무엇을 의미하는가를 설명하시오.

16. 직무급, 연공급, 직능급, 성과급은 각각 무엇을 기준으로 임금을 산정하는지를 설명하시오.

제 8 장

협상과 게임

제1절 협상

1.1 협상의 의의

인간관계의 틀 속에 사는 모든 사람들은 알게 모르게 협상(negotiation)을 하면서 살아간다. 협상이라고 하면 흔히 노사관계, 무역, 정치에 종사하는 특정인들이 하는 행위이고, 일반인들에게는 별로 해당되지 않는 일로 생각하기 쉽다. 그러나 우리의 일상사를 조금만 자세히 관찰해보면 매 순간 거의 모든 행위가 협상과 관련되어 있는 행위임을 알 수 있다.

'공학도인 A 학생은 아침에 일어나서 등교할 준비를 한다. 준비를 하면서 오늘은 집에서 학교로 어떤 교통편을 이용할까를 생각한다. 학교 버스를 이용하기 위해서는 정해진 시간에 정류장에 나가서 기다려야 하는데, 그러기 위해서는 일찍 세수하고 아침 식사도 해야 한다. 그런데 아침 시간에 식구들이 서로 바쁘게 움직이다 보니 자기 혼자 먼저 세면장을 이용하고 식사를 하는 것이 쉽지 않을 것 같아서 시내버스를 타고 등교하기로 마음을 먹는다. 그런데 교통이 혼잡하여 수업시간에 늦게 도착할 것 같아서 그 시간에 강의실에서 수업을 듣는 대신에 도서관에 가는 것이 좋을지, 아니면 교수의 양해를 구하고 늦게라도 수업에 참가하는 것이 좋을지 망설인다. 그럭저럭 그날의 수업을 다 마친 후에는 동아리 모임에 참가하였는데, 모임에서 자기의 생각과는 전혀 엉뚱한 방향으로 이야기가 진행되어 기분이 몹시 상하여 싫은 소리를 하고 싶었으나 평소 가깝게 지내는 친구의 입장을 고려하여 꾹 참는다. 오늘 하루 여러 가지로 기분이 상한 것이 이유가 되었는지는 몰라도 하교 후 가족들과 저녁식사를 하다가 졸업 후 취업 이야기가 나오자, 걱정하시는 부모님에게 짜증을 느끼고 식사를 하는 둥 마는 둥 하고 자기 방으로 올라간다.'

위와 같은 일상사는 학생들에게 흔히 있을 수 있는 일이다. 그런데 이러한 이야기가 협상과 도대체 무슨 상관이 있을까 라고 의문을 제기할 수 있다. 이와 같은 의문에 답하기 전에 먼저 협상이 무엇인지를 정의할 필요가 있다. 협상이 무엇인가에 대해서는 여러 가지 정의가 있지만. 대체로 '상이한 의견 또는 견해를 가진 둘 이상의 이해관계당사자들이 상호의사교류를 통하여 문제점을 해결해가는 합의 과정'을 협상으로 보는 것이 정설이다.

그런데 협상이라는 용어는 우리 사회에 좋지 않은 뜻을 가진 용어로 잘못 이해되기도 한다. 협상은 은밀한 곳에서 이루어지는 거래이고, 협상 당사자들은 협상의 결과에 따라 영향을 받는 다른 이해관계당사자들의 이익을 무시한 채 협상에 직접적으로 참여하는 자신들의 이익만을 추구하는 비열한 행위로 간주되는 수가 많다. 그래서 흔히 밀실야합이라는 말이 생길 정도로 협상은 저속한 행위로 잘못 인식되기도 한다.

협상이 이와 같이 원래의 의미와 달리 때로는 잘못 인식되고 있는 배경에는 우리 사회에서 협상을 둘러싼 문화, 즉 협상문화가 아직 발달해 있지 않기 때문이다. 협상은 이해관계당사자들이 줄 것과 받을 것, 즉 급부와 반대급부를 결정하고 그 것을 합의해 나가는 명시적 계약 또는 암묵적 계약 과정임에도 불구하고, 수단과 방법을 가리지 않고 자신의 이익만을 챙기면 되는 것이 협상이라고 생각하는 사람들이 의외로 많다. 또 어렵게 협상이 이루어졌다고 하더라도 자신의 권리만을 챙기고 의무를 무시함으로써 상대방을 어려운 곤경에 빠뜨려도 별 문제가 될 것이 없다는 태도를 갖는 사람들도 적지 않다.

이처럼 협상에 대한 그릇된 인식으로 인하여 협상을 제로섬(zero-sum) 게임, 즉 어느 한 당사자가 이익을 보면 반드시 그만큼 다른 당사자는 손해를 입는 결과를 초래하는 게임으로 생각하기 때문에, 기를 쓰고 협상에서는 무조건 이겨야만 되는 것으로 생각하는 일도 다반사다. 그러나 협상의 본질은 먼저 의사교류를 통해서 상대방과 나와의 견해 차이를 파악하고, 양 당사자들이 서로 만족할 수 있는 결과를 도출하는 과정, 즉 윈-윈(win-win) 게임이다. 따라서 상대방을 기만하거나 비열한 방법을 이용해서 자신의 이익만을 추구하는 것은 협상이라고 할 수 없다.

서로 다른 이해관계당사자들 사이에 협상이 원만하게 이루어지기 위해서는 몇 가지 갖추어야 할 조건들이 있다. 아무런 준비도 없이 무턱대고 협상 테이블에 앉는다고 해서 협상이 순조롭게 타결되는 것은 아니다. 협상의 성격, 협상에 영향을 주는 여러 가지 요인들, 협상의 전략과 전술 등에 대한 이해와 준비가 있어야 비로소 협상을 성공적으로 할 수 있다. 앞에서 예를 든 공학도의 하루 일상이 협상과 어떤 관련이 있는지를 각자 생각해보도록 한다.

1.2 협상의 성격

협상의 성격은 협상의 결과는 물론 협상의 전략과 전술 등에 결정적인 영향을 줄 수 있다. 협상의 성격은 먼저 협상할 내용이 무엇인지에 따라서 달라진다. 협상의 결과로 명시적 계약을 체결하는 것인지, 아니면 암묵적 계약을 이끌어내는 것인지를 파악할 필요가 있다. 명시적 계약을 체결해야 할 협상이라면 법제도 등과 같이 문서화된 준거에 상당 부분 의존할 가능성이 있는 반면에, 암묵적 계약으로 협상이 이루어질 경우에는 관행이나 관습이 상대적으로 큰 역할을 할 소지가 크다.

그리고 협상의 성격이 한 번에 그칠 단발성인가, 아니년 앞으로 거듭해서 이루어질 반복적인가에 따라서도 다르게 된다. 한 번만 이루어질 협상인 경우에는 향후 협상의 당사자들이 다시 만나서 협상할 필요가 없기 때문에 당장의 이익에 대해서 관심이 클 수밖에 없는 반면에, 반복적 협상의 경우에는 긴 시간을 두고 협상하기 때문에, 비록 첫 번째 협상에서 당장의 이익이 만족할만한 수준이 아니더라도 이다음에 있을 협상에서 바라는 정도의 이익을 확보할 수 있다면 기꺼이 첫 번째 협상을 체결할 수도 있을 것이다.

또한 협상에서 다룰 내용이 한 가지인 경우, 즉 단일내용협상인가, 아니면 복수의 내용을 다루는 복수내용협상인가에 따라서도 협상의 성격은 달리 구분된다. 단일내용협상의 경우에는 한 가지 내용을 다루기 때문에 비교적 협상이 단순할 가능성이 크다. 이에 비하여 복수내용협상의 경우에는 여러 가지 내용들을 협상해야 하기 때문에 협상과정이 길고 복잡할 수 있다. 그렇다고 해서 복수내용협상에 비하여 단일내용협상이 반드시 쉽게 타결된다는 것을 의미하지는 않는다. 단일내용협상의 경우에는 오직 하나의 내용을 두고 협상당사자들이 협상하기 때문에, 서로 주고받고 할 수 있는 대안들이 없어서 때로는 복수내용협상에 비하여 타결이 어려워질 수도 있다.

이와 같이 협상의 성격이 어떠한가에 따라서 협상의 과정, 협상의 결과 등이 크게 달라질 수 있기 때문에 협상당사자들은 협상에 임하기 전에 먼저 협상의 성격을 제대로 파악하는 것이 대단히 중요하다.

1.3 협상에 영향을 주는 제요인

협상의 성격에 따라 조금씩 다르지만 협상에 영향을 주는 요인들은 대체로 정보(information), 힘(power), 시간(time), 조직의 성격, 협상당사자들의 관계, 협상의 전술과 전략 등이라고 할 수 있다. 앞서 살펴본 협상의 성격 그 자체도 협상에 영향을 주는 요인이라고 할 수 있다. 그리고 협상의 전술과 전략은 실제 협상에 있어 가장 중요한 수단이기 때문에 뒤에서 별도로 살펴보도록 한다.

먼저 협상에서 정보문제는 협상의 결과를 좌우할 수 있을 정도로 중요한 문제이다. 협상할 내용, 상대방의 성격과 태도, 나와 상대방이 가진 힘의 정도와 한계, 상대방이 구사할 것으로 보이는 전략과 전술, 협상의 성공 또는 실패로 나타나는 경우에 예견되는 상황 등에 대한 정보가 부족한 경우에는 자신에게 보다 유리한 방향으로 협상을 이끌어내기가 어렵다. 협상과 관련한 완전한 정보를 갖는다는 것은 현실적으로 거의 불가능한 일이지만, 정보를 충분히 확보하는 것은 협상에 따른 이득의 크기에 직결된다.

그런데 협상에 있어서 이와 같이 의미를 지니고 있는 정보를 어떻게 충분히 확보할 수 있는가 하는 것이 협상당사자들이 고민해야 할 문제이다. 협상과 관련이 있는 정보를 보다 정확히 그리고 많이 확보하는 것이 바람직하지만, 실제로는 그렇게 하는 것이 쉽지 않은 것이 사실이다. 일반적으로 정보를 수집하는 데는 많은 시간과 비용이 들기 때문에 무작정 많은 정보를 수집하는 것이 가능하지도 않을 뿐만 아니라, 때로는 바람직하지도 않다. 다른 대부분의 경제행위와 마찬가지로 정보를 수집하는데도 선택과 집중의 문제에 직면하게 된다. 따라서 협상에 있어서 우선적으로 중요한 정보가 무엇인지를 결정하고, 그러한 정보를 수집하기 위한 집중적인 노력을 기울여야 한다.

힘 역시 협상에 영향을 주는 중요한 요소이다. 협상당사자들이 가지는 힘은 여러 가지가 있다. 협상과 관련한 전문적인 지식, 전략과 전술에 대한 이해, 소속되어 있는 조직 자체가 갖는 힘과 지원, 제3자의 우호적 태도 등과 같은 주변 환경 등이 협상당사자들의 힘이라고 할 수 있다. 전문성이 결여된 피상적인 지식만을 갖춘 협상당사자들은 협상과 관련한 여러 가지 내용들을 정확히 파악할 수 있는 능력이 부족하기 때문에, 협상에서 불리한 입장에 놓일 수밖에 없다. 그리고 협상의 전략과 전술에 대한 이해 역시 협상당사자들이 반드시 지녀야 할 덕목으로서 실제 협상을 바라는 방향으로 유도할 수 있는 힘의 바탕이 된다. 또한 협상당사자가 소속되어 있는 조직이 상대방 조직에 비하여 어느 정도로 우월한 위치에 있느냐 하는 것과, 조직이 협상당사자에게 협상에 대한 권한을 얼마만큼 위임하고 지원하느냐 하는 것도 협상당사자가 갖는 힘의 크기를 결정한다. 뿐만 아니라 협상과는 직접적인 관계가 없는 제3자가 협상당사자 또는 조직에 대한 태도와 같이 협상을 둘러싼 주변 환경이 협상당사자에게 어느 정도로 호의적이냐 하는 것도 협상당사자의 힘과 관련이 있다.

시간 또한 협상에 큰 영향을 미칠 수 있는 요인들 가운데 하나이다. 대체로 협상이 늦게 타결되어도 별로 문제가 되지 않는 입장을 가진 측은 비교적 여유롭게 협상에 임함으로써 자신이 원하는 결과를 도출할 수 있을 때까지 느긋하게 기다릴 수가 있다. 그러나 어느 기일까지 협상이 타결되지 않으면 큰 손해를 볼 수밖에 없는 측은 상대적으로 많은 양보를 하고라도 조급히 협상을 타결할 가능성이 크다. 협상 타결에 시간적 여유가 있는 측은 상대방에 비하여 그만큼 힘이 있다고 할 수 있다. 따라서 시간에 여유를 두고 협상에 임할 수 있는 측은 협상 타결을 고의로 지연시켜 상대방을 초조하게 함으로써 협상이 자신에게 유리하도록 하는 전략 또는 전술을 쓰는 경우가 많다.

협상당사자가 속해 있는 조직이 어떤 성격을 갖고 있는 조직인가에 따라서도 협상에 달리 영향을 줄 수 있다. 이를테면 협상당사자가 속한 조직이 소규모 집단이냐 아니면 대규모 집단이냐에 따라서 협상이 달라질 수 있다. 소규모 집단 가운데서 특히 협상당사자가 바로 조직 그 자체인 경우, 즉 개인인 경우에는 협상에 있어서 모든 권한과 책임을 협상담당자가 지는 반면에, 조직이 대규모 집단인 경우에는 협상당사자가 협상에서 행사할 수 있는 권한과 책임은 제한적일 가능성이 크다. 그러나 경우에 따라서는 대규모 집단일수록 조직 자체가 가지는 힘 때문에 소규모 집단에 비하여 협상에 유리할 수도 있다.

그리고 협상당사자들의 관계도 협상에 영향을 미칠 수 있는 요인이 된다. 협상당사자들이 이번 협상뿐만 아니라 또 다른 협상에서 앞으로 계속해서 만나는 관계에서는 크게 중요하지 않은 사안에 대해서는 서로 양보하여 협상이 쉽게 타결될 공산이 크다. 반면에 협상당사자들이 다시는 협상에서 만날 일이 없는 경우에는 사소한 사안에 대해서도 자신들의 주장을 굽히지 않아 협상이 어렵게 될 수도 있다. 또한 협상당사자들이 서로 상대방에 대해서 신뢰와 존경을 갖고 있는 경우에는 그렇지 않은 경우보다 협상이 한층 순조롭게 타결될 수 있다. 서로에 대한 신뢰와 존경은 개인적인 친분이나 사회적 평판에 근거할 수도 있고, 아니면 이전의 협상에서 보여준 태도와 약속 이행의 정도 등에서 비롯될 수도 있다.

1.4 협상의 전략과 전술

협상에 영향을 미치는 요인들은 앞서 살펴본 바와 같이 다양하다. 그런데 기술적인 측면에서 어떤 협상당사자는 유능하다는 평가를 받는 반면에, 다른 협상당사자는 그렇지 않다는 평가를 받는 경우가 흔히 있다. 이와 같이 협상당사자의 능력에 대한 평가를 좌우하는 것 가운데 하나가 협상의 전략과 전술이다.

협상 전략이란, '협상당사자가 상대방 협상당사자의 행동을 염두에 두고 협상의 상황에 따라 협상 목표를 달성하기 위하여 가장 효과적인 것으로 판단되는 행동을 선택하고, 이러한 행동을 실행할 수 있는 가장 적절한 방법에 대한 계획'을 가리킨다. 환언하면 '자신과 상대방이 처한 환경을 이해하고 협상에서 있을 수 있는 상황 전개에 따라 효율적으로 대처함으로써 협상의 목표를 달성하기 위한 행동 계획 또는 밑그림'을 협상 전략이라고 할 수 있다.

협상 전략의 유형은 여러 가지가 있으나, 대체로 상대방의 양보 추구 전략, 상대방의 요구 수락 전략, 협의에 의한 해결 전략, 분쟁 회피 전략 등 4가지로 협상 유형이 구분되는 것이 보통이다. 물론 현실적으로는 이러한 4가지 유형들 이외에도 4가지 유형들 가운데 일부를 조합한 중간 형태의 유형들이 다수 있으나, 여기서는 4가지 유형들의 각각에 대해서 살펴보면 다음과 같다.

먼저 상대방의 양보 추구 전략은 이름 그대로 협상에 참여하는 상대방으로부터 양보를 얻는데 협상의 초점을 맞춘 전략을 가리킨다. 필요에 따라서는 자신도 일부 양보를 할 수도 있지만, 자신의 양보는 가급적 줄이고 상대방으로부터 최대한 양보를 얻어내려고 하는 전략이 상대방의 양보 추구 전략이다. 상대방의 양보 추구 전략은 양당사자들이 대화를 통하여 서로 이익이 될 수 있는 여지가 거의 존재하지 않고, 오직 상대방의 양보가 있어야만 자신의 이익이 실현될 수 있는 경우에 나타나기 쉬운 협상 전략이다. 상대방의 양보 추구 전략의 경우에는 협상당사자가 상대방의 입장을 배려하거나 이해하려고 하기 보다는 자신의 이익 또는 요구에 집착하는 경향이 있어 협상 태도가 경직적이고 협상 과정이 소모적일 가능성이 크다.

상대방의 요구 수락 전략은 상대방의 주장을 수용함으로써 자신의 이익을 확보하려는 전략이다. 얼핏 생각하면 이 전략은 자신에게 불리하고 상대방만을 이롭게 하는 전략이라고 보기 쉽다. 그러나 상대방이 무엇을 요구하는 경우에, 그것을 들어주지 않고 현상을 유지하려고만 한다면 현상유지에 소요되는 비용이 상당히 수반되는 것이 보통이다. 이때 현상유지에 소요되는 비용이 상대방의 요구를 수용함으로써 잃게 되는 이익보다 더 크다면, 상대방의 요구를 수용하는 것이 경제적일 수 있다. 상대방의 요구 수락 전략은 이름 그대로 상대방의 요구를 수용하는 것이기 때문에, 협상이 초기에 타결되거나 아니면 협상 자체가 아예 이루어지지 않을 공산이 크다.

협의에 의한 해결 전략은 상대방과 더불어 협상 타결에 장애가 되는 문제들을 해결하기 위하여 서로 협조함으로써 협상 타결을 이끄는 전략이다. 협의에 의한 해결 전략은 상대방의 양보 추구 전략과 더불어 실제 협상에서 빈번히 이용되는 전략이다. 협의에 의한 해결 전략은 협상 타결에 장애가 되는 문제들을 해결할 수 있는 대안을 모색하기 위하여 쌍방이 공동으로 노력한다. 협의에 의한 해결 전략을 갖는 협상당사자는 협상에서 자신과 상대방의 차이를 인정하고 상대방의 주장을 이해하기 위하여 노력하는 태도를 갖는다. 그리고 각자 자신이 원하는 것과 원하지 않는 것이 무엇인지를 솔직히 밝히고 서로에게 이익이 될 수 있는 해결 방안을 적극적으로 모색한다.

분쟁 회피 전략은 상대방의 요구에 대응하는 경우에 발생할 수 있는 분쟁을 회피하기 위하여 수립하는 전략을 가리킨다. 분쟁 회피 전략의 하나로서 아예 상대방의 요구를 무시하는 방법도 있다. 그런데 이와 같이 분쟁을 회피하기 위하여 상대방의 요구를 무시하는 전략은 때로는 상대방의 반발을 불러 일으켜 더 큰 분쟁을 유발시킬 수도 있다. 분쟁 회피 전략은 상대방의 요구 수락 전략과 마찬가지로 협상이 제대로 이루어지기 어렵다고 할 수 있다.

협상 전략은 이와 같이 4가지 유형들 또는 이러한 유형들의 조합으로 나타날 수 있는 유형들에 따라 구분할 수 있는 것과는 약간 달리, SWOT분석에 기초한 협상 전략으로 나눌 수도 있다. 당사자가 가진 두 가지 내부환경요인 Strength(강점)와 Weakness(약점), 그리고 당사자가 처해 있는 두 가지 외부환경요인 Opportunity(기회)와 Threat(위협)에서 내부환경요인 한 가지와 외부환경요인 한 가지로 이루어진 4종류의 짝, 즉 SO 전략(exploit 전략), ST 전략(confront 전략), WO 전략(search 전략), WT 전략(avoid 전략)으로 협상 전략을 구분하기도 한다.

장기적이면서 포괄적인 성격을 갖는 협상 전략을 뒷받침하는 개념인 협상 전술은 단기적이면서 구체적인 상황에 따라서 대응하는 방법을 가리킨다고 할 수 있다. 협상 전략이 상위의 개념이라면 협상 전술은 하위의 개념이다. 따라서 어떤 협상 전략이 수립되었느냐에 따라 협상 전술도 달라지는 것이 보통이다.

협상 전술은 그 종류가 대단히 많아서 일일이 거론하기가 힘들 정도이다. 왜냐하면 협상 전술은 협상 전략에 따라서 다를 뿐만 아니라, 구체적인 협상의 상황에 따라서도 다르기 때문이다. 협상 전략들 가운데 상대방의 양보 추구 전략과 협의에 의한 해결 전략이 실제 협상에서 중요한 위치를 차지한다는 것을 앞에서 언급하였다. 이 두 가지 협상 전략에 초점을 맞추어서 협상 전술을 살펴보면 다음과 같다.

상대방의 양보 추구 전략에서 흔히 사용되는 협상 전술은 일방향 협상 전술인 반면에, 협의에 의한 해결 전략에 주로 구사되는 협상 전술은 쌍방향 협상 전술이다. 일방향 협상 전술은 상대방으로부터 협상에 관한 정보 등을 일방적으로 파악하여 협상이 자신에게 유리한 방향으로 이루어지도록 하는 협상 전술을 가리킨다. 일방향 협상 전술은 상대방이 협상에서 무엇을 얻기를 원하는지, 어떤 협상 전략을 구사할 것인지, 그리고 협상과 관련하여 상대방이 나에 대해서 알고 있는 정보를 어떻게 역으로 이용할 것인지에 관한 협상 전술이다. 또한 협상 결과에 대하여 상대방이 큰 기대치를 갖지 않도록 하는 한편, 협상에 지출하게 되는 상대방의 비용을 증대시킴으로써, 결과적으로 상대방의 양보를 쉽게 이끌어내도록 하는 것도 일방향 협상 전술이다.

쌍방향 협상 전술은 협상 타결에 장애가 되는 요인들을 제거하기 위하여 양당사자들이 협의하는 협상 전술을 가리킨다. 쌍방향 협상 전술은 양당사자들이 협상 타결을 가로막고 있는 문제점을 극복하기 위한 전술이기 때문에, 협상에서 상대방이 무엇을 원하는지 등을 파악하기 위하여 정보를 교환하고, 공동의 이익이 될 수 있는 분야가 어떤 것인지 등을 알아내고자 하는 협상 전술이다. 일방향 협상 전술과는 달리 쌍방향 협상 전술에서는 자신의 협상 태도나 상황에 대한 그릇된 인식이 협상 타결에 장애가 된다고 판단되면, 경우에 따라서는 자신의 태도나 인식을 바꿈으로써 협상이 타결될 수 있도록 노력하기도 한다.

협상 전술은 전술에 이용되는 주된 수단이 무엇인가에 따라서 의사소통(communication) 전술, 행위(behaviour) 전술, 환경(environment) 전술 등으로 구분되기도 한다. 의사소통 전술은 상대방과의 협상에서 어떤 방식으로 대화를 하는가에 관한 협상 전술이다. 행위 전술은 협상에 임하는 자세나 태도가 전술에 중요한 수단으로 이용되는 전술을 가리킨다. 그리고 환경 전술은 협상이 이루어지는 장소와 실내 분위기 등과 같은 협상의 주변 여건을 전술에 활용하는 협상 전술을 말한다.

제2절 게임

2.1 게임과 게임이론

앞에서 '상이한 의견 또는 견해를 가진 둘 이상의 이해관계당사자들이 상호의사교류를 통하여 문제점을 해결해가는 합의 과정'인 협상에 대하여 여러 가지를 살펴보았다. 그리고 협상에서 사용되는 협상 전략과 협상 전술이 어떤 것인지를 간략히 조명하였다. 그런데 그와 같은 협상 전략과 협상 전술이 주먹구구식으로 만들어져 실행되어서는 곤란하다. 협상 전략과 협상 전술이 효과를 보기 위해서는 나름대로 법칙과 요령이 필요하다.

게임이론(game theory)은 게임이라고 하는 상황에 참여하고 있는 당사자들이 서로 어떻게 연관되어 있는지를 체계적으로 설명하는 이론이다. 앞서 살펴본 협상 전략과 협상 전술도 게임이론으로 설명이 가능하다. 게임이론은 1940년대에 처음 나왔지만, 한동안 경제현상을 설명하는 유용한 이론으로 간주되지 못했다. 그러나 1970년대 이후 정보가 경제의 중요한 분야로 인식되기 시작하면서 게임이론이 크게 각광받고 있다. 게임이론은 사회과학 중에서 경제학 분야에 두드러지게 이용되고 있는 이론이지만, 정치학, 사회학 등 다른 사회과학 분야들에서도 폭넓게 이용되고 있다.

기술개발, 기술도입, 조직의 관리 등에서 엔지니어들 사이, 엔지니어와 관련자 사이에 여러 가지 형태와 방법으로 관계가 형성되고, 또한 그와 같은 관계에서 알게 모르게 게임이 이루어지는 경우가 대단히 많다. 따라서 경제성공학을 공부하는 미래의 엔지니어들은 적어도 게임이론에 관한 기초적인 내용을 알아둠으로써 학문적인 폭을 넓힐 수 있다.

일반인들은 게임을 흔히 바둑, 장기를 비롯한 오락 정도로 인식하고 있다. 최근에는 컴퓨터 프로그램의 발전으로 게임이라고 하면 각종 컴퓨터 오락게임을 게임으로 생각하는 사람들이 많다. 그러나 전쟁, 정당간의 정쟁, 노사갈등, 조직 구성원들 사이의 갈등 등을 비롯하여 우리 주변에 발생하는 수많은 일들이 사실상 게임이라고 할 수 있다. 게임을 연구하는 학자들은 이 세상에서 일어나는 일들 가운데 게임이 아닌 것은 하나도 없다는 주장을 하기도 한다.

그렇다면 게임은 도대체 무엇을 가리키는가? 둘 이상의 사람들 사이에 발생하는 의사결정 문제를 게임으로 정의하는 것이 보통이다. 부언하면 어떤 형태로든지 서로 관련이 있는 사람들 사이에서 경쟁적으로 각자 자신의 이익을 추구하지만, 자신의 행위뿐만 아니라 상대방의 행위에 따라서도 그 이익의 크기가 달라질 수 있는 상황에서의 의사결정 문제를 게임이라고 한다. 게임이 이루어지기 위해서는 필요한 구성 요소들이 있다. 경기자(players), 전략(strategies), 그리고 보수(payoff) 등을 게임의 구성 요소들이라고 한다. 때로는 정보(information)와 균형(equilibrium)도 게임의 구성 요소로 간주된다. 게임은 바로 이러한 구성 요소들이 서로 어떻게 나타나느냐에 따라서 달라진다.

2.2 게임의 종류

게임의 종류는 현실에서 셀 수 없이 많다. 그런데 정보와 관련하여 게임의 종류를 나누면 완전정보 게임(complete information game)과 불완전정보 게임(incomplete information game)으로 게임이 크게 구분된다. 그리고 시간과 관련하여 게임에 참가하는 경기자들이 동시에 움직이느냐 아니면 순차적으로 움직이느냐에 따라서 각각 정적 게임(static game)과 동적 게임(dynamic game)으로 게임의 종류가 나누어진다. 이외에도 정보의 성격에 따라 게임은 여러 가지로 구분되지만 여기에서는 완전정보 게임, 불완전정보 게임, 정적 게임, 그리고 동적 게임에 대해서 간단히 알아보도록 한다.

그런데 정보와 시간 두 측면은 게임에서 서로 별개로 나타나는 것이 아니라, 함께 어우러져 게임의 성격을 규정짓고 있다. 즉 완전정보와 불완전정보 가운데 한 가지와, 정적인 시간과 동적인 시간 가운데 한 가지가 서로 짝을 이루어 서로 다른 종류의 게임을 나타낸다. 따라서 완전정보와 정적 시간으로 이루어진 게임을 완전정보정적 게임(static game of complete information)이라고 하고, 완전정보와 동적 시간으로 이루어진 게임을 완전정보동적 게임(dynamic game of complete information)이라고 한다. 그리고 불완전정보와 정적 시간으로 짝을 이룬 게임을 불완전정보정적 게임(static game of incomplete information), 그리고 불완전정보와 동적 시간으로 짝을 이룬 게임을 불완전정보동적 게임(dynamic game of incomplete information)이라고 한다.

게임에서 완전정보란, 게임에 참가하는 경기자들이 선택하는 행위의 조합에 의하여 결과적으로 나타나는 각 경기자의 보수에 대하여 경기자들이 모두 알고 있다는 것을 말한다. 이에 비하여 불완전정보란, 적어도 어느 한 경기자는 게임의 결과로 나타나는 상대방의 보수에 대한 정보가 불완전하다는 것을 가리킨다.

게임의 종류를 이와 같이 정보와 시간의 측면에서 구분하는 방법이 일반적이지만, 게임이론을 처음 공부하는 학생들은 이러한 종류의 게임들을 이해하는 것이 쉽지 않다. 따라서 이하에서는 간단한 보기들을 통해서 게임에서 이용되는 용어와 게임의 특성 등을 살펴보도록 한다.

2.3 지배적 전략 균형과 내쉬 균형

시장에서 경쟁관계에 있는 A, B 두 기업이 기술개발을 통하여 각자의 이익을 극대화한다고 가정해보자. A 기업은 a_1, a_2 두 종류의 기술개발 전략을, 그리고 B 기업은 b_1, b_2 종류의 기술개발 전략을 갖고 있다고 해보자. 여기에서 a_1, b_1은 각각 a_2, b_2에 비하여 기술개발에 투입되는 비용이 적게 드는 기술전략이라고 가정해보자. 이와 같은 경우에 게임의 보수행렬(payoff matrix)은 <표 8-1>과 같다.

(,) 속의 숫자는 순서대로 기업 A의 보수와 기업 B의 보수를 가리킨다. <표 8-1>의 게임은 완전정보정적 게임이다. 즉 게임의 결과로 나타나는 각 경기자의 보수에 대하여 경기자들이 모두 알고 있으며, 두 경기자들 가운데 어느 한 경기자가 먼저 행동하고 난 후에 다른 경기자가 행동하는 것이 아니라 두 경기자가

| 표 8-1 | 기술개발게임의 보수행렬

기업 B / 기업 A	전략 b_1 (적은 기술개발비)	전략 b_2 (많은 기술개발비)
전략 a_1(적은 기술개발비)	(3, 3)	(2, 10)
전략 a_2(많은 기술개발비)	(10, 1)	(8, 8)

동시에 행동하는 게임이다. 두 경기자는 각자 자신과 상대방이 어떤 전략을 택하여 실행하느냐에 따라 변하게 되는 자신의 보수와 상대방의 보수를 알고 있다.

이와 같은 상황에서 두 경기자들이 어떻게 생각하고 행동하는지를 살펴보자. 먼저 기업 A의 입장에서 어떤 전략을 선택하는 것이 좋을지를 생각해보자. 기업 A는 자신이 선택하는 전략뿐만 아니라 기업 B가 선택하는 전략에 따라서도 자신의 보수가 달라진다는 사실을 알고 있다. 만일 기업 B가 전략 b_1을 선택한다고 가정하는 경우에 기업 A는 전략 a_1보다는 전략 a_2를 선택하는 것이 기업 A의 보수가 더 크게 되므로 전략 A를 선택하게 된다. 그리고 기업 B가 전략 b_2를 선택한다고 가정하는 경우에도 기업 A는 전략 a_1보다는 전략 a_2를 선택하는 것이 더 낫다. 이러한 사실에서 알 수 있는 바와 같이 <표 8-1>과 같은 게임에서 기업 B가 전략 b_1과 전략 b_2 가운데 어떤 것을 선택하더라도 기업 A는 전략 a_2를 선택하는 것이 더 이득이 된다.

이처럼 상대방이 선택할 전략에 상관없이 자신에게 가장 유리한 전략이 존재하는 경우에 그와 같은 유리한 전략을 지배적 전략(dominant strategy)이라고 한다. A 기업의 지배적 전략은 a_2이다. 이제 기업 B의 입장에서 어떤 전략이 바람직할 것인지를 살펴보자. 기업 B의 경우에도 기업 A의 전략에 상관없이 전략 b_2를 선택하는 것이 유리하다는 것을 알 수 있다. 따라서 기업 B 역시 지배적 전략이 있게 되고, 전략 b_2가 바로 그러한 지배적 전략이 된다. 결국 기업 A는 전략 a_2를, 그리고 기업 B는 전략 b_2를 선택하게 된다. <표 8-1>의 게임에서는 경기자들이 모두 지배적 전략을 선택하는 결과, 즉 지배적 전략 균형(dominant strategy equilibrium)이 존재한다. 게임에서 균형이라고 하는 것은 경기자들이 선택한 전략들의 조합을 가리킨다.

지배적 전략 균형의 또 다른 예를 살펴보자. <표 8-2>의 게임은 용의자의 딜레마(prisoner's dilemma)로 알려져 있는 게임이다. 어떤 범죄를 공동으로 저지른

| 표 8-2 | 용의자 딜레마 게임의 보수행렬

B / A	전략 b_1(부인)	전략 b_2(자백)
전략 a_1(부인)	(−2, −2)	(−10, −1)
전략 a_2(자백)	(−1, −10)	(−5, −5)

용의자 A, B가 검찰청에서 조사를 받는다고 해보자. 이때 검사는 두 용의자가 범죄를 저지른 것으로 심증은 가지만, 물증은 갖고 있지 않다. 따라서 검사는 두 용의자로부터 자백을 받을 수 있는 방법을 모색하게 된다. 그래서 두 용의자에게 <표 8-2>와 같은 제안을 한다고 해보자. 즉 두 용의자 모두 범죄를 부인하면 검사는 이들에게 각각 2년의 징역을, 그리고 모두 자백하면 각각 5년의 징역을 구형한다. 만일 어느 한 용의자가 부인하고, 다른 용의자가 자백하면 각각 10년, 1년의 징역을 구형한다. 단 두 용의자는 격리되어 있어서 서로 대화하지 못하게 되어 있다.

이와 같은 경우에 A, B 두 용의자는 심각한 딜레마에 빠지게 된다. 전체로서 두 용의자에게 가장 좋은 결과는 전략 a_1, 전략 b_1을 선택함으로써 각자 징역 2년을 구형받는 것이다. 즉 두 용의자가 서로 협력하는 경우에는 검사에게 혐의 사실을 부인함으로써 두 용의자들에게 구형될 형량의 합계를 최소화할 수 있다. 그러나 문제는 공범인 상대방 용의자가 끝까지 혐의 사실을 부인할 것이라는 것을 믿을 수 없다는 점이다. 만일 자신은 끝까지 혐의 사실을 부인하지만, 상대방 용의자가 혐의 사실을 자백하는 경우에는 자신에게 10년이라고 하는 긴 형량이 내려질 수 있다. 따라서 전략 a_1과 전략 b_1의 조합이 전체로서 가장 좋은 조합이라는 것을 알면서도, 상대방 용의자에 대한 의구심 때문에 전략 a_2와 전략 b_2의 조합이 게임의 결과로 나타나게 된다. 즉 검사는 용의자들의 이와 같은 심리를 이용하여 용의자들이 범죄 사실을 자백하도록 유도할 수 있게 된다.

<표 8-2>의 게임을 자세히 살펴보면 다음과 같다. 용의자 A의 입장에서 보면, 용의자 B가 전략 b_1을 선택한다고 가정하는 경우에 두 용의자가 서로 협조할 것이라는 신념이 없으면, 용의자 A는 전략 a_1보다는 전략 a_2를 선택하게 된다. 그리고 용의자 B가 전략 b_2를 선택한다고 가정하는 경우에도 자신은 전략 a_2를 선택하는 것이 유리하다. 즉 용의자 A에게는 전략 a_2가 지배적 전략이 된다. 마찬

가지로 용의자 B도 전략 b_2를 지배적 전략으로 갖게 된다. 따라서 <표 8-2>의 게임은 지배적 전략 균형이 존재하고, 그 균형은 전략 a_2와 전략 b_2의 조합이다.

그러나 <표 8-1> 및 <표 8-2>의 경우와는 달리 경기자들 가운데 어느 하나라도 지배적 전략이 없는 게임에서는 지배적 전략 균형은 존재하지 않는다. 게임에서 지배적 전략 균형이 존재하는 경우는 흔하지 않다. 지배적 전략 균형의 개념보다 약간 약한 개념의 균형 가운데 하나가 내쉬 균형(Nash equilibrium)이다. 내쉬 균형은 각 경기자가 상대방의 최적 전략에 대응하여 자신의 최적 전략을 수립할 때, 이러한 최적 전략들의 조합을 가리킨다. 내쉬 균형에서의 최적 전략은 상대방이 어떤 전략을 선택하더라도 자신에게 유리한 전략이 변함없이 존재하는 지배적 전략과는 달리, 상대방이 선택할 것으로 기대되는 상대방의 최적 전략에 대해서 자신이 가장 유리할 것으로 보는 자신의 최적 전략을 가리킨다.

내쉬 균형을 알아보기 위해서 <표 8-3>의 광고 게임을 살펴보자. A, B 두 기업은 시장에서 동일한 종류의 제품을 생산하여 판매하고 있다. 경쟁관계에 있는 두 기업은 이익을 증대시키기 위하여 광고에 적지 않은 비용을 지출하고 있다. A, B 두 기업이 광고와 관련하여 사용할 수 있는 전략들은 각각 전략 a_1과 a_2, b_1과 b_2이다. 기업 A의 입장에서 보면, B 기업이 전략 b_1을 선택한다고 가정하는 경우에는 전략 a_1을, 그리고 B 기업이 전략 b_2를 선택한다고 가정하는 경우에는 전략 a_2를 선택하는 것이 좋다.

A 기업은 B 기업이 선택하는 전략에 따라 자신의 전략도 달라지므로 지배적 전략은 존재하지 않는다. B 기업의 입장에서 보면, A 기업이 전략 a_1을 선택하면 전략 b_1을, 그리고 전략 a_2를 선택하면 전략 b_2를 선택하는 것이 좋다. B 기업 역시 지배적 전략은 존재하지 않는다. 따라서 <표 8-3>의 광고 게임에서는 지배적 전략 균형이 없다.

표 8-3 광고 게임의 보수행렬

A \ B	전략 b_1(많은 광고비)	전략 b_2(적은 광고비)
전략 a_1(많은 광고비)	(8, 6)	(3, 2)
전략 a_2(적은 광고비)	(2, 3)	(6, 8)

<표 8-3>에서는 지배적 전략 균형은 존재하지 않지만 상대방의 최적 전략과 이에 대응하는 자신의 최적 전략으로 이루어진 조합, 즉 내쉬 균형은 존재한다. A 경기자가 선택하는 것으로 가정하는 어떤 전략에 B 경기자가 최적의 전략을 선택하는 경우에, 역으로 B 경기자가 선택한 최적의 전략에 A 경기자가 대응하는 최적의 전략이 원래 A 경기자가 선택하는 것으로 가정한 전략과 일치하는 것을 내쉬 균형이라고 한다. 게임에서는 하나 또는 둘 이상의 내쉬 균형이 존재할 수 있는데, <표 8-3>의 광고 게임에서는 (전략 a_1, 전략 b_1)의 조합과 (전략 a_2, 전략 b_2)의 조합 2개의 내쉬 균형이 된다.

앞서 언급한 바와 같이 내쉬 균형은 지배적 전략 균형보다는 약한 개념이다. 즉 지배적 전략 균형은 모두 내쉬 균형이 되지만, 그 역은 반드시는 성립하지 않는다. <표 8-1>과 <표 8-2>의 게임에서 나타난 지배적 전략 균형은 모두 내쉬 균형이지만, <표 8-3>의 내쉬 균형은 지배적 전략 균형이 아님을 알 수 있다. 참고로 게임에서 반드시 지배적 전략 균형이나 내쉬 균형이 존재하는 것은 아니다. 게임에 따라서는 지배적 전략 균형과 내쉬 균형을 포함해서 균형이 아예 없는 경우도 많다.

2.4 여러 가지 게임

앞에서 살펴본 게임들은 완전정보정적 게임들이다. 이하에서 완전정보정적 게임의 예를 몇 가지 더 살펴보면 다음과 같다. <표 8-4>는 2차 세계대전 당시 Bismarck Sea 전투에서 미군과 일본군 사이에서 실제 발생했던 일을 간단히 요약한 것이다. 학생들은 <표 8-4>의 게임에서 균형이 있는지 없는지, 그리고 균형이 있다면 그것은 어떤 균형인지를 살펴보기 바란다.

표 8-4 Bismarck Sea 게임의 보수행렬

일본군 / 미군	전략 b_1(북쪽 항로)	전략 b_2(남쪽 항로)
전략 a_1(북쪽 항로)	(5, −5)	(5, −5)
전략 a_2(남쪽 항로)	(1, −1)	(7, −7)

<표 8-5>는 돼지우리 게임의 보수행렬을 나타내고 있다. 두 마리의 돼지가 한 우리에서 사육되고 있는데, 먹이인 사료는 돼지가 밟아야만 나오게 되어 있다. 그런데 밟는 지점과 사료가 나오는 지점은 우리 안에서 별도로 설치되어 있어서 각 돼지는 가능하다면 밟는 것은 다른 돼지가 해주고, 자신은 사료가 나오는 지점에 대기하여 많은 먹이를 얻고자 한다. 그렇다고 해서 아무도 밟지 않으면 사료가 나오지 않으므로 두 가지 전략, 즉 밟기와 대기 가운데 어느 하나를 잘 선택해야 한다. 이러한 돼지우리 게임에서 얻을 수 있는 균형은 어떤 것일까?

| 표 8-5 | 돼지우리 게임의 보수행렬

돼지 A \ 돼지 B	전략 b_1(밟기)	전략 b_2(대기)
전략 a_1(밟기)	(10, 2)	(8, 8)
전략 a_2(대기)	(18, −2)	(0, 0)

<표 8-6>은 겁쟁이 게임(chicken game)의 보수행렬이다. A, B 두 사람은 도로 한 가운데에서 오토바이를 타고 빠른 속도로 상대방 쪽으로 달려가고 있다. 그런데 두 사람이 현재처럼 그대로 직진하면 충돌하여 사고로 이어진다. 사고를 막으려면 적어도 두 사람 가운데 한 사람은 도로 가장자리로 약간 우회하여야 한다. 그러나 도로 가장자리로 비키면 평소 용감하다고 생각하는 A, B 두 사람은 모두 자존심에 상처를 입는다. 사고는 피하고 싶지만 겁쟁이라는 소리도 듣고 싶지 않은 두 사람이 벌이는 게임은 어떤 결과를 가져다줄까?

| 표 8-6 | 겁쟁이 게임의 보수행렬

A \ B	전략 b_1(직진)	전략 b_2(우회)
전략 a_1(직진)	(−6, −6)	(4, 0)
전략 a_2(직진)	(0, 4)	(2, 2)

<표 8-7>은 남녀 사이의 데이트 게임의 보수행렬을 나타내고 있다. 연인 사이인 두 남녀는 함께 데이트를 하고 싶지만 데이트 장소에 대해서는 서로 다른

생각을 갖고 있다. 남자는 영화관보다는 권투장을 선호하는 반면에, 여자는 권투장보다는 영화관을 더 좋아하고 있다. 이와 같은 게임에서 결과는 어떻게 나타날까?

| 표 8-7 | 데이트 게임의 보수행렬

남자 \ 여자	전략 b_1(권투장)	전략 b_2(영화관)
전략 a_1(권투장)	(4, 2)	(−2, −2)
전략 a_2(영화관)	(−7, −7)	(2, 4)

2.5 순차적 게임

지금까지 예를 들어 살펴본 게임들은 모두 완전정보정적 게임들이다. 즉 두 경기자들이 선택하는 전략들의 조합으로 나타날 보수행렬의 값에 대해서 완전한 정보를 갖고 있으며, 두 경기자들이 시간적으로 동시에 행동하는 게임에 대해서 살펴보았다. 이하에서는 두 경기자들 가운데 어느 한 경기자가 먼저 행동을 한 후에 다른 경기자가 행동을 하는 게임, 즉 순차적 게임(sequential game)을 살펴보도록 한다. 그러나 전략들의 조합으로 나타날 보수행렬의 값에 대해서는 앞에서와 마찬가지로 두 경기자들이 완전한 정보를 갖는다고 가정한다.

<표 8-8>은 경기자 A가 전략 a_1과 전략 a_2 가운데 어느 하나를 먼저 선택한 다음에, 경기자 B가 전략 b_1과 전략 b_2 중에서 하나를 선택하는 순차적 게임의 보수행렬을 나타내고 있다. 만일 <표 8-8>이 순차적 게임이 아니라, 앞에서 살펴본 게임들과 같이 경기자 A, B가 동시에 행동하는 게임이라면 (전략 a_1, 전략 b_1)의 조합과 (전략 a_2, 전략 b_2)의 조합이 내쉬 균형이 된다. 그러나 경기자 A가 먼저 전략을 선택하는 행동을 하고, 뒤이어 경기자 B가 경기자 A가 선택한 전략에 대응하여 자신의 전략을 선택하는 순차적 게임에서는 균형이 달라질 수 있다.

표 8-8 순차적 게임의 보수행렬

B / A	전략 b_1	전략 b_2
전략 a_1	(4, 8)	(6, 3)
전략 a_2	(1, 2)	(7, 4)

이를 자세히 살펴보기 위하여 [그림 8-1]과 같이 게임 나무(game tree)를 이용하여 <표 8-8>의 순차적 게임을 전개형으로 나타내면 다음과 같다.

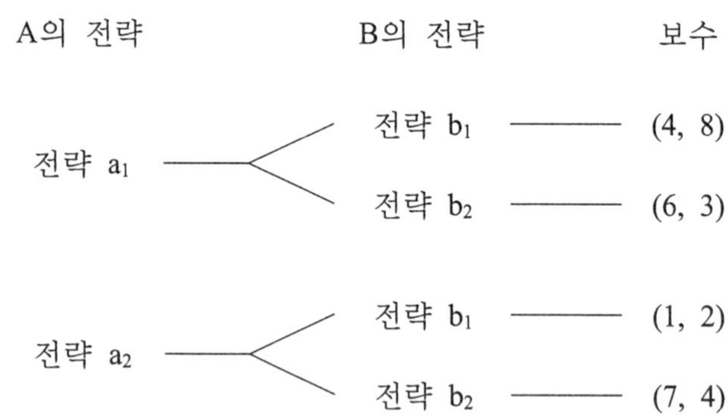

그림 8-1 순차적 게임의 전개형

이제 경기자 A의 입장에서 위의 순차적 게임을 생각해보자. 경기자 A는 자신이 먼저 행동한다는 것을 알고 있고, 또 자신이 선택하는 전략에 따라 경기자 B가 경기자 B에게 유리한 전략을 선택하는 행동을 할 것을 알고 있다 따라서 경기자 A는 전략 a_1과 전략 a_2 가운데 어떤 것을 선택해야 최종적으로 자신에게 가장 유리한 결과, 즉 보수를 얻을 수 있는지를 생각하게 된다. 먼저 전략 a_1을 경기자 A가 선택한다고 가정해보자. 그렇게 되면 경기자 B는 자신의 보수가 8이 되도록 전략 b_1을 선택한다. 이 경우 경기자 A가 게임의 결과로 얻을 수 있는 보수는 4가 된다. 이제 경기자 A가 처음에 전략 a_2를 선택한다고 가정해보자. 이 때는 경기자 B가 전략 b_2를 선택하므로 경기자 A와 경기자 B는 각각 7, 4를 보수로 갖는다. 이와 같이 경기자 A는 처음에 전략 a_1을 선택할 때는 보수가 4, 전략 a_2를 선택할 때는 보수가 7이 된다는 것을 알고 있으므로, 전략 a_2를 처음에 선택함으로써 자신의 보수를 극대화하려고 한다. 따라서 이러한 순차적 게임에서는 (전략 a_2, 전략 b_2)의 조합만이 게임의 균형이 된다.

그런데 경기자 B의 입장에서 보면, 이러한 게임의 결과는 심히 못마땅할 수 있다. 만일 (전략 a_1, 전략 b_1)이 게임의 균형이 될 수 있으면, 경기자 B의 보수가 8이 된다는 사실을 알고 있는 경기자 B는 위의 게임의 결과가 만족스럽지 않다고 할 수 있다. 경기자 A가 먼저 행동하는 것은 어떻게 할 수가 없다고 하더라도, 위와 같은 게임의 결과가 나타나지 않도록 경기자 B가 할 수 있는 방법은 전혀 없을까? 만일 경기자 A가 처음에 어떤 전략을 선택하든지 상관없이 경기자 B는 무조건 전략 b_1을 선택할 것이라고 경기자 A에게 위협한다고 해보자. 만일 경기자 B의 위협이 경기자 A에게 먹혀든다면 경기자 A는 앞에서와는 달리 처음에 전략 a_2를 선택하지 않고 전략 a_1을 선택할 가능성이 충분히 있다. 왜냐하면 경기자 A가 보수 7을 기대하고 전략 a_2를 선택하는 경우에 경기자 B가 전략 b_2를 선택하지 않고, 위협한 것과 같이 전략 a_1을 선택함으로써 일종의 자해행위를 하면, 경기자 A에게 돌아오는 보수는 1에 그치기 때문이다.

경기자 B가 경기자 A에게 행하는 위협이 실제 일어날 수 있느냐, 그리고 그러한 위협을 경기자 A가 어떻게 받아들이느냐에 따라서 실제 게임의 결과는 여러 가지로 나타날 수 있다. 만일 두 경기자 사이에 과거에도 이와 유사한 게임이 있었다면, 경기자 B의 위협행동에 대한 경기자 A의 판단은 과거에 경기자 B가 어떤 방식으로 행동했는지 등에 대한 정보를 참고로 하여 경기자 B의 위협행동에 대처할 것이다. 경기자 B의 입장에서 보면, 자신의 위협적인 행동이 (참 의도는 그렇지 않다고 하더라도)사실이 분명 사실일 것이라는 것을 여러 가지 제스처(때로는 과장된 행위 포함)를 통하여 경기자 A에게 주입시킴으로써 협상력을 높여 자신이 원하는 결과를 얻고자 노력할 것이다.

제3절 불확실성과 의사결정

3.1 불확실성

우리가 살아가고 있는 세계는 시시각각 변하고 있다. 그리고 그러한 변화

속에서 사람들은 각자 나름대로의 방식으로 일상생활을 영위하고 있다. 변화에 별로 상관없이 과거에 하던 방식대로 살아가는 사람들이 있는가 하면, 변화에 대한 예측을 통하여 과거와는 다른 새로운 방식으로 여러 가지 문제들을 해결하면서 살아가려고 노력하는 사람들도 있다.

변화에 대한 예측이 어느 정도 가능하다면, 변화와는 상관없이 이전과 똑같이 살아가는 방식보다는 분명 여러 가지 유리한 점이 있다. 문제는 그와 같은 예측을 어떻게 하느냐 하는 점이다. 하나의 예를 들어보자. 공사 현장에서 중요한 일을 수행하고 있는 어떤 엔지니어를 생각해보자. 만일 날씨가 현장에서 수행하는 일에 큰 영향을 미치는 경우에, 이 엔지니어는 어떻게 내일의 날씨를 예측하여 공사 일정을 관리할 수 있을까?

첫 번째, 생각해볼 수 있는 예측 방법은 오늘 발표된 기상청의 일기예보를 무조건 신뢰하고, 거기에 맞추어서 공사 일정을 관리하는 것이다. 두 번째 예측방법은 과거의 일기기록에 의존하는 것이다. 예를 들면, 오늘을 포함해서 과거 한 달 동안 내내 비가 왔다면, 내일도 당연히 비가 올 것으로 예측하는 것이다. 반대로 과거 한 달 동안 전혀 비가 오지 않았다면, 내일도 비가 오지 않는다고 보는 것이다. 만일 과거 한 달 동안 비가 온 날짜수와 비가 오지 않은 날짜수가 반반이라면, 내일 비가 올 확률은 50%로 보는 방법이다. 세 번째 예측방법은 첫 번째 예측방법에서 사용된 기상청의 일기예보 자료와 두 번째 예측방법에서 사용된 과거의 일기자료를 참고할 뿐만 아니라, 일기예측과 관련하여 자신이 얻을 수 있는 모든 자료들을 종합하여 엄밀한 확률계산에 기초한 일기예측을 하는 것이다.

이와 같은 세 가지 예측방법 가운데 물론 가장 이상적인 것은 세 번째 예측방법이다. 합리적 예측방법으로 알려진 세 번째 예측방법이 가장 바람직한 예측방법이기는 하지만, 첫 번째 또는 두 번째 예측방법에 의존하는 사람들이 의외로 많은데 그 이유는 무엇일까? 여러 가지 이유 가운데 하나는 우선 예측의 중요성을 깊게 생각하지 않고 누군가의 예측을 그대로 받아들이거나 또는 지금까지 과거의 경험적 사실에 모든 것을 의존하는 안이한 태도 때문일 수 있다. 또 다른 이유로는 비록 예측의 중요성을 인식은 하고 있지만, 정밀한 예측에 필요한 정보를 얻는데 많은 비용과 시간이 들기 때문에 편익-비용 측면에서 볼 때, 간단한 예측방법이 현실적으로 유용하기 때문일 수 있다.

그런데 이와 같은 예측방법에 앞서서 중요한 것은 도대체 닥쳐올 변화가 어떤 속성을 지녔으며, 그리고 그와 같은 변화에 대처하기 위한 의사결정은 어떻게 해야 하느냐 하는 것이다. 장래에 발생할 변화 가운데는 확률적으로 예측이 가능한 것이 있는가 하면, 확률적으로 전혀 예측을 할 수 없는 것도 있다.

확률적으로 예측이 가능한 변화의 예로서 주사위 던지기를 생각해보자. 적게는 한 개, 많게는 여섯 개의 점이 주사위 각 면에 새겨져 있다. 따라서 주사위를 던질 때 각 점이 나타날 확률은 1/6이고, 점 개수의 기대치는 $(1+2+3+4+5+6)/6=3.5$이다. 이와 같이 주사위 던지기를 할 때, 어떤 점이 나올지는 알 수 없지만 각 값이 나올 확률과 기대치 등을 알고 있는 것과 같은 변화는 위험(risk)한 변화라는 이름을 붙인다.

그런데 이와는 달리 어떤 변화는 변화 자체가 불규칙하거나, 변화와 관련하여 알려진 정보가 극히 제한적이어서 변화의 결과로 나타날 구체적인 값들의 확률분포를 알 수 없는 경우도 있다. 이처럼 확률분포마저 알 수 없을 정도의 사건이 가져다주는 변화는 불확실(uncertainty)한 변화라고 한다.

위험한 변화와 불확실한 변화를 꼭 구분하면서 살아가야 할 필요가 있느냐고 반문할 수도 있다. 사실 대부분의 사람들은 이 두 가지 종류의 변화를 구분하지 않고 막연히 살아가는 경향이 있다. 그러나 변화에 대응하기 위한 어떤 중요한 의사결정을 하고자 할 때, 그와 같은 구분은 대응방식에 큰 차이를 가져다준다.

일반적으로 위험한 변화의 경우에는 기대수익의 크기를 나타내는 기대치가 클수록, 그리고 위험의 퍼진 정도를 가리키는 분산이 작을수록 해당 변화를 더 선호한다. 예를 들어, 어떤 엔지니어가 팀 동료들과 함께 새로운 기술을 개발한다고 해보자. 기술을 개발하는 방법이 여러 가지가 있고, 각 방법에 따른 기술개발이 가져다줄 이익의 기대치와 위험도를 나타내는 분산의 크기가 서로 다른 경우에, 엔지니어는 가능한 한 기대치는 크면서 분산의 크기는 작은 기술개발 방법을 채택하고자 할 것이다.

그런데 기술개발에 따른 이익의 기대치와 위험도를 산출하기가 거의 불가능한 경우도 있다. 이와 같은 경우에는 기술개발을 주저하기 쉽다. 왜냐하면 기술개발의 결과로 나타날 이익의 확률분포가 알려져 있지 않아, 기술개발을 해야 할지 아니면 포기해야 할지 판단이 서지 않기 때문이다. 이처럼 불확실한 변화에 직면한 엔지니어들은 어떤 방식에 의존하여 의사결정을 할까?

불확실한 변화에 대응한다는 것은 쉬운 일이 아니다. 그와 같은 경우에 아무런 대책도 수립하지 않고 상황이 전개되는 것을 그냥 기다리는 사람들도 없지 않다. 그러나 그러한 변화의 결과에 따라 개인은 물론 조직의 장래까지 달라질 정도라면, 어떤 방도를 마련하지 않을 수 없다. 불확실한 변화에 대응하는 의사결정방식은 종류가 다양하다. 이하에서는 그 가운데 몇 가지를 간단히 살펴보도록 한다.

제품의 경쟁력을 높이기 위하여 갑이라고 하는 기업의 엔지니어들이 기술개발에 나선다고 해보자. 그리고 그와 같은 기술개발방식은 A, B, C 3가지가 있다고 가정한다. A, B, C 가운데 어느 것을 선택하느냐에 따라 기술개발의 결과로 나타나는 갑 기업 이익의 크기는 달라진다. 또한 경쟁회사인 을 기업이 갑 기업의 기술개발에 어떻게 대응하느냐에 따라 갑 기업의 기술개발방식의 결과로 나타나는 갑 기업 이익의 크기도 달라진다고 해보자. 을 기업이 선택할 수 있는 대응방식은 X, Y, Z 3가지로 가정한다. 그리고 갑 기업의 엔지니어들은 을 기업이 3가지 대응방식 가운데 어떤 것을 선택할지 전혀 알 수 없다고 가정한다. 아래의 <표 8-9>는 갑 기업의 기술개발방식 3가지 A, B, C 가운데 어느 하나와 을 기업의 대응방식 X, Y, Z 3가지 어느 하나가 짝을 이룰 때, 예상되는 갑 기업 이익의 크기를 행렬로 표시한 것이다. 이와 같은 상황에서 갑 기업의 엔지니어들은 A, B, C 가운데 어떤 기술개발방식을 선택하는 것이 가장 바람직할까?

불확실성하의 의사결정방식으로 지금까지 알려진 것으로는 먼저 가장 낙관적인 결과를 선택하는 Maximax 방법이 있다. 이 방법은 자신이 선택할 수 있는 각 대안마다 가장 좋은 결과가 나타난다고 보고, 그러한 결과들 가운데 가장 큰 값을 가질 수 있는 대안을 선택하는 방법이다. <표 8-9>에서 보면, 기술개발방식 A가 가질 수 있는 가장 좋은 결과는 경쟁사인 을 기업이 대응방식 Z를 취하는 경우에 나타나는 30이다. 마찬가지 방식으로 B를 선택하는 경우에 가장 좋은 결과는 50, C를 선택할 때 가정 좋은 결과는 45이다. 이제 30, 50, 45 가운데 가장 큰 값은 50이므로 Maximax 방법에 의한 갑 기업의 기술개발방식은 B가 된다.

Maximin 방법도 불확실성하의 의사결정방식 가운데 하나이다. 이 방법은 각 대안마다 가장 불리한 결과가 나타날 수 있다고 보고, 그 중에서 가장 좋은 결과를

표 8-9 불확실한 변화에서의 이익 행렬

구 분	X	Y	Z
A	20	25	30
B	50	30	20
C	35	45	40

가져다주는 대안을 선택하는 방법이다. 즉 먼저 각 대안마다 확보할 수 있는 최소값(min)을 비교하여 그 중에서 최대값(max)을 가져다주는 대안을 선택하는 방법이다. <표 8-9>에서 보면, A의 최소값은 20, B의 최소값은 20, C의 최소값은 35이다. 따라서 이 세 가지 값 가운데 가장 큰 값은 35이므로 Maximin 방법에 의한 갑 기업의 기술개발방식은 C가 된다.

Savage Minimax 방법에서는 자신이 선택한 대안이 가져다주는 결과와 자신이 선택할 수 있었던 다른 대안들이 가져다줄 수 있었던 결과들 가운데 최대치와의 차이, 즉 후회값을 각 상황에서 계산한다. 그리고 상황별로 비교한 각 대안의 후회값 가운데 가장 큰 값(max)을 대안별로 비교한 다음에 후회값이 가장 작은 값(min)을 나타내는 대안을 선택하는 것이 Savage Minimax 방법이다. Savage Minimax 방법을 자세히 알아보기 위해서 <표 8-9>를 이용하여 후회값을 계산하여 나타내면 <표 8-10>과 같다.

상황 X, 즉 을 기업이 대응방식 X를 취하는 경우에, 갑 기업이 A 대안을 선택하면 이 경우에 가장 좋은 선택인 C 대안을 선택할 경우보다 30(=50-20)만큼 후회값이 발생한다. 이와 같은 방식으로 상황에 따른 각 대안의 후회값을 계산한 것이 <표 8-10>이다. 이제 A 대안의 상황별로 후회값 가운데 가장 큰 수치를 보이는 것은 30이다. 그리고 B 대안의 최대후회값과 C 대안의 최대후회값은 각각 20, 15이다. 이 세 가지 최대후회값 가운데 가장 작은 값은 15이므로 Savage Minimax 방법에 의한 갑 기업의 기술개발방식은 C가 된다.

불확실성하의 의사결정방식은 이러한 방식들 이외에도, 대안별로 가장 큰 값과 가장 작은 값이 발생할 확률을 임의로 정한 다음에 대안별 기대치를 구하여 가장 큰 기대치가 나오는 대안을 선택하는 Hurwicz 방법, 그리고 각 상황의 발생확률을 동일하다고 가정한 다음에 대안별 기대치를 구하여 가장 큰 값이 나오는 대안을 선택하는 Laplace 방법 등이 있다.

표 8-10 Savage Minimax 방법의 후회값 행렬

구 분	X	Y	Z
A	30	20	10
B	0	15	20
C	15	0	0

연 습 문 제

1. 성공적인 협상을 이끌어내기 위해서 반드시 고려해야 할 요인들은 어떤 것들이 있는가? 그리고 그와 같은 요인들은 어떤 관계를 가지고 있는가?

2. 내쉬 균형(Nash Equilibrium)의 개념에 대해서 설명하라, 그리고 내쉬 균형은 지배적 전략 균형(Dominant Strategy Equilibrium)과는 어떤 차이가 있는가?

3. 다음은 갑과 을의 보수행렬을 나타낸 것이다. 괄호안의 앞 숫자는 갑의 보수를, 뒤 숫자는 을의 보수를 각각 나타낸다. 그리고 갑의 전략은 A B, C 세 가지이며, 을의 전략은 D, E, F 세 가지이다.

	전략 D	전략 E	전략 F
전략 A	(0, 8)	(8, 0)	(10, 6)
전략 B	(8, 0)	(0, 8)	(10, 6)
전략 C	(6, 10)	(6, 10)	(12, 12)

(1) 이와 같은 게임에서 균형이 존재하는가?

(2) 균형이 존재하지 않는다면 이유를 밝히고, 균형이 존재한다면 어떤 균형인지를 설명하라.

4. 다음은 동전의 앞뒤 짝을 맞추는 게임이다. 이와 같은 게임은 일명 Matching Pennies 게임이라고 하는데, 포커, 야구, 전투 등 다양한 분야에서 실제로 응용되고 있는 게임이다. 갑과 을이 참여하고 있는 게임의 규칙은 다음과 같다. 갑과 을이 동시에 각각의 동전을 제시하는데, 만약 동전 둘 다 같은 면(앞 또는 뒤)이 나오면 갑이 1점을 얻어서 승리하고(을은 -1점으로 패배), 동전 둘이 서로 다른 면(예, 갑의 동전은 앞면일 때 을의 동전은 뒷면, 또는 갑의 동전이 뒷면일 때 을의 동전은 앞면)이 나오면 을이 1점을 얻어서 승리한다(갑은 -1점을 얻어서 패배). 이를 보수행렬로 나타내면 다음과 같다(괄호안의 앞 숫자는 갑의 보수를, 뒤 숫자는 을의 보수를 각각 나타낸다).

	앞면	뒷면
앞면	(1, −1)	(−1, 1)
뒷면	(−1, 1)	(1, −1)

(1) 이와 같은 게임에서 균형이 존재하는가? 존재한다면 어떤 균형인가?

(2) 만일 갑이 동전의 앞면을 제시할 확률을 p, 뒷면을 제시할 확률을 (1-p)라고 하고, 을이 동전의 앞면을 제시할 확률을 q, 뒷면을 제시할 확률을 (1-q)라고 하면, 이러한 경우 이 게임은 균형이 존재하는가? 존재한다면 어떤 균형인가?

5. 불확실성하의 의사결정방식들인 Maximax 방법, Maximin 방법, 그리고 Savage Minimax 방법을 각각 설명하라.

제 4 부

금융과 Financing

4부에서는 기업의 실질적인 운영과정에서 필요로 하는 내용을 위주로 구성하였다. 기업의 운영에서 가장 중요한 두 가지 요소는 원활한 자금조달과 높은 수익창출일 것이다. 앞에서 수익창출과 관련한 내용을 이미 언급하였으므로, 4부에서는 이에 대한 언급은 생략하기로 한다.

제9장에서는 기업의 주요 자금조달원인 금융시장에 대한 개략적인 이해를 돕기 위해 금융시장을 위주로 한 자금조달원에 대해 살펴보고, 제10장에서는 기업이 제공하는 가장 주된 정보원이면서 기업의 이해관계자들이 다양한 관점에서 이용하고 있는 회계정보의 산출방법과 주요 정보내용에 대해 살펴보고자 한다. 그리고 제11장에서는 기업의 생명줄인 자금의 조달방법 및 효율적인 자금관리방법에 대해 살펴보고, 제12장에서는 급변하는 기업환경 속에서 다양한 형태로 직면하게 되는 수많은 위험요소들을 분석하고 이를 적절히 관리할 수 있는 기법들에 대해 살펴보고자 한다. 제13장에서는 여러 가지 투자 대안들 중 최선의 투자 대안을 선택하기 위한 투자 대안 분석기법에 대해 살펴보고자 한다.

제 9 장

금융시장의 이해

제1절 금융이란?

1.1 금융의 정의

금융(金融)이란 자금의 융통을 줄인 말이다. 즉 자금여유가 있거나 자금을 창출할 수 있는 경제단위가 자금부족을 느끼는 경제단위에게 자금을 융통해 주는 행위를 말한다. 더 쉽게 말한다면 돈을 서로 빌려주고 빌려받는 현상를 모두 묶어서 금융이라고 부르는 것이다.

금융상품, 금융기관, 금융시장 등이 모두 이러한 금융현상과 관련된 용어들이다. 금융에는 시간과 정보(불확실성)라는 두 가지 요소가 반드시 들어있게 된다. 일단 돈을 빌려주면 1시간 후이던, 며칠 후이던, 몇 달 후이던 반드시 일정한 시간이 지난 후에 빌려준 돈을 돌려받게 된다. 또 사람의 일이란 미래를 알 수 없는지라 돈을 빌려준 후에 돈을 돌려받는 까지 무슨 일이 일어날 지를 알 수 없다. 그래서 사람들은 돈을 빌려주고 금융행위를 본능적으로 꺼려하게 되는 것이다. 빌려받는 사람을 믿지 못해서 일 뿐 아니라, 빌려준 돈을 돌려받기까지의 시간 동안에 예측하기 어려운 일들이 발생할 수도 있기 때문이다.

그래서 보통의 경우 돈을 빌려주고 빌려받을 때는 이자율이라는 것을 주고받게 된다. 은행에 예금하는 것은 은행에 돈을 빌려주는 것이므로 예금이자를 받는 것이고, 은행에서 돈을 빌리는 것은 은행에서 돈을 빌려받는 것이므로 대출이자를 지불하는 것이다. 이같이 금융행위는 이자율이라는 보상을 기초로 발생되는 경제행위 중의 하나이다. 또 이자율이라는 보상가격은 시간과 정보(불확실성) 때문에 발생되는 것이므로, 금융행위의 시간이 길수록 금융행위로 발생되는 불확실성이 커질수록 이자율은 높아지게 된다.

그래서 금융기관들은 정보산업의 첨병이라고 말하며, 금융산업을 정보산업의 꽃이라고 부르는 이유가 여기에 있다.

문제 사회가 불안한 저개발국은 안정된 선진국에 비해서 이자율이 높다. 왜 그런지 생각해 보자.

1.2 금융은 왜 발생하나?

설명의 편의를 위해서 두 가지로 나누어서 생각해 보자. 먼저 소비의 경우를 생각해보자. 돈을 아주 급히 써야 되는 일이 생겼는데 가진 돈이 없다면 어떻게 하겠는가? 우선 누군가에게 빌려서 쓰고 난 후에 나중에 돈이 생길 때 다시 갚으려 할 것이다. 문제는 이 돈을 빌려줄 사람이 있느냐이다. 돈을 빌려줄 의사가 있다함은 여유자금도 있고, 돈을 빌리려는 사람의 신용을 믿는다는 것을 모두 의미한다. 여기서 여유자금은 시간을 의미하고, 신용은 불확실성(정보의 제약)을 의미한다. 돈을 빌려주는 사람의 입장에서도 여유자금이 일정시간 묶이고, 돈을 떼일 위험도 감수하게 된다. 그래서 돈을 빌려주는 사람과 빌려받는 사람은 서로 이자율이라는 가격을 통해서 거래함으로써 돈을 빌리려는 사람은 급하게 돈 쓸 일을 해결할 수 있고, 돈을 빌려주는 사람은 시간과 불확실성을 감당하는 댓가로 이자를 받게 되는 거래를 하게 되는 것이다.

문제 신용불량자는 왜 돈을 빌리기가 어려우며, 돈을 빌리더라도 아주 높은 이자율을 지불해야 되는지 생각해 보자.

이제 생산의 경우를 생각해 보자. 아주 좋은 아이디어를 갖고 있으면서 이를 이용해서 큰 돈을 벌 수 있는 사람이 있다고 하자. 그런데 사업을 시작할 자본이 없다고 하자. 그러면 어떻게 하겠는가? 여유자금을 갖고 있는 사람에게 돈을 빌리려할 것이다. 빌린 돈으로 사업을 벌여서 돈을 번 후에 원금과 이자를 갚으면 되기 때문이다. 금융행위가 없는 경우와 금융행위가 있는 경우를 비교하면 생산활동에서 금융이 얼마나 중요한지를 알 수 있다. 금융산업이 잘 발전된 국가만이 선진국이 될 수 있는 이유가 여기에 있다. 금융행위가 왕성하게 일어나기 위해서는 여유자금이 풍부해야하고, 금융행위와 관련된 불확실성(정보의 제약)이 적어야 한다. 경제주체의 저축, 돈을 빌리고자 원하는 기업가의 신용과 경영능력, 물가의 불안, 경제여건의 불확실성 등은 금융행위의 발전과 밀접한 관련을 갖는 요인들이다.

문제 부산을 금융도시로 발전시키기 위해서, 부산시민들이 오랫동안 노력해 오고 있다. 부산이 금융도시가 되기 위한 필요조건에 대해서 생각해 보자.

1.3 금융과 실물의 관계

금융과 실물은 서로 동전의 양면과 같은 것이라고들 말한다. 이는 위의 그림을 보면 분명해진다. 생산활동을 위해서는 여러 가지 형태의 재화와 용역이 거래된다. 즉 실물의 거래가 발생하기 마련이다. 시장경제에서 이같은 실물의 거래는 반드시 돈의 흐름을 수반하게 마련이다. 그래서 실물의 흐름과 반대방향으로 돈의 흐름이 발생되게 마련이다. 흔히들 돈의 흐름을 잘 이해하면 경제를 잘 이해할 수 있다고들 말한다. 그래서 금융현상을 잘 이해하는 것은 경제를 잘 이해하는 방법 중에 하나가 되고, 경제의 규모와 비례해서 금융의 규모도 같이 커지게 되는 것이다.

100여년 전만해도 금융은 실물의 그림자 또는 껍데기 같은 것이라는 생각이 지배적이었다. 금융은 실물의 흐름을 원활히 하기 위해 필요한 것 이상도 이하도 아니라는 생각을 하고 있었던 것이다. 이를 화폐의 베일(veil)관이라고 부른다. 그러나 우리는 실물의 흐름과는 무관하게 돈의 너무 많아지면 투기가 발생되는 경우를 흔히 볼 수 있다. 아파트투기, 부동산투기, 주식투기, 골동품투기 등이 그것이다. 이러한 현상은 자본주의가 발생된 유럽과 미국에서는 수백년 동안 반복적으로 지속되어 왔다. 16세기 네덜란드에서 발생된 튤립투기, 18세기 영국에서 발생된 남해주식회사(South Sea Company)의 주식투기, 1920년대 미국에서 발생된 플로리다 부동산투기 등이 대표적인 투기현상들이다. 우리나라에서도 2000년도 코스닥 투기 등이 발생해서 많은 사람들이 경제적으로 고통을 입은 경험이 있다. 이같이 금융은 실물의 흐름과 무관하게 돈이 몰리면서 가격의 폭등 즉 엄청난 거품을 만든다. 이런 거품이 꺼지고 난 후에는 경제적으로 많은 피해를 남기는 것이 특징이다. 금융이 실물의 흐름을 교란시키고 파괴하는 것이다.

20세기 들어서면서 금융이 더 이상 신부의 치장물인 베일이 아니라, 경제를 송두리 채 붕괴시킬 수 있는 무서운 힘을 가진 괴물이 될 수도 있다는 것을 주장하는 경제학자군이 등장한다. 우리는 이들을 Keynesian 이라고 부른다. 이들은 금융시장을 규제해야한다고 주장한다. 실물경제에 악영향을 미치는 것을 막기 위해서 금융규제가 불가피하다고 주장하는 것이다. 이는 기본적으로 시장에 대한 불신에서 비롯되는 것이다. 그래서 이런 생각을 가진 사람들을 시장개입론자라고 부르기도 한다.

문제 우리나라의 1997년 금융위기는 부실투자 등의 실물부문에서 비롯된 것인지, 아니면 국제투기자금이 일시에 우리나라 금융시장을 교란한 결과인지 생각해 보자.

제2절 금융시장과 금융상품

2.1 금융시장의 종류

우선 금융시장은 크게 직접금융시장과 간접금융시장으로 분류된다. 금융시장은 자금을 빌려주고 빌려받는 시장이라고 했다. 자금을 빌려주고 빌려받는 사람이 직접 당사자들끼리 거래하는 금융형태를 말한다. 우리가 주식이나 채권을 살 경우, 거래기업이 파산하면 이자나 배당은 고사하고 원금조차 모두 날릴 수 있다. 이는 주식이나 채권이 거래되는 시장이 직접금융시장이기 때문이다. 거래의 모든 책임은 거래당사자에게 있기 때문이다. 반면 자금을 빌려주고 빌려받을 때 중간에 제3자가 개입을 하는 경우를 생각해보자 예로 은행에 예금된 자금이 기업에 대출되는 경우가 그러한 경우가 된다. 우리가 은행에 대출된 자금이 다른 기업에 대출되었는데, 이 기업이 파산한 경우 우리는 예금을 찾지 못할까 봐 걱정하지 않아도 된다. 이는 우리가 예금된 자금을 되돌려 줄 책임이 대출해간 기업에 있지 않고 은행에 있기 때문이다. 우리는 예금을 은행을 믿고 하는 것이지, 자금을 빌려간 기업을 믿고 하는 것이 아니기 때문이다. 이같이 제 3자가 개입된 금융시장을 간접금융시장이라고 부른다.

직접금융시장의 경우

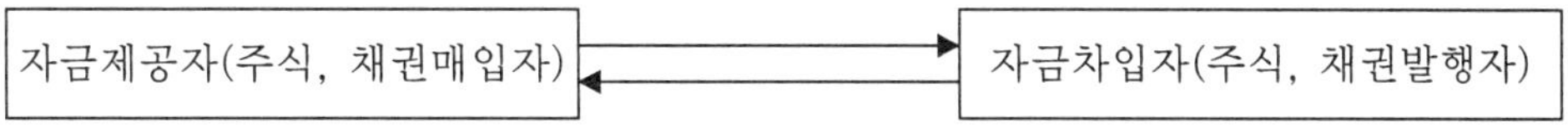

간접금융시장의 경우

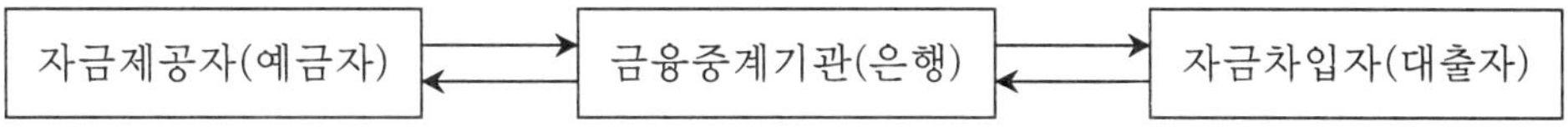

또 직접금융시장은 분류하는 방법에 따라서 직접금융시장의 명칭이 각기 달라지는데, 이들에 대해서 알아보자. 우선 세가지 방식으로 분류해보자.

우선, 채권시장과 주식시장이 어떤 차이가 있는지 알아보자. 채권은 약속된 기간 안에 이자와 원금의 지급을 약속한 금융상품이고, 채권시장은 이같은 상품이 거래되는 시장을 말한다. 은행의 대출도 일종의 채권이다. 반면 주식은 채권과 달리 일정기간 안에 이자와 원금을 상환할 의무가 없다. 다만 보통 1년에 한번 결산 후에 이익이 발생되면 배당을 지급할 의무가 있다. 채권은 자금을 빌려준다고 보면 되고, 주식은 자금을 기업에 투자한다고 보면 될 것이다. 그래서 채권을 갖고 있는 사람을 채권자라 부르고, 주식을 갖고 있는 사람을 주주 또는 출자자라고 부른다. 그래서 주식이라는 금융상품을 갖고 있는 사람은 배당과 시세차익(capital gain)을 얻을 수 있다.

그러면 발행시장과 유통시장의 차이는 무엇일까? 발행시장이란 새로운 주식이나 채권이 최초로 거래되는 시장을 의미한다. 그래서 이런 시장을 제 1차적 시장(primary market)이라고 부르기도 하며, 여기서 거래되는 채권이나 주식을 본원적 증권(primary securities)이라고 한다. 이 시장의 목적은 채권이나 주식을 발행해서 자금을 조달하는 것에 있다. 유통시장은 기존에 발행된 채권이나 주식이 거래되는 시장으로 제 2차적 시장(secondary market)이라고 부른다. 여기서 거래되는 채권이나 주식을 2차적 증권(secondary securities)라고 부른다. 이 시장의 목적은 본원적 증권과 2차적 증권의 현금화에 있다. 다시 말해서 유동화

(liquidization)에 있다. 동시에 유통시장은 금융상품의 활발한 거래를 통해서 금융상품의 시장가격이 결정되는 시장이기도 하다.

마지막으로 화폐시장과 자본시장의 구별은 어떻게 하는가? 만기 1년 이내의 단기자금시장을 화폐시장이라고 부르고 콜시장, 기업어음(ommercial paper, cp)시장, 양도성예금(CD)시장, 표지어음시장 등이 대표적인 화폐시장에 속한다. 이 시장은 자금의 일시적인 과부족을 조절할 수 있게 함으로써 경제주체들의 자금운용의 효율성을 높여주는 시장이며, 정책당국이 화폐금융정책을 수행하는 시장이기도 하다. 만기 1년 이상의 장기자금시장을 자본시장 또는 증권시장이라고 부른다. 이 시장에서는 주로 장기채권과 주식이 거래되며, 기업의 설립, 시설투자의 확대 등 기업의 실물투자를 위한 자금이 조달되는 역할을 수행한다. 이 시장의 발전은 경제성장과 매우 밀접한 연관을 갖는 시장이라고 할 수 있다.

문제 은행이 파산하더라도 정부가 일인당 5000만원까지 예금을 보장해 주는 이유는 무엇이라고 생각하는가? 또 주식을 보유한 주주는 해당기업이 파산해도 정부가 원금을 한 푼도 보장해 주지 않는 이유는 어디에 있는가? '주식투자는 반드시 자신의 책임하에'라는 말이 의미하는 바는 무엇인지 생각해 보자.

2.2 여러 가지 금융상품들

직접금융시장에서 거래되는 금융상품 중에 대표적인 것은 주식과 채권이다. 그 중에서 채권은 발행자에 따라서 크게 국채, 지방채, 특수채, 금융채 및 회사채 등으로 분류된다. 국채는 국가가 발행하는 채권으로 국고채, 양곡기금채권, 국민주택채권1종, 국민주택채권2종, 외국환평형기금채권(외평채) 등이 있으며, 특수채는 특별법에 의해서 설립된 법인이 발행하는 채권을 말하며 한국전력공사채권, 토지개발채권, 기술개발금융채권, 예금보험기금채권, 부실채권정리기금채권 등이 있다. 이외에도 금융기관이 발행하는 금융채로는 통화안정증권, 중소기업금융채권, 산업금융채권, 장기신용채권 등이 있다. 회사채는 보증 및 담보유무에 따라서 보증사채, 담보부사채 및 무보증사채로 구분되며, 채권자의 권리를 기준으로 일반사채, 전환사채, 신주인수권부사채, 교환사채, 이익참가부사채 등으로 구분된다.

간접금융시장에서 거래되는 금융상품에는 요구불예금, 저축성예금, 양도성예금증서(CD), 기업어음(CP), 어음관리계좌(CMA 180일), 표지어음(30~180일), 환매조건부채권(RP, 30일~1년), MMF, 은행신탁 등이 있다.

이러한 금융상품 이외에도 자산유동화증권(asset backed securities : ABS) 등이 도입되면서 금융기관과 기업 간의 주요한 금융상품으로 떠오르고 있다. ABS는 부동산, 매출채권, 유가증권, 주택저당채권 등과 같이 유동성이 낮은 자산을 기초로 발행되는 증권을 의미하는 것으로, 자산보유자가 특수목적기구(special purpose vehicle : SPV)를 설립하여 이 기구에 기초자산의 법률적인 소유권을 양도하는 절차를 거쳐 발행된다.

ABS는 증권의 법적 성격 및 기초자산에 따라서 다양하게 구분된다. 즉 ABS의 법적 성격이 회사채인 경우 ABS 사채, 상업어음인 경우 ABCP(asset backed commercial paper), 출자증권인 경우 ABS출자증권, 수익증권인 경우 ABS수익증권이라고 부른다. 한편 기초자산이 주택저당채권인 경우 MBS(morgage backed securities), 채권인 경우 CBO(collateralized bond obligation), 은행의 대출채권인 경우 CLO(collateralized loan obligation), 신용카드 매출채권인 경우 CARD(certificate of amortizing revolving debts), 자동차할부 대출인 경우 auto-loan ABS 등으로 구별한다.

자산유동화증권이 부각되는 이유는 기초자산보유자의 재무상태를 개선할 수 있고, 금융기관의 경우 보유하고 있는 위험자산을 매각하여 현금화함으로써 BIS 자기자본비율을 제고할 수 있는 장점이 있기 때문이다. 또한 투자자의 입장에서 보면 자산유동화증권은 신용평가기관의 엄밀한 평가와 신용보강을 거쳐 발행되기 때문에 상대적으로 안전하면서도 일반회사채보다 수익률이 다소 높다는 장점이 있다.

문제 다음 용어가 무엇을 의미하는지 알아보자. KOSDAQ, KOSPI200, 선물, 옵션, 콜, 풋 등.

제3절 이자율의 이해

3.1 이자율의 정의

이자는 돈을 빌려주는 대가로 주고받는 화폐의 가격이다. 빌려주고 받는 돈의 양을 원금(principle)이라고 부르고, 원금에 추가로 지불해야하는 부분의 돈을 이자(interest)라고 부른다. 원리금이란 원금과 이자의 합을 말한다.

$$이자율 = 이자/원금$$

또한, 원금(X), 이자율(i), 원리금(Y)의 세 변수는 다음과 같은 관계식을 갖는다.

$$Y = X + X \cdot i = X \cdot (1+i)$$
$$X = Y/(1+i)$$
$$i = Y/X - 1$$

3.2 명목이자율과 실질이자율

명목이자율(nominal interest rate)이란 화폐단위로 원금과 이자를 계산한 뒤 양자의 비율에 의해 계산한 이자율을 말한다. 반면 실질이자율(real interest rate)이란 재화(서비스)의 크기라는 실질변수를 이용하여 원금과 이자의 크기를 결정하고, 이로부터 원금에 대한 이자의 비율을 계산하여 얻은 이자율이다.

이 둘은 어떤 관계일까? 예로 100만원을 1년간 빌려준 후에 원금 100만원과 이자 5만원을 받은 경우, 이 기간 물가상승률이 3%였다면 명목이자율은 5%이지만 실질이자율은 명목이자율에서 물가상승률을 뺀 2%가 된다. 이를 실질변수로 생각하면 쉽게 알 수 있다. 100만원 어치 물건으로 빌려주었는데, 1년 후에 이 물건의 가격은 103만원이 되었을 것이고, 실물로 보면 2만원을 이자로 원금보다 더 받은 것에 불과하기 때문이다.

이를 보다 알기 쉽게 식으로 표현하면 다음과 같다.

실질이자율 = 명목이자율 - 물가상승률

이를 보다 일반적인 관계식으로 정리해 보자. 실질이자율을 r, 명목이자율을 i, 물가상승률을 π라고 표시하자. 앞의 예에서 1년 후 돌려받는 물건은 (1+r)이고, 이는 돌려받은 금액을 물가상승률 만큼 나누어서 얻은 값과 같을 것이다.

$$1+r=(1+i)/(1+\pi)$$

이를 다시 정리하면

$$(1+i)=(1+r)\cdot(1+\pi)$$

$$\begin{aligned} i &= (1+r)\cdot(1+\pi)-1 \\ &= r+\pi+r\cdot\pi \end{aligned}$$

그런데 실제로 $r\cdot\pi$는 매우 작은 값이므로(앞의 예에서는 (0.02) · (0.03)= 0.0006=0.06%)

무시할 수는 값이다. 그래서 다음과 같은 표현이 가능해 진다.

$$i=r+\pi \quad \text{또는} \quad r=i-\pi$$

이는 실질이자율과 명목이자율 간에 다음과 같은 관계식을 의미한다.

명목이자율 = 실질이자율 + 물가상승률

실질이자율 = 명목이자율 - 물가상승률

3.3 채권의 가격과 이자율

앞에서 채권은 일정기간 동안 돈을 빌려주는 댓가로 이자를 받을 권리가 생긴다고 설명했다. 이제 이 문제를 보다 자세히 설명해 보자.

4년간 매년말 5만원씩 받고 마지막 연도 말에 100만원의 원금을 돌려받는 채권을 생각해 보자. 이 채권의 현재가격은 얼마로 책정되는 것이 합리적일까? 즉 이 채권의 현재가치(present discounted value : PDV)는 얼마일까? 미래에 받게 될 이자 4번의 5만원과 만기시 돌려받는 100만원을 지금 당장 한꺼번에 받는 경우 얼마에 해당하겠는냐의 문제이다. 이같이 미래의 가치를 현재가치로 바꾸어 계산하는 과정을 우리는 현재가치로 할인한다(discounting)고 부른다. 그럼 1년 후의 이자 5만원을 현재가치로 할인하자.

$$PDV1 = 5\text{만원}/(1+i) \tag{9.1}$$

$PDV1$은 1년후에 받을 이자의 현재가치를 나타낸다. i는 현재 시중의 이자율 수준을 의미한다. 위의 식은 $PDV1\cdot(1+i)=5\text{만원}$, 즉 현재 PDV1만큼의 금액을 1년간 시중의 이자율로 빌려주면 1년 후에는 원금과 이자를 합한 원리금은 $PDV1\cdot(1+i)$가 될 것이고 이 금액이 바로 5만원이라는 사실을 기억하면 위의 식의 의미를 보다 쉽게 알 수 있을 것이다. 그러면 2년 후에 받을 이자 5만원은 현재가지로 할인하면 얼마가 될까?

$$PDV2 = 5\text{만원}/(1+i)^2 \tag{9.2}$$

3년 후에 받게 될 이자 5만원도 마찬가지 방법으로 할인하면,

$$PDV3 = 5\text{만원}/(1+i)^3 \tag{9.3}$$

4년 후에는 이자 5만원과 원금 100만원을 함께 돌려 받음으로 이를 모두 현재가지로 할인하면,

$$PDV2 = 5\text{만원}/(1+i)^4 + 100\text{만원}/(1+i)^4 \tag{9.4}$$

이제 4년간 매년 5만원의 이자와 4년째 원금 100만원을 돌려받는 채권의 현재

가치PDV는 (9.1)에서(9.4)까지를 모두 합하면 얻어진다.

$$PDV = PDV1 + PDV2 + PDV3 + PDV4$$
$$= 5\text{만원}/(1+i) + 5\text{만원}/(1+i)^2 + 5\text{만원}/(1+i)^3$$
$$+ 5\text{만원}/(1+i)^4 + 100\text{만원}/(1+i)^4$$

채권의 가격 즉 채권의 현재가치를 계산하기 위해서는 4가지 변수값을 알아야 한다. 즉 만기(4년), 이자(5만원), 만기시 되돌려 받는 원금(100만원), 시중이자율 (i) 등의 4가지 변수값이 그것이다.

이제 다른 예를 통해서 채권가격 구하는 연습을 해보자. 매년 3년간 연말에 이자로 20만원을 받고, 마지막 3년째는 원금 500만원을 돌려받는 채권의 가격은 얼마인가? 단, 시중이자율은 연 5%라고 하자. 이 예의 해는 다음과 같다.

$$PDV = PDV1 + PDV2 + PDV3 + PDV4$$
$$= 20\text{만원}/(1+0.05) + 20\text{만원}/(1+0.05)^2$$
$$+ 20\text{만원}/(1+0.05)^3 + 500\text{만원}/(1+0.05)^3$$
$$= 19.0\text{만원} + 18.1\text{만원} + 17.3\text{만원} + 431.9\text{만원}$$
$$= 486.3\text{만원}$$

즉, 채권의 할인된 현재가치(PDV) 또는 채권의 가격은 486만 3천원이 된다.

우리는 채권가격을 어떻게 계산하는가를 알아보았다. 그러면 채권가격과 이자율의 관계를 알아볼 차례이다. 시중이자율이 하락하면 채권의 가격은 상승할 것이다. 앞의 PDV 계산에서 시중이자율은 분모에 들어가 있는데, 시중이자율이 하락하면 채권의 가격을 나타내는 PDV값은 커질 것이다. 반대로 시중이자율이 높아지면 PDV값 즉 채권의 가격은 하락할 것이다. 그래서 채권의 가격과 시중이자율은 서로 역의 상관관계가 나타남을 알 수 있다.

이를 앞에서 든 예를 이용하여 실제 계산을 해보자. 시중이자율이 7%, 6%, 5%, 4%, 3%, 2%, 1% 로 각기 달라질 경우 채권가격은 어떻게 변화하는지 알아보자.

<채권의 조건>

만기 : 3년, 연간 지급이자 : 20만원, 만기상환금 : 500만원

시중이자율	채권의 가격
1%	544.1만원
2%	528.8만원
3%	514.1만원
4%	500만원
5%	486.4만원
6%	473.3만원
7%	460.6만원

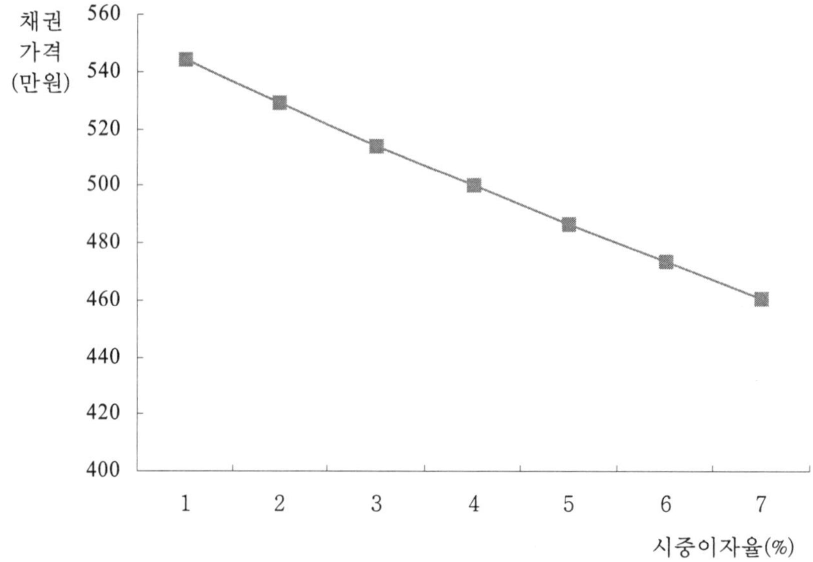

┃그림 9-1┃ 시중이자율의 변화와 채권가격의 변화

3.4 이자율의 결정

시중 이자율은 왜 매일 오르고 내리는가? 이자율을 변화시키는 힘은 무엇인가? 이러한 문제를 이자율 결정에서 생각해 보기로 하자. 경제 내에서 가격을 결정하는 힘은 두 가지의 힘에 의해서 인데, 하나는 공급이고 다른 하나는 수요이다. 이자율은 돈의 가격이므로 돈의 가격은 돈의 수요와 공급에 의해서 결정된다고 보면 틀림이 없을 것이다. 이러한 원리를 보다 자세히 설명하는 이론으로

널리 받아들여지는 두 가지가 있다. 하나는 대부자금설(loanable fund theory)이고, 다른 하나는 유동성 선호설(liquidity preference theory)이다. 이를 차례로 설명해 보자.

먼저, 대부자금설을 보자. 대부자금설에서는 이자율결정이 대부자금의 수요와 대부자금의 공급에 의해서 결정된다고 본다. 달리 말해 대부자금의 수요는 채권의 공급으로 나타나고 대부자금의 공급은 채권의 수요로 나타난다. 그래서 결국 이자율은 채권의 수요와 채권의 공급으로 결정된다고 본다.

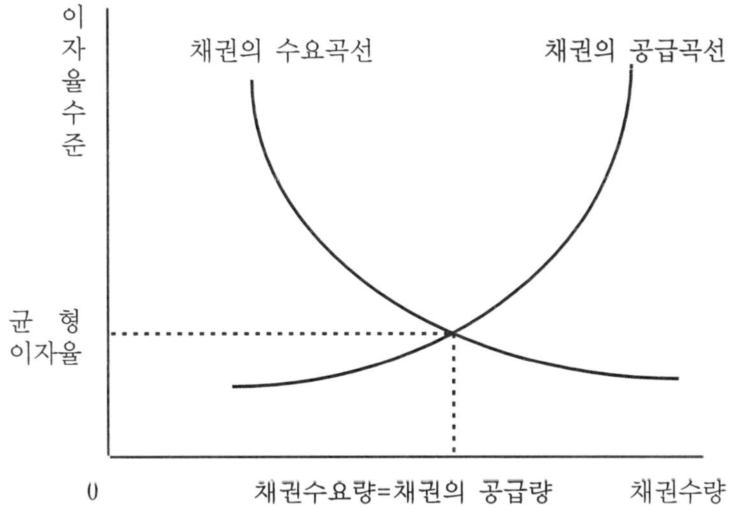

▌그림 9-2▐ 채권의 수요와 공급

이제 채권의 수요를 결정하는 요인은 무엇인지 생각해보자. 우선 채권의 가격일 것이다. 즉 채권의 가격이 높아지면 채권의 수요는 줄고, 채권의 가격이 낮아지면 채권의 공급은 늘 것이다. 이외에도 채권수요자의 부(wealth), 다른 자산의 기대수익율, 채권의 위험성, 예상인플레이션 등이다. 이들 요인이 각각 채권의 수요곡선을 이동시키는 방향은 다음과 같다.

채권수요자의 부가 증가(감소) ⟶ 채권수요곡선의 우측(좌측)이동
다른 자산의 기대수익율 증가(감소) ⟶ 채권수요곡선의 좌측(우측)이동
채권의 위험성 증가(감소) ⟶ 채권수요곡선의 좌측(우측)이동

채권의 공급을 결정하는 요인은 무엇일까? 우선 채권의 가격을 들 수 있다. 채권의 가격이 높아지면, 채권의 공급은 늘어난다. 반면 채권의 가격이 낮아지면, 채권의 공급은 줄어든다. 그 외에도 채권공급자의 사업전망, 인플레이션 예상 등을 들 수 있다. 이들 요인이 채권의 공급곡선을 이동시키는 방향은 각각 다음과 같다.

채권공급자의 사업전망이 좋음(나쁨) ⟶ 채권공급곡선의 우측(좌측)이동
인플레이션의 악화(진정) ⟶ 채권공급곡선의 좌측(우측)이동

이제 위에서 열거한 요인들에서 변화가 생기면 채권의 공급곡선과 수요곡선은 좌우측으로 이동하고, 그 결과 채권의 가격(이자율)에는 변화가 나타나게 된다. 다음 아래의 그림을 보고 각 요인들의 변화가 이자율을 높이는지, 낮추는지를 생각해 보자.

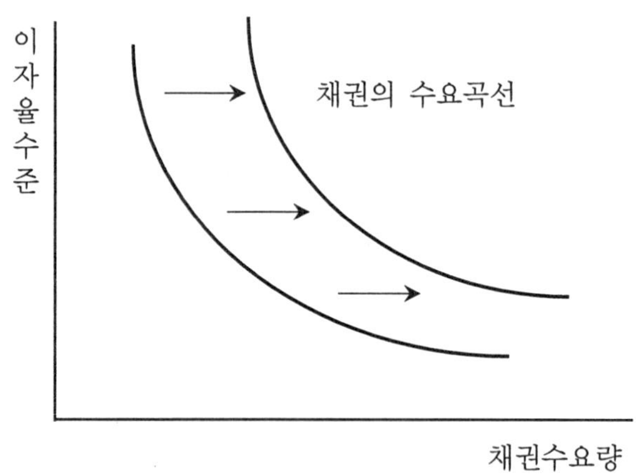

▌그림 9-3▐ 채권수요곡선의 이동

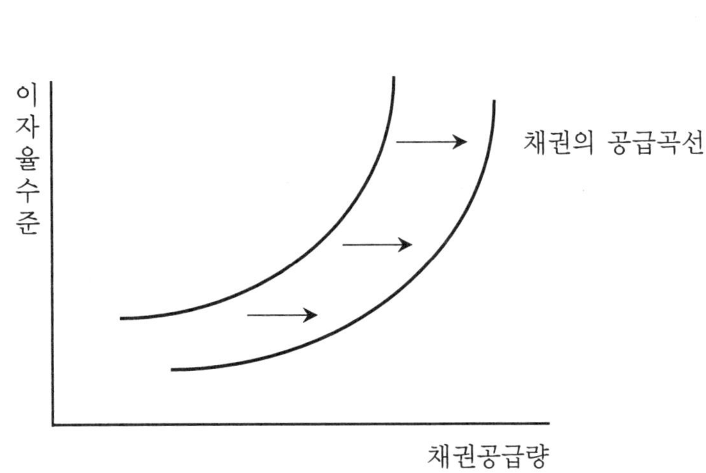

▌그림 9-4▐ 채권공급곡선의 이동

> **문제** 부동산 가격이 지속적으로 오르고 있다면, 이 요인이 시중이자율에 어떤 영향을 줄까? 또, 개발도상국에서 보다 선진국에서 일반적으로 시중이자율이 낮은 이유를 설명해 보자.

이자율결정을 설명하는 또 다른 이론인 유동성선호설을 살펴보자. 여기서는 이자율 결정은 화폐의 공급과 수요에 의해서 이루어진다고 본다. 화폐의 가격인 이자율은 화폐의 공급과 수요에 의해서 결정된다고 보는 것이다. 그리고 화폐의 공급은 정부당국(중앙은행)이 결정하므로 사실 이자율과는 무관하게 결정되는 정책변수이며, 화폐의 수요는 이자율과 역의 상관관계가 나타난다고 주장한다. 이런 화폐의 공급과 수요에 의해서 시중이자율이 결정된다고 이론이 유동성선호설이며, 이 이론은 J.M.Keynes에 의해서 제기되었다. 이를 그래프로 그려서 생각하면 보다 쉽게 이해될 것이다.

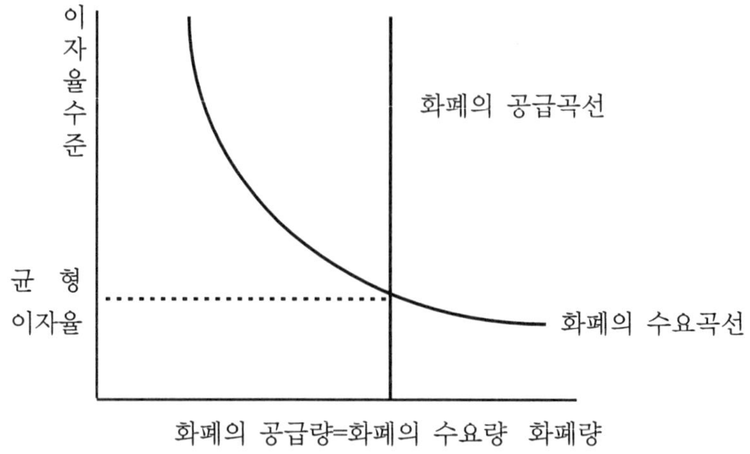

┃그림 9-5┃ 유동성 선호설

이제 유동성선호설에서 화폐수요 및 화폐공급을 이동시키는 요인들을 알아보자. 화폐수요곡선을 이동시키는 대표적인 요인으로는 소득, 물가수준, 부(wealth) 등을 들 수 있다.

소득의 증가(감소) ――――→ 화폐수요곡선의 우측(좌측)이동
물가수준의 상승(하락) ――――→ 화폐수요곡선의 좌측(우측)이동
부의 증가(감소) ――――→ 화폐수요곡선의 우측(좌측)이동

화폐의 공급은 중앙은행에 의해서 외생적으로 정책적으로 결정되므로 중앙은행의 정책적 의지에 따라서 좌우로 이동한다.

중앙은행의 화폐공급증가(감소) ――――→ 화폐공급곡선의 우측(좌측)이동

이제 이같은 요인들의 변화가 이자율을 어떻게 변화시키는 가는 아래의 그림을 통해서 분석해 볼 수 있다.

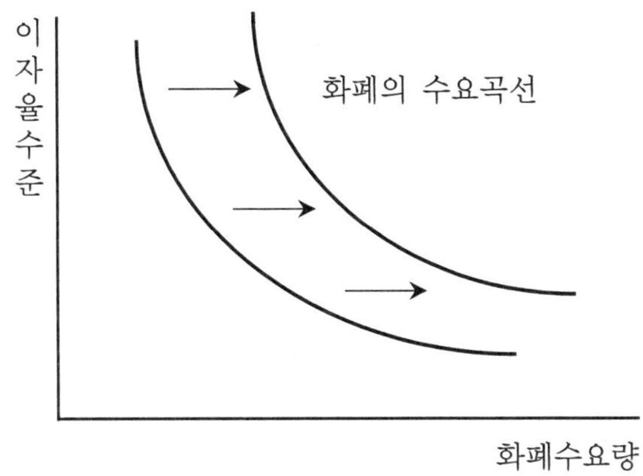

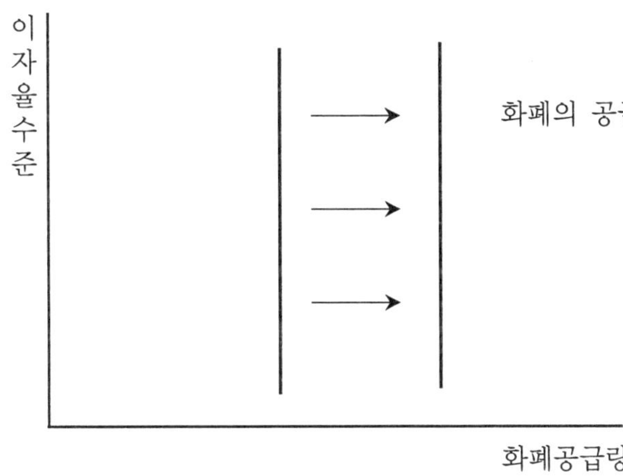

| 그림 9-7 | 화폐공급곡선의 이동

시중이자율수준은 하나임에도 불구하고 앞서 본 대부자금설과 유동성선호설이 이자율 결정에 대해서 각기 다른 설명을 하고 있음은 어떻게 설명할 수 있는가? 대부자금설과 유동성선호설은 어떤 관계인가? 이를 간단히 살펴보자.

케인즈는 유동선선호설을 제시하면서 사람들은 자신의 자산을 화폐(M)와 채권(B)의 두 가지만을 보유한다는 가정을 했다. 자산의 수요와 공급은 항상 같아야 하므로 다음의 관계식이 성립할 것이다.

$$Md + Bd = Ms + Bs$$

Md : 화폐의 수요 *Ms* : 화폐의 공급
Bd : 채권의 수요 *Bs* : 채권의 공급

이제 위의 식을 변형시키면 다음과 같은 결과를 얻는다.

$$Md - Md = Bs - Bd$$

화폐시장의 균형은 화폐의 수요(Md)와 화폐의 공급(Ms)이 일치함을 의미한다. 케인즈는 유동성선호설을 통해서 시중이자율은 화폐의 수요와 화폐의 공급이 일치하는 수준에 결정됨을 주장했다. 이는 $Md - Ms$이 영(0)이 됨을 의미하는데, 이는 동시에 $Bs - Bd = 0$이 됨을 의한다. 이는 다시 채권의 수요(Bd)와 채권의 공급(Bs)이 일치함을 의미한다. 즉 채권시장의 균형을 의미한다. 결국 화폐시장을 균형시키는 시중이자율은 채권시장도 균형시킨다는 것을 의미한다. 이렇게 보면 화폐시장의 균형으로 이루어지는 시중이자율은 채권시장을 균형시키는 시중이자율과 같는 것을 의미한다. 케인즈가 설명하려했던 유동성선호설을 통해서 설명했던 이자율결정은 대부자금설에서 말하려는 이자율결정과 같은 결과를 나았다. 따라서 유동선선호설에서의 이자율결정은 대부자금설에서의 이자율결정은 결과가 동일한 것이며, 다만 차이는 그 설명하는 방식에서 찾을 수 있을 뿐이다.

제4절 주식시장의 속성들

4.1 효율적 시장가설

주식시장이 효율적(efficient)이라함은 주식시장에서 결정되는 주식가격이 항상 그 회사의 내재가치를 항상 정확하게 반영함을 의미한다. 또한 효율적 주식시장에서는 그 회사의 경영상황에 대한 새로운 정보가 창출되었을 때 주식가격이 이를 즉각 반영함을 의미한다.

이처럼 주식시장이 효율적인 것은 차익거래자(arbitrager)들이 존재하기 때문이다. 이러한 차익거래자들은 주식가격과 기업의 내재가치 간에 괴리가 발생하면 즉시 이를 이용하여 이익을 얻기 위해서 상대적으로 저평가된 부분을 매입하고, 상대적으로 고평가된 부분을 매도하기 때문에 항상 이 둘은 일치하게 된다는 것이다.

이 같은 차익거래의 존재는 주가예측이 원천적으로 불가능하다는 주가의 불규칙보행가설(random walk hypothesis)의 골격을 이루는 주요한 개념이다.

4.2 불규칙보행가설

차익거래가 완전하게 일어나면 주가에는 오늘의 이용 가능한 정보가 반영되어 있을 것이다. 이것을 '주식시장은 정보처리 면에서 효율적이다.' 라고 표현한다. 이때 주식시장이 효율적이라 함은 주가예측에서 어떤 의미를 갖는가?

만일 남들보다 하루 먼저 오늘 신문을 볼 수 있다면 주식투자로 막대한 돈을 벌 수 있을텐데 하는 상상을 해 본적이 있을 것이다. 이는 남보다 더 빨리 정보를 얻을 수 있기 때문에 그러하다. 돈이 되는 정보를 남들보다 더 빨리 얻을 수는 없을까? 이런 소망은 부자가 되고 싶은 모든 사람들의 소망이지만, 현실적으로 불가능하다. 모든 사람이 이런 소망을 갖고 있기 때문이다. 주식투자자는 돈이 되는 정보를 남보다 먼저 얻기 위해서 혈안이 되어있다. 이런 상황에서 남보다 빨리 이런 정보는 얻는 것이 불가능하기 때문이다. 이러한 상태를 주식시장이 정보처리 면에서 효율적이라고 말한다. 또 주식시장이 효율적이라고 말한다. 무수히 많은 차익거래자들이 빠른 정보를 이용하여 돈을 벌려고 벼르고 있는 한 어는 누구도 빠른 정보를 이용해서 돈을 벌 수는 없을 것이다.

내일 무슨 일이 일어날지 아무도 모른다. 내일 무슨 일이 일어날 지는 내일 가봐야 알 수 있는 것이다. 무슨 일이 일어난다면 이로 인해서 기업의 내재가치는 변화할 것이고, 기업의 내재가치가 변화하는 순간 그 기업의 주가도 즉시 변화할 것이다. 기업의 내재가치가 변했음에도 이것이 즉각 주가에 반영되지 않으면 수많은 합리적 차익거래자들이 달려들어 내재가치와 주가 일치하도록 말들 것이기 때문이다.

이를 수학적으로 표현하면 다음과 같다.

$$E(P_{t+1} \mid I_t) = P_t \qquad \text{식(A)}$$

I_t는 t기에 이용가능한 모든 정보를 나타낸다. P_t, P_t+1는 t기와 $(t+1)$기의 주가를 의미한다. $E(P_{t+1}| I_t)$는 t기에 이용가능한 모든 정보를 이용해서 t기에서 예측한 $t+1$기의 주가를 의미한다. 위 식의 의미는 t기의 정보를 이용해서 $t+1$기의주가를 예측하려하지만 이는 바로 t기 현재의 주가가 된다는 것이다. 이는 주가예측이 불가능하다는 것을 의미한다. 이는 주식시장이 효율적이므로 장래의 주가가 예측불가능하다는 것을 식으로 표현한 것이다. 이러한 가설을 불규칙보행가설(random walk hypothesis)라고 부른다. 주가는 예측이 불가능할 만큼 불규칙하게 움직인다는 말이다. 위 식의 의미를 보다 자세히 살펴보자. 위식을 달리 쓰면,

$$P_{t+1} = P_t + e_{t+1} \qquad \text{식(B)}$$

여기서 et+1은 예측오류를 나타내는 오차항이며 다음과 같은 가정이 전제된다.

가정1 : $E(e_{t+1} \mid I_t) = 0$

가정2 : $Cov(e_{t+i}, e_{t+j} \mid I_t) = 0$ (단, $i = j$)

가정3 : $Var(e_{t+1} \mid I_t) = \sigma^2$

식(A)가 식(B)로 변화할 수 있는 것은 예측오류의 수학적 기대치가 0이라는 가정1 때문이다. 식(2)의 기대치를 구하면

$$E(P_{t+1} \mid I_t) = E(P_t + e_{t+1} \mid I_t) = E(P_t \mid I_t) + E(e_{t+1} \mid I_t)$$
$$= E(P_t \mid I_t) = P_t$$

가 되므로 식(A)와 같이 된다.

가정1에서 예측오류의 수학적 기대치가 0이라는 것은 내일의 주가가 오늘의 주가보다 높을 수도 있고($e_{t+1} > 0$) 낮을 수도 있는데($e_{t+1} < 0$), 각각의 가능성이

동일하기 때문에 내일의 주가가 상승 또는 하락할 것이라고 오늘 예측할 수 없음을 의미한다.

가정2에서는 예측오류항 사이에 상관관계가 없다는 것은 예컨대 e_{t+1}의 실현치가 양수였다는 사실에 근거해서 e_{t+2}가 양수가 될 가능성이 많다고 이야기할 수 없다는 뜻이다. 즉 e_{t+1}, e_{t+2} 사이에 어떤 체계적인 관계를 발견할 수 없다는 것이다.

가정3은 매기 예측오류의 분산이 σ^2로 일정하다는 의미이다.

t기와 $t+1$기의 주가 사이에 존재하는 식관적인 관계를 표시한 식(B)가 바로 불규칙보행가설이다. 그러면 불규칙보행가설의 의미는 무엇인가? 이것은 술에 만취한 사람의 보행을 생각하면 쉽게 알 수 있다. 예를 들어 만취한 사람이 어떤 한 지점에 서 있다고 가정해 보자. 불규칙 보행가설에 의하면 어디로 가는 것이 가장 좋을까? 그 답은 그대로 서있는 것이다. 움직이려해 봐야 인사불성으로 앞으로 갈지 뒤로 갈지 알 수 없다(가정1). 또 자꾸 움직여봐야 앞으로 갔다가, 뒤로 갔다가 결국에는 제자리에 있을 것으로 예상된다(가정2). 결국 상당한 시간이 지나도 술에 취해서 앞으로 뒤로 움직여 봐야 결국 제자리일 것이기 십상이다(식A).

4.3 효율적 시장가설의 세 가지

앞에서 I_t를 t기에 이용가능한 정보집합(information set)이라고 했다. 효율적 시장가설은 가격에 반영되는 정보의 양, 즉 정보집합을 어떻게 정의하느냐에 따라 몇 가지로 나누어진다. 여기서 효율적 시장가설의 세 가지 형태인 약형, 준강형, 강형 효율적 시장가설에 대해서 알아보자.

약형 효율적 시장가설(weak form of efficient market hypothesis)은 정보집합을 과거의 정보로 정의한다. 즉 과거의 지나간 정보를 가지고 주가를 예측할 수 없다는 것이 약형 효율적 가설의 내용이다. 흔히들 주식의 과거 가격수준의 흐름을 나타내는 주가차트를 이용해서 주가의 상승과 하락을 예측하고 이를 기반으로 주식투자에 나서는 투자자들이 많다. 약형 효율적 가설은 이러한 투자방식으로는 좋은 투자수익율을 얻을 수 없다는 것을 말해준다.

준강형 효율적 시장가설(semi-strong form of efficient market hypothesis)은 정보

집합을 현재 이용 가능한 공개된 정보로 정의한다. 많은 주식투자자들은 새로운 정보를 찾기 위해서 많은 비용과 시간을 기울인다. 그러나 준강형 효율적 시장가설이 말해주는 것은 새로 발표된 신선한 정보라도 주식투자의 수익률제고에는 별 도움이 되지 못할 것이라는 점이다. 주식투자에 실패하는 것이 자신은 다른 사람보다 정보가 적어서 그렇다고 생각하는 경우가 많지만 이런 생각은 잘못된 것이라고 준강형 효율적 시장가설은 말해 주고 있다.

강형 효율적 시장가설(strong form of efficient market hypothesis)은 정보집합을 현재 공개된 정보 뿐 아니라 회사의 주요 경영진들만이 알고 있는 내부정보(inside information)까지 포함된 정보로 정의한다. 일반적으로 내부정보를 이용하여 주식투자를 해서 수익을 얻는 것은 불법으로 규정하고 있다. 그렇더라도 내부정보만 알 수 있다면 주식투자로 큰 돈을 벌 수 있을까? 강형 효율적 시장가설에서는 이것도 주식투자에 성공에는 별 도움이 되지 못한다는 것을 알려주고 있다.

효율적 시장가설은 하나의 가설이므로 현실적으로 반드시 옳다고할 수는 없다. 그러나 주식시장이 효율적 시장이라고 믿는 경제학자들에게는 주식투자를 통해서 큰 돈을 벌겠다는 주식투자자의 오랜 소망은 허망한 것이라는 믿음을 갖게 하는 이론적 바탕으로 훌륭한 가설임에는 틀림없다.

연 습 문 제

1. 시간은 돈이라는 말은 금융시장에서 아주 중요한 명제인데, 이것이 의미하는 바를 이자와 함께 깊이 있게 생각해 보자.

2. 신용도가 낮은 사람들은 은행에서 자금을 빌리기 어렵거나, 빌리더라도 높은 대출금리를 지불해야 한다. 은행입장에서 신용도가 낮은 사람들에게 이같은 자세를 보이는 이유는 무엇일까?

3. 서울과 부산은 금융산업을 지역 내 주요한 산업으로 육성하려고 오래 전부터 상당한 노력을 해 오고 있다. 그 이유에 대해서 곰곰이 생각해 보자.

4. 2000년대 후반 글로벌 금융위기를 경험한 후에, 무질서한 금융산업에 규제를 가해야한다는 여론이 높아지고 있다. 과거에 비교해서 금융산업의 자유화 내신 강력한 규제도입이 필요하다는 주장에 찬성하는가?

5. 직접금융시장에서 주로 활동하는 금융기관들 중에는 어떤 것이 있는가? 또 간접금융시장에서 주로 활동하는 금융기관들 중에는 어떤 것이 있는가? 알아보자.

6. 전환사채(CB) 와 신주인수권부사채(BW)가 각각 무엇이고, 왜 이들을 하이브리드증권이라고 부르는지 알아보자.

7. 피셔효과란 무엇을 말하는지를 알아보자. 명목이자율 결정에서 물가상승률보다 예상물가상승률이 더 중요한 이유는 무엇인가?

8. 만기가 긴 채권일수록 이자율과 채권가격 간에 나타나는 역의 상관관계가 커진다. 그 이유를 생각해 보자.

9. 주식가격의 변화와 채권가격의 변화 사이에는 어떤 관계가 존재할 지에 대해서 생각해 보자.

10. 대부자금설과 유동성선호설의 장단점에 대해서 생각해 보자.

11. 주식시장이 반드시 효율적이라고 보기 어려운 경우들이 많다. 이런 경우들에 대해서 생각해 보자.

12. 주식투자자들이 주식투자 결정에서 많이 이용하는 차트분석기법은 과연 신뢰할 만한 것인가?

제 10 장

기업과 회계정보

제1절 회계의 역할

1.1 회계의 정의

'회계(accounting)'란 무엇일까?라는 질문에 대부분의 사람들은 자연스럽게 돈의 계산 혹은 그와 관련한 일련의 계산과정을 머리에 떠올릴 것이다. 사실 우리가 전혀 의식하지 못하는 사이에도 사회의 여러 부문에서는 돈과 관련한 일련의 계산들이 수없이 많이 행해지고 있다. 개인이 자신의 직업을 통하여 벌어들인 수입으로 생활에 필요한 비용을 지출한 것을 계산하는 것에서부터, 기업이 제품 생산과 관련한 원자재 구입 등의 지출과 제품판매를 통해 벌어들인 매출액(수입)을 계산하는데 이르기까지 여러 부문에서 다양한 형태의 돈의 흐름에 대한 계산이 끊임없이 계속되고 반복하여 일어나고 있다. 정부조차도 국민으로부터 세금을 걷어(세입) 국방이나 교육 등의 국가사업에 지출(세출)하고 이에 대한 계산을 하여 국민들에게 공개하고 있다. 한편 우리는 개인이나 기업이 많은 재산을 축적하였을 때 흔히 '돈을 많이 벌었다'라는 표현을 사용하게 되는데, 이는 자본주의사회에서 돈이 모든 물질을 대표하는 통일된 언어로 사용되고 있기 때문이다. 그러므로 돈의 흐름을 기록하여 보고하는 일련의 과정을 담담하고 있는 '회계'는 자본주의사회에서 일종의 언어로 취급되고 있다. 즉, 자본주의사회에서는 재무와 관련한 많은 정보들을 회계적 표현을 통해 일반대중들에게 알리고 있는 것이다. 예를 들면, 국가나 개인 혹은 기업이 특정기간동안 어떤 일을 어떻게 하였는지에 대한 서술적 표현을 굳이 하지 않더라도 일반적 수준의 회계(혹은 계산)지식을 가진 사람이라면 누구나 국가가 제공하는 세입·세출 보고서, 개인의 가계부 또는 기업의 재무제표 등을 통해 이에 대한 개략적인 이해를 얻을 수 있을 것이다. 특히 기업이 제공하는 재무제표를 통해 해당 기업의 상태를 파악하는 일은 매우 흔히 일어나고 있다. 기업의 실질적인 주주나 잠재적인 주주, 채권자, 종업원, 정부나 관련기관, 소비자 등 많은 불특정 다수의 사람들이 자신의 필요에 따라 기업이 제공하는 재무제표를 다양한 방법으로 분석하여 이용하고 있다. 따라서 회계는 자본주의의 주요 경제주체의 하나인 '기업(enterprise)'에 대한 '공통언어(common language)'로 통용되고 있다.

여러 부문에서 다양한 형태로 발생되고 있는 돈의 흐름에 대한 계산을 위해서는 무엇보다 돈의 흐름을 정확히 파악하는 것이 중요하며, 이를 위해 돈의 흐름에 대한 정확한 기록이 선행되어야 한다. 즉, 돈의 흐름이 간단할 경우는 기록이라는 과정이 없더라도 기억에 의한 계산을 통해 관리가 가능하겠지만, 돈의 흐름이 일정규모 이상을 넘게 되면 거래의 형태나 규모의 복잡성으로 인해 기억에 의존한 계산은 어렵다. 설령 돈의 흐름을 기억한다고 하더라도 그 정확성에 대한 보장이 쉽지 않기 때문이다.

돈의 흐름에 대한 기록은 돈의 흐름에 대한 정확성과 신뢰성을 확보하기 위해 반드시 증빙서류를 근거로 이루어져야 하며, 이를 근거로 기록된 결과를 보고서 형태로 작성하여 정보이용자들에게 제공하게 된다. 이러한 돈의 흐름에 대한 측정·기록 및 보고 시스템을 '회계(accounting)'라고 하며, 특히 돈(재산)에 대한 수탁책임을 잘 수행하였음을 성실히 기록하여 보고하는 책임을 '회계보고책임(accountability)'이라고 한다. 즉, 자본주의사회에서는 남의 재산을 맡아 대신 관리하는 경우가 많으며, 이로 인해 여러 가지 수탁책임과 회계보고에 대한 책임이 발생하게 됨에 따라 회계의 필요성이 높아지고 발전해 올 수 있었던 것이다. 수탁책임에 대한 회계보고는 기업의 경영자에게만 국한된 것이 아니라 정부를 비롯한 수탁기능을 수행하는 다양한 집단에 대해서도 회계보고책임이 있다. 예를 들어, 정부가 국민으로부터 세금을 받고 이를 국방이나 교육, 보건, 복지 등의 국가사업에 지출한 뒤 해당 세입과 세출을 국회에 보고하고 이를 승인 받는 제도도 이러한 회계보고책임을 보여주는 좋은 예이다.

회계(accounting)는 회계보고책임 뿐만 아니라 보고집단에 대한 많은 이해관계자들이 필요로 하는 다양한 정보를 제공하고, 이들의 의사결정에 도움을 줌으로써 사회가 발전할수록 그 중요성이 높아지고 있다.

1.2 회계정보의 유용성

회계의 필요성이 자산에 대한 수탁책임과 회계보고책임 때문에 필요하게 되었고 이에 따라 회계제도가 발전하게 되었지만, 이것이 회계가 필요한 모든 이유는 아니다. 사업을 하는 이가 자기 사업에서 얼마 정도의 수입이 발생하였고 그에 따른 지출이 얼마나 되었는가를 스스로 계산하는 경우는 회계보고책임 때문에 회계가 행해지는 것은 아니다. 이 경우는 회계를 통해 자기 사업에 대한 전반적인 사항뿐만 아니라 세부적인 사항에 대한 정보를 얻기 위해 회계를 한다고 볼 수 있다. 즉, 기업의 재산이 어떤 상태에 있는지를 확인하고 그에 따른 의사결정을 하기 위해 회계정보를 필요로 한다는 것이다. 그러므로 회계는 의사결정을 위한 회계정보를 제공할 목적으로 행해지고 있는 것이다.

사실 사람은 살아가면서 많은 의사결정을 하게 된다. 특히 직업의 선택이나 배우자의 선택, 사업의 시작이나 업종 변경과 같은 의사결정은 인생의 방향을 결정하는 중요한 의사결정으로 매우 신중해야 하기 때문에 의사결정자는 가능한 한 많은 정보를 필요로 한다. 예를 들면, 어떤 사업을 시작하려고 할 때 그 사업의 성공 가능성, 사업에 필요한 자금, 기술력의 정도, 사업에 관한 허가사항이나 위험 등 시작하고자 하는 사업에 대한 많은 정보가 있다면 보다 정확한 판단이나 의사결정을 할 수 있게 될 것이다. 이렇게 의사결정에 필요한 수많은 정보들 중에서 회계정보는 경제적인 의사결정에 없어서는 안 될 매우 중요한 정보라고 할 수 있다. 기업을 경영하는 사람이 자기 사업에 대한 회계정보가 없다면 사업이 얼마나 잘 되고 있는지 또는 얼마나 손해를 보고 있는지를 알 수 없기 때문에 제대로 된 경영을 할 수 없게 된다. 마찬가지로, 많은 사업 종목들 중 하나의 사업에 투자하려는 경우 자기가 투자하려는 사업이 얼마나 잘 되고 있는지에 대해 비교할 수 있는 회계정보가 없다면 투자가 올바르게 이루어질 수 없다.

가정이나 기업, 정부 등 어느 경제 주체이든지 합리적인 의사결정을 하기 위해서는 회계정보가 필요하며, 의사결정에 필요한 회계의 역할을 강조하는 것을 회계정보의 유용성(useful information)이라고 한다. 회계는 이러한 회계정보의 유용성 때문에 필요한 것이다. 결론적으로 회계가 필요한 이유는 전통적인 수탁책임에 대한 회계보고의 역할과 경제생활에 있어서 필요한 의사결정에 유용한 정보를 제공해 주기 위해서다. 그리고 최근에 와서는 회계의 필요성이 회계보고책임보다는 의사결정과정에서의 회계정보의 유용성 때문에 더 중요한 제도로 받아들여지고 있다.

1.3 회계시스템의 역할

자본주의 경제체제에서 주요 경제활동의 주체로 가계, 기업, 정부를 들 수 있으며, 이 중에서도 현대 시장경제의 중심에 있는 기업이 가장 중요한 회계의 주체라고 할 수 있다. 기업은 자본, 노동, 토지, 기술과 같은 생산요소를 투입하여 우리 생활에 필요한 제품이나 서비스를 생산하는 경제단위로 자본주의의 핵심적 역할을 맡고 있다. 일반적으로 기업은 원재료를 구매하고 노동력을 투입하여 제품이나 서비스를 생산(생산활동)하고 이를 판매하는 영업활동(판매활동)을 통해 이익을 추구한다. 이러한 과정에는 필수적으로 기업의 재산 변동, 즉 돈의 흐름이 뒤따르게 된다. 따라서 처음으로 영업을 시작할 때에 비해 얼마나 많은 이익이 창출되었는지를 따져볼 필요가 생기게 되고, 만약 재산의 변동이 있었으면 이를 확인하여 화폐로 기록하고 재산상태(또는 재무상태)의 변동을 계산하는 회계시스템을 갖추어야 한다. 재무상태의 변동을 확인해서 화폐로 기록하는 기능을 회계시스템의 인식 및 측정과정이라고 하며, 이렇게 재산의 변동을 화폐금액으로 인식하고 측정하는 것은 회계시스템만이 갖는 독특한 특징이라고 할 수 있다. 회계시스템은 기업의 재무상태 변화에 대해 인식되고 측정된 자료를 기업의 다양한 이해관계자의 요구에 맞도록 분류하고 저장하여 처리한다. 통상 장부기록이라고 하는 부기(book- keeping)가 바로 회계자료를 장부에 기록하여 저장 및 처리하는 과정을 지칭하는 것이다. 그리고 장부에 기록되어 있는 회계자료를 다양한 의사결정 목적에 적합하도록 보고서 형태로 작성하고 이를 이용자들에게 전달하게 되는데, 이러한 회계시스템의 처리과정을 그림으로 나타내면 다음과 같다.

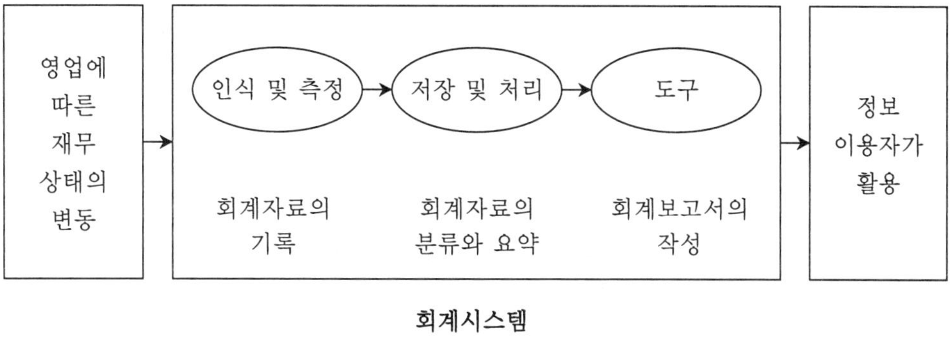

┃그림 10-1┃ 회계시스템의 처리과정 및 역할

1.4 회계의 변천

회계는 각 시대의 사회생활, 특히 경제활동에 따라 발전해 왔으며, 문명수준이 높아질수록 회계도 함께 발전해 왔다. 사람들의 생활이 매우 단순하고 문자를 사용하지 않았던 고대사회에서는 회계제도 없이도 잘 살아갈 수 있었으나, 사회가 점점 복잡하고 조직적으로 이루어져 공동체 사회로 발전하면서 회계기록의 필요성도 점차 커지게 되었다. 문자를 이용하기 이전에는 주로 그림을 이용하여 회계기록을 한 흔적들을 찾아볼 수 있다.

회계는 특히 상거래가 활발한 곳에서 경제활동을 돕기 위한 수단으로 발전하기 시작하였는데, 중세시대 이탈리아의 한 지역에서 복식부기가 사용되면서 대규모의 기업 조직이 출현할 수 있었고, 복식부기를 도입했던 독일의 한 도시가 다른 도시에 비해 급속하게 발전할 수 있었던 역사적인 사실은 회계가 사회와 서로 밀접한 관련을 갖고 발전해 왔음을 보여주는 좋은 예라고 할 수 있다. 현대사회에서 금융기관으로부터 돈을 빌리거나 주식 및 채권을 발행하여 자금을 조달하는 것은 기업에게 매우 중요한 일이며, 이러한 기업의 자금조달현상에 참여하는 많은 이해관계자들이 합리적인 의사결정을 하기 위해서는 그들에게 제공되는 회계정보가 신뢰할 수 있어야 함은 말할 나위가 없는 일이다. 때문에 경영자가 제공하는 회계정보의 신뢰도를 높이기 위해 공인회계사의 역할이 더욱 중요해지고 있으며, 신뢰할 수 있고 투명한 회계는 자본주의의 발전을 위한 신용사회의 기초적 역할을 하게 되는 것이다. 특히 최근처럼 세계가 통합되는 경제시대에는 기업간의 경쟁이 극심해지면서 경영합리화를 위한 수단으로 활동기준

회계나 원가기획과 같은 새로운 환경에서 요구하는 회계로 발전시키는 노력을 계속하고 있다. 즉, 회계는 그 시대에서 요구하는 일련의 역할을 감당하기 위해 사회의 변천과 더불어 발전해 온 것이다.

제2절 회계정보의 이용

2.1 경제적 의사결정과 회계정보

1) 불확실성과 회계정보

비가 오는 날에는 우산을 팔고 맑은 날에는 짚신을 파는 상인이 흐린 날 아침에 장사를 위해 집을 나서는 경우를 생각해 보자. 그가 집을 나서는 아침은 비가 오지 않지만 나중에는 비가 올 수도 있고 그렇지 않을 수도 있다. 하지만 그가 집을 나서는 순간에서는 다음의 상황을 알 수가 없기 때문에 우산을 가지고 나가야 할 것인지 짚신을 가지고 나가야 할 것인지를 결정하기가 매우 어렵다. 이 의사결정에서 그가 가장 필요로 하는 것은 그날의 기상정보다. 그가 일기예보를 이용하여 의사결정을 하는 경우와 일기예보가 없는 상태에서 의사결정을 하는 경우를 비교해 본다면 어느 쪽이 더 정확한 의사결정을 할지는 너무나도 자명하다. 이처럼 정보(information)는 의사결정의 대상이 되는 미래의 상황에 내재하는 불확실성을 줄여주는 역할을 한다. 즉, 정보는 불확실한 미래를 보다 확실하게 예측하여 올바른 의사결정을 할 수 있도록 한다. 일기예보라는 정보를 통해 미래에 비가 올 것인지 오지 않을 것인지를 보다 확실하게 예측할 수 있다면, 상인이 우산을 가지고 나가야 할 것인지 아니면 짚신을 가지고 나가야 할 것인지에 대한 의사결정의 정확성이 매우 높아질 것이다.

경제적 의사결정이란 어떤 개인이나 조직이 보유하고 있는 경제적 자원(economic resources)의 가치를 극대화시키는 의사결정을 말하는 것으로, 예를 들면, 현재 천 만원이라는 돈을 가지고 있는데 이를 어떻게 활용하는 것이 가장 많은 돈을 벌 수 있을 것인지를 결정할 경우, 금융기관의 정기예금처럼 위험이 낮으면서 수익률도 낮은 자산에 투자할 것인지 아니면 어느 정도의 위험은 감수하더라도 수익률이 높은 자산에 투자할 것인지를 결정해야 할 것이다. 그리고 어느 정도의 위험이 있는 자산에 투자를 할 경우에도 다른 기업이나 개인에게 빌려줄 것인지(예 : 신용의사결정) 아니면 특정회사의 주식에 투자할 것인지(예 : 투자의사결정) 등을 결정해야 한다. 이 경우 의사결정자는 경제적 의사결정을 위해서 이에 필요한 정보를 수집하게 되고 수집된 정보를 분석한 후, 낮은 위험하에서 높은 수익을 달성할 수 있는 의사결정을 하려는 노력을 할 것이다. 가령, 의사결정자가 특정회사의 주식을 매입하려고 할 경우 우선 그 기업이 속해 있는 업종의 성격, 경제 환경, 기업의 경영방침, 조직구조, 기술수준 등과 같은 비계량적 정보를 파악할 필요가 있으며, 가장 중요한 정보는 역시 그 기업의 재무상태나 영업성과 및 현금흐름을 알려주는 회계정보(accounting information)라 할 수 있다. 즉, 회계정보를 통해 자신이 투자하려는 기업의 재무상태나 그 기업이 미래 수익력 등에 대한 예측을 할 수 있기 때문이다. 물론, 회계정보 이외에도 잠재적인 시장규모나 종업원 수, 대주주 지분율 등과 같은 계량적인 비회계정보도 투자의사결정에 영향을 미칠 수 있지만 이런 모든 정보 중에서도 가장 기본적이며 많은 양의 정보를 담고 있는 것은 회계정보라 할 수 있다.

2) 회계정보의 질적 특성

비가 올 것인지 오지 않을 것인지를 예측하는 데 도움이 되는 정보는 여러 가지가 있을 수 있다. 하지만 기상청에서 발표하는 일기예보는 공신력 있는 전문기관에 의해 생산되는 정보이기 때문에 대부분의 사람들이 자주 이용하는 정보이다. 만약 기상청에서 발표하는 정보를 당장 구할 수 없는 경우는 자신이 직접 하늘을 쳐다보며 구름의 상태를 관찰하거나 전통적인 민간지식을 통해 그날의 날씨를 예측해 볼 수는 있겠지만, 이 경우는 기상청의 일기예보에 비해 신뢰성이 낮을 수밖에 없다. 따라서 의사결정에 도움이 되는 정보는 신뢰성이 높아야 하며, 일반적으로 의사결정에 도움이 되는 정보는 높은 정보의 질(the quality of information)을 가지고 있다고 할 수 있다.

경영자가 제공하는 회계정보는 신뢰할 수 있고 목적에 적합한 속성을 모두 갖추고 있을 때 높은 질의 정보라고 한다.

신뢰성(reliability)이란 회계정보의 신뢰할 수 있는 정도를 나타내는 속성이다. 신뢰할 수 있는 정보가 되기 위해서는 그 정보가 나타내고자 하는 바를 올바로 표현하고 있어야 하며(표현의 충실성), 정보를 제공하는 자에 의한 오류나 편의(bias)가 없어야 한다(중립성). 그리고 동일한 현상에 대해 서로 다른 측정자에 의해 측정된 결과가 동일하여야 한다(검증가능성). 따라서 회계정보가 신뢰할 수 있다는 것은 객관성이 있고 정확하다는 것이다. 기상청과 같은 전문기관에서 발표하는 일기예보의 경우는 객관성이 있고 상대적으로 정확하기 때문에 신뢰성이 높은 정보라고 할 수 있지만, 민간지식이나 개인적인 판단에 의한 정보는 주관적인 면이 더 크기 때문에 신뢰성이 높다고 볼 수 없다.

목적적합성(relevance)이란 의사결정을 위한 목적과의 관련성 정도를 나타내는 속성으로, 의사결정을 하려는 내용과 관련이 없는 정보는 목적적합성이 없으므로 쓸모없는 정보가 된다. 가령, 설악산을 자동차로 운전해서 가려고 하는 경우 설악산으로 가는 지도는 목적적합성이 높지만 지리산으로 가는 지도는 목적과 전혀 상관없는 쓸모없는 정보에 해당한다. 앞의 예에서 기상청이 발표하는 일기예보는 우산을 들고 갈 것인지 짚신을 들고 갈 것인지를 결정해야 하는 상황에서 매우 의미 있고 유용한 정보라 할 수 있다. 그 이유는 다른 정보들에 비해 신뢰성이 높고 목적적합성 또한 매우 높기 때문이다. 회계에서의 목적적합성도 마찬가지이다. 예를 들어, A기업이 B기업을 합병하려는 경우를 가정해 보자. 이 경우 A기업의 가장 큰 관심사는 B기업의 주주들에게 합병대가로 얼마를 지불해야 하는가에 있으며, 가급적 최소의 합병대가를 지불함으로써 최대의 합병이익을 얻고자 할 것이다. 반면에 B기업의 주주입장에서는 최대의 합병대가를 받음으로써 자신들의 부를 극대화 하고자 할 것이다. 따라서 B기업은 과거에 가장 좋은 성과를 내었던 당시의 재무보고서를 제시하고자 하는 욕구를 가질 것이다, 반면에 A기업은 합병시점에서의 B기업의 실질적인 재산상태와 미래 성장성, 수익성 등에 대한 정보를 필요로 할 것이다. 이 경우 B기업이 제공하는 과거 재무제표는 증빙서류에 근거하여 작성된 신뢰성이 매우 높은 정보이다. 그렇다면 A기업입장에서 B기업의 이러한 과거 재무제표가 합병대가를 산정하는데 도움이 될까? 이 물음에 대한 대답은 '아니오'이다. 즉 A기업이 B기업의 주주들에게 최대로 지불할 수 있는 합병대가는 B기업의 합병당시 순자산(총자산-부채)을 기준으로 미래 수익성이나 성장성과 같은 특수요인을 감안하여 산정되는 것이기 때문에 비록 과거의 재무제표가 신뢰성이 높은 정보라 하더라도 합병시점에서의 순재산상태를 보여주는 것이 아니기 때문에 합병대가를 산정하는데는 별다른 도움이 되지 않는다. 그러므로 A기업은 정확한 합병대가의 산정을 위해 비록 신뢰성이 낮더라도 합병시점에서의 B기업의 재무제표를 이용할 것이며, 때문에 합병시점에서의 재무제표가 A기업에 목적적합한 회계정보가 되는 것이다.

2.2 회계정보의 이용자와 회계의 분류

기업이 제공하는 회계정보는 주로 투자자, 금융기관, 경영자 등에 의해 이용되고 있으며, 이러한 다양한 회계정보 이용자는 [그림 10-2]와 같다.

회계정보의 이용자 중 가장 중요한 집단으로는 투자자와 금융기관을 들 수 있다. 투자자는 증권시장을 통해 기업에 자금을 직접적으로 제공하며, 금융기관은 대출을 통해 기업에 자금을 간접적으로 공급하고 있다. 따라서 투자자와 금융기관은 자기가 투자 또는 대출하려는 기업의 재무상태와 영업성적 등을 분석하여 투자의사결정이나 신용의사결정에 신중을 기하게 되는데, 이러한 의사결정에서 회계정보는 없어서는 안 될 중요한 정보이다. 이렇듯 외부의 정보이용자를 중심과제로 하는 회계를 재무회계(financial accounting)라고 한다.

회계정보는 경영자에게도 매우 중요한 정보로서 주로 현금흐름에 대한 정보가 매우 중요하다. 영업이 아무리 잘 된다 하더라도 현금흐름이 원활하지 않으면 부도가 나서 사업이 망할 수 있기 때문[1]에 현금흐름을 잘 파악하는 것은 경영자에게 있어 매우 중요한 일이다. 그리고 생산한 제품과 서비스의 가격설정이나 영업확장 등의 투자여부 결정 등을 위해 원가에 대한 정보나 경영관리를 위한 회계정보가 필요하다. 이러한 내부적인 경영관리에 필요한 회계정보를 중심으로 하는 회계를 관리회계(managerial accounting)라고 한다.

정보이용자에게 제공되는 회계정보에 오류나 부정이 포함되게 되면 잘못된 의사결정을 하게 될 가능성이 높기 때문에 기업이 제공하는 회계정보에 대해 독립적인 제3자가 정보의 신뢰성을 검증함으로써 이용자가 이를 안심하고 사용할 수 있도록 하는 제도가 필요하다. 이러한 필요에 의해 기업이 작성하는 회계정보의 신뢰성을 공인회계사가 회계감사를 통해 검증하는 제도가 발전하였으며, 이를 회계감사(auditing)라 한다.

1) 이러한 경우를 흔히 '흑자도산'이라고 한다.

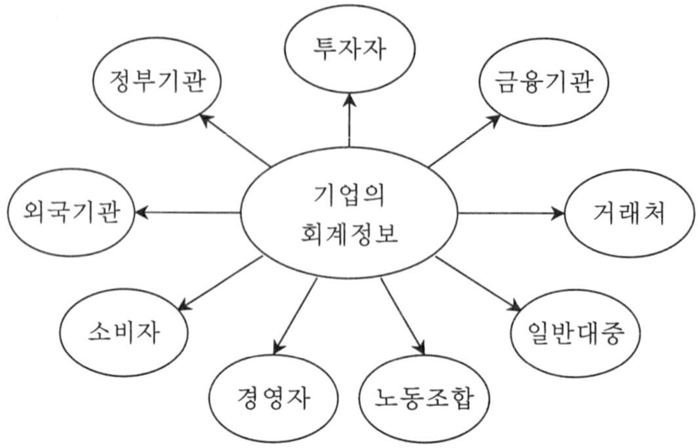

| 그림 10-2 | 회계정보이용자[2)]

정부기관 역시 회계정보의 주요한 이용자이다. 세무당국은 기업의 소득에 근거해 세금을 징수해야 하기 때문에 기업의 소득에 대한 회계정보를 필요로 한다. 그리고 세금이 기업의 소득에 대해서만 부과되는 것이 아니라 판매액 자체에 대해서도 부과되기 때문에 기업의 영업활동에 관한 보다 상세한 회계정보가 정부에 의해 이용되기도 한다. 기업의 과세소득을 기준으로 하여 정부에 납부할 세금을 산출하는데 필요한 정보를 생산하는 회계가 세무회계(tax accounting)이다.

이외에도 많은 정부 기관들이 국가의 경제계획이나 노동문제, 환경문제 등 여러 부문에서 기업과 관련된 국가정책을 세우고 기업활동을 돕기 위해 기업의 회계정보를 이용한다. 그리고 노동조합은 임금협상 등 근로조건 등을 협의하기 위해 기업의 회계정보를 이용하며, 소비자는 기업의 제품이나 서비스의 원가정보를 이용한다. 기업의 거래처는 자기가 거래하는 기업의 영업활동에 대한 회계정보를 이용하며, 일반대중 역시 기업의 회계정보를 다양하게 이용한다. 예를 들어, 취업을 앞둔 사람이 자기가 취직하려는 기업이 영업을 잘하고 앞으로 성장할 가능성이 있는가에 관한 정보는 회계정보를 통해서 제공받을 수 있는 것이다.

국경 없는 경제활동시대에서 다른 나라의 제품이 자국의 제품보다 터무니없이 낮은 가격으로 들어올 경우 자국의 산업에 미치는 피해가 크기 때문에 이를 방지하기 위해 외국정부도 기업에 관한 정보를 이용하여 덤핑가격을 조사하기도 하며, 이 과정에서 제품의 원가에 대한 정보를 조사한다든가 세금회피 등을

2) 김혁, 백원선, 백태영, 신영사, 회계와 사회, 2004.

방지하기 위해 회계정보를 요구할 수도 있다.

정보기술의 발달과 함께 회계시스템에 정보기술을 활용하는 회계정보시스템이 회계의 중요한 영역으로서 자리 매김을 하고 있으며, 이러한 다양한 회계를 주요 영역별로 분류하면 <표 10-1>과 같다.

| 표 10-1 | 회계의 분류

회계영역	주 요 목 적
재무회계	투자자와 채권자 등 외부 정보이용자를 위한 일반목적의 회계
관리회계	경영자의 내부 의사결정을 위한 회계
회계감사	정보의 신뢰성을 높이기 위한 외부감사인의 검증
세무회계	세금의 계산, 납부 및 세금과 관련한 의사결정을 위한 회계
비영리회계	국가나 비영리법인을 위한 회계
국제회계	국제간의 회계정보 제공을 위한 회계
회계정보시스템	정보기술을 활용한 회계시스템의 설계구축 및 관리

제3절 회계정보의 산출기준

3.1 필요성

재무제표는 신뢰성 있고 목적에 적합하도록 작성되어야 하며, 다양한 정보이용자의 정보요구를 충족시킬 수 있도록 회계정보를 산출하여야 하고, 이러한 목적을 달성하기 위해서 통일된 회계정보 산출기준이 필요하다.

회계정보에 대한 통일된 산출기준이 없을 경우 기업의 목적이나 의도에 따라 회계정보가 왜곡되거나 편의를 가진 상태로 작성되어 정보이용자에게 제공될 것이며, 이를 통한 의사결정 결과는 때로는 심각한 사태를 초래할 수도 있을 것이다. 회계는 기업의 재무상태와 영업성과에 관한 정보를 이해관계자에게 전달함으로써 합리적인 경제활동을 할 수 있도록 하는 사회적 역할을 담당하고 있기 때문에 기업이 회계정보를 임의적으로나 허위로 작성하여 제공하게 되면 이로 인한 사회적 손실과 영향은 심각할 것이다. 따라서 이를 관할할 수 있는 책임 있는 정부기관과 전문가 집단이 가장 공정하고 객관성 있는 회계정보를 산출할 수 있도록 이에 대한 산출기준을 제정하고 기업은 이에 따라 회계정보를 산출하도록 제도화하고 있다.

3.2 기업회계기준

회계정보의 산출기준으로 권위 있는 전문가들의 지지를 받으며 회계실무에서 일반적으로 받아들여지는 내용을 갖춘 기준을 '일반적으로 인정된 회계원칙(Generally Accepted Accounting Principles, GAAP)'이라고 하며, 이를 우리나라에서는 '기업회계기준'이라고 한다.

기업회계기준은 '주식회사 외부감사에 관한 법률'에 의해 기업들이 회계처리를 할 때 반드시 지켜야 할 기준으로 받아들여지고 있다. 현재 우리나라의 기업회계기준은 금융감독위원회의 위탁에 따라 한국회계연구원 내의 회계기준위원회에서 담당하고 있으며, 회계기준위원회는 기업회계기준을 제정하거나 개정할 경우 객관성을 높이기 위해 많은 이해집단과 전문가의 의견, 토론 및 공청회 등을 거친 후 이에 대한 결정을 한다.

3.3 관련법규 및 규정

회계기준은 회계실무에서 관습적으로 인정되어 온 원칙을 기준화한 부분도 있지만 제정 당시의 회계관련 제도나 법규에 의해서도 그 내용이 수정 또는 보완되는 과정을 거치기도 한다. 이렇게 회계기준에 영향을 미치는 법규 및 규정으로는 상법, 증권거래법, 주식회사 외부감사에 관한 법률 및 국제회계기준 등이 있다.

1) 상법

상법은 상거래 관련 행위에 대한 기본법으로 1962년 1월에 처음으로 제정되었다. 동 법의 회계에 관한 규정에서는 재무제표의 종류, 자산의 평가방법, 자본의 구성 및 처분방법 등에 대해 상세히 규정하고 있다. 특히, 상법은 회사의 자본유지를 위해 이익처분에 의한 현금 배당을 할 경우 배당액의 10%에 해당하는 이익을 자본금의 일정수준(1/2)에 달할 때까지 이익준비금으로 적립할 것을 의무화 하는 등의 많은 규정을 두고 있다. 상법은 상거래 행위의 가장 기본이 되는 법으로 회계정보 산출기준은 이 법의 규정에 따라야 한다.

2) 증권거래법

주식회사는 일반적으로 주식이나 사채를 발행하여 자금을 조달하는데, 증권거래법은 회사의 중요한 자금조달 수단인 주식이나 사채 등의 유가증권의 발행 및 유통과 관련한 여러 가지 사항을 규정한 법으로 1962년에 처음 제정되었다.

상장회사의 유가증권발행 및 회계처리에 관한 규정으로 상장법인재무관리규정이 증권거래법에 근거하여 제정되었는데, 이 규정에서는 증자를 할 경우 유가증권의 발행가격결정, 배당기준금액의 근거, 재무구조개선적립금의 적립방법, 잉여금의 자본전입 요건 및 한도 등을 규정하고 있다.

3) 주식회사의 외부감사에 관한 법률

주식회사 회계처리의 적정성을 유도하고 외부감사제도의 확립 등을 위해 1980년 12월에 제정된 법률로서, 기업의 회계처리 및 감사제도를 규제하는 가장 직접적인 역할을 하는 법규이다. 이 법에서는 일정 규모 이상(직전연도 자산총액 100억원 이상)인 기업은 기업회계기준에 따라 회계처리를 하고 이에 따른 재무제표는 외부 감사인에게 감사 받은 후 그 결과를 일반인에게 공시할 것을 의무화하고 있다.

4) 세법

세법은 국가재정에 필요한 재원의 조달을 위해 형평성 있는 조세부과를 목적으로 제정된 법률로서, 현행 세법은 크게 국세와 지방세로 분류된다. 또한 과세소득을 결정하기위해 상세한 세무회계처리규정도 두고 있는데, 부분적으로 이러한 규정들이 기업회계기준과 달라서 기업들이 회계처리를 하는데 있어 갈등을 유발하기도 한다. 이러한 규정들의 차이는 기업회계와 세무회계가 지향하는 목적이 다르기 때문에 나타나는 현상으로, 세법상의 과세소득을 계산하기위해 기업은 일차적으로 기업회계기준에 따라 계산된 당기순이익에서 세무회계와 차이가 있는 부분을 조정하고 있다.

5) 국제회계기준

경제가 급속도로 개방되고 국제화됨에 따라 회계원칙의 국제화 현상도 급물살을 타고 있다. 기본적으로 각 나라는 자기나라의 경제여건과 제도에 맞는 고유의 회계제도를 가지고 있다. 하지만 최근에 활발히 추진되고 있는 국제간의 자본이동을 원활히 하고 진정한 세계화를 추구하기 위해서는 각 국의 회계제도가 일정한 방향으로의 통일과 조화를 이루어가야 한다는 필요성이 제기되고 있다.

미국, 독일, 영국, 프랑스, 호주 등 10개국의 나라가 1973년에 국제회계기준위원회(International Accounting Standards Committee, IASC)를 결성하였으며, 2003년 말 현재 118개국 159개 회계단체가 이 위원회에 회원으로 가입되어 있다. 현재까지 여러 회계분야를 대상으로 국제회계기준을 제정·발표하고 있으며, 우리나라의 기업회계기준도 국제회계기준과 거의 유사한 방향으로 제정 혹은 개정이 추진되어 왔으며, 현재 우리나라도 국제회계기준이 도입되어 2010년도부터 일정규모 이상이거나 거래소나 협회에 등록된 기업들을 대상으로 적용이 의무화된다.

6) 회계관련 각종 문헌과 연구자료

많은 회계학자나 회계 전문가들이 회계학에 대한 연구를 하고 그 결과를 논문이나 책으로 발표한다. 회계기준이 사회적·경제적으로 어떤 영향을 주는지, 공정하고 타당한 회계기준이 어떤 것인지 등에 대한 연구들은 새로운 회계기준의 제정이나 기존의 회계기준의 개정에 적잖은 영향을 주고 있다.

제4절 회계의 기본가정 및 원칙

논리적으로 어긋나지 않고 객관성을 확보할 수 있는 회계기준을 제정하기 위해서는 회계의 기본적인 입장 또는 논리적인 바탕이 되는 원칙이 있어야 한다.

회계에서의 이러한 기본적 또는 논리적 바탕을 회계의 기본가정, 회계원칙 또는 회계의 기본 개념이라 한다.

4.1 회계의 기본가정

회계가 일관된 논리를 가지기 위해 기본적으로 보편 타당하다고 인정되는 공준 또는 가정을 근거로 하게 되는데, 이를 회계의 기본가정이라 하며, 이에 대해 학자들마다 주장의 차이는 있지만 기업실체의 가정, 계속기업의 가정 및 기간별 보고의 가정이 일반적인 가정으로 받아들여지고 있다.

1) 기업실체(business entity)의 가정

기업실체의 가정은 기업의 소유주나 개인 또는 그 구성원이 회계처리의 주체가 아니라 기업이 주체임을 명확하게 하는 기본 가정이다. 기업은 스스로 하나의 독립된 경제적 실체를 구성하고 있기 때문에 법적으로 독립적인 권리와 의무의 주체가 될 수 있으며, 이 가정에 따라 기업에 의해 관리되는 자산이나 기업이 부담해야 하는 부채는 주주나 소유주의 자산이나 부채가 아니라 기업의 자산 또는 부채이기 때문에 주주나 소유주 마음대로 사용할 수 있는 권리가 없다는 것이다.

2) 계속기업(going concern)의 가정

기업은 별다른 반증이 없는 한 계속적으로 존속할 것이기 때문에 기업의 경영활동도 지속적으로 유지될 것이라는 가정 하에 회계처리를 한다는 가정이다. 예를 들어 기업이 5천만원이라는 돈을 투자하여 제조설비를 설치하였을 경우 이 가정에 의해 투자금액인 5천만원이 제조설비의 가액으로 표시될 수 있다. 다르게 말하면, 기업이 지금 당장 문을 닫게 된다고 가정하고 위의 제조설비를 평가한다면 현재시점에서의 처분가액이 제조설비의 가장 적절한 가액이 될 것이므로 이를 설비가액으로 표시하여야 할 것이다. 즉, 기업의 자산은 그 수명이 다할 때까지 기업의 목적에 사용될 것이기 때문에 계속기업의 가정에 의해 자산의 당초 취득금액으로 자산을 평가하는 것이 타당하다는 것이다.

3) 기간별 보고(periodicity)의 가정

계속기업의 가정에서 설명하였듯이 기업은 영속적으로 활동을 영위하지만, 목적적합한 회계정보를 제공하기 위해서는 재무제표가 인위적인 특정시점 또는 특정기간을 정하여 일정한 기간단위로 작성되어야 한다는 가정이다. 대부분의 기업이 1년을 단위로 공시를 위한 재무제표를 작성한다. 또한, 일정한 회계기간 단위로 이익을 계산하기 때문에 수익에 대응되는 원가 또는 비용을 각 기간별로 적절히 배분하여야 할 필요도 있다.

4.2 회계의 기본원칙

회계원칙(accounting principles)이란 회계의 기본가정에 근거하여 실무에서 지켜야 할 기본적인 지침으로, 이러한 회계원칙에 입각해서 실제적인 회계처리의 지침을 제시되는 것이 회계기준이다.

1) 역사적 원가주의 원칙

회계거래는 거래 당시를 기준으로 기록하고, 취득한 자산의 원가도 보고시점의 시가가 아닌 취득시점의 원가를 기준으로 보고해야 한다는 원칙이다.

2) 수익인식기준(실현주의 원칙)

기업이 제품을 판매하고 판매시점에서 대금의 일부만을 수취하고 나머지는 다음 회계기간에 수취하기로 하였다면 당해 회계기간의 수익으로 얼마를 보고하여야 하는가에 대한 문제가 발생하게 된다. 이러한 수익의 인식기준에는 현금주의에 의한 방법과 발생주의에 의한 방법이 있다. 현금주의에 의한 수익의 인식은 제품을 판매하였더라도 현금이 수취되는 시점에 수익을 인식하는 회계처리방법이다. 이에 반해 발생주의에 의한 수익의 인식은 제품을 판매한 시점에 대가를 수취하지 않았다고 하더라도 판매된 시점에 판매금액 전액을 수익으로 인식하는 방법이다. 기업회계기준에 의한 수익의 인식 시기는 수익이 실현된 시점으로, 수익이 실현되는 시점이란 수익의 창출과정 중 가장 중요하다고 판단되는 업무가 사실상 종료되는 시점을 말한다. 이러한 수익의 인식기준을 '실현주의'

라고 한다. 예를 들어 제품을 100만원에 판매하고 50만원을 현금으로 받고 나머지 잔액을 다음 회계기간에 받기로 한 경우에도 100만원 전액을 당해 회계기간의 수익으로 보고한다. 즉, 실현주의에 의하여 수익을 인식하는 경우는 현금의 실제 수수여부는 중요하지 않다는 것이다.

3) 비용의 인식기준(발생기준, 수익 · 비용 대응의 원칙)

비용이란 기본적으로 수익을 실현시키기 위해 지출되는 부분으로 수익의 실현과 비용의 발생 사이에는 매우 밀접한 관련성이 있다. 따라서 한 회계기간의 순이익은 그 기간의 수익에서 그 수익을 실현시키기 위해 발생한 비용을 차감하여 측정한다. 이러한 인과관계에 의한 비용의 인식기준을 '수익·비용 대응의 원칙' 또는 '대응원칙'이라고 한다. 하나의 예로 영업사원에게 2004년도 12월분 급여를 12월에 지급하지 않고 2005년 1월 10일에 지급하였다 하더라도 이 영업사원의 12월분 급여는 2004년 12월의 비용으로 보고 된다. 즉, 이 영업사원은 2004년 12월의 매출을 실현시키기 위해 12월에 근로용역을 제공한 것이기 때문에 이 영업사원이 달성한 12월의 매출수익에 대응시키기 위해 12월의 비용으로 보고되어야 한다는 것이다. 따라서 회계처리상의 비용인식시점과 현금지급시점은 반드시 일치하지는 않는다.

4) 계속성의 원칙

기업이 선택한 회계원칙이나 회계처리방법은 객관적으로 타당성이 입증되는 사유가 발생하지 않는 한 계속적으로 적용되어야 한다는 원칙으로, 예를 들면, 8년의 수명을 기준으로 기계설비의 취득원가를 비용으로 처리해 오던 기업이 타당한 사유도 없이 수명을 5년으로 변경해서는 안 된다는 것이다. 이러한 계속성의 원칙은 동일 기업에서의 기간별 비교나 동일 기간에서의 기업별 비교를 가능하게 하여 회계정보이용자의 의사결정에 도움을 주기 위한 것이다.

5) 완전공시의 원칙

기업 외부의 회계정보이용자의 의사결정에 유용할 것으로 판단되는 모든 중요한 회계정보는 빠짐없이 공시되어야 한다는 원칙으로, 화폐단위로 측정이 불가능한 정보라 하더라도 그 정보내용이 정보이용자의 의사결정에 영향을 미칠 수 있을 정도로 유용한 것이라면 재무제표의 주석이나 주기를 통해 이를 공시하여야 한다.

6) 중요성과 보수주의 원칙

이 원칙은 회계원칙으로 인정되지는 않지만 오랜 회계관습과 실무에서의 실용성 때문에 회계실무에 영향을 미치는 개념이다.

'중요성'의 개념은 회계정보의 제공에 따른 효익보다 회계정보를 산출하는데 드는 비용이 더 큰 경우 회계원칙과는 관계없이 실무적인 편의에서 회계처리를 하는 관습을 말한다. 즉, 어떤 정보가 중요하다는 것은 그 정보가 제공되었을 경우와 그렇지 않았을 경우의 정보이용자의 의사결정이나 판단에 다른 결과를 가져오는 것을 의미한다. 예를 들면, 자산규모가 1,000억인 어떤 기업이 10,000원에 전화기를 구입하였을 경우 이를 자산(비품)계정으로 회계처리하지 않고 비용(소모품비 등)계정으로 회계처리하는 것과 같은 개념이다. 비록 전화기의 수명이 수년에 달한다 하더라도 이를 자산으로 처리하여 수익에 대응시켜 비용으로 처리할 실익이 없기 때문이다. '보수주의'란 불확실성이나 위험이 수반되는 미래의 상황을 추정하는 과정에서 회계담당자는 낙관적인 태도보다는 신중한 자세를 취해야 한다는 개념으로, 불확실한 어떤 사실이나 선택이 가능한 두 개의 대안이 있을 때는 이익을 과소계상하거나 자산을 과소평가하는 방향으로 회계처리를 하여야 한다는 것이다.

제5절 회계정보의 산출과정

5.1 회계기록의 기초

우리는 일상생활에서 기업과 회사를 같은 의미로 사용하는 수가 많다. 그러나 엄밀한 의미에서 기업과 회사는 동일한 의미가 아니다. 기업은 경제적인 용어로 재화나 용역을 생산하여 이익을 획득하려는 경제단위를 말하지만, 회사는 회사법에 의해서 인격이 부여된 법인이라는 점에서 차이가 있다. 즉 기업은 개인

기업과 회사기업을 포함하는 넓은 의미이고, 회사는 기업 중에서도 특별히 상법상 회사의 형태를 취한 것만을 말한다. 상법상 회사의 형태는 그 유형에 따라 합명회사, 합자회사, 유한회사 및 주식회사가 있는데, 주식회사가 가장 대표적인 회사 형태로 자리잡고 있다. 회사는 법적으로 인격이 부여되어 개인과 마찬가지로 소유권이나 명예권 등의 권리와 의무를 갖지만 개인기업은 법적인 인격이 부여되어 있지 않으므로 단독으로 법적인 권리와 의무의 주체가 될 수 없다는 차이가 있다. 그리고 사업을 시작하게 되면 이러한 기업의 형태와는 관계없이 사업의 시작일로부터 20일 이내에 관할세무서에 사업자등록을 신청하여 개인의 주민등록증에 해당하는 기업의 사업자등록증을 발급 받아야 한다. 지금부터 기업의 회계자료가 어떻게 기록되어 회계정보로 산출되는지에 대한 과정을 예를 통해 설명하고자 한다.

성공㈜라는 기업은 인제㈜에 근무하던 동료직원 3명이 신개념 인테리어사업을 위해 새롭게 설립한 기업이다. 이들 3인 중 이갑부씨가 성공㈜의 대표를 맡기로 하고 은행으로부터 빌린 자금 2천만원과 인제㈜로부터 받은 퇴직금 등 3천만원(총 5천만원)을 사업자금으로 내놓았다. 또한 이갑부 자신이 소유하고 있던 그렌져 승용차(시가 8백만원)도 사업에 사용하기 위해 내놓았다. 성공㈜)의 인테리어 디자인개발을 담당하기로 한 박유행씨는 그 동안 푼푼이 적립하였던 예금 5천만원과 함께 자신이 사용하던 최신형 노트북과 프린터(시가 5백만원)를 사업용으로 내놓았다. 그리고 김경리씨는 성공㈜의 재무와 관련한 업무를 담당하기로 하고 그 동안 모아두었던 예금 2천만원을 출자함과 동시에 현재 자신의 쉼터로 이용하고 있는 전세보증금 4천만원의 오피스텔을 성공㈜의 사무실로 사용하기로 하였다. 세 사람은 2009년 1월 30일에 동 오피스텔에서 사업을 시작하였으며, 동 오피스텔의 임대료로 월 300,000원을 지급하기로 하였다. 재무담당자인 김경리는 대학교에서 회계과목을 배우기는 하였지만 그 동안 인제㈜에서 분양관리업무만을 하였기 때문에 회계기록을 어떻게 해야 할 지가 막막하여 다음과 같은 일자별 기록만을 해 두고 전문가에게 자문을 구하기로 하였다.

☑ 2009년 1월 2일 이갑부, 박유행, 김경리가 각각 5천만원, 3천만원, 2천만원의 사업자금을 내놓기로 합의하고 창업준비를 위한 모임을 가졌다. 이날 저녁식사 및 소주 값은 총 15만원으로 이갑부가 기분이 좋아 혼자서 부담하였다.

☑ 2009년 1월 15일 창업을 위한 2차 모임을 가졌다. 각자 사업자금의 준비상태를 점검하고, 재산으로 출자가 가능한 부분에 대한 점검이 있었으며, 나머지 준비하여야 할 재산에 대해 의논하였다. 각자의 출자자금과 추가 재산출자내역은 다음과 같이 결정되었고, 창업파티는 2006년 1월 30일로 하기로 하였다. 그리고 창업과 관련한 행사준비는 김경리가 맡아서 하기로 하였다.

- 이갑부 : 현금 5천만원과 승용차(시가 8백만원)
- 박유행 : 현금 5천만원과 퍼스널컴퓨터 및 프린터(시가5백만원)
- 김경리 : 현금 2천만원과 자신의 오피스텔(보증금 4천만원)

☑ 2009년 1월 30일 공식적으로 성공㈜가 출발하였다. 각자 출자키로 한 현금을 받아서 이 중 1억 5백만원을 두나은행에 예금하고, 오피스텔 계약에서도 이전의 전세보증금 4천만원에서 5천만원으로 천만원을 상향조정하고 임대료도 매월 말일에 300,000원을 지급키로 약정하였다. 이에 임대보증금 증액분 1천만원을 현금으로 지급하고 재계약을 체결하였다. 그리고 업무용 책상 등의 비품을 300만원에 현금으로 구입하였다.

위의 자료에 기초하여 회계정보의 산출을 위한 회계기록의 대상이 무엇이고, 어떻게 하여야 하는지에 대해서 간략히 살펴보도록 하자.

1) 회계기록 대상

기업과 관련한 모든 활동들이 회계기록의 대상이 되는 것은 아니며 회계기록의 대상이 되는 것은 회계거래(accounting transaction)에 국한된다. 이 경우 '회계거래'란 기업의 사업자금인 재산의 변동을 가져오는 활동이나 사건을 말하는 것으로, 성공㈜의 경우 기업이 설립되기 전에는 아무런 재산이 없었으나 2009년 1월 30일을 기준으로 기업이 설립되면서 1억 7천 3백이라는 재산을 갖게 되었다. 즉, 창업이라는 사건이 회계거래를 발생시킨 것이다. 그리고 이날 현금 1천만원을 임대보증금으로 지불하였고, 또한 창업행사와 관련하여 현금 150만원이 지출되었다. 이것 역시 회계거래에 해당된다. 이러한 회계거래가 발생하게 되면 회계기록을 하여야 한다.

회계거래는 일반적으로 사용되는 거래라는 개념과 반드시 일치하지는 않는다.

일반적으로 거래란 기업이 다른 사람이나 기업과 계약을 체결하거나 물건을 교환하는 행위를 의미하는 것이며, 이러한 거래 중에서 기업의 재산에 변동을 가져오는 것이 회계거래에 해당된다. 따라서 기업의 재산에 변동이 없는 거래의 경우는 회계거래에 해당되지 않는다. 예를 들면, 단순한 계약의 체결이나 주문의 접수는 거래시점에서는 기업의 재산에 변동을 가져오지 않기 때문에 회계거래에 해당되지 않으며, 따라서 회계기록도 하지 않는다. 다만, 관리목적의 비망기록은 하여야 할 것이다. 하지만, 기업 내부에서 발생하는 도난이나 화재, 기타의 재해로 인한 손실은 외부와의 거래에 해당하지 않음에도 불구하고 기업의 재산에 변동을 가져오므로 회계거래에 해당되고 이에대한 회계기록이 필요하다. 기업의 경영자 교체나 경쟁기업의 출현과 같은 사건은 장래 기업의 재산에 매우 중요한 영향을 미칠 수 있는 사건이지만 현재 그 영향을 화폐금액으로 측정할 수 없기 때문에 회계거래라고 하지 않으며, 이러한 사건에 대해서는 회계기록을 하지 않는다. 이러한 회계거래와 회계기록의 특징을 요약하면 다음과 같다.

① 회계기록의 대상은 회계거래에 한한다.

② 회계거래란 어떤 활동이나 사건이 기업의 재산(재무상태)에 변동을 가져오는 것을 말하며, 재산의 변동을 화폐금액으로 측정할 수 있어야 한다.

위 예에서의 성공㈜의 경우 2009년 1월 2일과 15일의 자료는 기업이 존재하기 전으로 성공㈜의 회계거래가 아니며, 2009년 1월 30일부터 본격적으로 성공㈜의 회계거래가 시작되었음을 알 수 있다. 그리고 비록 성공㈜의 회계거래가 2009년 1월 30일부터 시작되었다 하더라도 월 임대료 300,000원에 대한 사항은 이 시점에서는 약정사항으로 성공㈜의 재산에 아무런 변동을 가져오지 않았으므로, 회계거래에 속하지 않는다는 점에 주의하여야 한다.

2) 회계기록의 방법

회계기록 대상을 확인하고 난 후에는 회계기록을 하여야 한다. 김경리씨가 기록하였던 것처럼 매일 발생한 사건의 내용이나 자금흐름을 일일이 설명형식으로 기록하는 것은 회계기록 방법으로는 적합하지 않다. 즉, 이러한 형태의 기록은 회계거래가 아주 많을 경우 재산의 변동내용을 일목요연하게 보여줄 수 없으며, 극단적인 경우는 재산의 상태를 전혀 파악조차 할 수 없을 것이다.

그리고 단순히 현금의 입금과 출금을 계산하기 위한 기록방법이 있을 수 있다. 이러한 현금위주의 기록방법은 규모가 극히 작은 영세사업자의 경우 현금잔고와 매일의 입금과 출금을 계산하기 위해 사용하는 방법으로, 가장 가까운 예가 바로 은행의 예금 통장이다. 은행 예금통장의 경우 은행에 맡긴 돈의 증감내용을 일자별로 그대로 보여준다. 이렇게 현금의 증감을 기록하는 장부기록방법을 단식부기라고 한다. <표 10-2>는 단식부기에 의한 현금출납부의 기록 예를 보여준다.

▌표 10-2▐ 현금출납부

일 자	적 요	입 금	출 금	잔 액
2009년 1월 30일	이갑부, 박유행, 김경리 출자	120,000,000		120,000,000
	두나은행에 예금		105,000,000	15,000,000
	임차보증금지급		10,000,000	5,000,000
	비품구입		3,000,000	2,000,000

현금출납부의 기록방식에서 한 걸음 더 나아간 회계기록 방법은 재산의 종류별 증가와 감소를 계산하는 방법으로, 만약 성공㈜의 김경리씨가 이 기록방법을 사용한다면 회계기록을 위한 노트에 현금의 증감 계산을 위한 부분과, 자동차에 대한 기록을 위한 부분 등 재산 종류별로 장부를 할당하여 위의 <표 10-2>와 같은 방법으로 기록할 수 있을 것이다. 성공㈜의 자산 중 임차보증금 및 자동차에 대한 변동내역을 이 방법으로 기록하면 아래의 <표 10-3>과 같은 양식이 된다.

▌표 10-3▐ 예금 및 자동차의 변동내역에 대한 기록

(임차보증금)

일 자	적 요	증 가	감 소	잔 액
2009년 1월 30일	김경리 사무실 보증금 출자	4천만원		4천만원
	계약변경에 따른 추가 보증금 지급	1천만원		5천만원

(자동차)

일 자	적 요	증 가	감 소	잔 액
2009년 1월 30일	이갑부 승용차 출자	8백만원		8백만원

이처럼 재산 종류별 증가와 감소를 기록하는 방법은 현금출납부만 기록하는 것보다는 다소 앞서가는 방법이기는 하지만 기업의 모든 회계정보를 빠짐없이 기록하기에는 역부족이다. 즉, 기업은 재산뿐만 아니라 금융기관 등을 통해 빌려온 차입금, 거래처로부터 원재료 등을 외상으로 구매한 내용, 영업을 위해 사용한 각종 비용과 벌어들인 수익 등 많은 거래내용을 기록하여야 하는데, 이러한 다양한 회계거래를 재산의 종류별 증감계산만을 통해 정리하기란 쉽지 않기 때문이다. 이러한 이유로 인해 르네상스시대의 베니스에서 복식부기라는 방식이 발전되어 오늘날까지 이용되고 있다.

복식부기 방식이란 재산의 증감뿐만 아니라 그 재산이 누구로부터 어떤 이유로 들어오고 나갔는지를 밝히는 회계기록 방법이다. 이러한 복식부기 방식을 성공㈜에 적용한다면, 재산합계 1억 7천 3백만원은 세 사람이 출자해서 마련한 것이기 때문에 세 사람의 출자자 몫이라는 것을 표시하여야 한다. 이 때 이들 출자자의 몫을 표시할 수 있는 방법은 많겠지만 복식부기 방식에서는 계정이라는 것을 사용하여 자산, 출자자의 몫과 남에게 갚아야 할 채무를 기록하도록 한다.

계정(account)이라는 것은 기업의 자산이나 출자자의 몫인 자본, 남에게 갚아야 할 채무를 기록하기 위해 설정한 기록의 단위를 말하는 것으로 현금 증감을 기록하기 위한 현금계정의 예를 들면 아래의 <표 10-4>와 같다.

▌표 10-4▐ 현금계정

일 자	적 요	입 금	출 금	잔 액
2009년 1월 30일	출자금 납입	1억 2천만원		1억 2천만원
	은행 입금		1억 5백만원	1천 5백만원
	임차보증금 지급		1천만원	5백만원
	비품 구입대금 지급		3백만원	2백만원

위의 현금계정에서 증가와 감소부분을 따로 분리하여 표시하면 <표 10-5>와 같은 T자형의 계정을 그릴 수 있다.

❙표 10-5❙ T자형 현금계정

현 금					
1/30	출자금 (또는 자본금)	1억 2천만원	1/30	예금	1억 5백만원
			1/30	보증금	1천만원
			1/30	비품구입	3백만원

복식부기 방식에서는 거래요소에 따라 계정의 기록방법을 구분하고 있다. 거래요소란 계정과목의 범주에 따라 8가지의 형태로 나눌 수 있다. 우선 계정과목의 범주는 회계처리를 위해 거래의 요소를 5가지 형태로 나눈 것으로서, 자산(assets), 부채(liabilities), 자본(equity), 수익(revenue) 및 비용(expenses)이 이에 해당한다. 그리고 거래의 기록은 이들 계정과목 범주간의 결합방법에 따라 [그림 10-7]과 같이 이루어진다.

❙표 10-6❙ 거래요소간의 결합방법에 따른 회계거래의 기록

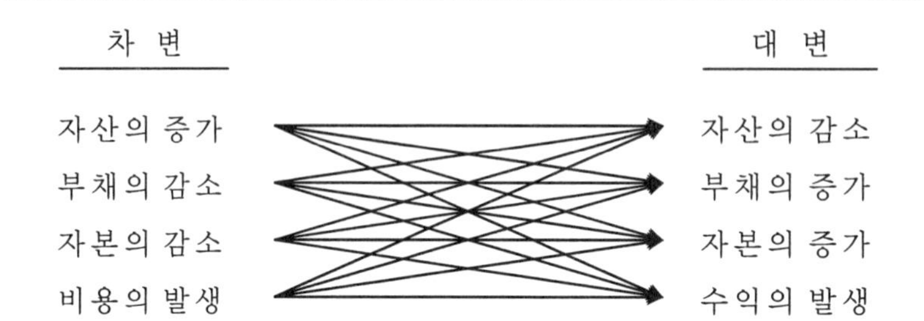

<표 10-6>에서 보는 바와 같이, 자산계정의 증가는 계정의 왼쪽(차변)에 기록하고 자본이나 부채계정의 증가는 오른쪽(대변)에 기록한다. 반대로 계정이 감소하게 되면 증가하는 쪽의 반대편에 기록한다. 즉, 자산의 감소는 오른쪽(대변), 부채와 자본의 감소는 왼쪽(차변)에 기록하여야 한다. 이러한 기록방법은 자금(자산)의 증가는 남으로부터 빌린 부채와 출자자(혹은 주주)가 출자한 자본으로 조달된다는 사실을 표시하기 위해 고안된 기록 방법이다.

(왼쪽: 차변) (오른쪽: 대변)

① 자산계정의 증가를 기록	① 자산계정의 감소를 기록
② 자본 및 부채계정의 감소를 기록	② 자본 및 부채계정의 증가를 기록

이러한 방법에 의해 성공(주)의 2009년 1월 30일 회계거래를 기록하면 다음과 같다.

(왼쪽: 차변) (오른쪽: 대변)

자산계정	1억 7천 3백만원	자본계정	1억 7천 3백만원

이 기록이 의미하는 것은 성공(주)의 자금이 1억 7천 3백만원 증가하였는데, 이는 출자자의 몫인 자본으로 조달되었다는 것이다. 이처럼 복식부기(double-entry book-keeping)는 자산의 변동 뿐만 아니라 이에 따른 자본 및 부채의 변동도 함께 기록할 수 있기 때문에 단식(single)이 아니라 복식(double)장부기록이라고 불리는 것이다. 1월 30일자의 거래를 자산 종류별 및 출자자별로 구분해 구체적으로 기록하면 다음과 같다.

(차변) (대변)

현금 자동차 컴퓨터 임차보증금	1억1천만원 8백만원 5백만원 5천만원	이갑부 출자금 박유행 출자금 김경리 출자금	5천 8백만원 5천 5백만원 6천만원
합계	1억 7천 3백만원	합계	1억 7천 3백만원

위의 기록에서 확인이 되듯이 계정을 더 세분하여 기록하더라도 차변계정의 합계액과 대변계정의 합계액은 동일하게 된다. 이처럼 복식부기에서 회계거래의 기록은 항상 차변과 대변의 금액이 같도록 되어있다. 2009년 2월 1일 김경리씨가 사업을 위해 필요하게 될 자금준비를 위해 은행에서 2천만원을 빌려 예금을 한 거래를 기록하여 보자.

(차변) (대변)

예금	2천만원	차입금	2천만원

이 기록은 성공㈜의 자금이 2천만원 증가하였는데 차입금이라는 부채의 증가로 조달되었음을 의미한다. 이처럼 기업의 자금인 자산이 부채와 자본으로부터 조달된다는 사실을 차변에는 자산계정의 증가로 대변에는 부채 및 자본계정의 증가로 기록하는 방식이 복식부기의 기록 방법이다. 이러한 관계를 등식으로 표현하면 다음과 같다.

자 산 = 부 채 + 자 본
(기업의 자금) (채권자 제공) (출자자 제공)

위 식은 기업이 소유하는 자산은 출자자가 출자한 자금인 자본과 남에게 빌려서 장래에 갚아야 할 부채로 조달하는 자금의 합계와 항상 같음을 의미하는 것으로 이를 회계등식(accounting equation) 또는 재무상태표등식(balance sheet equation)이라고 한다. 또한 이러한 등식의 결과로 나타나는 차변과 대변의 균형을 '대차평균의 원리'라고 한다.

성공㈜의 2009년 1월 30일자의 나머지 거래에 대해서도 회계기록을 해 보면 다음과 같다.

① 각 출자자의 현금 출자액을 예금한 회계거래에 대한 기록

(차변) (대변)

예 금	1억 5백만원	현 금	1억 5백만원

② 임대차계약내용의 변경에 따른 임차보증금 추가분 지급거래에 대한 기록

(차변) (대변)

임차보증금	1천만원	현 금	1천만원

③ 창업관련 경비지출에 대한 기록

(차변) (대변)

비 품	3백만원	현 금	3백만원

성공(주)의 회계기록에 대한 계정기록을 T계정에 의해 표시하면 아래와 같다.

현 금

1/30	출자금 (또는 자본금)	1억 2천만원	1/30	예금	1억 5백만원
			1/30	보증금	1천만원
			1/30	비품구입	3백만원

예 금

1/30	현금예입	1억 5백만원			
2/1	은행차입	2천만원			

차 입 금

			2/1	은행차입	2천만원

이갑부 출자금

			1/30	출자	5천 8백만원

박유행 출자금

			1/30	출자	5천 5백만원

김경리 출자금

			1/30	출자	6천만원

차 량 운 반 구

1/30	이갑부출자	8백만원			

비 품

1/30	박유행컴퓨터	5백만원			
1/30	책상등구입	3백만원			

임 차 보 증 금

1/30	김경리출자	4천만원			
1/30	현금	1천만원			

위의 각 계정의 왼쪽과 오른쪽에 남는 금액을 잔액(balance)이라고 하는데, 이를 하나의 표에 집계하면 잔액표(balance sheet)가 되는데, 이를 '재무상태표'라고 한다. 성공㈜의 계정잔액을 집계한 재무상태표는 다음과 같다.

재무상태표

(차변) 성공㈜ 2009년 2월 1일 현재 (대변)

계정과목	금액	계정과목	금액
현금	2백만원	차입금	2천만원
예금	1억 2천 5백만원	이갑부 출자금	5천 8백만원
임차보증금	5천만원	박유행 출자금	5천 5백만원
차량운반구	8백만원	김경리 출자금	6천만원
비품	8백만원		
자산총계	1억 9천 3백만원	부채 및 자본총계	1억 9천 3백만원

위에 표시된 재무상태표가 제공하는 정보내용은 2009년 2월 1일 현재 성공㈜가 보유한 총자산은 1억 9천 3백만원으로 이 중 2천만원은 차입금으로 조달되었고 나머지 1억 7천 3백만원은 세 사람의 출자자로부터 조달되었음을 보여주는 것이다.

5.2 회계의 순환과정

앞에서 언급하였듯이 회계기록의 대상은 기업의 자산이나 부채 및 자본에 변동을 가져오는 사건 중 화폐로 측정이 가능한 회계거래에 국한된다. 회계거래를 기록하는 방법에는 여러 가지가 있으나 복식부기가 가장 널리 이용되며, 복식부기에 의한 기록방법은 자산의 변동뿐만 아니라 자금이 누구로부터 조달되었는지를 표시하기위해 자본과 부채의 변동도 기록하는 것이며, 계정을 이용하여 회계기록을 한다.

이러한 이해를 바탕으로 회계거래가 발생할 경우 해당 거래를 기록하는 것에서부터 최종적인 회계보고서를 작성하여 회계정보를 제공하기까지의 일련의 과정을 살펴보기로 하자.

1) 회계의 순환과정

회계의 순환과정(accounting cycle)이란 회계거래가 발생하면 이를 장부에 기록하고, 분류 및 요약하여 최종적으로 재무제표(financial statements)를 작성하기까지의 일련의 과정을 매 회계기간마다 반복해서 하는 것을 말한다.

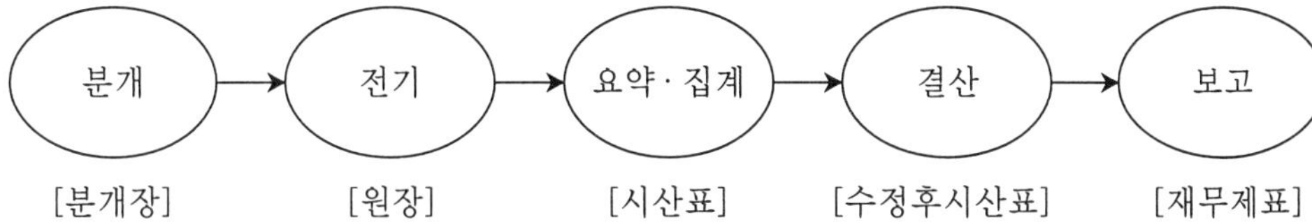

▌그림 10-3▐ 회계의 순환과정

제1단계는 경영활동이나 경제적 사건이 발생하였을 때 회계담당자가 회계기록의 대상이 되는 사건을 확인하고 이를 분개장에 일자별로 기록하는 단계(분개)이다.

제2단계는 분개장에 기록된 거래를 같은 종류의 자산이나 부채 및 자본의 계정별(ex. 현금, 예금, 상품 등)로 분류하여 원장에 기입하는 단계(원장전기)이다.

제3단계는 원장에 기록된 모든 계정에 대해 기말시점의 잔액을 계산하고, 그 잔액을 계정과목별로 하나의 표로 모으는 단계(시산표작성)이다. 이러한 계정과목별 잔액을 집계한 표를 '시산표'라고 하며, 시산표에는 각 계정별 잔액이 요약 표시된다.

제4단계는 시산표의 계정과목 중 회계기준 등에서 정하는 바에 따라 자산, 부채 및 자본계정을 별도로 구분하여 '재무상태표'를 작성하고, 수익과 비용에 해당하는 계정과목을 구분하여 '손익계산서'를 작성하는 단계(결산 및 재무제표 작성)이다.

2) 회계거래의 첫 기록단계 : 분개

앞에서 언급하였듯이 회계거래는 복식부기에 의해 계정을 이용하여 기록된다. 하지만 회계거래가 발생되면 해당계정에 기입되기 전에 거래의 역사를 일기를 쓰듯이 발생한 순서에 따라 기록한다. 이처럼 거래가 발생하면 각 거래를 어느 계정의 어느 쪽에 기록할 것인지를 결정하고 기록하는 것을 '분개(journal entry)'라고 한다. 성공㈜의 1월 30일자 임차보증금 1천만원 추가지급에 대해 앞에서 다음과 같이 기록하였다.

(차변) (대변)

임차보증금	1천만원	현　금	1천만원

위의 분개가 기록되는 원리는 임차보증금이라는 자산이 증가하였기 때문에 임차보증금계정의 왼쪽에 1천만원을 기록하고 현금이라는 자산이 감소하였기 때문에 현금계정의 오른쪽에 1천만원을 기록한 것이다. '임차보증금'이란 임대차계약기간이 만료되고 사무실을 이전할 경우 성공㈜가 임대인으로부터 돌려받을 권리를 가진 것이므로 자산에 해당된다. 우리가 지금까지 사용해 온 재산이라는 말은 일반적으로 돈 가치가 있는 채권, 재산권 등을 일컫는 것으로, 회계에서는 재산이라는 말 대신에 자산(asset)이라는 말을 사용한다. 재산과 자산은 엄격한 의미에서는 차이가 나지만 여기서는 같은 의미로 사용하기로 한다. 또한 회계거래의 기록을 설명하기 위해 지금까지 사용했던 왼쪽과 오른쪽이 회계에서는 각각 차변(debit)과 대변(credit)으로 불린다. 따라서 지금부터는 왼쪽, 오른쪽 대신에 차변, 대변으로 설명하기로 한다.

분개는 전통적으로 분개장(journal)이라는 회계장부를 주로 이용하였지만 회계관련 전산시스템의 발달로 현재는 장부 대신에 전표(journal voucher)에 기록하는 것이 일반화 되어있다. 그리고 분개는 발생된 거래를 빠짐없이 기록하기 위해 거래의 발생순서에 따라 기록한다.

이러한 기본적 이해를 바탕으로 2월중 성공㈜에 다음과 같은 거래가 발생하였다고 할 경우 이에 대한 분개를 해보자.

☑ 2월 25일 : 사이버라는 PC방에 대한 인테리어공사를 완성하고 대금 ₩25,000,000을 받아 예금하였다.

☑ 2월 28일 : 세 사람의 월급으로 각각 ₩1,500,000을 지급하고 임차료 ₩300,000과 차입금이자 ₩400,000을 예금을 인출하여 지급하였다.

[2월 25일 거래에 대한 분개]

(차변)		(대변)	
예 금	2천 5백만원	매 출	2천 5백만원

[2월 28일 거래에 대한 분개]

(차변)		(대변)	
급 여	4백 5십만원	예 금	5백 2십만원
지급임차료	3십만원		
이 자 비 용	4십만원		

위의 2월중 거래는 기업의 수익·비용과 관련된 부분으로 결산시점에서 이들 수익과 비용은 이익잉여금으로 대체되어 재무상태표의 자본항목의 일부가 된다. 즉 기업의 많은 활동들은 이윤창출을 목적으로 행해지며, 그 결과 얻어지는 이윤은 출자자, 즉 기업 소유주의 몫이 되는 것이다. 따라서 수익에서 비용을 차감한 이윤이 기업 소유주(출자자 또는 주주)의 몫인 자본으로 대체되며, 이 때의 계정과목이 이익잉여금이며, 이 계정은 자본에 속한다. 이에 따라 위의 2월중 손익거래에 대한 내용을 정리하여 이익잉여금 계정으로 대체하면 다음과 같다.

(차변)		(대변)	
매 출	2천 5백만원	급 여	4백 5십만원
		지급임차료	3십만원
		이 자 비 용	4십만원
		이익잉여금	1천 9백 8십만원

3) 회계거래의 원장기록

회계장부(books)는 회계기록을 위한 장부로 크게 분개장(journal)과 원장(ledger)이 있으며, 분개장은 회계거래가 발생하면 그 발생순서에 따라 거래를 기록하는 장부이고, 원장은 자산, 부채 및 자본의 상세 계정이 있는 장부이다. 회계거래의 원장기록은 앞 단계에서 분개한 회계거래의 내용을 원장의 해당되는 각 계정에 옮기는 것으로, 이를 '전기(posting)'라 한다.

회계거래를 해당되는 계정에 기록함으로써 각 계정을 통해 증가와 감소가 기록되고, 자산·부채 및 자본의 변동이 어떻게 일어났으며 잔액이 얼마인지를 확인할 수 있게 된다. 따라서 회계거래를 원장에 기록하는 것은 회계기록의 중심 활동이다. 성공㈜의 현금계정과 예금계정에 대한 원장전기를 예로 들면 다음과 같다.

현　금

날짜	적요	금액	날짜	적요	금액
1/30	출자금 (또는 자본금)	1억 2천만원	1/30	예금	1억 5백만원
			1/30	보증금	1천만원
			1/30	비품구입	3백만원
	월말잔액	2백만원	1/31	차월이월	2백만원
		1억 2천만원			1억 2천만원

예　금

날짜	적요	금액	날짜	적요	금액
1/30	현금예입	1억 5백만원	1/31	차월이월	1억 5백만원
	월말잔액	1억 5백만원			
		1억 5백만원			1억 5백만원
2/1	전월이월	1억 5백만원	2/28	제좌(*)	5백 2십만원
2/1	은행차입	2천만원			
2/25	매출	2천 5백만원			

(*) '제좌'는 계정과목 명칭은 아니지만 기록의 편의를 위해 상대 계정과목 수가 둘 이상일 경우 해당 계정과목을 모두 열거하지 않고 통합하여 표시하기 위한 것으로, 각 원장상의 계정과목란에 '제좌'라는 표시가 있을 경우는 해당 회계거래의 성격이 복합거래라고 이해하면 될 것임.

위의 원장전기 예에서 2009년 1월 31일의 현금계정 차변합계는 1억 2천만원이고 대변합계는 1억 1천 8백만원으로 차변합계가 대변합계보다 2백만원이 더 많음을 확인할 수 있으며, 이 잔액이 1월 31일 현재 성공㈜의 현금 잔액임을 알 수 있다. 또한, 예금계정 차변합계가 1억 1천만원으로 대변합계보다 1억 1천만원이 많으며, 이것이 1월 31일 현재 예금잔액이 된다.

4) 시산표의 작성

모든 회계거래가 원장에 전기가 되면 각 계정의 잔액(balance)을 확인하여 회계보고서인 재무제표를 작성할 수 있다. 하지만 일반적으로 재무제표를 작성하기 전에 모든 회계거래가 각 계정에 빠짐없이 정확하게 전기 되었는가를 확인하기위해 각 계정의 합계나 잔액을 한 곳에 집계하게 되는데, 이렇게 각 계정의 합계나 잔액을 모은 요약표를 시산표(trial balance)라고 한다. 시산표를 재무제표에 앞서 작성하는 이유는 다음과 같다.

(1) 시산표상의 차변합계와 대변합계가 일치하는지를 확인하기 위한 것이다. 즉, 모든 거래는 차변과 대변에 같은 금액이 동시에 기록되므로 각 계정을 모은 합계도 차변과 대변이 일치해야 한다.

(2) 재무제표의 작성을 보다 쉽게 할 수 있게 하기위한 것으로, 시산표에는 모든 계정의 잔액이 요약 집계되므로 재무제표를 바로 작성하는 것에 비해 오류를 줄일 수 있다.

성공㈜의 각 계정잔액을 집계한 시산표는 다음과 같이 작성된다.

(잔 액) 시 산 표

성공㈜ 2009년 2월 28일 현재 (단위 : 원)

계 정 과 목	차 변	대 변
현금	2,000,000	
예금	144,800,000	
임차보증금	50,000,000	
차량운반구	8,000,000	
비품	8,000,000	
차입금		20,000,000
이갑부 출자금		58,000,000
박유행 출자금		55,000,000
김경리 출자금		60,000,000
매출		25,000,000
급여	4,500,000	
지급임차료	300,000	
이자비용	400,000	
합계	218,000,000	218,000,000

5) 재무제표의 작성 : 재무정보의 전달수단

회계순환과정의 마지막 단계는 전단계에서 작성한 시산표를 기초로 기업회계기준이 정하는 양식에 따라 자산, 부채 및 자본계정을 정리하여 재무상태표를 작성하고 수익 및 비용계정을 정리하여 손익계산서를 작성하는 것이다.

성공㈜의 재무상태표와 손익계산서를 작성하면 다음과 같다.

재 무 상 태 표

성공㈜ 2009년 2월 28일현재 (단위 : 원)

계 정 과 목	금 액	계 정 과 목	금 액
자 산		부 채	
현 금	2,000,000	차 입 금	20,000,000
예 금	144,800,000	부 채 총 계	20,000,000
임 차 보 증 금	50,000,000	자 본	
차 량 운 반 구	8,000,000	자 본 금	173,000,000
비 품	8,000,000	이 익 잉 여 금	19,800,000
		자 본 총 계	192,800,000
자 산 총 계	212,800,000	부 채 및 자 본 총 계	212,800,000

손 익 계 산 서

성공㈜ 2009년 1월 30일부터 2009년 2월 28일까지 (단위:원)

계 정 과 목	금 액	
I. 수 익		
매 출		25,000,000
II. 비 용		5,200,000
급 여	4,500,000	
지급 임차료	300,000	
이 자 비 용	400,000	
III. 당 기 순 이 익		19,800,000

위의 재무상태표는 성공㈜의 2009년 2월 28일 현재 시점의 총자산이 ₩212,800,000이며, 이는 차입금 ₩20,000,000과 출자자의 출자금 ₩173,000,000 및 영업활동으로 얻은 이익 ₩19,800,000으로 조달된 것임을 나타내고 있다. 이처럼 재무상태표(balance sheet, B/S)는 일정시점에서의 기업의 재무상태를 나타내며, 앞에서 설명하였듯이 회계등식인 [자산 = 부채 + 자본]을 그대로 보여주고 있다. 그리고 세 사람의 출자자가 출자한 출자금을 자본금이라는 하나의 계정으로 통합하였다.

손익계산서(Income statement, I/S)는 일정기간 동안 기업의 영업활동 결과 얼마의 수익이 창출되었으며, 이러한 수익창출을 위해 얼마의 비용이 발생하였는지를 대비하여 그 기간 동안의 당기순이익이 얼마인지를 보여주는 재무제표이다.

6) 사례연습 : 회계의 순환과정에 대한 이해

지금까지 설명한 회계의 순환과정을 가상의 기업인 인제㈜의 설립시점부터 발생한 회계거래를 통해 살펴보도록 하자.

(1) 회계거래 내역

① **1월 1일** : 2009년 1월 1일에 인제㈜는 액면 5,000원의 주식 1,000주를 발행하여 설립되었다. 설립시점에 주주들이 발행주식 전부를 인수하고 인제㈜에 현금 5백만원을 납입하였으며, 인제㈜는 동 납입액 중 400만원을 회사의 주거래은행인 두나은행에 예금하고 나머지는 지출을 위해 현금으로 보유하였다.

② **1월 5일** : 비품을 300,000에 구입하였는데, 대금 중 150,000원은 현금으로 지급하고 나머지는 2개월 후에 지급하기로 하였다.

③ **1월 10일** : 두나은행에서 150만원을 차입하여 예금하였다.

④ **1월 15일** : F-MART에 2년간 택배서비스를 제공하기로 약정하고, 이 날 요청된 택배서비스를 완료하고 대금 550,000원을 현금으로 수령하여 예금하였다.

⑤ **1월 20일** : F-MART의 택배서비스 제공대가 200만원을 현금으로 수령하여 은행에 예금하였다.

⑥ **1월 25일** : F-MART의 택배용역 제공대가 180만원을 현금으로 수령하였으며, 1월분 급여 150만원을 현금으로 지급하였다.

⑦ **1월 28일** : 소모품을 50,000원에 현금 구입하였다.

⑧ **1월 31일** : F-MART에 제공한 택배용역에 대한 대가 250만원 중 150만원을 현금 수령하고, 나머지 잔액은 다음달에 받기로 하였으며, 1월분 사무실 및 차고 임차료 800,000원을 현금으로 지급하였다.

(2) 거래의 분석 및 분개

① 1월 1일 [자본금의 납입]

자산(현금)이 500만원 증가 → 현금계정 차변에 기록

자본(자본금)이 500만원 증가 → 자본금계정 대변에 기록

(차변) 현 금 5,000,000 (대변) 자본금 5,000,000

자산(예금)이 400만원 증가 → 예금계정 차변에 기록
자산(현금)이 400만원 감소 → 현금계정 대변에 기록

(차변) 예 금 4,000,000 (대변) 현 금 4,000,000

② 1월 5일 [비품의 구입]

자산(비품)이 30만원 증가 → 비품계정 차변에 기록
자산(현금)이 15만원 감소 → 현금계정 대변에 기록
부채(미지급금)이 15만원 증가 → 미지급금계정 대변에 기록

(차변) 비 품 300,000 (대변) 현 금 150,000
미지급금 150,000

③ 1월 10일 [자금의 차입]

자산(예금)이 150만원 증가 → 예금계정 차변에 기록
부채(차입금)이 150만원 증가 → 차입금계정 대변에 기록

(차변) 예 금 1,500,000 (대변) 차입금 1,500,000

④ 1월 15일 [용역의 매출]

자산(예금)이 55만원 증가 → 예금계정 차변에 기록
수익(매출)이 55만원 증가(또는 발생) → 매출계정 대변에 기록

(차변) 예 금 550,000 (대변) 매 출 550,000

⑤ 1월 20일 [용역의 매출]

자산(예금)이 200만원 증가 → 예금계정 차변에 기록
수익(매출)이 200만원 증가(또는 발생) → 매출계정 대변에 기록

(차변) 예 금 2,000,000 (대변) 매 출 2,000,000

⑥ 1월 25일 [용역의 매출 및 급여지급]

자산(현금)이 180만원 증가 → 현금계정 차변에 기록
수익(매출)이 180만원 증가(또는 발생) → 매출계정 대변에 기록

(차변) 예 금 1,800,000 (대변) 매 출 1,800,000

비용(급여)이 150만원 증가(또는 발생) → 급여계정 차변에 기록
자산(현금)이 150만원 감소 → 현금계정 대변에 기록

(차변) 급 여 1,500,000 (대변) 현 금 1,500,000

⑦ **1월 28일 [소모품의 구입]**

비용(소모품비)이 5만원 증가 → 소모품비계정 차변에 기록
자산(현금)이 5만원 감소 → 현금계정 대변에 기록

(차변) 소모품비 50,000 (대변) 현 금 50,000

⑧ **1월 31일 [용역의 매출 및 임차료 지급]**

자산(현금)이 150만원 증가 → 현금계정 차변에 기록
자산(매출채권)이 100만원 증가 → 매출채권계정 차변에 기록
수익(매출)이 250만원 증가 → 매출계정 대변에 기록

(차변) 현 금 1,500,000 (대변) 매 출 2,500,000
매출채권 1,000,000

비용(지급임차료)이 80만원 증가 → 지급임차료계정 차변에 기록
자산(현금)이 80만원 감소 → 현금계정 대변에 기록

(차변) 지급임차료 800,000 (대변) 현 금 800,000

(3) 원장전기

분개가 완료되면 각 계정별 원장에 회계거래를 기록하여야 하며, 각 계정별 원장은 계정과목 코드순서로 배열된다. 위의 분개를 원장에 전기하면 다음과 같다.

현 금 계정코드 111

월	일	적 요	차 변	대 변	잔 액
1월	1일	자본금 납입	5,000,000		5,000,000
		은행예입		4,000,000	1,000,000
	5일	비품의 구입		150,000	850,000
	25일	용역매출	1,800,000		2,650,000
		급여지급		1,500,000	1,150,000
	28일	소모품 구입		50,000	1,100,000
	31일	용역매출	1,500,000		2,600,000
		임차료지급		800,000	1,800,000

매 출 채 권 계정코드 115

월	일	적 요	차 변	대 변	잔 액
1월	31일	용역매출	1,000,000		1,000,000

예 금 계정코드 112

월	일	적 요	차 변	대 변	잔 액
1월	1일	현금예입	4,000,000		4,000,000
	10일	은행차입	1,500,000		5,500,000
	15일	용역매출	550,000		6,050,000
	20일	용역매출	2,000,000		8,050,000

비 품 계정코드 121

월	일	적 요	차 변	대 변	잔 액
1월	5일	비품구입	300,000		300,000

미 지 급 금 계정코드 215

월	일	적 요	차 변	대 변	잔 액
1월	5일	비품구입		150,000	150,000

차 입 금 계정코드 218

월	일	적 요	차 변	대 변	잔 액
1월	10일	은행차입		1,500,000	1,500,000

자 본 금 계정코드 311

월	일	적 요	차 변	대 변	잔 액
1월	1일	주식 1,000주발행		5,000,000	5,000,000

매 출 계정코드 511

월	일	적 요	차 변	대 변	잔 액
1월	15일	택배용역		550,000	550,000
	20일	택배용역		2,000,000	2,550,000
	25일	택배용역		1,800,000	4,350,000
	31일	택배용역		2,500,000	6,850,000

급 여 계정코드 811

월	일	적 요	차 변	대 변	잔 액
1월	25일	1월 급여지급	1,500,000		1,500,000

소 모 품 비 계정코드 817

월	일	적 요	차 변	대 변	잔 액
1월	28일	소모품구입	50,000		50,000

지 급 임 차 료 계정코드 825

월	일	적 요	차 변	대 변	잔 액
1월	31일	1월분 임차료	800,000		800,000

(4) 시산표의 작성

일정기간(회계단위기간) 동안의 각 계정에 대한 원장 전기가 종료되면 각 계정의 차변금액과 대변금액의 합계가 일치하는지를 확인하고 재무제표의 작성을 보다 쉽게 하기위해 시산표(trial balance)를 작성한다. 시산표는 각 계정의 합계 및 잔액 또는 잔액을 그대로 요약된 표로 집계하는 것으로, 위의 원장 전기 내용을 기초로 시산표를 작성하면 다음과 같으며, 시산표의 차변과 대변의 합계금액이 일치함을 확인할 수 있다.

시 산 표

인제㈜ 2009년 1월 31일 (단위: 원)

계정과목	차변	대변
현금	1,800,000	
예금	8,050,000	
매출채권	1,000,000	
비품	300,000	
미지급금		150,000
차입금		1,500,000
자본금		5,000,000
매출		6,850,000
급여	1,500,000	
소모품비	50,000	
지급임차료	800,000	
합계	13,500,000	13,500,000

(5) 수정분개 : 결산정리사항

발생주의회계에서는 수익이나 비용 중 둘 이상의 회계기간에 영향을 미치는 거래에 대해서는 각 회계기간에 실현된 수익에 대해 현금 등을 수취하지 않았다 하더라도 이를 당해 기간의 수익으로 기록하며, 비용에 대해서도 수익에 대응시키기 위해 결산시점에서 현금이 지출되지 않았더라도 비용으로 기록하여야 한다. 때문에 결산시점에서 이러한 형태의 거래가 존재하는 경우는 반드시 이를 결산에 반영하여야 하며, 이를 위해 수정분개를 행하여야 한다. 인제㈜의 결산일은 1월 31일이며, 이 시점에서 다음과 같은 사실이 확인되었다고 가정하고 결산정리 작업을 수행해 보도록 하자.

(5-1) 결산정리사항

① 1월 중에 차입한 은행 차입금에 대한 이자 25,000원을 아직 지급하지 않았다.

② 비품은 3년간의 경제적 내용연수 동안 사용이 가능할 것으로 추정되며 경제적 내용연수가 경과한 후에는 아무런 가치가 없을 것으로 추정된다. 그리고 인제㈜는 비품에 대해 정액법으로 감가상각한다.

③ 1월 28일에 구입한 소모품 중 25,000원이 미사용으로 남아있다.

(5-2) 수정분개

① 차입금 이자 미지급분

비용(이자비용)이 25,000원 증가 → 이자비용계정 차변에 기록

부채(미지급이자)가 25,000원 증가 → 미지급이자계정 대변에 기록

(차변) 이자비용 25,000 (대변) 미지급이자 25,000

② 비품의 감가상각

자산(비품)이 100,000원 감소 → 비품계정 대변에 기록

비용(감가상각비)이 100,000원 증가 → 감가상각비 계정 차변에 기록

(차변) 감가상각비 10 ,000 (대변) 비 품 100,000

③ 미사용 소모품

자산(소모품)이 25,000원 증가 → 소모품계정 차변에 기록

비용(소모품비)가 25,000원 감소 → 소모품비계정 대변에 기록

(차변) 소모품 25,000 (대변) 소모품비 25,000

(6) 수정후시산표의 작성

기중 거래 이외의 위와 같은 결산정리사항의 반영을 위해 앞에서 행한 수정분개를 반영한 계정잔액을 재정리하여 시산표를 작성하게 되는데, 이를 수정후시산표라 하며, 인제㈜의 결산정리사항에 대한 수정분개를 반영한 수정후시산표는 다음과 같이 작성된다.

(수정후) 시 산 표

인제㈜ 2009년 1월 31일 (단위: 원)

계정과목	차변	대변
현금	1,800,000	
예금	8,050,000	
매출채권	1,000,000	
소모품	25,000	
비품	200,000	
미지급금		150,000
미지급이자		25,000
차입금		1,500,000
자본금		5,000,000
매출		6,850,000
급여	1,500,000	
소모품비	25,000	
감가상각비	100,000	
지급임차료	800,000	
이자비용	25,000	
합계	13,525,000	13,525,000

(7) 재무제표의 작성

위의 수정 후 시산표를 이용하여 손익계산서와 재무상태표를 작성하게 되는데, 손익계산서는 수익과 비용 항목을 정리하여 작성하는 재무제표이며, 재무상태표는 자산, 부채 및 자본 항목을 정리하여 작성하는 재무제표이다. 인제㈜의 수정후시산표에 의한 손익계산서와 재무상태표를 작성하면 다음과 같다.

일반적으로 손익계산서를 먼저 작성하고 난 후 재무상태표를 작성하게 되는데, 이는 위에서 설명하였듯이 손익계산서상의 당기순이익이 재무상태표의 자본 항목인 이익잉여금계정을 증가시키기 때문이다. 재무상태표에 표시되는 이익잉여금은 전기로부터 이월된 기초이익잉여금에 당기 발생 순이익을 가산하고 주주총회의 의결에 따라 처분되는 각종 적립금 및 배당금을 차감한 후의 잔액으로, 인제㈜는 설립 후 처음으로 하는 결산이므로 기초이익잉여금이 없다.

손 익 계 산 서

인제㈜ 2009년 1월 01일부터 2009년 1월 31일까지 (단위:원)

계 정 과 목	금 액	
Ⅰ. 수 익		
매 출		6,850,000
Ⅱ. 비 용		
급 여	1,500,000	
소 모 품 비	25,000	2,450,000
감 가 상 각 비	100,000	
지 급 임 차 료	800,000	
이 자 비 용	25,000	
Ⅲ. 당 기 순 이 익		4,400,000

그리고 발생한 이익에 대해 아무런 처분이 없었다고 가정할 경우 인제㈜의 2009년 1월 31일 현재의 재무상태표는 다음과 같게 된다.

재 무 상 태 표

인제㈜ 2009년 1월 31일 현재 (단위 : 원)

자 산		부 채	
현 금	1,800,000	미 지 급 금	150,000
예 금	8,050,000	미 지 급 이 자	25,000
매 출 채 권	1,000,000	차 입 금	1,500,000
소 모 품	25,000	부 채 총 계	1,675,000
비 품	200,000	자 본	
		자 본 금	5,000,000
		이 익 잉 여 금	4,400,000
		자 본 총 계	9,400,000
자 산 총 계	11,075,000	부채 및 자본총계	11,075,000

(8) 마감분개와 장부마감

모든 거래에 대한 기록과 재무제표의 작성이 완료되면 원장을 마감하는 분개를 하여야 한다. 계정 중 수익 및 비용계정은 집합손익계정으로 옮기는 마감분개를 하여 해당 각 계정의 잔액이 '0'이 되게 하고, 자산·부채 및 자본은 잔액이 있는 반대편에 해당 잔액을 '차기이월'이라고 표시하여 계정잔액이 '0'이 되게 한 후 마감한다.

① 수익과 비용계정의 마감

[수익계정의 마감]

(차변)	매 출	6,850,000	(대변)	집합손익	6,850,000

[비용계정의 마감]

(차변)	집합손익	2,450,000	(대변)	급 여	1,500,000
				소 모 품 비	25,000
				감가상각비	100,000
				지급임차료	800,000
				이 자 비 용	25,000

위의 마감분개에서 매출잔액 6,850,000원이 대변에 있고 이를 집합손익계정의 대변으로 옮기기 위해 매출계정 차변에 동 잔액을 기록하여 매출계정을 '0'이 되게 한다. 비용 또한 각 계정의 잔액이 차변에 있기 때문에 이를 집합손익계정의 차변으로 옮기기 위해 각 비용계정의 대변에 해당 잔액을 기록함으로써 계정의 잔액이 '0'이 되게 한다. 매출계정을 T계정형식으로 보면 이러한 사실을 쉽게 파악할 수 있다.

매 출 (계정코드 511)

1/31	집합손익	6,850,000	1/15	550,000
			1/20	2,000,000
			1/25	1,800,000
			1/31	2,500,000
		6,850,000		6,850,000

② 자산·부채 및 자본계정의 마감

자산·부채 및 자본계정에 대한 마감을 현금과 예금계정의 T계정형식을 통해 살펴보자.

예　　금 계정코드 112

월	일	적　　요	차 변	대 변	잔 액
1월	1일	현 금 예 입	4,000,000		4,000,000
	10일	은 행 차 입	1,500,000		5,500,000
	15일	용 역 매 출	550,000		6,050,000
	20일	용 역 매 출	2,000,000		8,050,000
	31일	차 월 이 월		8,050,000	0
합　계			8,050,000	8,050,000	
2월	1일	전 월 이 월	8,050,000		8,050,000

현　　금 계정코드 111

월	일	적　　요	차 변	대 변	잔 액
1월	1일	자본금 납입	5,000,000		5,000,000
		은 행 예 입		4,000,000	1,000,000
	5일	비품의 구입		150,000	850,000
	25일	용 역 매 출	1,800,000		2,650,000
		급 여 지 급		1,500,000	1,150,000
	28일	소모품 구입		50,000	1,100,000
	31일	용 역 매 출	1,500,000		2,600,000
		임차료지급		800,000	1,800,000
	31일	차 월 이 월		1,800,000	0
합　계			8,300,000	8,300,000	
2월	1일	전 월 이 월	1,800,000		1,800,000

장부의 마감이 종료되면 한 회계기간의 회계기록이 마감되고 새로운 회계기간에 대한 회계기록이 시작되며, 이러한 과정이 매 회계기간마다 반복되어 진다. 이를 회계의 순환과정이라고 한다.

제6절 회계정보와 재무제표

6.1 재무제표

회계의 목적은 기업의 이해관계자들이 경제적 의사결정을 할 때 유용하게 사용할 수 있는 회계정보를 제공하는 것이다. 그러나 기업의 이해관계자들이 요구하는 정보내용은 각자의 입장에 따라 서로 다르기 때문에 기업이 정보를 제공할 때 누구에게 어떤 정보를 얼마나 상세하게 제공하여야 할 것인지에 대한 문제가 제기될 수 있다. 하지만 이들이 요구하는 정보를 기업이 일일이 원하는 만큼 제공해 준다는 것은 현실적으로 불가능한 일이다. 이러한 문제를 최소화하기 위해서 기업은 투자자나 채권자, 기타 이해관계자들의 공통된 관심사에 해당될 수 있는 기본적이면서 중요한 재무정보를 일정한 기준에 따라 요약하여 보고하는데, 이렇게 작성된 보고서를 재무제표(financial statements)라고 한다. 재무제표는 유사한 성격을 지닌 회계거래를 요약하여 일정한 양식에 따라 정기적으로 공시되는 것으로 정보이용자들이 쉽게 이용할 수 있으며, 내용면에서도 많은 이해관계자들이 공통적으로 요구하는 핵심적인 정보내용을 담고 있기 때문에 대부분의 정보이용자의 의사결정을 위한 정보요구를 충족시킬 수 있다. 이러한 재무제표의 주요 정보내용에는 재무상태(financial position), 경영성과, 자본변동내역, 현금흐름 등과 같은 것이 있다.

'재무상태(financial position)'란 일정시점에서 기업이 보유하고 있는 재산상태를 말하는 것으로, 기업이 보유하는 자산과 이에 필요한 자금의 조달원천인 부채 및 자본의 상태를 말한다. 즉, 기업이 보유하고 있는 재산 중 현금이나 매출채권, 재고자산 등이 얼마나 되고, 생산이나 영업활동을 지원하기 위해 보유하고 있는 토지나 건물, 기계설비 등은 얼마나 되며, 이를 위해 조달한 장·단기의 부채와 자기자본이 얼마나 되는지에 관한 정보를 말한다.

경영성과는 일정기간 동안의 영업활동 결과 어느 정도의 수익을 얻었고, 이를 위해 얼마의 비용이 소요되었으며, 그 결과 순이익이나 순손실이 얼마나 되는지를 나타내는 정보내용이며, 자본의 변동내용은 일정기간동안 기업의 자본금, 자본잉여금 및 이익잉여금이 어떻게 변동되었는지를 나타내는 정보내용으로, 유상증자 등에 의한 자본금 및 자본잉여금의 변동, 이익잉여금의 처분내역 등에 대한 정보이다.

그리고 기업이 공시하는 재무제표에는 일정기간 동안 기업이 현금을 어떻게 조달하여 어떻게 사용하였는지에 대한 정보가 담겨있으며, 현금흐름에 대한 정보내용을 크게 세 가지로 구분하여 제공하고 있다. 이에 대해서는 현금흐름표에서 설명하기로 한다.

현행 기업회계기준에서는 정보이용자들에게 제공되는 기본적인 재무제표로 재무상태표, 손익계산서, 자본변동표와 현금흐름표의 4가지를 규정하고 있으며, 이들 재무제표에는 위에서 설명된 4가지의 정보내용이 담겨있다. 이들 재무제표 각각에 대해 살펴보면 다음과 같다.

6.2 재무상태표 : 재무상태보고서

재무상태표(balance sheet, B/S)는 일정시점에서의 기업의 재무상태를 요약하여 표시한 재무제표로, 재무상태표의 정보내용을 간단히 표현하면 아래의 표와 같이 '자금의 조달' 측면과 '자금의 운용' 측면으로 나눌 수 있다.

자산(assets)은 기업이 영업활동을 수행하기 위해 소유하고 있는 재화나 권리를 포함한 기업의 경제적 자원(economic resources)을 나타낸다. 즉, 기업은 현금, 원재료, 기계, 공장건물 등을 사용하여 제품을 생산하여 수익을 창출하게 되는데, 이렇게 미래의 수익창출에 기여할 수 있는 잠재력을 가진 경우에만 자산으로 인정된다.

부채(liabilities)는 금융기관 등으로부터 현금을 빌리거나 거래처로부터 상품이나 제품 등과 같은 재화나 용역을 제공받고 대가를 나중에 지급하기로 함으로써 미래에 갚아야 할 경제적 의무(obligations)를 말하는 것으로, 채권자로부터 미래에 원금과 이자를 갚는 조건으로 빌린 차입금이나 구입한 재화나 용역의 대금을 나중에 지급하기로 한 경우의 대금지급의무 등이 이에 속한다.

자본(owners' equity)은 기업의 소유주가 투자한 자금과 영업활동을 통해 증가된 자금의 합으로, 자산에서 부채를 뺀 나머지 몫을 말하며 이를 '순자산(net assets)'

표 10-9 재무상태표의 구조

자금의 운용	자금의 조달
자 산	부채(타인자본) 자본(자기자본)

또는 '잔여지분(residual equity)'이라고도 한다. 이는 기업의 소유주가 당초 투자한 금액과 영업활동으로 증가한 '이익잉여금'으로 구성된다.

기업은 사업목적을 달성하기 위해 여러 종류의 자산을 보유하게 되고, 경영활동 과정에서 다양한 거래관계가 복잡하게 얽히면서 많은 권리·의무관계를 가지게 된다. 또한, 기업이 보유하고 있는 자산이나 부채의 종류는 그 사업의 성격에 따라 매우 다양하게 구성되게 되는데 이를 일정한 원칙이 없이 마구 나열하게 되면 정보이용자들이 이를 이용하는데 있어 매우 혼란스러울 것이다. 따라서 기업회계기준에서는 이러한 문제에 대한 해결방법으로 재무상태표 표시방법을 '유동성 배열'에 따르도록 하고 있다. '유동성 배열'이란 현금으로 전환되는 속도가 빠른 순서대로 자산과 부채를 표시하는 방법을 말하며, 기업회계기준은 기업간이나 개인간에 별다른 제약없이 경제적인 부를 주고 받을 수 있는 재산이 현금이기 때문에 현금화할 수 있는 속도가 빠른 순서대로 유사한 성질의 자산이나 부채를 모아서 보고하는 이 방법을 채택하고 있다. 일반적으로 1년을 기준으로 하여 유동성과 비유동성을 구분한다. 따라서 1년 이내에 현금화할 수 있는 자산과 부채를 유동성 자산 또는 유동성 부채라 하고 1년 이후에 현금화할 수 있는 자산과 부채를 고정자산 혹은 고정부채라 한다.

기업회계기준에서 규정하고 있는 유동성배열에 따른 재무상태표의 기본형식에 대한 예시는 다음과 같다.

재 무 상 태 표

인제㈜ 2009년 12월 31일 현재 (단위: 천원)

계 정 과 목	금 액		계 정 과 목	금 액	
자산			부채		
Ⅰ.유 동 자 산		270,000	Ⅰ.유동부채		150,000
현금및현금등가물	50,000		매입채무	90,000	
매 출 채 권	130,000		단기차입금	46,000	
재 고 자 산	70,000		선수금	4,000	
임 대 보 증 금	20,000		미지급광고비	10,000	
Ⅱ.고 정 자 산		230,000	Ⅱ.고정부채		50,000
투 자 자 산	70,000		부채총계		200,000
유 형 자 산	150,000		자본		
무 형 자 산	10,000		Ⅰ.자 본 금		200,000
			Ⅱ.이익잉여금		100,000
			자본총계		300,000
자산총계		500,000	부채와 자본총계		500,000

6.3 손익계산서 : 경영성과보고서

앞에서 설명한 재무상태표가 제공하는 정보내용은 여러 기간의 경영활동의 결과를 특정시점을 기준으로 나타내는 것이므로 어떠한 과정을 통해 그 시점의 재무상태에 도달하게 되었는지를 파악하는 것이 어렵다. 즉, 주주는 재무상태표를 통해 보고시점에서의 자신의 지분(몫)이 얼마나 되고, 그것이 어떠한 형태로 보존되어 있는지를 확인할 수는 있겠지만, 그 지분의 형성이 어떤 과정을 통해 창출되었는지 또는 이자비용을 충당할 수 있을 정도로 충분한 이익이 영업활동을 통해 창출되고 있는지 등등에 대한 정보는 제공하지 못한다.

투자자들은 기업의 현재 시점에서의 재무상태 뿐만 아니라 과거의 수익 및 현재의 수익에 대한 정보도 필요로 하며, 현재의 수익이 내년이나 가까운 미래에도 지속될 수 있을 것인지에 대한 관심은 매우 높다. 이러한 관심에 따라 기업의 주요한 영업활동을 통해 창출되는 수익과 비경상적이거나 특별한 상황을 통해 발생하는 수익에 대한 구분을 필요로 할 것이고 원가에 대한 구체적인 정보도 필요로 할 것이다.

이러한 경영성과와 관련된 정보를 담고 있는 보고서가 손익계산서(income statement, I/S)이다. 손익계산서는 일정기간의 경영성과, 즉 기업이 일정기간 동안 벌어들인 수익과 이를 위해 지출한 비용 및 순이익에 대한 정보를 제공하는 보고서이다. 기업은 영리를 추구할 목적으로 설립된 것이기 때문에 특정기간 동안 얼마의 이익이 발생하였는가를 기준으로 경영자의 경영성과나 기업성과를 평가하고자 하는 것이다.

손익계산서의 구조를 나타내면 아래 표와 같이 수입의 원천인 수익과 이를 위한 자원의 사용내역인 비용으로 구분하여 표시되고 수익에서 비용을 차감한 잔액이 이익으로 표시된다.

손익계산서에서는 수익과 비용을 발생유형별로 구분하고 이를 기업의 주된 영업활동과의 관련성에 따라 배열한다. 이 때 발생유형별로 구분한다고 하는 것은 앞 절의 회계의 기본원칙에서 설명한 수익·비용 대응의 원칙에 따라 수익과 비용을 그 발생원천에 따라 구분하는 것으로, 그 발생원천이 유사한 수익과 비용을 상호 대응시킴으로써 단계별 이익을 산출할 수 있게 된다.

┃표 10-10┃ 손익계산서의 구조

I. 매출액 → 상품이나 제품의 판매수익	
II. 매출원가 → 판매한 상품이나 제품의 원가	
III. 매출총이익 → (I-II)	**생산의 효율성 척도**
IV. 판매비와 관리비 → 판매와 일반관리에 소요되는 비용(급료, 접대비 등)	
V. 영업이익 → (III-IV)	**영업의 효율성 척도**
VI. 영업외수익 → 영업과 관련 없이 경상적으로 발생하는 수익(이자수익 등)	
VII. 영업외비용 → 영업과 관련 없이 경상적으로 발생하는 비용(이자비용 등)	
VIII. 경상이익 → (V+VI-VII)	**투자 및 재무 효율성 척도**
IX. 특별이익 → 특별한 상황에 의해 발생하는 이익(보험차익 등)	
X. 특별손실 → 특별한 상황에 의해 발생하는 손실(재해손실 등)	
XI. 법인세비용차감 전순이익 → (VIII+IX-X)	**경영정책의 효율성 척도**
XII. 법인세비용 → 법인세·주민세·농특세 등 발생액	
XIII. 당기순이익 → (XI XII)	**일반적 성과평가 척도**

손익계산서를 통해 확인할 수 있는 이익단계는 크게 5단계로, 기업의 가장 주된 수익인 매출액에서 매출원가를 대응시켜 산출한 '매출총이익(I)'과, 매출총이익에서 매출의 발생을 지원하기 위해 소비된 판매비와 관리비를 대응시켜 산출한 '영업이익(II)', 영업이익에서 영업활동과 직접적인 관련은 없으나 매 회계기간마다 경상적으로 발생하는 영업외수익과 영업외비용을 각각 가감함으로써 산출되는 '경상이익(III)', 경상이익에 특별손익을 가감한 '법인세차감전순이익(IV)', 여기에 법인세비용을 차감하면 '당기순이익(V)'이 산출된다.

손익계산서의 수익 중 '매출액'은 기업의 핵심적인 영업활동을 통하여 창출되는 수익으로, 제조업의 경우는 제품의 판매, 서비스업의 경우는 용역의 제공, 도·소매업의 경우는 상품의 판매를 통해 받게 되는 대가를 말한다. 그리고 기업의 핵심적인 영업활동과는 직접적인 관련이 없으나 경영활동의 결과 부수적으로 발생하는 경상적인 수익으로는 이자수익, 임대수익, 타 회사주식의 처분이나 소유하고 있던 자산의 처분을 통해 얻어지는 자산처분이익 등이 이에 속하며, 이러한 수익을 '영업외수익'이라고 한다. '특별이익'은 기업의 영업활동과 직접적인 관련이 없는 동시에 발생빈도도 매우 낮은 활동을 통해 얻어지는 수익으로, 대표적인 예가 보험차익이다.

손익계산서의 비용은 크게 매출원가, 판매비와 관리비, 영업외비용, 특별손실 및 법인세비용으로 구분된다. '매출원가'는 당기에 매출된 제품의 제조원가(또는 상품의 구입원가) 중 당기에 판매되어 매출액으로 보고되는 제품 등의 원가를 말한다. '판매비와 관리비'는 영업활동을 위해 지출한 교통비나 광고선전비, 접대비 또는 사무실 임차료나 판매제품의 운송비용 등과 같이 매출액 발생에 직접적으로 대응되는 원가는 아니지만 매출이나 영업활동을 지원하기 위해 소비된 원가이다. '영업외비용'은 영업활동과 직접적인 관련은 없으나 기타 주변적인 활동과 관련하여 경상적으로 발생하는 비용으로 이자비용, 자산처분손실 등이 이에 해당된다. '특별손실'은 영업활동과의 관련성이 낮고 발생빈도도 극히 낮은 비경상적인 항목으로 재해손실이 대표적인 예이다. 그리고 법인은 법에 의한 인격이 부여되어 있으므로 그에 따른 납세의무를 부담하고 있으며, 따라서 일정기간 동안 벌어들인 소득에 대해서 국가가 세금을 징수하게 되는데, 기업이 과세소득에 대해 법에서 정한 세율에 따라 내는 세금을 '법인세비용'이라고 한다.

마지막으로 일정기간 동안의 모든 수익에서 모든 비용을 차감한 잔액을 '당기순이익'이라고 한다. 위에서 설명한 수익과 비용을 손익계산서 형식에 따라 세부적으로 표시하면 아래와 같다.

손 익 계 산 서

인제㈜ 2009년 1월 1일부터 2009년 12월 31일까지 (단위: 천원)

계 정 과 목	금 액	
I. 매 출 액		780,000
II. 매 출 원 가		570,000
III. 매출총이익		210,000
IV. 판매비와 관리비		80,000
급 여	40,000	
지급임차료	6,000	
광고선전비	34,000	
V. 영 업 이 익		130,000
VI. 영업외수익		20,000
이 자 수 익	20,000	
VII. 영업외비용		50,000
이 자 비 용	50,000	
VIII. 경상이익		100,000
IX. 특별손익		–
X. 법인세차감전순이익		100,000
XI. 법인세비용		16,000
XII. 당기순이익		84,000

지금까지의 내용을 요약하면 재무상태표는 '일정시점'에서의 기업의 재무상태를 나타내는 정태적(stock) 재무제표인 반면, 손익계산서는 '일정기간' 동안의 경영성과를 나타내는 동태적(flow) 재무제표이다. 즉, 재무상태표는 회사의 설립초기부터 현재까지 발생한 경제적 사건의 결과로서 현시점에서 기업에 존재하는 자원의 조달방법과 그 운용상태에 관한 정보를 제공하는 한편, 손익계산서는 일정기간 동안 발생한 경영성과 즉, 당기순이익의 발생원인에 관한 정보를 제공한다.

6.4 현금흐름표 : 현금흐름보고서

기업은 원재료의 구매나 종업원의 급여지급 등 원활한 영업활동을 위해서 최소한으로 필요한 현금을 보유하고 있어야 한다. 극단적으로 말하면 기업이 이익을 창출하지 못하더라도 얼마간은 버틸 수 있지만 현금없이는 며칠을 버티기가 힘들다. 즉, 기업이 영업활동을 위한 최소한의 현금을 확보하지 못할 경우 그 기업은 도산이라는 극단적인 상황에 부딪힐 수 밖에 없게 된다. 때문에 경영자의 궁극적인 목표는 기업이 많은 이익을 창출하여 주주의 부를 극대화하는 것이지만 이보다 더 본질적인 것은 기업을 계속적으로 유지해야 하는 것이다. 회사가 어떠한 형태로든 유지되어야만 이익을 창출할 수 있기 때문이다. 그리고 이렇게 회사가 유지될 수 있게 하는 가장 근원적인 힘이 바로 돈이다. 돈(현금)은 기업의 혈액이나 숨통역할을 하기 때문에 현금흐름이 잠시라도 중단되면 기업은 도산하게 된다.

그렇다면 기업이 많은 이익을 창출하였을 때 그 만큼의 현금이 창출되는 것일까? 이익이 많이 발생한 기업은 절대로 도산하지 않을까? 이 질문에 대한 해답을 얻기 위해 간단한 예를 들어보자.

- 매출원가가 ₩20,000,000인 제품을 ₩30,000,000에 외상으로 판매 하였다.
- 제품의 생산에 필요한 설비를 1억원에 현금으로 구입하였다.

위의 예에서 제품을 판매함으로써 천만원이라는 이익이 발생하였지만 현금은 들어오지 않았다. 하지만 설비를 구입하기 위해 1억원이라는 현금이 유출되었다. 그 결과 이 기업의 현금흐름은 (-)1억원이 되었다. 이처럼 회계상의 이익은 그 기업의 현금흐름과 항상 일치하지는 않는다. 이는 회계상의 이익과 영업활동으로 인한 현금흐름이 같지 않기 때문으로, 현금주의에 의한 회계기록이 아닌 발생주의에 의한 회계기록방법을 채택하고 있기 때문이다. 이러한 이유 때문에 기업의 정보이용자는 손익계산서의 당기순이익에 대한 정보 이외에 그 기업의 현금흐름에 대한 정보도 필요로 하는 것이다. 투자자의 경우 기업에 현금이 있어야만 이익에 대한 배당을 받을 수 있을 것이고, 채권자의 경우는 원금과 이자를 회수할 수 있을 것이기 때문에 기업의 현금흐름정보를 필요로 하게 되는 것이다.

현금흐름표는 기업의 현금이 일정기간 동안 어떻게 변동되었는지를 보여주는 보고서로서, 다음과 같이 크게 세 가지의 현금흐름으로 구분하여 표시된다.

| 표 10-11 | 현금흐름표의 구조

(단위: 천원)

기초현금	현금흐름의 증 감 내 역		기말현금
10,000	영업활동으로 인한 현금흐름	90,000	50,000
	투자활동으로 인한 현금흐름	(70,000)	
	재무활동으로 인한 현금흐름	20,000	

영업활동(operating activities)이란 기업의 주된 수익창출 활동인 제품의 생산 및 판매와 이를 위한 재화와 용역의 구입과 관련한 활동이다. 그러나 현금흐름표상의 영업활동에는 전기에 매출은 하였으나 그 대금을 당기에 회수하는 경우의 해당 현금 유입이나 전기에 소비는 하였으나 그 대가를 당기에 지불할 경우의 해당 현금유출은 당기의 현금흐름으로 표시된다는 점에 주의하여야 한다.

투자활동(investing activities)이란 현금을 대여하거나 이를 회수하는 활동, 유가증권, 투자자산 및 유형자산의 취득과 처분 등의 기업활동을 말하며, 이러한 활동 중 취득이나 손익을 수반하지 않는 처분거래는 손익계산서상에 표시되지 않지만 실제적인 현금흐름을 수반하는 거래이다. 다른 회사 주식 등의 취득이나 설비자산의 취득 등은 현금의 유출로 표시되고, 취득한 다른 회사의 주식을 처분하거나 회사 소유의 토지 등을 처분하는 경우는 현금의 유입으로 표시된다.

재무활동(financing activities)이란 기업의 자금조달과 관련하여 타인으로부터 자금을 빌리거나, 신주를 발행하여 주주들로부터 자본금을 조달하는 등의 활동과 차입금의 상환, 배당금 지급 등도 재무활동에 포함된다.

결국 현금흐름표는 일정기간 동안 기업에 유입된 현금과 유출된 현금흐름 정보를 기업의 주요 활동영역별로 구분하여 제공하는 재무제표이다. 기업회계기준에서 정하는 양식에 따라 현금흐름표를 예로 작성해 보면 다음과 같다.

현 금 흐 름 표

인제㈜ 2009년 1월 1일부터 2009년 12월 31일까지 (단위: 천원)

계 정 과 목	금 액	
Ⅰ. 영업활동으로 인한 현금흐름		1,250,000
매출보부터의 유입액	6,500,000	
이자수입	250,000	
매입에 대한 유출액	(3,800,000)	
영업비의 지급	(1,700,000)	
Ⅱ. 투자활동으로 인한 현금흐름		(500,000)
1.투자활동으로 인한 현금 유입액		1,000,000
유형자산의 처분	1,000,000	
2.투자활동으로 인한 현금 유출액		(1,500,000)
유형자산의 취득	1,500,000	
Ⅲ. 재무활동으로 인한 현금흐름		1,250,000
1.재무활동으로 인한 현금 유입액		2,000,000
차입금	2,000,000	
2.재무활동으로 인한 현금 유출액		(750,000)
배당금의 지급	750,000	
Ⅳ. 현금의증가		2,000,000
Ⅴ. 기초의현금		350,000
Ⅵ. 기말의현금		2,350,000

연 습 문 제

1. 회계거래의 분류

다음의 거래와 관련하여 아래의 요구사항에 답하라.

① 사무실 임차계약을 체결하고, 임차료는 매월 말에 지급하기로 약정하였다.
② 상품 ₩500,000을 매입하여 인도 받았는데 대금을 지급하지 않았다.
③ 월 급여 ₩300,000을 주기로 약정하고 종업원을 채용하였다.
④ 은행에서 현금 ₩1,000,000을 차입하였다. 이자는 1년 후에 지급한다.
⑤ 고객으로부터 ₩200,000 상당의 복사용역 주문을 받았다.
⑥ 영업활동을 하면서 ₩50,000의 소모품을 소비하였다.
⑦ 보험료 1년분 ₩250,000을 전액 현금으로 미리 지급하였다.
⑧ 폭우로 인하여 창고에 있던 상품 5개가 떠내려가는 피해가 발생하였다.
⑨ ₩600,000의 상품을 매입하기 위하여 주문서를 우편으로 보냈다.
⑩ 사무실에서 사용할 책상, 의자 및 회의용 탁자를 외상으로 구입하였다.
⑪ 월말이 되어 종업원 급여를 줘야 하는데 자금부족 때문에 주지 못하였다.
⑫ 이번 달의 사무실 전기료가 ₩50,000이라는 통지서를 받았다.

요구사항

(1) 위의 거래 중 회계거래에 해당하는 것을 모두 고르라.

(2) 위의 문제 (1)에서 회계거래라고 답한 거래에 대해서는 계정범주와 어떠한 거래요소간의 결합인지를 분석하고, 분개를 하라.

2. 계정과목의 분류

다음은 자산, 부채, 자본, 수익 및 비용항목(계정과목)을 일부 열거한 것이다. 아래의 요구사항에 답하라.

계정과목	계정과목	계정과목
현금	매출	매출채권
급여	비품	토지
매출원가	자본금	단기차입금
소모품비	건물	소모품
이익잉여금	차량운반구	용역수익
임대료	통신비	이자비용
미지급금	광고선전비	보험료
단기대여금	기계장치	임차료
운반비	수도광열비	미수금
선급비용	미지급비용	매입채무
상품	이자수익	미수수익

요구사항

(1) 자산에 속하는 계정과목은?

(2) 부채에 속하는 계정과목은?

(3) 자본에 속하는 계정과목은?

(4) 수익에 속하는 계정과목은?

(5) 비용에 속하는 계정과목은?

3. 회계거래의 영향

다음은 2009년 3월의 한 달 동안 발생한 인제㈜의 거래내역이다. 아래의 요구사항에 답하라.

3월 1일 : 은행에 당좌예금계좌를 개설하고 현금 ₩500,000을 예입하였다.
2일 : 주주로부터 현금 ₩200,000을 추가로 출자 받았다.
5일 : 사무용 책상 ₩100,000을 외상으로 구입하였다.
8일 : 고객에게 용역을 제공하고 용역대금 ₩300,000을 보름 후에 받기로 하였다.
10일 : 자동차 수리비 ₩80,000을 현금으로 지급하였다.
15일 : 전화료 ₩50,000을 우체국에 가서 납부하였다.
20일 : 당좌수표를 발행하여 비품의 외상구입대금 ₩100,000을 지급하였다.
23일 : 3/8일의 용역대금 중에서 ₩200,000을 현금으로 회수하였다.
25일 : 종업원 급여 ₩50,000을 현금으로 지급하였다.
26일 : 당좌수표를 발행하여 사무실 임차료 ₩60,000을 지급하였다.
30일 : 은행차입금의 1개월분 이자 ₩30,000이 발생하였으나 지급되지 않았다.

요구사항

위의 거래에 대한 분개를 하고 자산, 부채, 자본에 미치는 영향을 분석하라.

4. 회계의 순환과정

2009년 4월 1일에 개업한 진공청소㈜의 4월 중 거래는 다음과 같다.

4월 1일 : 주당 액면 ₩5,000인 주식 3,000주를 액면가액으로 발행하고 현금을 납입 받아 영업을 시작하였다.

2일 : ₩4,000,000의 중고트럭을 현금으로 구입하였다.

2일 : 사다리, 발판, 그리고 다른 비품을 총 ₩1,800,000에 구입하였는데, 그 중에서 ₩1,000,000은 현금으로 지급하고, 잔액은 30일 후에 지급하기로 하였다.

3일 : 3년분 보험료 ₩720,000을 현금으로 지급하였다(자산처리법).

5일 : 소모품을 ₩550,000만큼 외상으로 구입하였다(자산처리법).

5일 : 삼일건설㈜로부터 ₩200,000에 해당하는 4, 5월의 2개월분 용역제공수수료를 현금으로 받았다.

12일 : 4월중 미양건설㈜에 제공한 용역에 대한 수수료 ₩1,700,000을 청구하였다.

18일 : 미양건설㈜에 청구하였던 용역제공수수료 중에서 ₩1,300,000을 현금으로 회수하였다.

29일 : 4월분 트럭의 연료비 ₩60,000을 현금으로 지급하였다.

30일 : 4월분 신문광고비 ₩70,000을 현금으로 지급하였다.

30일 : 4월분 급여 ₩1,100,000을 현금으로 지급하였다.

30일 : 한라건설㈜에 4월분 용역제공수수료 ₩1,500,000을 청구하였다.

30일 : 4월분 보험료를 계상하였다.

참고사항

① 4월 30일 현재 미사용 소모품의 재고는 ₩190,000으로 확인되었다.

② 4월 5일에 삼일건설㈜로부터 받은 용역수수료에 대한 용역의 제공은 1개월만 완료되었다.

요구사항

위의 거래를 분개에서부터 계정마감까지 회계의 순환과정에 맞게 순서대로 모든 과정을 수행하라.

제 11 장

자본의 조달과 관리

제1절 자본의 원천과 자본조달

1.1 자본의 조달원천

자본조달은 자본 또는 자금이 어떤 원천으로부터 조달되는가를 고찰하는 것이다. 기업 활동에 필요한 자금의 조달원천은 크게 주주로부터 조달되는 자기자본과 채권자로부터 조달되는 부채(타인자본)로 나누어진다. 기업의 설립은 소유자의 자기자본투입과 함께 시작되지만, 기업이 성장하게 되면 필요한 모든 자금을 소유자들이 제공할 수 없으므로 부채와 같은 외부원천으로부터 자본을 구하게 된다. 그리고 때로는 새로운 주식을 발행하여 소유권을 나눔으로써 자본을 조달하게 된다.

자본시장에서 조달되는 부채는 일반적으로 자기자본에 비해 자본조달비용이 저렴하다. 그럼에도 불구하고 합리적인 재무관리자들이 자금이 필요할 때마다 모두 부채에 의해 자금을 조달하지 않는 이유는 부채에 대한 의존도가 높을수록 기업의 재무위험이 증가하기 때문이다. 즉 기업이 기대한 수익수준이 낮아 이자비용을 지불하지 못하게 되면 재무적 곤경에 처하게 되어 파산의 가능성이 높아진다. 반면 부채를 사용하지 않는 기업은 이자지급의무의 불이행에 따른 재무적 곤경에 직면할 가능성은 없기 때문이다.

이하에서는 자본을 자기자본과 타인자본, 장기자본과 단기자본, 내부금융과 외부금융으로 나누어 살펴본다.

1) 자기자본과 타인자본

일반적으로 자기자본은 회계 상의 자본총계를 의미하고 타인자본은 부채총계를 의미한다. 즉 대차대조표상의 대변 항목 가운데 자본금, 자본잉여금, 이익잉여금이 자기자본을 구성하고 차입금, 사채 등은 부채로서 타인자본을 구성한다.

자기자본의 가장 중요한 특징은 자기자본은 기업의 법적 소유자인 주주에게 귀속되는 주주지분(equity of shareholders)이기 때문에 원칙적으로 변제할 필요가 없으므로 반영구적으로 기업이 활용할 수 있다는 점이다. 이러한 의미에서 자기자본은 장기간 안정적으로 확보할 수 있는 자본이고 기업자본의 기본적인 부분이다.

반면 타인자본인 부채는 자기자본과 달리 장래에 변제를 필요로 하는 자본으로 약속된 날짜에 상환해야 하는 부채이므로 원칙적으로 기한부 자본이다. 기업이 부채를 사용하는 이점은 일반적으로 부채의 조달비용이 자기자본에 비해 저렴하다는 점과 부채의 감세효과의 이점, 재무레버리지(financial leverage)에 따른 이익의 확대효과 등을 들 수 있다.[1] 이와 같은 부채사용의 이점과 함께 경영자들이 고려해야할 중요한 과제는 부채사용에 수반되는 재무위험이다.

2) 장기자본과 단기자본

장기와 단기의 구별은 기간의 장단에 따라 통상 1년이라는 기간이 사용된다. 따라서 단기자본은 통상 1년 이내에 상환해야할 자본을 의미하고 장기자본은 상환기간이 1년 이상인 자본을 말한다. 자기자본은 변제의 필요가 없는 반영구자본이기 때문에 장기간 사용가능한 장기자본이다.

타인자본은 장기차입금이나 회사채와 같이 장기간 사용가능한 장기자본과 단기차입금과 같은 단기간 사용에 그치는 단기자본으로 나누어진다. 따라서 장기자본은 자기자본, 장기차입금 및 회사채등으로 구성되고 단기자본은 유동부채로 구성된다.

3) 외부금융과 내부금융

외부와 내부의 구별은 기업을 중심으로 기업외부로부터의 자금조달과 기업

1) 재무레버리지효과는 영업이익에 변동이 있을 경우 부채에 대한 의존도가 클수록 주당이익에 미치는 영향이 확대되어 나타나는 것을 의미한다.

내부로부터의 자금조달을 구별하는 경우로 외부금융은 부채에 의해 조달되는 차입금융과 주주로부터 조달되는 출자금융으로 나누어진다. 즉 외부금융은 차입금, 회사채, 주주의 출자자본으로 구성된다.

내부금융은 이익의 일부인 내부유보와 감가상각에 의해 회수되는 투자자본의 일부로써 구성되고 기업내부에서 조달되므로 자기금융이라고 한다. 이상의 분류 내용을 정리하면 [그림 11-1]과 같다.

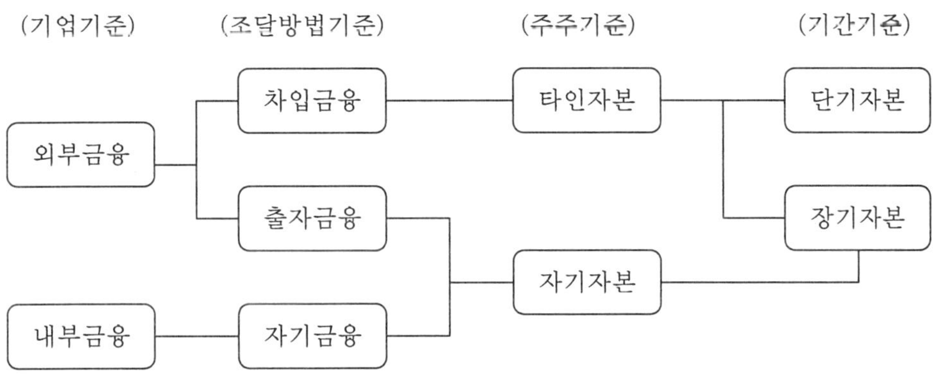

[그림 11-1] 자본의 분류

1.2 기업의 라이프사이클과 자본조달

기업의 라이프사이클(life cycle)은 일반적으로 창업단계, 초기성장단계, 지속적 성장단계, 성숙단계로 나누어진다.

1) 창업단계에서의 자금조달

창업단계에서는 기업가(경영자)가 자산을 취득하고 영업활동을 하기 위한 자금을 조달하여야 한다. 창업단계에서는 일반적으로 기업가 자신의 저축, 친척이나 친구로부터의 차입 및 자본참여, 또는 지역의 엔젤투자자 등으로부터 자금을 조달하게 된다.[2] 그러나 이 경우에도 적절한 담보가 있다면 지역 은행으로부터의 자금조달도 가능하다.

창업단계의 기업들은 대부분 개인기업 또는 주식회사의 형태를 취한다. 주식

2) 엔젤(angel)투자자는 초기단계에 있는 벤처기업에 투자하는 개인투자자를 말한다.

회사의 형태를 취하는 경우에도 주식은 소수의 개인들에 의해 소유되고 실제 시장에서는 거래되지 않는다.

2) 초기성장단계에서의 자금조달

초기성장단계에 있는 기업은 매출을 증대시키고 새로운 고객을 개발하기 위해 노력하게 된다. 그러므로 성장을 뒷받침하기 위한 투자를 위해 많은 자금이 필요하다. 이 단계의 기업은 사업을 영위하는 실체로서 자산을 보유하고 신용을 확대해 나가기 때문에 창업단계에 비해 보다 쉽게 외부로부터 자금을 조달할 수 있다.

이 단계에서는 창업 또는 초기성장단계에 있는 성장잠재력이 높은 기업에 투자하는 벤처캐피탈(venture capital)로부터의 자금조달이 가능하다. 그리고 지역은행으로부터의 차입이 가능하고 자기자본은 보통주를 사적으로 매각하여 조달하게 된다.

3) 지속적 성장단계에서의 자금조달

초기성장단계를 지나 지속적인 성장을 이루는 기업은 보다 광범위한 원천으로부터 자금을 조달할 수 있다. 추가적인 성장동력을 지닌 기업들은 지속적인 수익창출이 기대되므로 일반투자자들이 선호하는 투자대상이 된다. 이 단계의 기업들은 자금수요가 증대될 뿐 아니라, 수익창출과 지불능력에 대한 신용을 확보하고 담보에 제공될 수 있는 상당한 자산을 보유하게 된다.

이 단계에서는 일반은행으로부터의 차입이 주된 부채자본의 조달방법이 되고, 성공적인 기업은 기업공개(going public)를 하게 된다. 기업공개는 개인 또는 소수의 주주에게 주식이 집중되어 있는 것을 일반투자자들에게 매출하거나 모집하여 지분을 분산하는 것을 말한다. 성공적인 주식공개는 기업의 주가를 높이게 된다. 공개기업의 주식은 상장주식으로 거래소에서 매매대상이 된다.

4) 성숙단계에서의 자금조달

성장단계를 지나면 경쟁자들의 출현과 새로운 신기술의 개발 등으로 성장이 둔화된다. 성숙단계에서 성공적인 기업은 높은 신용도를 보유하므로 외부 자금을 조달할 수 있는 방법이 많다. 예를 들면 은행으로부터의 차입 뿐 아니라, 기업어음의 발행, 회사채의 발행 등을 통하여 부채자본을 조달할 수 있다. 그리고 우선주와 보통주 발행을 통해 자기자본을 조달할 수 있다. 성장단계와 기업의 위험수준을 기준으로 자금의 조달원천을 나타내면 다음과 같다.

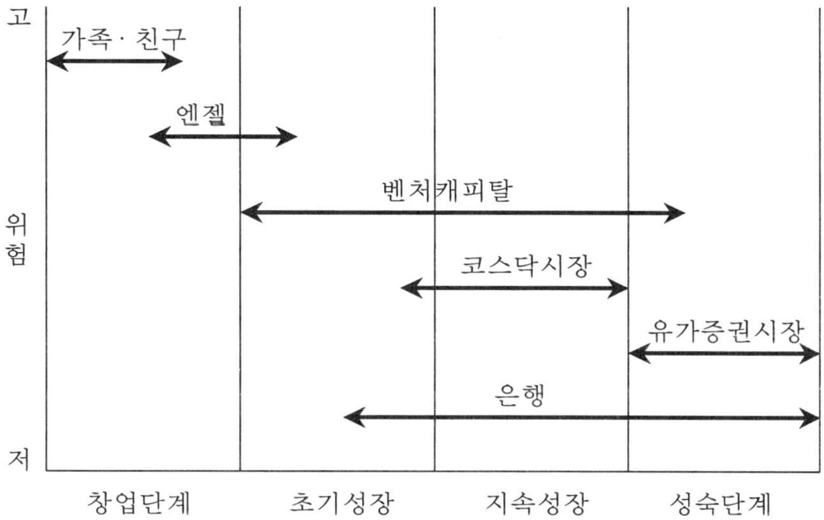

【그림 11-2】 싱장단계와 자본조달원선

제2절 금융시장과 자금조달

2.1 금융시장의 구조

기업은 필요한 외부자금을 대부분 금융시장을 통해 조달하게 된다. 금융시장(financial market)은 자금의 수요자와 공급자 사이에 금융상품을 거래함으로써 자금을 조달하고 여유 자금을 투자하는 시장을 말한다. 금융시장은 기업에게는 자금을 조달할 수 있는 기회를 제공하고, 투자자에게는 여유자금을 금융자산에 투자할 수 있는 기회를 제공함으로써 자금의 효율적 배분에 기여한다.

우리나라 금융시장의 구조는 일반적으로 전통적 금융시장과 외환시장 그리고 파생금융상품시장으로 구분된다. 전통적 금융시장은 거래되는 금융자산의 만기에 따라 화폐시장과 자본시장으로 나누어진다. 화폐시장(money market)은 일반적으로 상환기간이 1년 이내인 단기증권이 거래되는 단기금융시장으로 금융기관, 기업 또는 개인이 일시적 여유자금을 운용하거나 일시적으로 부족한 자금을 조달하는데 활용된다.[3)]

자본시장(capital market)은 상환기간이 1년을 초과하는 장기증권이 거래되는 장기금융시장을 의미한다. 기업이 외부로부터 조달하고자 하는 장기자본은 사채 또는 주식의 발행에 의하여 조달하게 되므로 자본시장은 채권시장과 주식시장으로 구분된다. 외환시장은 외환의 수요와 공급에 따라 외화자산이 거래되는 시장이고, 파생금융상품시장은 전통적 금융시장과 외환시장의 거래에서 발생되는 위험을 관리하기 위한 수단으로 활용되는 파생상품이 거래되는 시장이다.

파생금융상품거래는 환율, 금리, 주가 등의 변동에 따라 변하는 통화, 주식, 채권 등의 미래가치를 사고 파는 거래를 총칭한다. 대표적인 파생금융상품으로 선물(futures), 옵션(option) 등이 있다.

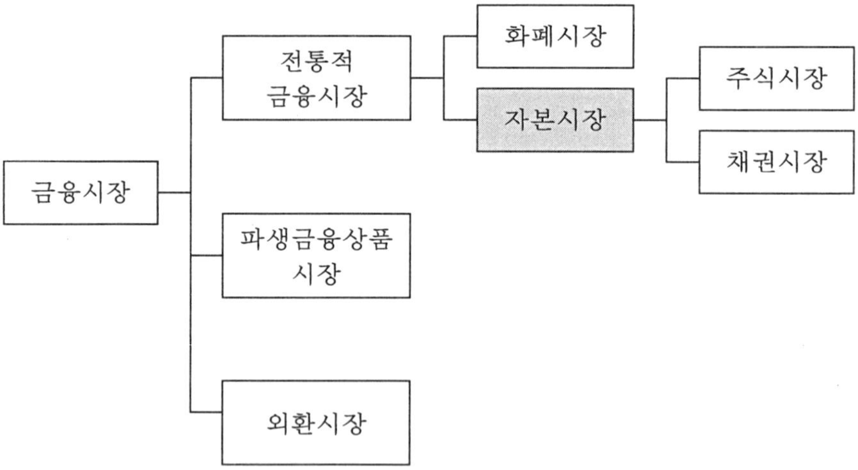

【그림 11-3】 금융시장의 구조

3) 화폐시장에서 거래되는 단기금융상품에는 콜(Call), 양도성예금증서(CD), 기업어음(CP), 표지어음(Cover bill), 환매조건부채권(RP), 통화안정증권 등이 있다.

2.2 기업의 단기자금조달

1) 어음대출

기업이 상거래와는 관계없이 단기자금을 조달할 목적으로 발행한 어음을 융통어음이라고 한다. 기업이 은행으로부터 단기자금을 조달하는 수단의 하나는 어음대출이다. 어음대출은 융자은행을 수취인으로 하는 대출용 약속어음(융통어음)을 발행하고 차입하는 경우이다. 어음대출 시에는 어음만기일까지의 기간에 해당되는 이자를 할인료로 징수한다.

2) 상업어음할인

기업이 상거래와 관련하여 물품대금으로 수취한 어음을 상업어음 또는 진성어음이라고 한다. 상업어음할인은 어음상의 지급일이 도래하기 전에 은행에 상업어음을 제공하고 만기일까지의 기간에 대한 이자를 선급하고 나머지 금액을 지급받는 형식의 대출제도이다.

3) 당좌대출

당좌대출은 재무구조, 신용도 및 은행거래실적 등이 양호한 당좌계정 거래자에 대하여 사전에 정해진 금액 한도 내에서 당좌예금 잔액을 초과하여 발행 제시된 수표금액을 은행이 결제해 줌으로써 자동대출형식으로 대출이 이루어지는 제도이다. 당좌대출은 기업의 입장에서 보면 차입절차가 가장 간편하고 신속하기 때문에 운전자금 부족을 해결할 수 있는 편리한 제도이다.

4) 기업어음의 할인

기업어음(commercial paper : CP)의 할인은 금융기관이 신용조사를 통해 선정한 기업(적격업체)이 필요한 단기자금을 마련하기 위해 발행한 융통어음을 금융기간으로부터 할인받음으로써 자금을 조달하는 제도이다. 이때 발행된 융통어음을 기업어음이라고 한다.

〈도 움 말〉 어음의 종류

어음은 발행인이 자기 스스로 또는 자기와 거래관계가 있는 제3자에 대하여 자신이 일정 금액의 지급을 의뢰하는 형식의 유가증권을 말한다. 어음의 종류는 지급인이 누구인가에 따라 약속어음과 환어음으로 구별된다. 약속어음은 발행인이 소지인에 대하여 자기 스스로 일정금액을 지급할 것을 약속하는 형식의 어음을 말하고, 환어음은 발행인이 자기와 거래관계에 있는 제3자에게 어음상의 금액을 지급일에 어음상의 권리인에게 지급할 것을 위탁하는 형식의 어음이다.

어음의 발행원인에 따라서는 상업어음과 융통어음으로 구별된다. 상업어음은 상거래가 원인이 되어 물품대전으로 발행된 어음을 말하고 진성어음이라고도 부른다. 융통어음은 단순히 자금의 융통을 목적으로 발행된 어음을 말 한다

2.3 기업구매자금 대출제도

상업어음제도는 상거래의 활성화, 기업간 신용공여 등 순기능도 있지만 발행기업 부도 시 연쇄부도를 유발할 가능성이 있는데다 중소기업의 금융부담을 가중시키는 역기능이 더 크므로 장기적으로는 어음제도를 폐지하는 것이 바람직하다. 그러나 어음제도가 상거래 시 대금을 주고받는 오랜 관행으로 정착되어 왔기 때문에 이를 대체할만한 금융·결제수단이 마련되어 있지 않은 상황에서 어음제도를 폐지할 경우 기업간 상거래 위축, 신용경색 등 부작용을 초래할 가능성이 크다. 따라서 기업간 상거래시 어음사용을 줄이고 현금결제를 확대하도록 유도하기 위하여 구매기업이 자금을 융자받아 납품업체에 현금으로 결제할 수 있도록 하는 새로운 금융·결제수단으로 기업구매자금 대출제도를 도입하였다.

기업구매자금 대출제도를 이용하는 경우 납품업체는 납품 후 구매업체를 지급인으로 하는 환어음을 발행하여 지급은행에 직접 지급제시하거나 거래은행에 추심을 의뢰하게 된다. 지급은행은 구매기업에 환어음을 제시하고 구매업체는 자체자금 또는 구매자금을 융자받아 환어음을 결제하게 된다.

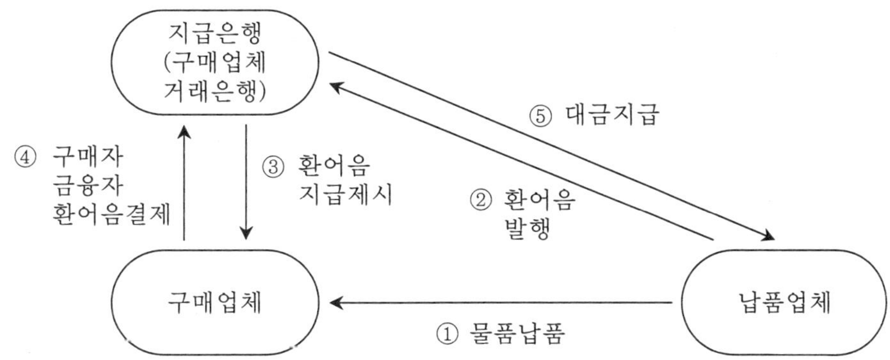

| 그림 11-4 | 환어음 직접제시 방식

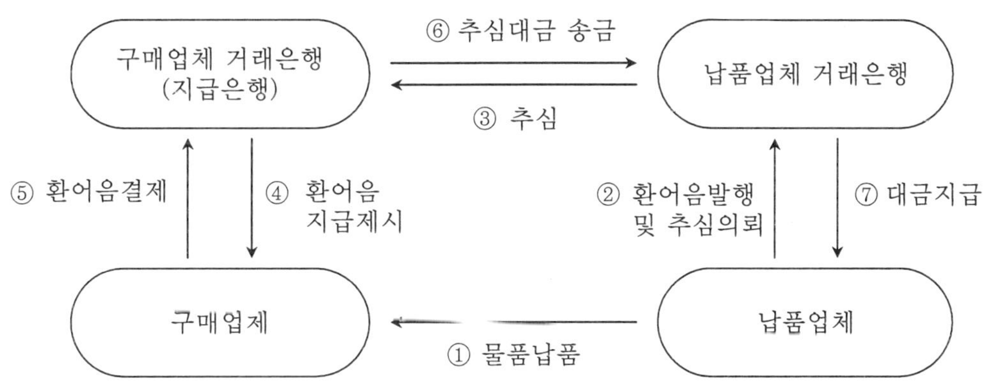

| 그림 11-5 | 환어음 추심방식

2.4 기업의 장기자금조달

기업의 장기자금조달은 금융기관으로부터의 장기차입이나 자본시장에서의 채권 또는 주식의 발행을 통해 이루어진다.

1) 발행시장과 유통시장

넓은 의미의 증권시장은 거래대상이 되는 증권이 신규로 발행되는 증권이냐 또는 이미 발행된 증권이냐에 따라 발행시장과 유통시장으로 나누어진다. 발행시장(issuing market)은 자금의 수요자인 발행자가 주식 또는 채권을 새로이 발행하여 자금의 공급자인 투자자에게 제공함으로써 자금을 조달하는 일련의 과정을 말하며 제1차적 시장(primary market)이라고도 한다.

유통시장(circulating market)은 이미 발행된 증권이 투자자와 투자자 사이에 거래되는 시장을 말한다. 즉 발행시장에서 증권을 구입했거나 다른 투자자로부터 증권을 구입한 투자자와 이 증권을 매수하는 투자자와의 사이에 형성되는 시장을 유통시장이라 하고 제2차적 시장(secondary market)이라고도 한다. 유통시장은 좁은 의미의 증권시장으로 통상 거래소시장을 지칭한다. 따라서 기업이 장기자금을 조달하는 시장은 발행시장이다.

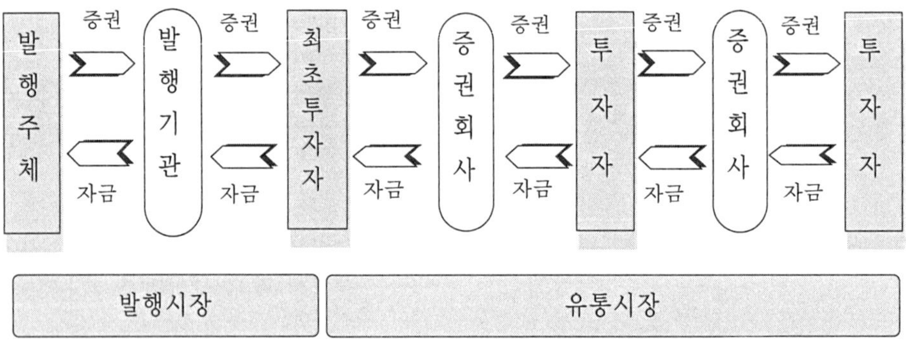

┃그림 11-6┃ 발행시장과 유통시장의 관계

2) 주식과 회사채

기업이 영업활동이나 시설을 확장하는데 필요한 장기자본을 조달하기 위한 수단의 하나는 증권의 발행이다. 발행되는 증권의 기본 형태는 보통주, 우선주, 회사채이다.

(1) 보통주

주식은 경제적 권리내용에 따라 보통주와 우선주로 대별되나 주식(stock)이라 할 경우 통상 보통주(common stock)를 의미한다. 회사가 발행하는 주식의 대부분은 보통주이며 보통주란 명칭은 다른 종류의 주식과 구별할 필요가 있는 경우에만 사용된다.

주식의 발행을 통해 조달된 자본은 그 기업의 자본금이 되어 회사가 존속되는 한 영구히 기업에 귀속되고 여러 자산에 투자되어 기업활동에 운용된다. 주식은 출자자의 권리를 객관화시킨 단위로서 출자자의 고유한 권리를 표상하고 있기 때문에 주식소유자인 주주(stock holder)에게는 제반 권리가 부여된다. 주주의 자격에서 가지는 기본적 권리로서는 보유지분율에 따라 배당금을 받을 수 있는 권리인 이익배당청구권, 주주총회에 참석하여 중요한 의사결정에 참여할 수 있는 권리인 의결권, 기업청산 시 잔여재산을 분배받을 수 있는 권리인 잔여재산분배청구권 등이 있다.

(2) 우선주

우선주(preferred stock)는 보통주와 달리 지불할 배당의 크기가 사전에 명시된 주식이다. 우선주 주주들의 이익배당청구권과 잔여재산 분배청구권은 배당금의 지불과 잔여재산분배에 있어 보통주 주주보다 우선하여 권리행사가 이루어진다. 그러나 우선주의 경우 일반적으로 의결권이 부여되지 않는다.

일반적으로 우선주는 정률의 배당을 미리 약정해 두고 있으며, 의결권이 제한되고 추가적인 이익배당의 참여가 제한된다는 점에서 이익의 크기와 관계없이 일정한 이자를 지급하는 회사채와 유사한 성격을 지닌다. 한편 이익이 발생하지 않는 경우 배당을 하지 않아도 법적인 제재를 받지 않는다는 점에서 보통주와 유사한 성격을 지닌다.

(3) 회사채

회사채는 일반적으로 사채라고 하며 확정채무임을 표시하고 발행되는 유가증권을 사채권이라 한다. 사채권의 소유자인 사채권자는 기업외부에 있는 채권자이고 회사의 구성원인 주주와는 전혀 다르다. 그러므로 사채권자는 기업의 경영에 참가할 수 없고 의결권도 없고, 이익배당 청구권과 잔여재산분배 청구권도 없다.

그러나 사채권자는 발행회사에 대하여 이익의 발생유무와 관계없이 제공된 자본에 대한 대가로 일정한 이자를 받을 수 있는 이자지급청구권과 상환기한이 도래하면 원금의 상환을 받을 수 있는 원금상환청구권을 가진다. 그리고 회사해산의 경우에는 주주보다 앞서 일반채권자와 같은 순위에서 회사재산으로부터 이자와 원금을 변제 받을 수 있다.

2.5 투자자산과 자금조달원천의 대응

자금을 조달할 경우 중요한 원칙의 하나는 투자할 자산의 종류에 따라 자금의 조달원천을 적절하게 대응시키는 것이다. 일반적으로 장기자금은 단기자금에 비해 이자율이 높은 반면 장기간 자금을 안정적으로 확보한다는 장점이 있고, 단기자금은 장기자금에 비해 이자율이 낮은 반면 시장의 자금사정 악화 등으로 필요할 때 자금을 확보하지 못하거나 이자율이 변동할 위험이 상대적으로 높다.

유동자산은 계절적·순환적 요인으로 인하여 증감하는 변동적 유동자산부문과 계절적·순환적 요인에도 불구하고 유지되는 영구적 유동자산부문으로 나눌 수 있다. 이 경우 변동적 유동자산 투자에 필요한 자금은 매입채무나 단기차입금과 같은 단기자본으로 조달하고 영구적 유동자산과 비유동자산 투자에 필요한 자금은 회사채나 주식과 같은 장기자본에 의해 조달하는 것을 원칙으로 한다.

만일 1년 이내에 갚아야 할 단기자금을 조달하여 건물, 기계 등 설비투자에 사용한다면 설비투자로부터 자금이 회수되기 전에 부채를 상환해야하므로 올바른 자금조달방법이라고 할 수 없다. 또한 일시적으로 필요한 운전자금을 조달하기 위해 회사채를 발행한다면 만기까지 불필요한 이자부담을 하게 되므로 올바른 자금 조달방법이 아니다. 이러한 원칙아래서 기업이 처한 환경을 고려하여 최적의 자금조달 원천을 선택하게 된다.

제3절 영업순환과 현금예산

3.1 현금흐름의 순환

기업 활동과정에서 기업이 보유하고 있는 현금은 원재료와 각종 자원의 구입에 사용되고 구입된 원재료와 자원은 생산과정을 거쳐 완제품이 된다. 완제품은 현금판매를 통해 직접 현금화 되거나 외상판매를 통해 매출채권화 한 후 대금을 회수함으로써 현금화 된다. 이와 같이 현금흐름이 순환되는 과정에서 매입채무지급, 차입금상환, 회사채상환, 임금지급, 세금납부, 기계설비 구입 등의 현금유출이 수반되고, 자금이 추가로 필요할 경우에는 은행차입, 회사채발행, 주식발행 등에 의해 현금의 유입이 이루어진다. 이러한 현금흐름의 순환과정은 다음과 같이 나타내 볼 수 있다.

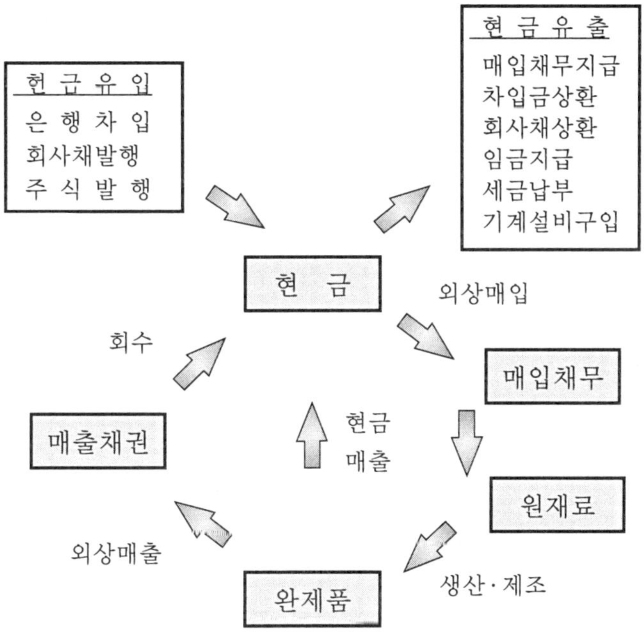

❙그림 11-7❙ 현금흐름의 순환

3.2 영업순환기간과 현금전환기간

현금흐름순환을 관리하기 위해서는 영업순환기간과 매입채무신용기간을 구분하여 분석하는 것이 바람직하다. 현금흐름순환관리의 핵심은 기업이 유동성을 확보하기 위해서는 영업순환기간을 단축시키고, 매입채무의 신용기간을 연장시켜 현금전환기간을 단축시킴으로써 소요자금의 외부조달액을 감소시키는데 있다.

1) 영업순환기간

원재료의 구입에서 시작하여 매출채권의 현금화에 이르는 기간을 영업순환기간

(operating cycle)이라 하고 영업순환기간은 재고자산 전환기간(inventory conversion period)과 매출채권회수기간(receivables collection period)의 합으로 이루어진다.

영업순환기간 = 재고자산전환기간 + 매출채권회수기간

재고자산전환기간은 원재료를 완제품으로 전환하여 매출할 때까지 걸리는 평균기간으로 다음과 같이 산출된다.

재고자산전환기간 = 평균재고액 ÷ 일일 평균매출액

매출채권회수기간은 매출채권을 현금으로 전환하는데 걸리는 기간으로 다음과 같이 산출된다.

매출채권회수기간 = 평균매출채권액 ÷ 일일 평균매출액

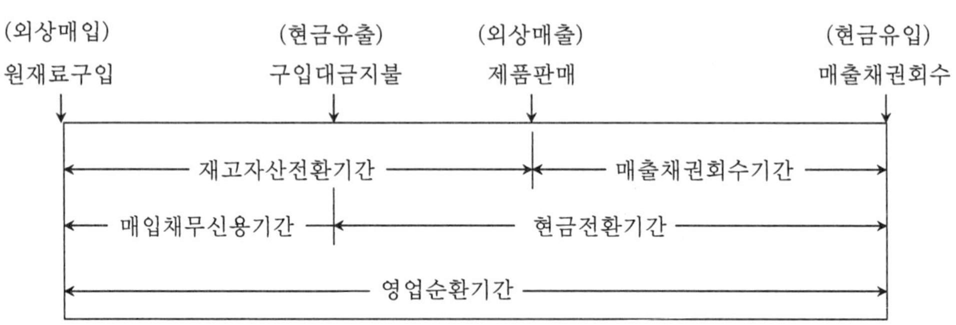

| 그림 11-8 | 영업순환기간

2) 현금전환기간

현금전환기간(cash conversion period)은 재고자산전환기간 및 매출채권 회수기간의 합에서 매입채무신용기간을 차감한 기간이다. 매입채무신용기간은 원재료의 구입에서 구입대금 지불에 걸리는 평균기간으로 평균매입채무액을 일일 평균매입액으로 나누어 산출한다.

현금전환기간 = 재고자산전환기간 + 매출채권회수기간 − 매입채무신용기간
매입채무신용기간 = 평균매입채무액 ÷ 일일 평균매입액

예를 들어 어떤 기업의 연간 매출액이 657,000천원, 평균재고액이 54,000천원, 매출채권 평균잔액이 72,000천원 그리고 평균 매입채무신용기간이 20일이라고 가정하자. 이 경우 재고자산전환기간은 30일[= 54,000 ÷ (657,000 ÷ 365)]이고, 매출채권회수기간은 40일[= 72,000 ÷ (657,000 ÷ 365)]이다. 그러므로 현금전환기간은 50일(= 30 + 40 − 20)이 된다.

3.3 현금예산

예상되는 매출액을 기준으로 손익에 대한 추정이 이루어지면 재무관리자는 필요한 자본계획을 수립한다. 예를 들어 매출액의 20% 증대를 목표로 한다면 이를 실현하는데 필요한 자본투자계획과 운전자본 투자계획이 작성되어야 한다. 자본투자계획은 토지, 공장, 시설, R&D, 등과 같은 장기자산에 대한 투자계획을 말하고, 운전자본 투자계획은 재고자산이나 매출채권과 같은 유동자산에 대한 투자계획을 말한다. 그리고 현금의 유·출입 시기와 크기를 예측하기 위해 현금예산을 작성하게 된다.

현금예산은 자금계획으로 반기별, 분기별, 월별, 주별로 작성할 수 있고 현금의 과부족상태를 나타내기 때문에 자금관리를 위해 특히 중요하다. 현금예산은 기본적으로 단기재무계획을 위한 중요 도구이고 현금흐름의 조정과 통제수단으로도 유용하게 활용된다.

현금예산 수립의 첫 단계에서는 고객이나 다른 곳으로부터 수금하여 현금 계좌로 들어올 것으로 예상되는 현금유입액을 측정한다. 둘째 단계로 예상되는 영업활동에 근거하여 재료비, 임금, 세금 등을 포함하여 얼마만큼의 현금을 지출할지를 계산한다. 셋째 단계로 현금유입액에서 유출액을 차감하여 현금과부족을 산출한다. 넷째로 현금과부족에 기초현금 잔액을 더하여 기말 잔액을 산출한다. 기초현금잔액은 이전 기간의 기말현금잔액이 된다. 그리고 최저 현금보유수준에 미치지 못하는 경우에는 부족분에 대한 조달대책을 세워야 한다. 그리고 잉여현금이 생기는 경우에는 부채를 상환하거나 은행의 양도성예금증서(CD), 기업어음(CP) 등의 금융상품에 현금을 예치한다. 그리고 차후 현금부족이 발생하면 현금화

하여 부족에 충당한다. <표 11-1>은 상시 확보해야 할 최저현금보유액을 1,500만원이라고 가정할 경우 3개월간의 현금예산을 간략하게 보여준다.

표 11-1 월별 현금예산서

(단위: 만원)

구 분	12월	1월	2월	3월
예상매출액	15,400	15,000	16,000	16,200
현금유입:				
현금판매액		1,500	1,600	1,620
매출채권회수액		13,752	13,770	14,454
총유입액		15,252	15,370	16,074
현금유출:				
매입채무지급액		8,250	8,800	8,910
급료		4,580	4,545	4,455
이자		1,170	1,170	1,170
기타비용		450	700	800
세금		810	700	
배당금				300
총유출액		15,260	15,915	15,635
순현금		(8)	(545)	439
월초현금잔액		1,610	1,602	1,400
월말현금잔액	1,610	1,602	1,400	1,496
최소현금보유액		1,500	1,500	1,500
현금여유액		102		
현금부족액			100	4

*12월 말의 현금잔액은 1,610만원으로 가정함.

제4절 리스금융

4.1 리스(lease)의 의의와 거래절차

1) 리스의 의의

기술혁신이 진전되는데 따라 경쟁력이 약화되는 것을 방지하고 대규모의 구입자금 없이 최신설비를 도입하여 생산성을 높일 수 있는 설비자금 조달의 방법으로 리스가 이용되고 있다. 리스(lease)는 리스이용자가 필요로 하는 기계설비 등을 구입하여 일정한 기간동안 이용자에게 대여하고 그 대가로 사용료를 징수하는 계약을 말한다.

즉 기업이 필요로 하는 기계설비를 리스회사가 직접 구입하여 고객인 기업과 협의하여 결정한 조건에 따라 중장기에 걸쳐 대여하는 제도로, 형식상으로는 물건의 임대자 방식을 취하나 실질적으로는 금융기능과 물건의 임대차 기능이 결합된 일종의 물적 금융이다. 이 경우 리스이용자는 임차인(lessee)이 되고 리스회사는 임대인(lessor)이 된다.

기업이 리스를 이용하는 경우 자산의 이용이라는 점에서는 그 자산을 구입하여 소유하는 경우와 같지만, 리스의 경우 구입에 필요한 자금조달의 필요성이 없기 때문에 자금조달의 대체수단으로 활용된다. 따라서 다른 수단에 의한 자금조달이 어려운 기업이나 담보력이 약한 중소기업의 경우 리스가 설비구입을 위한 자본조달의 유용한 대체수단이 된다.

2) 리스거래의 절차

리스를 이용하기 위한 절차를 간단히 살펴보면 다음과 같다. 이용자인 임차인은 먼저 필요한 기계·설비를 결정한 다음 물건의 공급자, 제품 및 모델에 대한 결정을 내린다. 임차인은 원하는 물건특성, 보증, 인도, 설치 및 A/S 등의 거래조건을 구체적으로 정하고 가격상담을 한다. 거래조건이 확정되고 난 후에 임차인은 임대인과 리스계약을 체결한다. 이때 임차인은 임대인과 리스기간, 리스료 및 기타조건에 대한 결정을 한다.

리스계약이 체결되면 임대인은 임차인이 지정한대로 기계·설비를 매입한다. 이 때 매매계약의 체결절차는 임차인이 설비공급자에게 주문서를 발행하고 이에 대해 설비공급자는 주문수락서를 발행하는 방식을 취한다. 물건이 인도되면 임차인은 주문내용과 일치하는지의 여부를 확인하고 물건인수증을 발급한다. 이 시점에서 임대인은 물품대금을 지급하고 임차인은 리스료의 지급의무를 부담하게 된다.

4.2 리스의 장단점

리스금융이 이를 이용하는 기업에 유익한가의 여부는 근본적으로 해당기업이 다른 수단에 의해 소요자금을 획득할 수 있느냐의 여부와 깊은 관계가 있다. 리스의 장단점은 다음과 같다.

1) 리스의 장점

리스를 이용하는 경우의 장점은 다음과 같다. 첫째, 소요자금을 100% 융자하는 것과 같은 효과를 얻을 수 있다. 금융기관에서 차입하는 경우에는 실질이자율이 높을 뿐 아니라, 소요자금의 70-80% 까지만 대출을 허용하므로 필요한 자금을 100% 차입하기 어렵다. 그러나 리스는 리스회사가 기계·설비를 직접 구입하여 장기대여 해 주는 것이므로 물건의 구입대금 외에 기계 및 시설의 도입에 따른 일체의 부대비용까지도 리스료에 포함시킬 수 있다.

둘째, 자금운용의 융통성을 확보할 수 있다. 차입금에 의해서 기계나 설비를 구입하는 대신 리스를 이용하는 경우 구입에 소용되는 자금을 유보하여 운전자금으로 전용할 수 있다. 따라서 금융기관으로부터의 차입한도가 그대로 남아있게 되므로 자금조달 여력을 증대시킬 수 있다.

셋째, 건전한 재무구조 유지에 도움이 된다. 금융기관의 차입에 의해 기계나 설비를 구입할 경우에는 부채의 증가로 인한 재무구조의 악화를 초래할 수 있다. 그러나 리스를 이용하는 경우 리스료 지급채무는 비용항목으로 대차대조표상에 계상되지 않기 때문에 신규시설 투자에도 불구하고 낮은 부채비율로 재무구조를 건전하게 유지할 수 있다.

넷째, 사무관리의 간소화를 기할 수 있다. 기계·설비를 직접 구입하는 경우에는 취득원가의 계산, 감가상각, 원리금상환 등의 회계사무와 매매계약, 발주, 구입, 자본조달 등의 물건구입에 따른 사무 및 보험료 계산, 납부 등의 자산관리사무가 따른다. 그러나 리스 이용 시에는 단순히 리스료 만을 전액 비용처리함으로써 회계사무가 완전히 처리되고 기타 제반 사무는 리스회사가 담당하므로 제반 관리사무를 간소화 시킬 수 있다.

다섯째, 감세효과를 얻을 수 있다. 차입금에 의하여 기계·설비를 구입하는 경우에는 지급이자와 감가상각비만이 손비로 인정되나 리스 이용 시에는 원금

상환과 지급이자 등으로 구성되는 리스료 전액이 손비로 인정되기 때문에 통상 리스의 경우가 세무대책 상 유리하다. 그러나 적자 등으로 인하여 법인세를 납부할 필요가 없는 경우에는 이러한 이점이 없어지는 데 유의해야 한다.

여섯째, 소유에 따른 위험을 회피할 수 있다. 리스이용 시 기술혁신에 따른 설비의 구식화 또는 진부화에 수반되는 위험을 회피할 수 있으며, 또한 직접 구입 시 예상되는 잔존가치에 대한 위험을 회피할 수 있다.

2) 리스의 단점

첫째, 리스료가 높다. 리스료는 취득원가, 구입자금에 대한 지급이자, 보험료, 유송료, 세금, 적정이익이 포함되어 산출되므로 일반적으로 시설자금을 차입하는 경우에 비해 비용이 다소 높다.

둘째, 리스기간 만료 시 자산의 잔존가치를 상실한다. 리스기간 만료 시 지산의 잔존가치는 리스회사에 귀속되고 잔존가치는 거의 없게 된다. 그러므로 만료 시 임차자산을 재리스 하거나 구입해야하는 경우 리스 이용자에게는 불리하다.

셋째, 자산의 소유권을 가질 수 없다. 리스는 임차자산의 사용권만이 이전되므로 소유욕을 만족시키지 못한다.

넷째, 리스자산의 관리가 불편하다. 리스회사의 서면동의 없이는 임차자산을 지정된 설비장소로부터 이전하거나, 다른 자산 또는 부동산과 부착시키는 행위, 기능이나 성능을 변경시키는 행위를 할 수 없으므로 리스자산의 관리가 불편하다.

4.3 리스(lease)금융의 경제성 평가

리스금융은 차입금융과 대비된다. 리스이용자인 기업이 리스자산을 지속적으로 사용하기 위해 정해진 날짜에 리스료를 지불하므로 그 만큼 리스자산의 구입을 위한 차입의 여지를 감소시킨다고 할 수 있다. 만일 리스이용자가 리스료를 정해진 날짜에 지불하지 못하면 리스회사는 리스자산을 회수하고 미지급 리스료를 청구할 수 있는 권한을 가진다. 따라서 재무분석 목적상 기업의 리스료 지불에 따른 위험은 이자와 원금상환에 따른 위험과 같다.

리스금융의 경제성을 평가하기 위해서는 차입금융을 통해 자산을 직접 구입하는 경우와 리스금융을 이용함으로써 얻는 이득과 손실을 비교하여야 한다.

차입금융에 의해 자산을 구입할 것인가 리스금융을 이용할 것인가 하는 의사결정을 위해 여러 가지 평가방법이 사용될 수 있으나 일반적으로 채택되는 순현가법을 살펴본다.

리스금융을 이용함으로써 포기해야할 현금흐름에는 리스료, 자산의 감가상각의 감세효과, 자산의 잔존가치, 투자세액공제 그리고 부채에 대한 이자의 감세효과이다. 한편 직접 구입하지 않고 리스금융을 이용함으로써 얻는 이득으로는 구입 시 발생되는 구입비용과 조업비용의 증가분이 포함된다.

따라서 리스이용자의 입장에서 리스의 순이득(NAL)은 리스자산의 구입가격에서 리스와 관련된 세후 증분현금흐름의 현재가치를 차감한 값과 같다.

$$NAL = P - PV(CFAT)$$

NAL : 리스의 순이득
P : 자산의 구입가격
$PV(CFAT)$: 세후 현금흐름의 현재가치

세후 증분 현금흐름의 현재가치PV(CFAT)는 리스료의 세금효과, 감가상각의 세금효과, 추가조업비용, 잔존가치, 투자세액공제액 포함하므로 다음과 같이 나타낼 수 있다.

$$PV(CFAT) = \sum_{t=0}^{n} \frac{L_t(1-t)}{(1+k_d)^t} + \sum_{t=0}^{n} \frac{D_t T}{(1+k_d)^t} - \sum_{t=1}^{n} \frac{\Delta E_t}{(1+k_d)^t} + \frac{SV}{(1+k)^n} + C$$

L_t : t연도의 리스료
$D_t T$: t연도 감가상각의 세금효과
ΔE_t : t연도의 조업비용증가분
SV : 잔존가치
C : 투자세액공제
n : 리스계약기간
k_d : 세후부채비용
k : 가중평균자본비용

따라서 NAL이 양(+)의 값을 가질 경우 리스이용으로 인해 지출되는 비용이 자산구입가격보다 적으므로 리스를 이용하는 경우가 차입금융에 의한 구입의 경우보다 유리하다. 그러므로 NAL이 음(-)의 값을 가질 경우에는 차입금융에 의한 직접구입을 선택하게 된다.

제5절 성과측정과 기업가치 평가

5.1 단기 성과측정

기업의 단기성과를 측정하는 척도로 여러 가지가 사용될 수 있으나 일반적으로 재무비율을 많이 사용한다.

1) 수익성측정

수익성은 기업의 투입 자산에 대한 이익창출능력을 말하고 일반적으로 새무제표 상의 이익을 자산(본) 또는 매출액으로 나누어 산출한다. 순이익을 총자산(본)으로 나누어 산출한 경우를 총자산(본)순이익률이라고 한다.

$$총자산(본)순이익률 = \frac{순이익}{총자산(본)} \times 100$$

한편 영업이익을 매출액으로 나눈 값을 매출액영업이익률이라 하고 영업의 효율성을 나타내는 지표로 사용한다.

$$매출액영업이익률 = \frac{영업이익}{매출액} \times 100$$

총자산순이익률과 매출액 영업이익률은 일반적으로 높을수록 양호한 것으로 해석한다. 예를 들어 어떤 기업의 전년도 총자산순이익률이 17.7%이고 금년도의 총자산순이익률이 9.9%이며 금년도 동종 산업의 평균 총자산순이익률이 19.8%

라고 하자. 이 경우 이 기업의 금년도 수익성이 전년도에 비해 급격히 감소되었으며 산업평균에도 훨씬 못 미친다. 따라서 수익성이 크게 악화된 것을 볼 수 있다.

한편 듀퐁시스템(Dupont System)은 경영활동의 목표를 총자본이익률(return on investment : ROI)의 극대화에 두고 총자본 이익률을 결정하는 요인을 매출액순이익율과 총자산회전율로 분해한 다음 각 결정요인간의 인과관계를 체계화 하여 경영성과를 측정하고자 한다.

총자본순이익률(ROI) = 매출액순이익률 × 총자산회전율

$$ROI = \frac{\text{순이익}}{\text{총자산}} = \frac{\text{순이익}}{\text{매출액}} \times \frac{\text{매출액}}{\text{총자산}}$$

듀퐁시스템은 자기자본이익률(ROE)의 관리에도 이용된다. 자기자본이익률은 총자산순이익률과 자기자본승수의 곱으로 분해된다.

총자본순이익률(ROI) = 총자산순이익률 × 자기자본승수

$$ROI = \frac{\text{순이익}}{\text{자기자본}} = \frac{\text{순이익}}{\text{매출액}} \times \frac{\text{매출액}}{\text{총자산}} \times \frac{\text{총자산}}{\text{자기자본}}$$

2) 경제적 부가가치

경제적 부가가치(economic value added : EVA)는 기업의 영업활동에 투하된 자산의 수익률이 자본비용을 상회 했을 때 창출되는 가치를 최대화하도록 하는 경영지표로 투자된 자본을 빼고 실제 얼마나 이익을 올렸는가를 측정하는 척도이다. EVA척도는 타인자본비용 뿐만 아니라 주주의 투하자본에 대한 기회비용인 자기자본비용을 함께 고려하는데 특징이 있다.

$$\begin{aligned} EVA &= NOPAT - WACC \times IC \\ &= IC \times (ROIC - WACC) \end{aligned}$$

NOPAT : 세후 순영업이익
WACC : 가중평균 자본비용[4)]
IC : 투하자본
ROIC : 투하자본이익률(NOPAT ÷ IC)

---

4) 가중평균자본비용은 자기자본비용과 타인자본비용에 자기자본과 타인자본이 총자본에서 차지하는 비율을 가중치로 사용하여 산출된 평균자본비용을 말한다.

예를 들어 세후순영업이익(NOPAT)이 1,900만원이고 세후 가중평균자본비용(WACC)이 10%, 그리고 투하자본(IC)이 1억 7천만원이라고 하면 경제적 부가가치는 200만원(= 1,900만원 - 17,000만원 × 0.1)이 된다. EVA는 일정기간 동안 주주의 부를 증가시킨 정도를 측정하는데 좋은 척도가 된다. 그러므로 EVA는 경영자에 대한 보상수준을 결정하는데 유용한 기준이 된다.

5.2 기업가치 평가

기업의 가치를 정확히 평가한다는 것은 대단히 어려운 일이다. 왜냐하면 여러 가지 가치평가 방법에 따라 서로 다른 결과를 산출할 수 있고, 가치평가의 결과는 단지 측정치일 뿐이며 불완전하기 때문이다. 뿐만 아니라 같은 자산에 대해서도 평가자의 입장에 따라 서로 다른 가치를 부여한 가능성이 높다.

예를 들어 다른 부문의 영업을 강화하기 위해 소규모 신기술 회사를 인수하고자 하는 경우 신기술 회사의 시장가격보다 더 높은 가격에 인수하는 것은 인수 후 그 기업의 미래 수익력을 고려하기 때문이다.

실제 가치평가는 관련 전문가들에 의해 이루어지지난 경영자는 여러 가지 가치평가방법에 대한 기본적인 이해가 필요하다.

1) 자산기준 가치평가

기업의 가치를 평가하는 한 가지 방법은 그 기업의 자산가치를 측정하는 것이다. 자산가치의 측정기준으로 자본의 장부가치, 청산가치, 대체가치를 들 수 있다.

(1) 장부가치

자본의 장부가치는 대차대조표 상의 순자산을 의미하므로 총자산에서 총부채를 차감한 값이다. 이를 발행주식수로 나누어 주당 장부가치로 나타낼 수 있다.

$$\text{자본의 장부가치} = \text{총자산} - \text{총부채}$$

자본의 장부가치 접근법은 쉽고 간단하기 때문에 대략적인 기업의 가치를 계산하는데 유용하다. 그러나 대차대조표 상의 자산의 크기는 역사적 원가에 의해 기록된 회계자료이기 때문에 현 시점의 시장가치를 반영하지 않을 경우 비현실적일 수 있다.

(2) 청산가치

청산가치는 자산을 지금 모두 매각하고 모든 부채를 전부 지불하거나 청산 하였을 경우 발생할 현금으로 환산하여 대차대조표 상의 금액을 조정한 가치이다. 청산가치기준은 각종 자산 특히 재고자산과 고정자산의 경우 청산 시에는 정당한 가격에 실제 팔리지 못한다는 점에서 접근한 것이다.

(3) 대체가치

대체가치는 단순히 대상 기업의 자산을 재생산 또는 재매입할 경우 필요한 비용을 추정한 값이다. 구매자의 입장에서는 장부가치보다 대체가치가 커질 것이므로 대체가치의 산출을 원하지 않을 것이다.

이러한 자산기준 평가방법은 이해하기 쉽고 비용이 적게 든다는 장점이 있지만 모두 자산의 시장가치를 제대로 반영하지 못한다는 한계가 있다. 또한 지식, 기술, 브랜드 등으로부터 창출되는 무형의 자산가치를 반영하지 못한다.

2) 이익기준 가치평가

기업의 가치를 평가하는 또 다른 접근법은 그 기업의 이익을 자본화하는 것이다. 이는 이익에 어떤 배수를 곱하여 산출된다.

기업의 가치는 자기자본의 시장가치에 부채의 시장가치를 합한 값이다. 자기자본의 시장가치를 추정하기 위하여 실무에서 사용하는 여러 방법들 가운데 하나가 주가수익비율(price earning ratio)을 이용하는 것이다. 주가수익비율(PER 또는 P/E ratio)을 이용하여 주식의 가치를 추정하는 경우에는 해당 주식의 주가수익비율(PER)을 구하고 여기에 주당순이익을 곱하여 구한다.

$$P_0 = PER \times \text{주당순이익}$$

$$PER = \text{주가} \div \text{주당순이익}$$

P_0: 주가
PER: 주가수익비율

기업가치는 주가수익비율을 사용하여 얻어진 자기자본가치에 이자를 지급하는 부채가치를 합하여 산출된다. 이때 부채의 시장가치는 장부상 가치와 큰 차이가 없으므로 장부가치를 이용한다.

예를 들어 주가가 알려져 있지 않은 비공개기업의 가치를 평가하는 경우 우선 공개기업 가운데 유사한 기업의 주가가 50,000원이고 주당순이익이 5,000이라고 하면 주가수익비율은 10배가 된다. 평가하고자 하는 비공개 기업의 주당순이익이 4,000원이라고 하면 여기에 10을 곱한 값이 비공개 기업의 주당가치가 된다. 여기에 발행주식 수를 곱하여 자기자본가치를 구하고, 부채총계를 더하여 기업가치를 구한다.

PER를 이용하는 데는 주당이익 수준이 다른 같은 업종의 주식들 간에 가격을 비교할 경우 유용한 척도가 된다는 장점이 있다. 그러나 이론적 근거가 명확하지 않고, PER의 산출시 어느 시점의 주가와 주당이익을 사용하여 계산하여야 하는가에 대한 명확한 설명이 없다는 한계가 있다.

3) 현금흐름할인법

이론적으로 보다 정교한 가치평가 방법은 현재가치를 이용한 현금흐름 할인법(discounted cash flow : DCF)이다. 현금흐름 할인법은 화폐의 시간가치 개념에 기초하고 있다. 이 경우 기업가치는 기업 활동을 통해 발생되는 미래 현금흐름을 현재가치로 환산한 값이다.

즉 예측 기간동안의 연도별 현금흐름과 예측기간 말 시점에서의 최종가치(termial value)를 가중평균자본비용으로 할인한 현재가치이다.5) 최종가치는 예측기간 이후의 현금흐름의 예측기간 말 시점에서의 가치이고 가중평균자본비용은 자기자본비용과 부채비용의 가중평균 값이다.

$$V_F = \sum_{t=1}^{n} \frac{FCF_t}{(1+k)^t} + \frac{TV_n}{(1+k)^n}$$

V_F: 기업가치
FCF_t: t년도의 세후현금흐름
TV_n: 최종가치
k : 가중평균자본비용

5) 가중평균자본비용은 부채비용과 자기자본비용에 총자본에서 부채가 차지하는 비율과 자기자본이 차지하는 비율을 가중치로 하여 산출한 평균자본조달비용이다.

예를 들어 어떤 기업의 향후 5년 동안에 예측되는 현금흐름이 1차년도에 160백만원, 2차년도에 167백만원, 3차년도에 157백만원, 4차년도에 134백만원, 5차년도에 104백만원이고, 6차년도 이후에 발생될 현금흐름을 기초로 한 5차년도 가치가 688.5백만원이라고 하자. 그리고 이 기업의 가중평균자본비용이 10% 라고 한다면 이 기업의 현재가치는 985백만원이된다.6)

이러한 방법은 회계적 이익에 근거하지 않고 현금흐름을 기초로 하며, 화폐의 시간가치를 고려한다는 점에서 합리적인 방법이다. 그러나 이 경우에도 미래 현금흐름을 어떻게 정확하게 추정할 수 있는가하는 문제가 남는다.

---

6) $\frac{160}{(1+0.1)}+\frac{167}{(1+0.1)^2}+\frac{157}{(1+0.1)^3}+\frac{134}{(1+0.1)^4}+\frac{104}{(1+0.1)^5}+\frac{688.5}{(1+0.1)^5}=985$

연 습 문 제

(개념문제)

1. 자본을 조달할 때 재무관리자들은 (　　)와 (　　)의 두 가지 기본 조달원천을 갖는다.
2. 초기 성장단계에 있는 벤처기업에 투자하는 자금을 (　　)이라고 한다.
3. 기업이 상거래와 관련하여 물품대금으로 수취한 어음을 (　　)이라고 한다.
4. 기업은 (　　)에서 신주발행을 통하여 자본을 조달하고 이미 발행된 증권은 (　　)에서 투자자들 사이에 거래된다.
5. 보통주 주주의 입장에서 가지는 법적 권리에는 (　　), 의결권, 잔여재산 분배청구권이 있다.
6. (　　)은 원재료의 매입에서 현금으로의 회수되는데 걸리는 기간이고 (　　)과 매입채무신용기간으로 나누어진다.
7. 기계, 설비 등을 구입하여 일정기간 동안 이용자에게 대여하고 그 대가로 사용료를 징수하는 계약을 (　　)라고 한다.
8. 경제적 부가가치(EVA)는 세후 순영업이익에서 (　　)을 차감한 값으로 나타낸다.
9. 기본 듀퐁(Du Pont) 시스템은 총자산이익률(ROA)을 매출액순이익률과 (　　)로 분해하여 나타낸다.
10. 주가를 주당 순이익으로 나눈 값을 (　　)이라고 한다.

(계산문제)

11. (영업순환기간) 매출채권회수기간이 50일이고 매입채무신용기간이 30일, 그리고 재고자산전환기간이 60일이다. 이 회사의 영업순환기간과 현금전환기간은 각각 얼마인가?

12. (현금전환기간) 진주산업은 대차대조표 상에 현금 51,500천원, 매출채권 60,000천원, 재고자산 63,750천원, 미지급금 12,500천원, 그리고 매입채무

90,000천원을 가지고 있다. 이 회사의 매출원가는 매출액의 75%에 해당한다. 그리고 이 회사의 현금전환기간은 20일이다. 이 회사의 연간 매출액은 얼마인가?

13. (리스의 경제성) 리스계약 조건으로부터 추정된 순현금흐름은 아래와 같다. 현재가치 개념에 의하면 이 기계를 리스하는 것이 유리한가?

현금흐름 (단위: 천원)

연도	0	1	2	3	4	5
기계구입비용	10,000					
리스료	−2,150	−2,150	−2,150	−2,150	−2,150	
리스료의 세금효과	860	860	860	860	860	
감가상각 세금효과		−760	−760	−760	−760	−760
잔존가치						−500
순현금흐름	8,710	−2,050	−2,050	−2,050	−2,050	−1,260

14. (EVA) 투자자본이 2,500만원, 세전영업이익이 600만원, 법인세가 50만원, 가중평균자본비용(WACC)이 10%인 기업이 있다. 이 기업은 이익의 60%를 배당금으로 지급한다. 이 기업의 경제적 부가가치(EVA)는 얼마인가?

15. (ROA) 어느 기업의 자기자본이익률(ROE)이 12%이고 부채비율이 0.4이다. 이 경우 총자산이익률(ROA)은 얼마인가?

16. (가치평가) 주당순이익(EPS)이 2,000원이고 주당현금흐름이 3,000원이다. 주가/현금흐름 비율이 8배이면 주가수익비율(PER)은 얼마인가?

(설명문제)

17. 건전한 경제와 경제성장을 위해 금융시장이 왜 필요한가?

18. 기업이 자금조달의 원천으로 부채를 사용하는 이유는 무엇인가?

19. 발행시장과 유통시장의 차이점을 간단히 설명해 보시오.

20. 보통주와 회사채의 중요한 차이점은 무엇인가?

21. 영업순환기간에 대해 설명해 보시오.

22. "현금은 가능한 한 많이 보유하여 영업활동을 원활이 하여야 한다."는 말에 대해 재무관리자의 입장에서 논평해 보시오.

23. 기업이 현금예산(cash budget)을 작성하여 활용하는 이유는 무엇인가?

24. 리스(lease)가 어떤 점에서 자금조달의 대체 수단이 될 수 있는가?

25. 가중평균자본비용(weighted average cost of capital)이란 무엇인가?

제 12 장

위험관리

인간의 존재는 그 자체가 리스크(위험, risk)라 할 수 있다. 내일의 기온, 기상변화, 주가, 원달러 환율, 유가, 금리, 매출, 투자수익 등 단지 하루를 미리 내다보더라도 발생할 수 있을 것으로 예상되는 결과는 그야말로 다양할 것이다. 그러나 이 중 실제로 현실화되는 것은 단 하나의 결과일 뿐이다. 현재의 위치에서 미래에 발생할 수 있는 다양한 결과 중 어떠한 결과가 실현될 것인지 정확히 알 수 없다는 사실에서 위험이 존재하고 있는 것이다.

오랜 기간 동안 사람들이 쌓아온 지식의 축적은 놀라운 정도이지만 미래에 대한 자세는 놀라울 정도로 수동적이어서 미래에 대한 의견은 신탁, 무당, 제사장 등 극히 소수의 인간에 의하여 좌지우지 되어 왔다. 이와 같은 미래에 대한 소극적인 자세에서 벗어나 사람들이 미래를 적극적으로 예측하고 또 이에 근거하여 주도적으로 의사결정을 하고 또 위험을 관리하게 된 것은 지금으로부터 불과 수백년 전의 일이다. 즉 르네상스 이후의 시기로서 사람들이 천상의 신들을 계속 공경은 하지만 미래는 더 이상 이들의 전유물이 아니라 능동적으로 추구할 수 있는 대상으로 인식을 하기 시작하였다. 이후 위험관리 활동은 지난 수천년간 존재하면서 사람들의 사랑을 받아 온 도박에서 이론적으로 발전되어 파스칼의 확률이론과 다니엘 베르누이의 불확실성하에서의 의사결정이론 등이 정립되면서 본격적으로 활성화한다.

이와 같이 위험은 시간적으로나 공간적으로 폭넓게 존재하고 있는 만큼, 위험의 존재를 파악하고 평가하여 적절한 대처수단을 강구하는 일련의 위험관리 과정들은 개인뿐만 아니라 가계, 기업 및 정부의 차원에서도 중요한 작업이라 할 수 있다.

선진 각국에서 위험관리와 관련된 활동이나 연구가 활발함에 비하여 뒤늦은 감은 있으나, 우리나라에서도 고도의 성장과정에서 지키거나 보장해야 할 것들이 늘어나는 한편 이전에 경험하지 못했던 복잡하고 다양한 위험들에 노출됨에 따라 위험관리의 개념에 대한 기본적인 인식이 제고되고 있다.

제1절 리스크의 개념

1.1 개념의 다양성

위험관리를 효율적이고 효과적으로 수행하기 위해서 또한 위험관리에 있어서 기본적인 기법이라 할 수 있는 보험을 이해하기 위해서는 우선 기초적인 용어나 개념에 익숙해져야 할 것인데, 위험관리에서는 관리의 대상이 되는 리스크가 가장 기초적인 개념이다. 그러나 리스크가 인간의 삶에 미칠 수 있는 영향력을 고려해 볼 때, 이 용어는 어림짐작으로도 오랜 기간 동안 존재해 왔을 것이고 그에 따라 다양한 의미가 함축되어 있을 것이다.

실제로 보험학, 경제학, 경영학, 철학, 법학, 심리학 등 사회과학 분야뿐만 아니라 물리학, 통계학, 보험수리학 등 학문의 다양한 분야에 걸쳐 폭넓게 위험의 개념을 둘러싼 연구와 논쟁이 전개되어 왔다. 따라서 위험관리와 보험학에 처음 입문하는 학생들뿐만 아니라 전문가조차도 리스크의 개념을 나름대로 이해하는 과정에서 많은 혼란과 어려움을 겪고 있는 형편이다.

먼저 일상적인 측면에 우리가 '위험' 또는 '위험하다'라는 용어를 사용하여 묘사하는 대상이나 상황들을 구체적으로 살펴보면 다음과 같다.

첫째, 손해 또는 보험의 대상. 예를 들면, 사람, 항공기, 선박, 자동차, 공장, 주택, 물품 등 우리가 매일 보거나 접촉하게 되는 거의 모든 것들이 손해에 노출되어 있어 이를 위험이라 일컫는 경우가 많다. 그러나 손해의 대상과 리스크는 구별되어야 한다.

둘째, 손해의 직접적인 원인. 예로서는 태풍, 홍수, 가뭄, 폭설, 지진, 화산폭발 등의 자연재해와 화재, 폭발, 충돌, 추락, 도난, 횡령, 사기, 질병, 납치, 테러, 몰수, 수용, 전쟁, 파업 등 손해를 초래하는 원인을 일컫는다. 위험관리에서는 이를 리스크와 구별하여 손인(peril)이라 부른다.

셋째, 손해를 더 자주 발생하게 하거나, 또는 손해가 발생한 경우 그 규모를 더 크게 하는 물리적 환경이나 사람의 행위. 주유소에서 담배를 피우는 행위, 음주운전 등과 같은 사람의 부주의하거나 무책임한 행위 또는 도로상에 날카로운 못들이 흩어져 있는 위험한 상황 등을 예로 들 수 있다. 이러한 경우를 영문으로 표현해 보면, risky보다는 hazardous나 dangerous란 용어가 보다 적합할 것으로 보인다. 위험관리에서는 위험과 구별하여 이를 해저드(hazard)라 한다.

1.2 리스크의 본질

1960년대 미국의 보험학계에서 리스크의 본질에 대한 논쟁이 본격적으로 시작된 이후 여러 나라의 많은 학자들이 다양한 의견을 개진하고 있다. 다양한 가운데서도 개념의 공통된 요소를 종합해 보면 다음과 같은 세 가지 형태의 개념으로 분류할 수 있다: 불확실성(uncertainty), 손해의 가능성(chance of loss) 및 변동성(variability). 본 교재의 관점에서 리스크는 기본적으로 변동성의 개념임을 미리 밝혀 둔다. 따라서 변동성 이외의 개념에 대해서는 다소 비판적인 시각을 가지고 소개하기로 한다.

1) 불확실성

상당수의 학자들이 교재나 논문에서 리스크를 불확실성의 개념과 연결시켜 정의하고 있다. 즉 인간의 무지로 인하여 앞으로 어떤 사건이 일어나서 어떤 해를 입을지 잘 모른다는 점에서 리스크가 발생한다는 것이다.

예를 들면, 1901년 Willet는 리스크와 우연(chance)의 상관관계를 주관적 및 객관적 입장에서 분석한 바 있다. 그는 먼저 우연을 주관적 우연성과 객관적 우연성으로 구분하고, 전자를 인간 지혜의 한계로부터 오는 것으로 외견상의 개념에 지나지 않는 것으로 보고, 후자를 장래 어떤 사고가 발생할 수 있는 개연성 또는 확률의 정도로 보았다. 그리고 리스크 인수에 대한 이익은 리스크의 정도, 즉 불확실성의 정도에 따라서 결정되어지는 것으로서 설명했다.

구체적으로, 리스크는 바람직하지 않은 사고의 발생에 대한 객관화된 불확실성으로서 어떤 사고에 대한 확률의 정도를 의미하는 것이며 사고발생에 대한 불확실성의 정도는 확률에 따라 증감되어 확률이 1/2일 때 최대가 된다는 것이다. 즉 [그림 12-1]과 같이 확률이 0과 1/2사이에 있는 경우 확률이 증가함에 따라 불확실성도 증가하여 확률이 1/2인 경우에 최대가 되며, 반면에 확률이 1/2보다 커짐에 따라서 불확실성은 감소한다는 것이다.

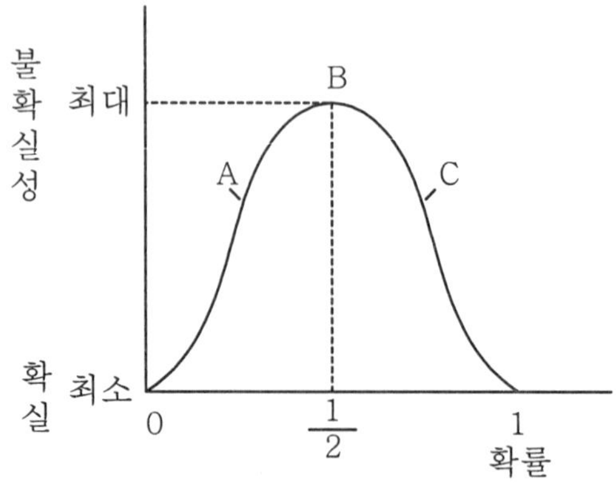

그림 12-1 불확실성과 확률과의 관계

그러나 이와 같은 접근은 다음과 같은 측면에서 비판을 받을 여지가 있다.

첫째, 불확실성은 그 개념 자체가 리스크에 못지않게 정의하기 힘든, 즉 불확실한 용어인 것으로 판단된다.

둘째, 불확실성은 그 사람의 지식, 감정과 확신의 정도를 반영하는 마음의 상태로서 사람에 따라 다르고 또 시간에 따라서도 달라질 수 있다. 즉 같은 위험이라 하더라도 사람에 따라 또 같은 사람이라 하더라도 시간이나 부의 정도에 따라 달라질 수가 있다.

셋째, 불확실성은 측정하기가 어렵다. 즉 불확실성은 기본적으로 주관적이며 개인적인 개념이므로 객관적인 측정이 용이하지 않다고 보는 것이다.

2) 손해의 가능성 및 변동성

손해의 가능성은 불확실성보다는 위험관리 분야에 더 적절한 개념인 것으로 보인다. 왜냐하면 손해의 가능성은 확률에 의한 객관적인 측정이 가능하기 때문이다. 즉 불확실성의 경우와는 달리 사람에 따라 또는 같은 사람이라 하더라도 시간이나 재산에 따라 손해의 가능성이 달라지지 않는다. 달리 표현하면, 서로 다른 위험관리자가 같은 손해의 상황에 대한 자료를 분석할 때 같은 확률을 산출하게 된다. 또한 서로 다른 손해의 상황이라면 서로간의 손해의 가능성을 비교하는 것도 가능하다.

물론 정보나 지식이 부족하여 객관적인 확률의 추정이 불가능한 경우도 흔히 있다. 이러한 경우 개인의 주관이나 판단에 따라 확률에 대한 평가가 달라질 가능성은 있을 것이다. 그러나 위험관리자가 인식하는 추정된 확률과 손해의 가능성 간의 비례적인 관계는 일관되다 할 수 있다.

이러한 손해의 가능성 개념이 지닌 상대적인 장점에도 불구하고 이 개념이 위험과 완전히 일치하는 것 같지는 않다. 보다 더 정확하게 표현한다면, 위험관리와 보험에서 다루고자 하는 위험의 차원(dimension)은 손해의 가능성의 것보다는 높다고 할 수 있다. 위험의 어떠한 차원이 손해의 가능성 개념에서 고려되고 있지 않은지 몇 가지 예를 들어 살펴보자.

먼저 손해의 가능성과 리스크는 서로 다른 것일 수 있다. 만약 어떠한 손해가 발생하지 않을 것이 절대적으로 확실한 경우에 응당 손해의 가능성은 0%일 것이고, 또한 반대로 손해가 발생할 것이 절대적으로 확실한 경우에는 손해의 가능성은 100%라 할 것이다. 그러나 이와 같은 확실성의 세계에서 위험이라는 개념이 무슨 이유로 필요하겠는가. 즉 두 가지 경우 모두 리스크는 없는 것이다.

이와 같은 두 개념의 상이점은 각 개념이 인식하고자 하는 상황에 대한 초점이 다르기 때문에 나타난다고 볼 수 있다. 예를 들어, 손해의 빈도를 인식하는 경우 손해의 가능성은 100명 중 20명 등으로 표현되는 확률의 개념이면서 동시에 인식의 초점은 20% 혹은 2/10라는 기대값에 있는 것이다. 보험계리인들이 이와 같은 손해의 가능성을 '예정손해율 20%'라고 표현하는 것도 같은 맥락이다. 반면에 리스크는 기본적으로 변동의 개념으로서 실제로 발생되는 손해의 빈도가 과연 100명 중 20명이 될 것인지 아니면 10명 혹은 30명이 될 것인지 하는 변동 폭에 그 초점을 두고 있다.

따라서 손해의 가능성 개념은 손해의 기대값을 중시하고 있는 반면에 변동성의 개념은 손해의 기댓값 뿐만 아니라 실제 결과들과 기대값의 차이까지 고려하는 진일보된 개념이라 하겠다. 통계학에서는 기본적인 개념인 기대값과 변동의 차이가 위험관리와 보험 분야에서 전개되고 있는 위험의 개념을 둘러싼 논쟁의 주요한 요인 중 하나라고 판단된다.

이상과 같이, 여기서는 리스크를 실제의 결과들이 손해의 가능성에 의하여 예상되어지는 기대값과 다른 정도라고 이해하기로 한다. 따라서 리스크는 분산(variance), 표준편차(standard deviation), 범위(range) 등 변동의 척도에 의하여 그 크기가 가늠된다 하겠다.

1.3 리스크의 유사개념

1) 손인

손인(peril)은 자연재해, 충돌, 화재, 폭발, 질병, 범죄 등 손해(loss)의 원인이 되는 사건을 일컫는다. 보험시장에서는 손해의 보상여부와 관련하여 이를 우연한 사건, 고의적인 사건 및 발생이 거의 확실시 되는 사건으로 분류하기도 한다. 즉 보험회사는 우연한 사건으로 야기되는 손해는 보상하나 고의적인 손해 또는 감가상각 등 애당초 발생할 것으로 충분히 예상되어지는 손해에 대해서는 보상하지 않는 것이 일반적이다.

2) 해저드

해저드(hazard)는 손해발생의 잠재적 요인으로서 손해를 더 자주 발생하게 하거나 손해가 발생하는 경우 그 규모를 더 크게 하는 물리적인 환경 또는 사람의 행위를 일컫는다. 즉 손해의 빈도(frequency)와 심도(severity)를 증가시키는 상황을 의미한다. 해저드는 통상 다음과 같이 물리적 해저드(physical hazard)와 도덕적 해이(moral hazard)로 구별되고 있다.

(1) 물리적 해저드

이것은 사물에 존재하는 물리적 또는 육체적인 성질, 사정(事情), 상태를 의미한다. 예를 들면, 자동차엔진의 구조적 결함, 도로의 결빙, 설계도에 따른 자재보다 열등한 자재를 사용하여 건립한 구조물, 삼림의 건조, 부실한 기름탱크, 암초, 잠재적 질병 등이 그것이다.

(2) 도덕적 위험

이것은 인간의 정신적 또는 심리적 요인이라는 다양한 잠재적 사정 또는 태도이다. 그것은 인간의 부정, 부덕, 사기, 악의 등의 감정에서 오는 적극적인 작용으로서 사고를 발생시키거나 증가시킬 수 있는 상황이다. 즉 그것은 사고의 빈도나 정도를 증대시키는 인간의 성격이다. 도덕적 위험의 상태는 다양하여 사람의 정신적, 심리적 상태에 따라 그 결과가 현저하게 다르게 나타난다. 도덕적 위험의 전형적인 예는 방화, 횡령, 사기 등으로서 고의로 보험사고를 야기하거나 확대시키는 사기적인 보험금 청구도 그 예이다. 도덕적 위험은 보험금 사기라는 바람직하지 못한 범죄를 만들어 낼 수도 있다.

이와 같은 행위의 예로서는 카드사용자가 자신의 상환능력이 미치지 못한다는 사실을 알면서도 무분별하게 카드를 사용한다든지, 금융기관이나 대기업이 결과가 나쁠 경우 국가에서 구제금융 등으로 지원할 것이라는 믿음을 가지고 지나치게 위험한 투자나 사업에 뛰어드는 경우가 있다. 후자는 이익은 사유화하고 손해는 사회화하는 행위로서 흔히 대마불사(too-big-to-fail)로 알려져 있다.

(3) 풍기적 위험

이것은 광의의 도덕적 위험에 포함되는 것이지만 부주의, 무관심, 사기저하, 풍기의 문란 등과 같은 인적 사정을 의미한다. 도덕적 위험은 의식적 행위를 수반하지만 풍기적 위험은 그것을 수반하지 않는다. 즉 풍기적 위험은 잠재의식적인

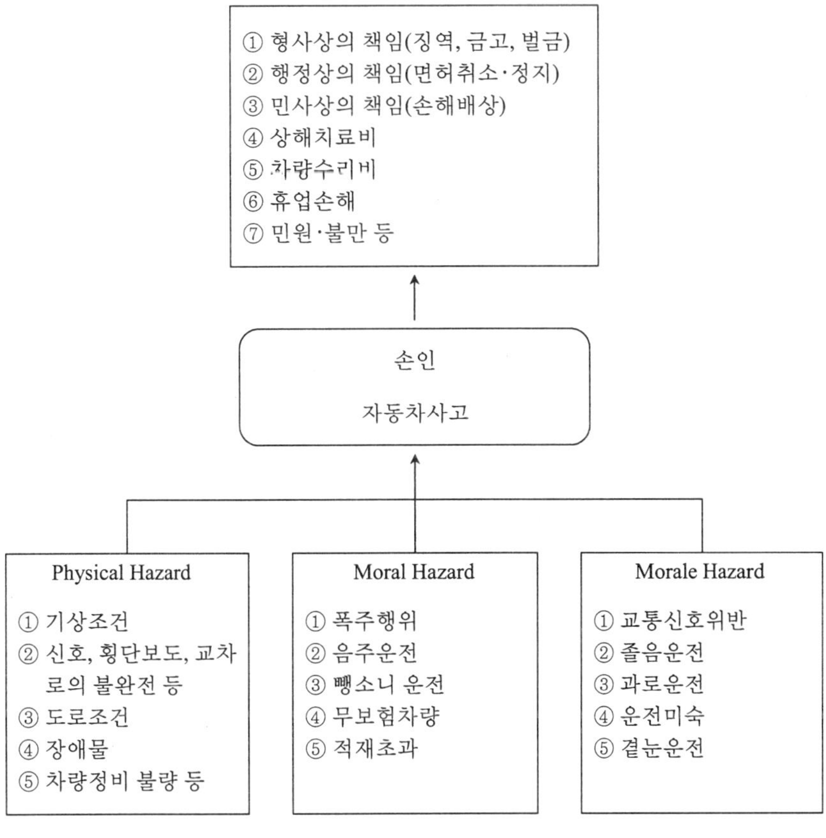

❙그림 12-2❙ risk·peril·hazard의 관계와 구조

손실욕구(subconscious desire for a loss)라는 심리상태로 해석되는 경우도 있다. 이 위험은 대부분의 사람에게 어떤 정도는 존재하는 것이다. 그 결과의 정도에 따라서는 과실과 중과실과 같은 법적 문제로 표출되기도 한다.

도덕적 위험과 풍기적 위험을 구별하지 않고 광의로 도덕적 해이라 부르기도 한다.

제2절 리스크의 형태

2.1 리스크의 일반적 형태

1) 순수위험과 투기적 위험

순수위험은 그것이 발생한 경우에 손해만을 발생시키게 하는 위험인 것에 비하여, 투기적 위험은 그것이 일어나는 경우에 이익 또는 손해를 발생시키는 위험이다. 순수위험은 그 용어와 내용이 일치하지만, 투기적 위험은 그 내용과 용어의 의미가 비교적 명확하지 않다. 그리고 순수위험의 「순수」라는 의미에는 이익과 손해가 혼재하고 있지 않다는 내용을 포함하고 있다.

순수위험은 손해만을 발생시키는 위험이기 때문에 손해의 형태에 의해 인적위험, 재산위험, 책임위험으로 세분된다. 또, 그것은 부보가능성이 유무에 의해서 부보가능위험과 부보불능위험으로 구별된다. 한편, 투기적 위험은 모험적 행위, 기업경영이나 도박, 투기적 거래 등에 따르는 위험이고 그에 따른 형태도 다양하다. 그리고 그 대표적인 것이 시장위험이다.

순수위험과 투기적 위험의 중요한 차이점은 다음과 같다;

① 순수위험은 대수의 법칙을 적용하기 쉬운데 비해 투기적 위험은 그것을 적용하기 어렵다. 그러므로 순수위험은 보험화의 가능성이 높지만, 투기적 위험은 보험화의 가능성이 낮다.

② 투기적 위험의 경우에는 예를 들어 기업이 손해를 입더라도 사회가 이익을 얻을 수 있다. 여기에 대해 순수위험의 경우에는 기업이 손해를 입으면 사회도 또한 거의 항상 손해를 입게 된다.

③ 순수위험과 투기적 위험의 분류와 정태적 위험과 동태적 위험의 분류는 그 분류기준이 동일하지 않으며, 완전히 합치하는 개념은 아니다. 그러나, 순수위험과 정태적 위험, 투기적 위험과 동태적 위험은 위험사례의 측면에서는 거의 비슷한 상황을 포함하는 것으로 엄밀히 구분하지 않고 혼용되는 경우가 많다.

기본적으로 순수위험과 투기적 위험의 분류에 있어서는 「손해만을 발생시킨다」라든가 「손해 또는 이익의 어느 것인가를 발생시킨나」라는 점이 분류기준이다. 바꾸어 말하면 「손해발생」인가 「손해발생 또는 이익발생」인가 하는 것이다.

그에 대해 Athearn은 순수위험을 「손해(loss) 또는 현상유지(no change)를 야기하는 위험」, 또한 투기적 위험을 「손해, 이익(gain) 또는 현상유지를 발생시키는 위험」이라 하여, 현상유지의 측면도 덧붙여 설명하고 있다. 하지만 학계에 있어서도 그렇게 지지를 얻지 못한다. 그것은 상식적으로 리스크가 발생했을 때 아무 일도 일어나지 않았다는 것을 생각할 수 없기 때문이다. 즉 그것은 리스크가 발생했지만 그것이 중화 내지 상실되어 손해나 이득이 생기지 않았음에 지나지 않는 것이기 때문에, 위험분류에 있어서는 적절하지 않다.

외에도 대상위험을 순수위험과 투기적위험으로 구분하는 과정에시 투기적 위험에 '손실 혹은 이익(loss or gain)'이라는 성격을 부여함에 따라 리스크에는 손해(loss)의 개념뿐만 아니라 이득(gain)의 개념도 간접적으로 더해지기도 한다. 이러한 리스크에 대한 다양한 개념과 인식의 차이에 따라 하나의 '리스크' 라는 용어를 서로 다르게 인식하여 전혀 다른 결과를 생성시킬 가능성도 배제할 수 없게 되었다.

2) 정태적 위험과 동태적 위험

위험을 발생형태에 따라 정태적 위험(static risk)과 동태적 위험(dynamic risk)으로 분류하는 경우가 있다. 즉, 정태적 위험은 사회경제의 정태적 상태(stationary state)하의 위험인데 대하여, 동태적 위험은 사회경제의 동태적 변동(dynamic change)을 직접의 원인으로 하는 위험이다. 말하자면, 지진, 폭풍우, 전염병 등과 같이 자연적 원인으로 생기는 위험이나 화재, 파산, 상해, 조기사망, 경영파탄 등과 같이 부주의로부터 생기는 위험, 그리고 방화, 사기, 채무불이행 등과 같이 도덕성의 결여에서 생기는 위험 등이 정태적 위험이다.

이에 대해 동태적 위험은 유행이나 수요의 변화 등과 같이 소비자 측의 원인에 의해 생기는 위험 및 생산방식에 있어서의 변화나 새로운 기계의 발명과 같은 생산자 측에 의해 생성되는 위험 등이다. 바꾸어 말하면, 정태적 위험은 자연의 불규칙한 작용이나 인간의 실수나 비행(非行)등에 의해서 생기는 위험인데 대하여, 동태적 위험은 인간의 욕망이나 욕구의 변화, 생산방식이나 생산기술의 변화, 산업조직의 변화 등에 의해서 생기는 위험이다.

한편, 기업위험의 원천을 기업경영의 사정 내지 상태에 따라 동태적인 것과 정태적인 것으로 구별할 때, 동태적 위험에는 ① 관리위험(management risk), ② 정치적 위험(political risk), ③ 기술혁신 위험(innovation risk) 등이 있으며, ①의 관리위험은 다시 마케팅 위험(시장위험), 재무위험, 생산위험으로 나뉘어 진다. 그리고, 정태적 위험에는 ① 자산의 물리적 손실, ② 사기 및 범죄에 의한 손실, ③ 법의 잘못된 판단에 의한 손해(법률에 기인하는 손해배상책임), ④ 수익력의 감소에 의한 재산상의 손해, ⑤ 경영자의 사망 또는 질병이라는 위험 등이 있을 수 있다.

정태적 위험과 동태적 위험의 구별은 매우 중요하다. 왜냐하면 위험정책이나 위험관리의 대상을 구하는데 있어서 양 위험간에는 큰 특징적 차이를 보이고 있기 때문이다. 양자의 차이점은 첫째로, 정태적 위험은 대체로 자연적 사고를 원인으로 하는 재산의 물리적 손해에 관한 위험이 것에 대해, 동태적 위험은 경제의 변동, 특히 가격변동 등을 원인으로 하는 재산의 가치상실의 위험이다. 둘째로, 정태적 위험은 일반적으로 재산의 한 단위 또는 몇 단위에 대해서만 작용하는 것에 대해, 동태적 위험은 일정한 종류의 재산의 全단위에 대해서 동시에 작용한다. 셋째로, 정태적 위험은 개별적으로는 우연적이고 불규칙적인 것이지만, 이것을 집단적으로 관찰하면 거기에서 일정한 규칙성을 발견할 수 있는데 대하여, 동태적 위험은 어떠한 경우에 있어서도 일정한 규칙성을 발견하기가 어렵다.

정태적 위험과 동태적 위험의 차이에 대해 Mehr & Hedges 다음과 같이 정리하고 있다.

① 양자 모두 불확실성을 포함하지만, 동태적 위험의 경우에는 그 불확실성의 결과가 이익을 초래할지 아니면 손해를 초래할지가 문제이다. 이에 대하여 정태적 위험의 경우의 불확실성은 그 결과가 손해를 발생시킬지 아닐지가 문제이다.

② 쌍방의 위험 모두 그 처리를 하는데 있어서는 통계적 분석이 유익하지만, 정태적 위험이 동태적 위험보다도 결합의 원리를 용이하게 적용할 수 있다.
③ 경제의 성장이나 발전은 유익한 재산이나 서비스의 생산 또는 배급에 수반되는 동태적 위험을 인수하는 투자가나 경영자의 존재에 크게 의존하고 있다. 그러므로 동태적 위험에 대한 집단적인 인수는 유익한 사회적 기능을 수행하고 있다. 이에 대하여, 투자가에 의한 정태적 위험의 무상인수는 사회에 대하여 조금도 이익을 주지 않는다.
④ 동태적 위험의 경우 기업은 사회가 이익을 얻음으로써 손실을 입는 경우도 있다. 그러나 정태적 위험의 경우 통상 기업이 손실을 입으면 사회도 또한 손실을 입게 된다.

2.2 위험의 개별적 형태

1) 일반적 위험과 개별적 위험

한편 위험을 일반적 위험(general risk)과 개별적 위험(individual risk)으로 나누는 견해가 있다. Maynard & Weidler는 일반적 위험은 본래 경영의 외부에 생기는 것으로서 경제적, 사회적 변화 또는 불확실성의 결과이며, 그 결과적 효과에 있어서 일반적인 위험이라고 설명하고 있다. 예를 들어 ① 가격 수준의 변화 ② 경영활동 정도의 변화, ③ 기상상태, ④ 사회적 관습의 변화 및 ⑤ 생산과 배급 방식의 변화 등이 그 예이다. 반면에, 개별적 위험이라고 하는 것은 특정의 개인이나 기업에 영향을 주는 것으로 사회적, 경제적 원인보다도 오히려 개별적 원인에 의한 것으로써, 화재에 의한 개인 상점의 손해는 본래 특수한 원인에 의한 개별적 위험이며, 도난, 상해, 타인의 물건 또는 타인에게 입힌 손해에 대한 책임 등도 모두 개인적 또는 개별적 위험이라는 것이다.

2) 기본적 위험과 특수한 위험

기본적 위험(fundamental risk)과 특수한 위험(particular risk)의 분류는 Kulp가 사용한 분류방법이다. 기본적 위험은 ① 경제제도의 불확실성, 부정확성, 부조화성, ② 사회적 및 정치적 변화, ③ 자연의 이상변동에 의해 발생하는 위험으로서 개인에 의해 예방될 수 없는 위험이다. 이에 대하여 특수한 위험은 그 기원이나 결과가 개인적인 위험이다.

이 분류는 요컨대 그 기원이나 결과가 전체적인가 개인적인가에 의한 것이다. 그러나 이 양자의 분류기준은 반드시 명확하다고는 할 수 없다. 그리고 기본적 위험은 순수위험과 투기적 위험의 양쪽을 포함하지만, 특수적 위험은 거의 순수 위험으로 한정된다.

3) 주관적 위험과 객관적 위험

주관적 위험(subjective risk)과 객관적 위험(objective risk)의 분류는 Greene과 Dorfman 등이 도입한 방법이다. 주관적 위험은 개인의 정신적 태도나 심리적 상태에서 생기는 위험으로서 일반적으로 정확한 측정이 불가능한 위험이다. 이에 대하여 객관적 위험은 확률상의 손해에 대한 실제적인 손해의 상관적 변동으로서, 이것은 결국 우연이나 불가항력에 의해 생기는 위험으로 측정가능하고 대수의 법칙을 적용시킬 수 있는 위험을 의미한다.

Dorfmam에 의하면, 주관적 위험은 개인의 위험에 대한 인식과 관계가 있다고 한다. 말하자면 두 사람이 화재에 의해 소실한 동일의 위험대상(exposure)을 가지고 있어도 한 사람이 다른 사람보다 사고에 관한 불확실성을 보다 많이 느끼는 일이 있는 것이다. 따라서 보다 많은 불확실성을 느끼는 사람은 다른 사람보다도 보다 큰 주관적 위험을 가진다고 할 수 있다.

이에 대하여 객관적 위험은 손해발생의 가능성(chance of loss)에 의해 측정되는 자연적 상태 또는 현실적 위험과 관계가 있다. 즉 객관적 위험은 예상되는 손해발생의 가능성과 결과의 변동폭을 의미하는 넓은 개념이며, 경우에 따라서는 객관적 위험과 손해발생의 가능성은 호환적으로 사용이 가능한 개념이다.

4) 자연적 위험과 인위적 위험

위험의 발생원인에 따라서 자연적 위험과 인위적 위험으로 분류하는 것이 가능하다. 이 분류기준은 어느 사고의 원인이 되는 위험이 자연적인 것인가 아닌가에 따른 것으로, 자연적 사고와 불가항력적 사고 등이 전자에 속하고 후자는 인간의 의도 또는 과실이 작용한 사고이다. 바꾸어 말하면 이 분류는 인위적으로 야기된 사고인가 아닌가를 기준으로 하는 것이다.

5) 인적, 물적, 책임위험

인적위험은 주로 사람의 사망 또는 신체장해의 발생 및 시기에 관한 리스크이다. 인간의 사망은 명백한 사실로서 전혀 불확실한 것은 아니지만 그 발생시기가 불확실하다. 여기에는 사망과는 달리 우발적 상해, 질병, 노령으로 인한 취업불능위험도 존재한다. 그러므로 인적 위험은 다시 생명위험과 건강위험으로 나누어진다.

물적위험은 재산을 위협하는 화재, 낙뢰, 폭풍, 홍수 등의 사고로서 직접적인 손해를 발생시키는 것 이외에 이익, 집세, 임대료 상실 등의 간접적인 손해)를 발생시키는 경우가 있다. 한편, 책임위험은 법률상의 손해배상책임으로부터 생기는 것으로서 제3자 위험이라고도 한다. 책임위험은 다시 대인배상위험과 대물배상위험으로 나누어진다.

2.3 기업위험의 형태

1) 생산, 판매, 전반위험

기업위험은 여러 가지 각도에서 분류되고 있는데, 그 중에서도 중요한 것이 생산위험, 판매위험, 전반위험으로의 분류이다. 생산위험은 다시 요소위험, 노무위험 및 재무위험으로 구성되어 있다. 이 경우에 요소위험이란 경영의 특성에 기인하는 위험으로 기업의 업종이나 내용에 따라 달라지는 위험을 의미하는 것으로, 여기에는 노무위험과 재무위험이 포함되어 경영의 특성을 이룬다. 한편, 판매위험에는 가격위험, 거래위험, 신용위험이 포함된다.

이상과 같은 개별적 위험 위에 경영전체로서 인식되어지는 것이 전반위험이다. 모든 기업은 시장경제의 영향을 받지만, 기업의 바른 운영, 자산의 신중한 평가, 생산 및 판매부분에 대한 자산의 바른 투입에 의해 전반위험은 줄일 수 있다. 전반위험의 극복에 성공하면 이윤을 얻을 수 있으며, 그 정도가 높을수록 이윤은 높아지게 된다.

기업위험을 경영관리에 관련지어 분류하면, ① 전반위험 ② 생산위험, ③ 판매위험, ④ 재무위험, ⑤ 노무위험으로 분류된다. 이를 다시 묶어서 분류해 보면, ①은 전반관리 위험이고, ②에서 ⑤는 부문관리위험이다. 이들 위험은 각기

대상으로 하는 관리분야와 경영환경의 내부적 위험요인에 따라 사고발생의 가능성으로서 또는 불확실성으로서 기업경영에 영향을 미치게 된다.

2) 경영외부위험과 경영내부위험

경영환경의 해저드는 경영외부위험과 경영내부위험으로 나누어진다. 전자는 기업을 둘러싼 정치·경제·사회적인 사정, 조건, 상황 등으로, 말하자면 외적요소라고 말할 수 있다. 후자는 환경적응을 위한 전략과 관리의 결함, 부적합성이라는 경영 내부에 감추어진 사정, 조건 또는 상황 등이다. 이 경우 양쪽 모두가 해저드라는 개념으로 파악되지만, 편의상 전자를 경영외부해저드, 후자를 경영내부해저드라 말할 수 있다.

이것은 위험의 원천에 따라 경영내부위험과 경영외부위험으로 분류하는 것이 가능하다. 경영외부위험은 경영환경이라는 경영의 해저드에 기초를 두는 외부적인 압력이며, 외래의 돌발사고의 가능성을 포함하는 사정인데 대하여, 경영내부위험은 일정한 경영환경 하에서의 인간, 금전, 물건을 조화시켜 기업이 환경에 적응하고 생존하기 위한 전략 내지 관리가 부적절한 데서 오는 내재적 돌발사고의 가능성을 포함하는 사정이다.

제3절 위험관리의 기본적 유형

위험관리는 어떠한 위험을 대상으로 하는가. 이에 관해서는 두 가지의 견해가 있다. 즉 위험관리의 대상위험을 순수위험만으로 한정하고 투기적위험까지 확대하지 않는다는 순수위험설과, 투기적위험까지 확대하고자 하는 全기업위험설이다. 이러한 견해의 차이는 그 대상을 관리하기 쉬운 위험만으로 할 것인지, 위험관리의 목적을 우발사고 대책으로서의 재무적 안정성 보전으로 할 것인지, 아니면 기업의 도산방지(기업방위)개념까지 확장시킬 것인지 하는 소위 취급범위 내지는 내용의 차이에서 오는 것이다.

그에 따른 위험관리의 형태로서는 크게 보험관리형, 경영관리형, 경영전략형의 세 가지 기본유형을 들 수 있다. 그리고 최근에 들어서는 세계적인 정치, 군사,

자연재해 등의 돌발적 사태에 대비한 위기관리형 위험관리가 덧붙여지게 되었다. 그 내용을 살펴보면 다음과 같다.

3.1 보험관리형 위험관리

보험관리형 위험관리는 지금까지 위험관리 연구의 기초적 토대가 되어 왔으며, Knight가 구분한 리스크의 개념, 즉 예측가능(계수화가능)리스크와 예측불능리스크(계수화불능) 중에서도 예측가능한 리스크를 중심으로 하여 기업의 순수위험과 관련비용의 경감을 목적으로 한다.

보험관리형 위험관리는 다시 보험공급 목적의 위험관리와 비용관리 목적의 위험관리로 나눌 수 있는데, 전자는 보험기업이 피보험자의 풍기적 해저드에 의한 보험사고를 줄이고 위험요인의 분석과 파악을 위해 행해진 것으로 가장 초기적 위험관리의 형태에 속한다. 그리고 현재에 있어서도 보험마케팅과 관련한 서비스 차원에서 손해보험기업을 중심으로 행해지고 있다. 이에 대하여 후자는 피보험지 또는 보험계약자인 기업 스스로가 주체가 되어 기업내의 순수위험사고를 줄이고 그에 따른 불필요한 보험료 지불의 비용을 경감하기 위해 행해진 것이며 그것은 다시 보험관리와 안전관리로 구분될 수 있다.

보험관리가 보험과 관련된 재무관리의 한 부분이라고 한다면 안전관리는 작업장, 현장에 있어서의 직접적인 안전관리로서 사고발생의 강도와 빈도를 조절하는데 도움이 된다. 하지만 순수위험 중에서도 보험 상품화가 어려운 위험, 즉 지나치게 규모가 크거나 강도나 빈도가 큰 위험 등은 보험자의 인수거부, 보험금액의 제한, 특약 보험요율이 적용되어 보험처리가 불가능한 경우도 많다. 따라서 보험관리형 위험관리에는 부보불능위험의 보유나 준비금 등의 보험외적 관리의 필요성도 동시에 요구되며 그로 인해 재무관리의 일부로서 채용되기 쉽다.

이러한 보험관리형 위험관리는 리스크의 군집화와 분산화의 양 개념을 만족시키는 것으로서 실천수단과 방법상의 명확성으로 인하여 위험관리 연구의 초기부터 이용되어 왔다. 그 특징은 다음과 같다.

■ 보험관리형 위험관리

① 목　　적 : 위험관리비용(보험비용)의 합리화와 우발사고로부터의 기업자산의 보전

② **대상위험** : 순수위험(부보가능한 위험)
③ **내　　용** : 보험관리와 그에 관련된 방재관리
④ **위　　치** : 재무관리의 일부, 라인(line)조직
⑤ **활　　동** : 업무적 의사결정, 위기관리매뉴얼의 이용
⑥ **한　　계** : 계수화 불능위험, 투기적위험의 관리가 어려움
빈도나 강도가 큰 위험에 대한 대처의 어려움

3.2 경영관리형 위험관리

경영관리형 위험관리는 기존의 보험관리형 위험관리와 구분하기 위해 명명한 것으로서 기업내부의 손실 · 손해측면에 대한 관리를 그 목적으로 한다. 특히 보험관리와 경영관리의 구분점은 전자가 순수리스크와 그에 관련된 비용(cost)를 중시하는데 비하여, 후자는 결과로서의 손실, 즉 사후적 시점에서의 결과적 손실개념을 중시하고 있다는 것이다.

그래서 관리기능적 측면에서 경영관리형 위험관리의 리스크 매니저는 다시 리스크매니저(Risk Manager)와 손실통제매니저(Loss-control Manager)로 구별되며, 전자가 보험수급에 있어서의 조정기능을 담당한다면, 후자는 손해의 원천, 즉 손해발생의 요인을 제거해 나가는 업무기능을 한다.

하지만 현실적으로 경영관리형 위험관리의 실천에서는 사후적 결과로서의 손실개념이 중시되기 때문에 사전적인「사고의 가능성」보다는「손실의 가능성」에 대한 관리를 더욱 강조하는 경우가 많다. 그 결과 처리수단 면에서도 회피, 제거 등의 사전적 수단보다는 보유, 전가 등의 보험적, 재무적 사후수단이 채용되는 경우가 많다.

그렇기 때문에 미국의 대부분의 경영관리형 위험관리가 보험관리형 위험관리의 범주를 벗어나지 못하고 리스크매니저도 보험관리자의 틀을 벗어나지 못한다는 지적을 받는 것이다. 그러나 개념적으로는 경영관리형 위험관리는 보험관리의 기술적 한계를 극복하기 위해 생성된 것이며 또한 위험처리 수단 등도 발전된 모습을 보이고 있어 위험관리의 발전과정에 있어 새로운 관리 가능성을 제시한 모델로서 평가될 수 있다. 그 특징은 다음과 같다.

■ 경영관리형 위험관리

① **목 적** : 기업위험의 극복과 재무적 안전성의 보전
② **대상위험** : 순수위험과 일부의 관리가능한 투기적 위험
③ **내 용** : 보험관리, 방재관리, 안전관리, 준비금관리, 캡티브관리 등
④ **위 치** : 독립된 부문관리, 라인(line)조직
⑤ **활 동** : 부문관리적 의사결정, 위기관리 매뉴얼의 활용
⑥ **한 계** : 투기적 위험에 대한 관리정도의 애매함
타부서, 타부문의 위험처리 과정이나 수단에 관여하기 어려움

3.3 경영전략형 위험관리

경영전략형 위험관리는 일본의 카메이 토시아키(龜井利明)교수가 제시한 형태이며 그 내용은 기업의 유지 · 존속이나 기업목적을 중시하고, 궁극적으로는 기업의 최종상태인 기업도산의 방지를 목적으로 한다. 대상위험도 부보가능한 순수리스크 뿐만 아니라 부보불능의 투기적 리스크를 포함한 기업전반의 리스크를 대상으로 한다. 그리고 그 관리위치는 스탭(staff)조직 또는 감사역의 자격이다.

경영관리형 위험관리와 경영선략형 위험관리가 구분되는 점은 전자가 손실극소화(minimization of loss)원리에 따라 기업의 내부적 요인과 마이너스 면의 관리에 중점을 둔데 비하여, 후자는 경제성과 효율성의 원리를 중시하여 기업의 외부적 환경, 그리고 기업의 성장과 관련한 플러스의 요인에 대해서도 적극적인 관리노력을 기울인다는 것이다.

예를 들어 기업이 새로운 시장을 개척하여 진출할 경우의 수요예측의 실패가능성 또한 신상품개발에 있어서의 가격책정실패로 인한 판매부진의 가능성 등과 같이 현실적 시점에서는 손실(loss)로서 표면화되지 않더라도 장래 기대이익에 대한 기회비용(opportunity cost)이 발생할 가능성이 있다. 특히 오늘날과 같은 고도경쟁사회의 진전하에 있어서는 기업의 불량화, 경영파탄, 도산 등이 단 한번의 거대리스크에 기인하는 것이 아니라, 사소한 예측미스의 축적으로도 야기될 수 있으므로 그러한 외부적 환경의 다양성에 대해서도 대처할 필요성이 있다.

결국 경영전략형 위험관리는 불확실성 요소의 축적에 의해 기업이 파국적 상황에 이르는 것을 방지하기 위한 것으로 비손실적 무형의 코스트를 포함한 기업

전반의 리스크를 대상으로 한다. 그렇기 때문에 위험관리의 목적은 기업의 일반적 목적 속에서 찾아야 할 것이며 기업목적에 포함된 또 하나의 관리기능으로서 파악되어야 할 것이다. 따라서 그것은 「경영전략을 지지하는 위험관리」, 「경영전략으로서 행해지는 위험관리」, 「전략적으로 전개되는 위험관리」의 3가지 측면을 충족시키는 형태가 되어야 할 것이다.

특히 일본에서 경영전략형 위험관리가 등장한 것은 일본 보험시장의 특성, 즉 폐쇄성, 보수성, 보험보호내용의 유사성, 요율체계의 획일성 등에 따라 기업이 보험을 이용하여 기업내의 다양한 리스크를 관리하는데 어려움이 있었다는 배경도 있지만, 궁극적으로는 보험관리적 위험관리와 경영관리적 위험관리의 한계를 극복하기 위한 노력의 결과라고 할 수 있으며, 향후의 위험관리의 방향성을 제시하는 내용이라 할 수 있다. 그 특징은 다음과 같다.

경영전략형 위험관리

① **목 적** : 기업도산의 방지와 기업방위
② **대상위험** : 기업전반의 위험
③ **내 용** : 전반관리와 부문관리에 대한 조언, 조력, 조정, 감독(내부 컨설턴트의 역할)
④ **위 치** : 스탭기능(전문스탭 또는 전문위원회), 감사역
⑤ **활 동** : 전략적 의사결정에 대한 조언, 위기관리체제의 설계, 관리매뉴얼의 작성
⑥ **한 계** : 위험관리 전문 스탭의 확보가 어려움
위험처리와 집행에 있어서의 경영자의 전폭적 신뢰·지원과 전사(全社)적 이해가 필요함

3.4 위기관리형 위험관리

위기관리형 위험관리는 1990년대 후반의 일본의 대지진, 북미의 태풍, 남미의 홍수, 세계금융시장의 변동과 일부국가의 채무디폴트 등과 같은 세계적인 자연, 경제적 환경의 급박한 위기적 상황에 영향을 받아 등장했다. 기존의 위험관리가 사고나 손해에 대한 사전적 관리개념을 준용하고 있는데 비해 위기관리형 위험

관리는 사고 후 손실에 이르기까지의 과정에 있어서의 인적, 물적 해저드(위험요인)의 관리필요성을 중시하는 것이다. 즉, 이것은 사고(peril)의 과정에서 보면 사후적 관리가 될 것이며, 손실(loss)의 과정에서 보면 사전적 관리의 의미를 지닌다.

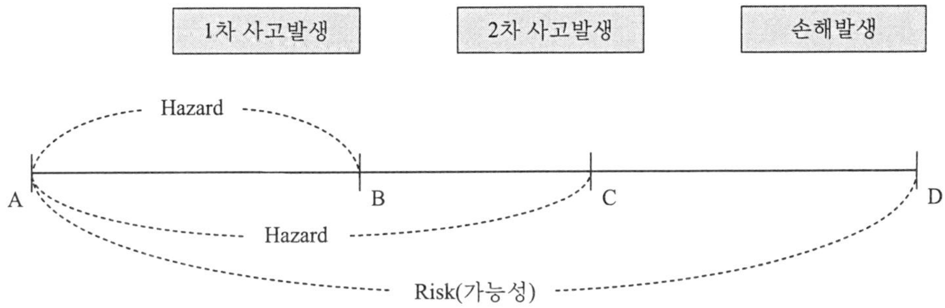

┃그림 12-3┃ 위기관리형 리스크 매니지먼트의 대상과 범위

[그림 12-3]에서 보는 바와 같이 기존의 위험관리가 그 목적에 따라 $\overline{AB}$, 또는 $\overline{AD}$ 구간의 관리를 목적으로 하는 것이라고 한다면, 위기관리형 위험관리는 $\overline{BD}$ 구간에 있어서의 인적, 물적, 2차적 사고를 관리하기 위한 것이다. 그리고 2차적 사고의 관리여부에 따라 손해정도의 차는 천차만별로 달라질 수 있다. 그런 만큼 더욱 1차 사고 후에 있어서의 대처의 신속함, 의사결정의 정확함이 요구되는 것이다.

이러한 위기관리형 위험관리는 1차적 사고의 형태는 확인가능하나, 2차적 사고의 범위와 형태가 확정되지 않았기 때문에 그 기간이 위기(crisis)라고 불리며, $\overline{BD}$ 구간의 시간적 장기성, 사고형태, 강도와 빈도 등이 과거의 데이터로서는 파악하기 어렵다. 따라서 위기기간 중의 대처를 조직적, 체계적으로 하기가 더욱 어렵다. 그렇기 때문에 한정적이기는 하나 전반관리나 부문관리의 전반에 걸친 전사적인 대처가 불가피하며 자연재해에 대한 방재대책, 테러에 대한 사후 대책 등을 그 극명한 예로서 들 수 있다. 그 특징은 다음과 같다.

■ 위기관리형 위험관리

① **목　　적** : 위기의 타개나 극복에 따른 정상적 기업활동의 유지

② **대상위험** : 우발적 거대사고, 재해, 정치, 경제, 사회적 사건에 따른 2차 적 경영위기
③ **내 용** : 긴급한 의사결정과 위기대처 전략의 책정
④ **위 치** : 전반관리, 부문관리를 포함한 전사적 긴급조직
⑤ **활 동** : 위기관리 매뉴얼의 작성과 매뉴얼 이외의 전략적 의사결정에 수반되는 활동
⑥ **한 계** : 신속한 조직형성, 지휘, 명령 체계의 확립이 어려움
일관된 항상성의 대처가 어려움

제4절 위험관리의 개별적 유형

4.1 전반위험관리와 부문위험관리

기업도산은 그 형태가 어떠한 것이든지 부실경영이 원인이다. 부실경영은 경영관리의 각 단계에 있어서 위험처리가 부적절한 것에 기인한다. 즉, 전반관리위험, 부문관리위험으로서의 재무위험, 노무위험, 생산위험, 판매위험 등에 대한 처리가 부적절하게 되면 기업도산으로 이어진다.

1) 전반위험관리

전반관리위험을 전반위험이라고도 한다. 전반위험은 전반관리가 열악하거나, 동족(同族)경영, 일인독재경영, 경영부재 등에 의해 발생한다. 이들 위험은 주로 전반관리에 관한 부적절한 의사결정, 특히 전략적 의사결정의 실수에 의한 것이 많다. 그러므로 전반위험의 처리에 있어서는 의사결정기관으로서의 이사회의 확충이 중요한 의미를 갖게 되며, 이 경우 유능한 사외이사를 활용하는 것도 한가지 방법이다. 동시에 전반위험을 검토(check)하는 기관으로서 위원회를 조직하거나 객관적인 감사 기관을 충분히 활용하는 것도 위험관리에서 중요한 의미를 갖는다. 이와 같은 문제의식 하에 전개되는 위험관리가 전반위험관리이다.

2) 부문위험관리

다음으로 부문관리위험이 있는데, 이것을 관리라는 표현을 생략하여, 단지 재무위험, 노무위험, 생산위험, 판매위험이라고도 말할 수 있다. 재무위험은 자본조달, 자금관리, 설비투자 등에 관련하는 리스크이지만, 자산보전에 관련된 리스크는 의외로 경시되고 있다. 자산보전에 관한 리스크는 주로 화재, 폭발, 지진 등의 자연재해이다. 이러한 리스크 대책으로서는 방재관리나 보험관리가 중시된다.

노무위험으로서 문제가 되는 것은 도산에 이어지는 노동쟁의나 인건비 폭등이라든가 퇴직금도산의 원인이 되는 높은 퇴직금, 고령화 문제이다. 또, 생산위험으로서 문제가 되는 것은 노동재해방지에 관한 안전관리, 제조물 책임에 관련된 품질관리 등일 것이다. 또, 신제품개발에 따른 도산이나 설비투자과잉 도산과 같은 리스크도 무시할 수 없다.

마지막으로 판매위험이 있는데, 이것은 매상부진, 매출금 회수곤란에 의한 리스크이고, 시장관리(고객관리), 신용관리(매출금 관리)등에 관한 리스크이다. 이상과 같은 부문관리에 대한 위험관리가 부문위험관리이다.

기업활동은 각종 부문관리를 수반하는 것이므로 그 각 부분에는 고유의 리스크가 존재한다. 예컨대 생산위험, 판매위험, 재무위험, 노무위험 등이 그것이다. 그리고 이들의 부문관리에 따라 전반관리가 평가되며 그 결과 비로소 고유한 위험으로서의 전반(관리)위험이라는 리스크가 인정되는 것이다. 기업도산위험은 이들 위험의 결합으로 발생한다. 이상의 리스크들은 모두 위험관리의 대상이 되는 것으로 그 하나 하나에 대한 세심한 관리가 필요하게 된다.

4.2 중소기업형 위험관리와 대기업형 위험관리

실제로 기업의 도산은 대기업보다는 중소기업에서 많이 발생하며 과거의 경험에 비추어보더라도 대기업의 도산은 매우 드물어 예외적인 현상으로까지 인식되어 왔다. 따라서 도산이라고 하면 중소기업의 특유의 현상이라 생각하고 있는 경우가 많다.

중소기업은 대기업에 비하여 통상 자본력, 생산력, 판매력, 환경적응력 등에서 열세에 놓여 있기 때문에 성장 아니면 도산이라는 양극중의 어느 한쪽일 가능성이 높은 편이다. 실제로 후자의 가능성이 현실적으로 나타나는 경우의 특징으로서는 중소기업을 에워싼 무수한 위험들이 연쇄적으로 발생한다는 것이다. 그러므로 중소기업의 도산은 이러한 위험이 충만한 경제환경에 대한 관리의 불충분 내지 관리의 결여로부터 생긴 것이라 할 수 있다.

중소기업의 실체는 규모, 업종, 업태면에서 다종다양하다. 개인기업이 있는가 하면 법인기업도 있고 또 제2차 산업이 있는가 하면 제3차 산업도 있다. 또 그 업종도 다양하여 하청, 영세형에서부터 연구개발형의 중소기업도 있으며, 끊임없는 시장참여, 성장, 전업, 폐업을 반복하면서 다양화되고 있다. 그러므로 중소기업의 특성은 한 마디로 말해서 이질다원적(異質多元的)이라 할 수 있다.

중소기업의 경우 그 규모의 영세성 때문에 제품시장, 자본시장, 노동시장 등에 있어서 대기업에 비하여 대체로 불리하다. 여기에는 경영의 열악성과 전근대성도 그 요인이 될 수 있다. 그러나 규모의 경제성이 작용하지 않는 분야에 진출한다든지 혹은 순발력이라는 중소기업의 특유의 성격을 무기로 하고 있는 경우에는 반드시 그렇지는 않다. 기동성, 창조성, 전문기술력 등을 구사하고 독자의 사업전개와 시장확보를 하면 중소기업의 성장은 보장된다.

문제는 독자적으로 사업을 전개할 경우 그 규모는 어느 정도가 되어야 할까 하는 점이다. 즉 규모의 최적성 문제이다. 이 문제는 우선적으로 중소기업경영자의 능력에 관계하는 것이며, 여기에는 외적 환경에 대한 정책활동과 내부조직에 관한 정황판단, 위험에 대처하는 의사결정, 위험을 극복하는 정책수단의 실행 등이 요청된다. 따라서 기업위험을 충분히 분석하고 그것을 극복하는 전략을 필요로 하는 쪽은 오히려 중소기업이고 그런 점에서 위험관리는 오히려 중소기업에 더욱 절실히 필요한 것이라고 할 수 있다.

일반적으로 대기업의 경우는 그 조직이 복잡하며 근대적 관리가 이루어지고 있기 때문에 도산 리스크의 관리에 대한 의식은 낮은 편이며, 그에 따른 위험관리는 순수위험을 전제로 한 비용관리적 성격이나 보험관리적 성격이 강하고 그 평가도 부문관리에 머무는 것이 보통이다. 이에 대해 중소기업은 도산가능성이 높고 그 조직도 단순해서 전근대적인 관리에 머무는 것이 보통이다. 따라서 위험관리는 기업 도산에 관련하는 전 기업 위험을 대상으로 해야 되고, 도산위험관리라는 차원에서 전개하지 않으면 안 된다. 그러므로 중소기업의 위험관리는 단순한 부문관리로 평가되지 않고, 원하든 원하지 아니하든 전반관리의 문제로 수용되기 때문에 그것은 필연적으로 경영전략형이 된다.

이상에서 기술한 바와 같이 위험관리가 아주 필요한 것은 중소기업이며 그것은 기업의 생사를 건 매니지먼트이다. 그에 비해 대기업의 보험관리형의 위험관리는 중소기업의 입장에서 보면 단순한 비용관리적인 위험관리에 지나지 않는다고 해도 지나치지 않을 것이다. 불확실, 불투명, 불연속의 시대에 사는 중소기업에 있어서 위험관리는 기업 존속을 위해서도 절대적으로 필요하다고 할 수 있다.

4.3 보험관리와 보험 외 관리

이미 기술한 것처럼 위험관리는 1930년대 이후 기업위험관리로서 발전하였고 기업의 보전, 기업의 방어라는 문제의식 하에 기업위험대책으로 이해되고 실행되어 왔다. 초기에는 순수위험(정태적 위험)이나 부보가 가능한 위험에 한정된 관리가 중심이 된 것이었지만, 이후 그 범위는 투기적 위험(동태적 위험)을 포함하는 전 기업위험에까지 확장되어 기업위험에 대한 과학적 관리의 차원으로까지 발전되어 왔다.

그 과정에서 위험관리는 주로 자연재해에 대한 보험대책으로서의 재무관리의 일부라는 시각으로부터 벗어나기 시작했고, 또한 생산, 판매, 노무 등의 경영 전반에 걸친 리스크를 포함하는 기업의 모든 활동과 업무에까지 관계하게 됨으로써 위험관리는 기업의 도산방지에 대한 관리로서 이해되게 되었다.

그런데 위험관리에서 말하는 위험이란 이상사태나 불측사태라고 하는 사고뿐만 아니라 그 전후를 불문하고 그것이 발생할 수 있는 정치, 경제, 사회의 사정 등과 같은 환경적 해저드를 포함하고 있다. 이에 따라 위험관리의 대상위험도 단순한 일과성적인 것은 물론 지속적인 것까지를 포함하는 전략적 요인을 가미하지 않으면 안되며, 만약 그렇지 않을 경우 본래의 기업방위, 도산방지라고 하는 목적에 부합하지 못하게 된다. 여기에서 보험 외 관리의 필요성이 인정되는 것이다.

보험 외 관리는 부보불가능한 위험의 처리를 목적으로 하는 매니지먼트이다. 여기에는 부보가 어려운 많은 종류의 위험에 대한 매니지먼트도 포함되며, 특히 투기적 위험도 그 대상이 된다. 이 경우 투기적 위험의 처리는 각 부문관리에 속하는 일상사무의 수행 속에 융합되어 있기 때문에 어느 사무가 어느 위험처리수단에 속하는지는 명확하지 않다.

예컨대 마케팅 리스크를 처리하는 수단으로서 시장조사, 판매촉진, 광고관리,

신용조사, 품질관리, 헷지 등이 있지만, 구체적으로 그것과 리스크와의 대응관계는 명확하지 않다. 그러나 그 중에서도 헷지(hedge)는 가격변동위험에 대한 상쇄를 목적으로 하는 것으로 마케팅론이나 거래론에서 설명되고 있는 가격변동위험의 상쇄 내지 담보에 있어 도움이 된다고 할 수 있다.

일반적으로 투기적 위험은 부보화하기 어렵지만 국영보험의 형태를 취하면 반드시 불가능한 것만은 아니다. 예컨대 그 예로서 현행의 수출보험 가운데 시장개척보험, 해외투자보험 등이 그것인데, 해외시장의 개척, 해외투자 등에 있어서는 그 행위의 성격이나 그로 인한 손실의 성격이 자연적, 불가항력적이라기보다 인위적이며 예측가능한 경우가 많기 때문이다.

한편, 여기서 강조해두고 싶은 것은 보험관리와 보험관리형 위험관리는 다르다는 것이다. 보험관리는 문자대로 기업의 물적 자산이나 인적 자산을 보전하기 위해 유효 적절한 보험을 이용하는 것으로 최소의 비용(보험료)으로 최대의 효용(보험금)을 달성하기 위한 매니지먼트이다. 그러므로 부보는 할 것인가, 한다면 어떠한 위험을 얼마만큼 할 것이며 계약은 어떠한 방식으로 할 것인가, 그리고 어떠한 보험기업을 선택할 것인가 하는 등등의 문제가 중심적 과제가 된다.

이에 대해 보험관리형 위험관리는 보험관리를 중심적인 과제로 하면서도 부보할 수 없는 리스크, 부보하지 않는 편이 좋다고 판단되는 리스크에 관해서 다른 위험처리 수단을 선택하고 그에 대한 매니지먼트를 담당하는 것이다. 한마디로 말하면 보험관리형 위험관리는 그 대상을 보험가능 위험만으로 하는 것이 아니라 순수위험 일반을 대상으로 하며, 보험관리만이 아니라 방재관리, 안전관리, 준비금 관리 등 위험제어(risk control)와 위험재무(risk finance)까지 포함하는 것이다.

4.4 개별적 위험의 위험관리

기업을 둘러싼 환경은 점점 어려워지고 기업위험은 예컨대 지진, 폭발, 화재, 각종의 배상책임, 기업범죄 등에 의해 점차 다양화, 거대화되고 있다. 이러한 환경 속에서는 하나의 리스크가 기업에 큰 타격을 주기도 하고, 기업을 도산으로 몰아가는 경우도 드물지 않게 발생한다. 이러한 사태를 극복해 나가는 수단으로서 개개의 위험을 대상으로 하는 위험관리도 필요하다.

특히 오늘날 기업은 특히 경영의 내 · 외부로부터 범죄의 대상이 되어 피해자의 입장에서는 경우가 비일비재하게 발생한다. 예컨대 금융기관 내부에 있어서의 횡령을 비롯하여, 강도사건, 보험금 사기사건, 컴퓨터 범죄, 카드범죄 등이 그것이다. 이러한 기업범죄위험과 같은 개별적인 위험에 대한 위험관리의 필요성은 최근 급격하게 변화하는 사회 경제환경 속에서 더더욱 요구되고 있는 실정이며, 예측치 못한 거대한 위험에 대비하기 위해서는 한시적(限時的) 위기관리형 위험관리의 도입도 필요할 것으로 보인다.

제5절 위험관리의 실천

5.1 위험관리 싸이클

위험관리도 매니지먼트(management)의 일종이기 때문에 거기에 상응하는 활동이나 기능을 가지지 않으면 안된다. 매니지먼트는 계획(planning), 조직(organizing), 지도(leading), 통제(controlling)의 4가지 활동 또는 기능으로 이루어져 있고, 이것은 일과성으로 파악되지 않고 순환성으로서 파악되고 있다. 즉, 매니지먼트는 cycle로서 이해되고 있다. 따라서 위험관리도 당연히 cycle로서 파악할 필요가 있으며, 이것을 위험관리 싸이클(risk management-cycle)이라고 부른다.

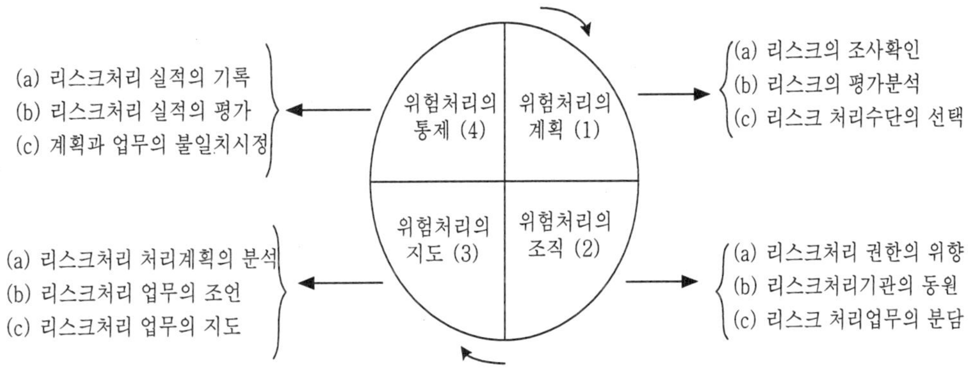

| 그림 12-4 | 위험관리 싸이클

위험관리 싸이클은, (가) 위험처리의 계획, (나) 위험처리의 조직, (다) 위험처리의 지도, (라) 위험처리의 통제라고 하는 4가지의 과정(process)으로 구성되어 그것이 cycle로서 순환하고 있다. 그리고 이 경우의 출발점은 (가)의 위험처리의 계획이다. 이것이 사실상 위험관리의 핵심을 이루고 있다.

위험관리는 위험의 처리에 대한 관리이기 때문에, 우선 위험처리의 전략, 방침, 계획을 세우는 것이 첫 번째 과정이 된다. 즉, 해당기업이 직면하는 기업위험을 조사, 확인하고, 그 평가, 분석을 통해서 위험처리수단을 선택하는 것이다. 위험처리수단의 선택 가운데에서는 당연히 예산적인 뒷받침이 이루어져, 그것을 통해 위험처리 실시계획을 실행시키게 되는데, 이것은 다시 「위험처리실시계획의 설정」으로 부를 수 있다.

제2의 과정은 위험처리 계획에 근거해서 각종 위험처리 절차를 집행하는 위험처리 권한의 위양, 위험처리기관의 동원, 위험처리 업무의 분담이라고 하는 「위험처리의 조직」이다. 이어서 제3의 과정은 위험처리 계획의 실시를 위한 위험처리 계획의 해석, 위험처리 업무의 조건, 위험처리의 업무의 조정을 이루는 「위험처리의 지도」이다.

마지막으로 원래 계획대로 위험처리가 실시되고 있는지 그렇지 않은지에 대한 위험처리 실적의 기록, 위험처리 실적의 평가, 계획과 실적의 불일치에 대한 시정을 행하는 「위험처리의 통제」라고 하는 제4의 과정으로 순환해 간다. 그리고, 이 제4의 과정이 다음의 새로운 제1의 과정, 즉 위험처리의 계획으로 연결되어 간다.

위와 같이 4가지의 process는 순환적인 cycle로서 파악되며 상호관련되어 영향을 준다. 결국, 하나의 과정의 output은 다른 과정의 input을 공급하는 상호적 관련성을 가지고 있는 것이다.

5.2 위험처리계획과 수단

기업도산이나 경영파탄을 일으키게 하는 것에는 어떠한 사고가 원인이 된다. 예를 들면, 어음의 부도, 보상금이나 배상금의 지급, 해외에 있어서의 외국정부에 의한 자사공장의 수용, 외상 매출금의 회수 불능, 전쟁, 변란에 따른 공장의 파괴, 지진, 화재, 폭발, 중심인물의 사망, 노동재해 등이 그 예이다.

이러한 사고 발생의 가능성 또는 불확실성을 일반적으로 리스크라고 부르고 있다. 사고 발생의 가능성 또는 불확실성으로서의 리스크는, 사고 발생에 기여하고 그것을 조장하는 요인, 정보, 사정, 환경에 따라서 그 빈도나 규모를 달리한다. 이와 같은 사고발생의 가능성이나 불확실성에 영향을 주는 요인을 해저드라고 한다.

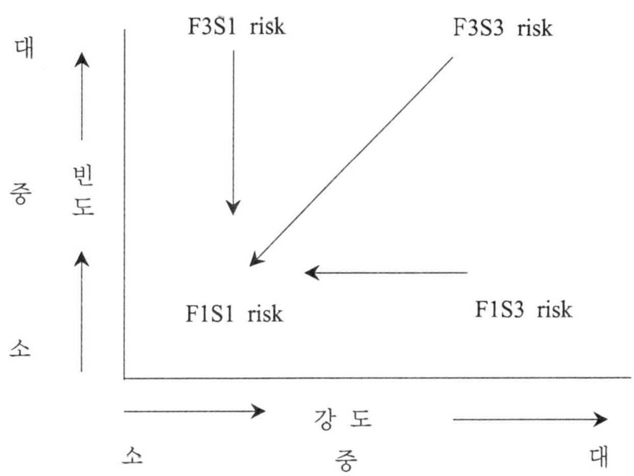

┃그림 12-5┃ 리스크 좌표

위험관리의 제1의 과정으로서의 위험처리 계획은 우선 사고나 해저드를 전제로 하여 기업에 위협을 주는 모든 리스크에 대해서 조사하고 확인하는 것이다. 조사하여 확인된 리스크는 각종의 정보나 통계에 기초하여 그 발생빈도(frequency)와 발생강도(severity), 또는 손해규모(loss)에 대해 예측 또는 분석하지 않으면 안된다.

이와 같은 예측 또는 분석에 따라 리스크의 평가나 정도의 구분이 이루어진다. 즉, 리스크는 그 발생빈도의 小, 中, 大에 따라서 F1 risk, F2 risk, F3 risk로 구분된다. 또한 리스크는 그 손해규모의 小, 中, 大에 따라 S1 risk, S2 risk, S3 risk로 분류된다. 이 2가지의 요인의 편성에 의해서 리스크는 9가지의 종류로 구분되는 것이다. 예를 들면, F1 S3 risk, F3 S1 risk와 같은 형태이다.

리스크가 평가되고 구분되게 되면 그 각각의 속성을 고려하면서 위험처리 수단의 선택, 지정을 한다. 위험처리의 수단은 매우 다양하지만 위험통제(risk contol) 혹은 손실통제(loss control)와 위험재무(risk financing) 혹은 손실재무(loss financing)으로 크게 구분된다.

위험통제(risk control)는 사고 발생 전의 기술적 수단으로서 위험의 회피(차단)와 제거(예방, 경감)로 구분되지만, 그 속에는 분산(분리, 분산), 결합(협정, 합병), 이전(하청), 제한(책임제한, 거래표준화) 등을 포함한다. 또, 위험재무(risk finance) 또는 손실재무는 사고 발생 후의 자금조달 수단으로서의 위험보유(불특정 재산에 따른 보상)와 전가(보험, 공제, 기금) 등으로 나누어진다. 그리고 준비금 설정이나 캡티브(captive)는 전자에 해당되고, 헷지(hedge)는 후자에 속한다.

이상의 위험처리 수단 중에서 어느 것이, 혹은 어떤 편성이 각각의 리스크에 대해서 적절한지에 대한 의사결정이 이루어지게 된다. 이 경우의 의사결정은 「최소의 비용으로 최대의 위험처리 효과」를 얻겠다는 판단 기준에 근거하는 최적화보다는, 오히려 가능한 적은 비용으로 가능한 효과적인 방법을 선택하겠다는 만족화를 선택기준으로 하는 의사결정을 하게 된다. 그리고 그 선택에 있어서는 스탭으로서 전문적인 리스크 매니저(risk manager)의 지도 또는 보좌하에 전반관리자 및 부문관리자의 판단이 이루어지게 된다.

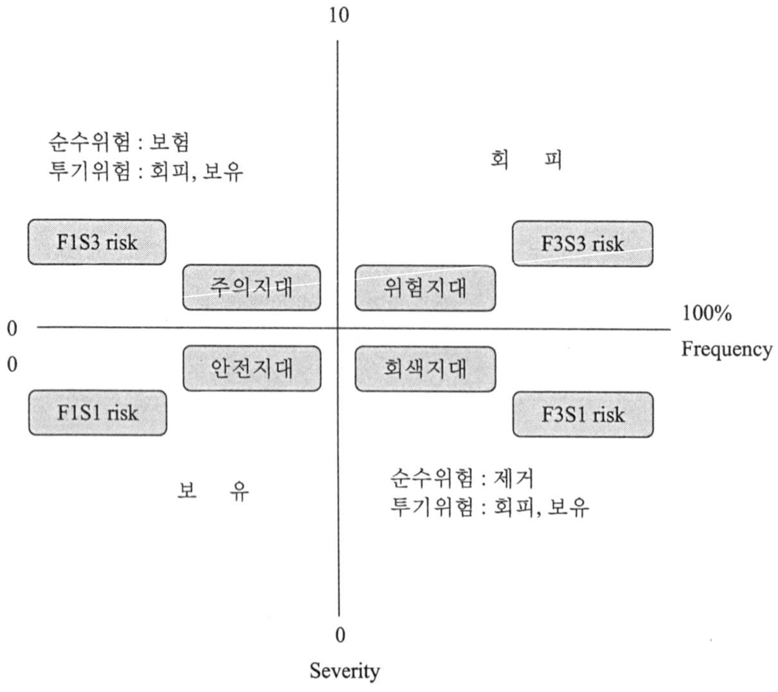

▌그림 12-6▐ 리스크 예약과 그 처리 수단

일반적으로는 그 과정에 있어서, F1 S3 risk에서는 전가(보험) 또는 준비(준비금 설정)의 어느 것 또는 그 조합이 선택되어질 것이며, 또한, F3 S1 risk에서는 제거(예방, 경감)나 보유의 수단이 선택될 것이다. 그리고 F3 S3 risk에서는 말할 것도 없이 회피라는 수단이 선택될 것이다.

이와 같은 과정을 거쳐서 위험처리 실시계획이 작성되는데 그것은 전반관리, 생산관리, 판매관리, 재무관리, 노무관리와 같은 분야에 따라서 혹은 단기, 중기, 장기 등의 구분에 따라서 직성된다. 그래서 위험처리의 계획이라고 하는 위험관리 싸이클의 제1의 과정은 여기서 끝나고, 그 다음 위험처리의 조식, 위힘처리의 지도, 위험처리의 통제라는 과정으로 이어져 간다.

위에서 말한 내용을 요약하면 위험처리 수단은 다음과 같이 분류된다.

- 위험제어(risk control) : 사고 발생전의 기술적 조작
  회피 - 위험의 차단, 행동의 중지
  제거 - 위험의 방지(예방, 경감), 분산, 결합, 제한
- 위험재무(risk finance) : 사고 발생후의 자금적 조정
  전가 - 보험, 공제, 기금의 이용, 내부전가, 하청
  보유 - 준비, 자가보험(캡디브), 위험부담

5.3 위험처리계획의 원칙

위험처리 계획이라는 위험관리의 과정은 ① 위험의 조사, 확인(발견), ② 위험의 평가, 분석(예측), ③ 위험처리 수단의 선택, ④ 위험처리의 예산의 편성, ⑤ 위험처리 실시계획의 설정으로 세분화할 수 있다.

이들 각 단계에 대하여 준수해야 할 원칙을 검토해 보면 다음과 같다.

1) 위험의 조사 확인

위험의 조사, 확인은 기업을 위협하고 기업의 생존에 관계되는 모든 리스크 및 해저드를 조사하고 가능한 한 정확하게 파악하는 것이다. 즉, 이 단계는 리스크의 객체, 리스크의 결과 등을 추출하여 그것을 분류, 정리하는 것을 의미한다. 이미 알고 있는 리스크에 대해서는 과거의 경험으로부터 파악될 수 있으나, 현재에 알 수 없는 미래의 리스크, 잠재적 리스크, 투기적 리스크는 조사나 확인이

어렵고 체크리스트(check list), 플로우챠트(flow chart), 재무제표 등의 방법이 사용된다. 이러한 단계에 대한 일반적 원칙은 다음과 같다.

(1) 조직 및 개인적으로 조사, 확인되지 않으면 안된다. 즉, 여러 사람의 시각에서 조사, 확인하는 것이 좋다.

(2) 조사 방법이나 수단을 조합하지 않으면 안된다. 즉, 기록분석(통계분석), 재무제표 분석, 플로우챠트의 이용, 체크리스트 이용 등의 방법을 조합해야 하는 것이다.

(3) 조사 순서를 바꾸어가면서 각종 정보수집에 유의하지 않으면 안된다. 이것은 조사의 매너리즘 때문에 보지 못하고 간과해 버리는 것을 방지하기 위해서이다. 특히 알 수 없는 미지의 리스크나 잠재적 리스크의 발견에 유효하다.

(4) 이미 알고 있는 정보나 상식으로부터 떠나지 않으면 안된다. 즉, 선입견, 신념, 신용, 경시, 과신, 불안, 공포라는 의식을 버리고 현상의 변화나 전조를 파악하고 그것을 추적한다는 것이다. 즉, 문자화되지 않은 정보에도 리스크 발견의 실마리가 있기 때문이다.

(5) 전문성을 떠나 현상의 본질과 속성을 식별하지 않으면 안된다. 즉 미시(micro)와 거시(macro)의 입장을 충분히 이해하여 현상을 관찰하는 것이다, 전문가의 지식은 자칫하면 진실의 일부 밖에 파악할 수 없다는 점에 유의할 필요가 있다. 자기의 전문영역 이 외는 상식적인 판단조차 못하는 데에서 오는 오류, 지식중독에서 오는 오류 등이 있을 수 있기 때문이다.

2) 위험의 평가, 분석

이 단계는 조사, 확인된 위험을 분석하고 그 성격, 정도를 검토하여 경영에 대한 영향의 정도를 예측하는 것이다. 즉, 발생빈도(frequency)와 손해의 규모 또는 발생강도(severity)를 분석하고 예측하여, 이것을 경도, 중도, 강도와 같이 중요도에 따라 가치를 측정하는 것이다. 이 점에 대해서는 앞에서 말한 바와 같이 9종류의 평가를 할 수 있고 9가지의 위험으로 분류할 수 있다. 이와 같은 평가, 중요도 분석에 따라 다음의 단계인 「위험처리의 수단의 선택」으로 이동해 가는 것이다. 위험의 평가, 분석의 일반원칙으로서 추출할 수 있는 것들은 다음과 같다.

(1) 위험 정보를 위험사고와 혼동해서는 안된다. 즉, hazard와 peril을 혼동하지 말라는 것이다. 리스크의 예측이란, 사고(peril) 발생의 가능성을 hazard를 참조함으로써 추정 또는 예측하는 것이라는 점에 유의하지 않으면 안 된다.

(2) 경험과 육감(인적 요소), 통계와 확률(수학적 요소)을 조합하지 않으면 안된다. 즉, 극단적 계수화의 경시는 좋지 않을 뿐만 아니라, 리스크는 완전히 숫자로 파악되지 않는다는 점에 유의하여 경험과 육감을 갖춘 유능한 리스크 매니저가 필요하다는 것이다.

(3) 연역적 방법과 귀납적 방법을 조합하지 않으면 안 된다. 위험의 평기, 분석에 있어서는 두 가지 이상의 상이한 로직(logic)으로 접근하라는 것이다.

(4) 큰 위험의 前兆인지 작은 위험의 全體인지를 분별하지 않으면 안 된다. 즉, 전체위험인지 부분위험인지를 분별해야 하는 것이다. 이것은 불필요한 집착에 의해서 위험의 평가를 그르치지 말라는 것이다.

(5) 전반관리의 리스크인지 부문관리의 리스크인지를 판별하지 않으면 안 된다. 바꾸어 말하면 기업도산에 직결될 가능성이 있는 전반위험인지, 기업에 타격을 주지만 부문관리의 단계에서 처리할 수 있는 부문위험인지를 식별해야 한다는 것이다.

3) 위험처리수단

위험처리 수단은 위험에 대처하는 각종의 방법을 의미한다. 위험처리 수단은 위험통제(risk control)와 위험재무(risk financing)로 크게 나누어진다. 전자는 사고 발생전의 사전 예방으로서 각종의 기술적 조작을 의미하고, 후자는 사고 발생후의 사후 대응으로 각종의 금융적, 자금적 조작을 의미한다.

위험처리 수단의 선택은 이들 위험처리 수단을 일정 기준에 따라 유효적절하게 선택하여, 그 수단에 대한 최선의 결합에 의한 의사결정을 행하는 것이다. 그 때문에 이 단계는 실질적으로 위험관리의 중심부분을 이룬다고 말할 수 있다. 위험처리 수단의 선택에 관한 일반 원칙은 다음과 같다.

(1) 선택의 기준을 명확화하지 않으면 안 된다. 의사결정의 판단기준은 「최소의 비용으로 최대의 위험처리 효과」라는 것이지만, 그 경우의 선택 기준은 최량화, 최적화, 만족화 중의 어느 것을 선택할지 명확하게 해두지 않으면 안 된다.

(2) 최저 세 가지 이상의 수단을 선택하고 그것을 비교·고려하여 우선순위를 부여하는 것이 필요하다. 하나의 리스크에 하나의 수단을 이용할 경우에는 이것이 필요하게 된다.

(3) 툴 믹스(tool-mix)를 생각할 필요가 있다. 하나의 리스크에 하나의 수단이 적합하지 않은 경우가 많고, 그 경우에는 수단의 조합을 생각하지 않을 수 없다.

(4) 효과적 적합성과 비용 적합성을 배려할 필요가 있다. 효과적 적합성을 추구하면 위험처리로서는 양호할 수가 있어도 지나친 비용이 든다. 그 때문에 비용 적합성을 무시할 수가 없다. 쌍방을 어느 정도 만족시킨다고 한다면 ①의 선택 기준은 자동적으로 만족의 기준이 될 것이다.

(5) 전문가뿐만 아니라 아마추어의 의견도 참고할 가치가 있다. 리스크 매니저와 부문관리자의 전문적인 의사결정이나 선택은 전문가로서의 가치는 있다. 그러나 그것만으로는 위험처리의 과잉방어가 될 수가 있어, 기업경영의 진보, 발전, 개혁, 개선에 이어지는 않는 경우가 있다. 비전문가의 직감, 착상, 전략을 크게 참고해야 한다.

4) 위험처리예산편성

위험처리수단의 선택이 이루어지면 그 예산의 편성이 문제가 된다. 오히려 예산과의 관계에 따라 위험처리수단이 선택되는 경우도 있을 수 있다. 그러므로 위험처리예산의 편성에 대한 일반원칙은 반드시 명확하지 않지만 다음과 같이 생각할 수 있다.

(1) 위험처리 비용의 절약은 필요하지만, 합리적이고 필요한 비용을 아까워하고 예산을 긴축적으로 운용하는 것은 위험관리 운영상 바람직하지 못하다. 하나를 아끼다가 백을 잃는 우를 범할 수도 있기 때문이다.

(2) 정보를 존중하고 예산의 최적화를 도모할 필요가 있다. 예산의 편성은 위험처리 수단에 있어서 아주 어려운 업무가 된다. 그 때문에 과거의 경험뿐만 아니라 정보를 존중하고 그것을 예산편성에 반영시키지 않으면 안 된다.

(3) 경상비용과 임시비용을 구별할 필요가 있다. 기업의 일상 업무 수행 과정에 불가피하게 지출하지 않으면 안 되는 비용과 이상사태, 비상사태에 대처하는 비용을 구별해서 예산화해야 한다. 예를 들면, 전자에 속하는 것은

보안기준에 의거한 정기점검의 비용이고, 후자에 속하는 것은 지진이든지 폭발에 대한 보험료이다.

(4) 전반관리, 각 부문관리 사이의 조정에 유의하지 않으면 안 된다. 위험관리는 단순히 위험관리 부문만으로 실시되는 것이 아니기 때문에 각 부문간의 의견충돌에 유의해서 예산화하지 않으면 안 된다.

(5) 위험관리의 형태에 따른 예산화를 실시하지 않으면 안 된다. 위험관리에는 각종 형태가 있고 채용된 위험처리 수단도 많기 때문에 거기에 대응한 예산화가 이루어지지 않으면 안 된다. 예를 들면, 단기, 중기, 장기라고 하는 기간 단위마다 국제화 리스크, 컨트리 리스크, 해양 리스크, 환경 리스크, 지진 리스크 등과 같은 형태에 따른 예산화를 도모하지 않으면 안 된다.

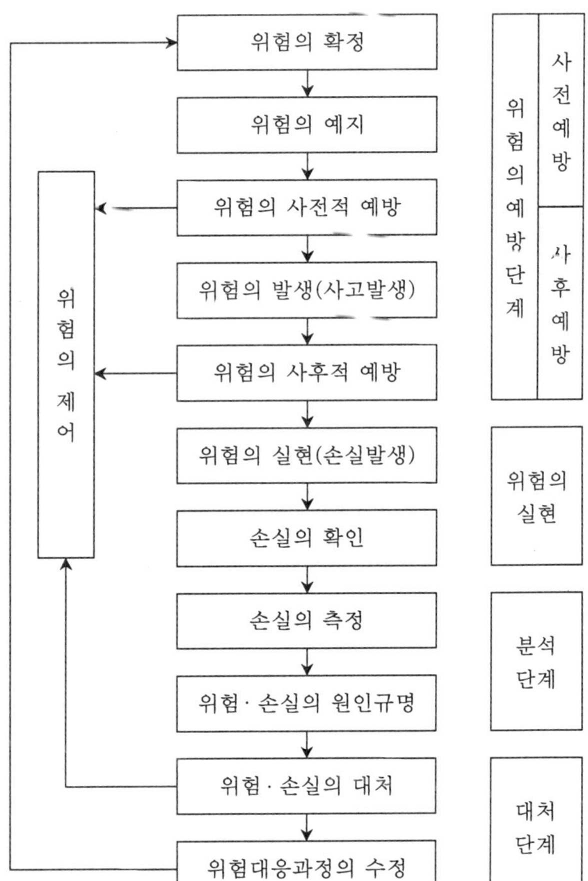

┃그림 12-7┃ 리스크 대응과정

5) 위험처리 실시계획의 설정

위험처리 수단이 선택되어 그 예산화가 이루어진 경우의 그 행동예정이 위험처리의 실시계획이다. 행동예정으로서의 계획은 계획의 입안과정에도 관계가 있고 통상 그 일부를 포함하는 것이다. 그러나 위험처리 실시계획의 설정이라고 하는 경우에는, 위험처리의 목표와 방침의 명확화를 의미하며 위험관리 싸이클의 제1의 과정을 총괄하는 것이다. 이러한 의미에서 아래와 같은 원칙을 추출할 수 있다.

(1) 목표관리의식을 명확히 할 필요가 있다. 위험관리의 목적은 기업도산의 방지, 기업방어에 있다고 하는 목표관리의식에 따라서 계획을 작성하여야 한다.

(2) 정책, 전략, 관리와 모순되어서는 안 된다. 계획은 어디까지나 정책, 전략의 틀 속에서 실행되어, 관리의 자침이 되기 때문에 거기에서 이탈하거나 모순되어서는 안 된다.

(3) 일관성을 유지하여야 한다.

(4) 과대한 기대와 부당한 경시를 초래해서는 안된다. 위험관리는 기업재해의 거액화, 다발화, 불확실성 시대에 대한 대응, 사회적 책임의 고려를 통해 등장한 것이지만, 그 실체는 아직 보험관리가 중심으로서 보험외관리는 불충분하다. 그 때문에 그에 대한 사정을 충분히 인식한 후 계획을 설정하여야 한다.

(5) 일상업무 계획과 장래사업 계획을 구별해야 한다. 전자는 현재의 기업환경을 전제로 한 일상 업무수행의 계획인 것에 비해, 후자는 장래의 불확실성 환경에 대한 대응계획을 의미하고 있어, 환경변화에 따라서 재검토한 후 수정되어야 한다.

5.4 위험관리편람

1) 위험관리 방침규정서

영국과 미국에서 위험관리를 실천하는 경우, 위험관리 방침규정서(Risk Management Policy Statement) 및 위험관리편람(Risk Management Manual)의 준비가 요구된다. 이것은 해당 기업에 위험관리의 기본 방침을 철저히 인식시키고, 기본

방침에 근거하여 작성된 위험처리 계획을 실천하는 경우의 작업순서 및 작업 내용을 나타내기 위해서 작성된 기업문서이다.

위험관리방침규정서는 단순히 방침규정서 또는 정책전달서의 의미를 가지는 것으로서, 최고경영진이 이를 통하여 기업목적에 부합하는 위험부담과 위험관리를 실행하도록 하는 기본방침이나 목적을 나타내는 것이다. 그러므로 그것은 위험처리 계획의 출발점이 되는 것이다. 이것이 작성되어 정비되기 위해서는 리스크 매니지가 탑 매니지먼트에게 전문적 조언을 행하게 되는데, 투기적 위험에 대해서는 자연히 제한적인 역할 밖에 하지 못한다.

그렇기 때문에 투기적 위험은 위험관리의 대상으로 하지 않고 탑 매니지먼트 수준의 문제로 취급됨으로 인해 방침규정서에 나타나지 않는 경우가 많다. 따라서, 일반적으로 위험관리는 대부분의 경우 보험관리와 약간의 보험외 관리(방재관리)의 범위 내에 그치게 되고 방침규정서도 탑 매니지먼트의 위험관리에 따른 위임과 지시의 형태가 된다.

즉, 방침규정서는 해당 기업 내에서 어떠한 위험관리가 실행될 지를 설명하기 위해서 필요한 것으로 거기에는 보험구입방침, 리스크 매니저에 대한 지시 또는 업무범위, 위험관리업무에 관한 부문관리자의 협력지시 등이 포함되는 것이다. 예를 들면, 리스크 매니저가 위험관리 업무를 집행하거나 조언할 경우 다른 부문관리자의 협력이 필수적인 경우가 있을 것이다. 이를 위해서도 방침규정서에 의거하여 탑 매니지먼트의 지원과 지지가 반드시 요구되는 것이다.

위에서 말한 바와 같이 방침규정서는 위험관리의 원활한 실행을 위해 필요하다. 즉, 위험관리를 성공리에 도입하는 열쇠는 그 원칙에 대한 탑 매니지먼트의 위임에 있고, 또 그 위임이 이사회에 의해 발행된 방침규정서에 명기되고 있을 경우 그것은 건전하고 충실한 위험관리의 발단이 된다.

2) 위험관리편람

위험관리 방침규정서에 근거해서 계획이 세워지게 되지만, 그 계획을 수행하기 위해서는 이용할 수 있는 기술이나 정보를 보급·지원하는 것이 위험관리 부문의 책임이고, 방침규정서에 따라 위험관리편람이 작성되어 일반적으로 사용되게 된다. 즉, 그것은 위험관리의 매뉴얼이라고도 할 수 있다. 경우에 따라서는 위험관리편람을 대신하여 위험관리공보(Risk Management Bulletin)가 이용된다.

위험관리 공보는 정기적으로 발행되어 새로운 회사의 방침, 실시계획, 새로운 기술, 타 부문에서 개발된 기술 등을 전달하기 위해서 사용되는 것이다. 그러나 일반적으로 사용되는 것은 위험관리편람이 무난하다.

Annister&Bawcutt에 의해 개발된 전형적인 위험관리 편람에 포함되는 내용을 요약하면, ① 방침 규정서, ② 위험관리의 의의, ③ 위험관리의 범위, ④ 일상 활동에 대하여 위험관리기법을 적용할 때의 부문(line) 관리자의 책임, ⑤ 손해에 대하여 그것이 회사의 이익 및 평가에 주는 영향에 대한 기재, ⑥ 위험 분류를 위한 check-list, ⑦ 위험단위 챠트의 실용모형, ⑧ 방재에 쓰이게 되는 기술, ⑨ 위험관리 업무의 개략, ⑩ 손해 기록을 위해서 사용되는 system의 상세목록, ⑪ 사고 기록, 사고 분석, 사고 방지에 사용되는 서식, ⑫ 손해 경감 또는 분석에 사용되는 서식, ⑬ 회사의 자가보험의 상세한 설명 등이 된다.

이상의 내용은 뚜렷한 체계는 가지고 있지 않지만 위험관리편람의 내용에 대한 개략을 알 수 있는 것이다.

3) 위기관리매뉴얼

한편, 위기관리가 실시되는 경우에는 위기관리의 매뉴얼, 불측사태 대응계획이 사전에 책정된다. 그러나 현재 사용되고 있는 이들 매뉴얼에는 공통의 형식이나 통일 서식이 없으며 회사에 따라 제각기 다르게 작성되고 있다. 게다가 그 명칭도 통일되어 있지 않는 경우가 많다.

위기관리 매뉴얼 또는 불측사태 대응계획(contingency plan)은 거대 재해나 불측사태가 일어났을 때의 혼란이나 비용 지출을 감소시켜 기업구성원의 쇼크를 완화시키고, 경영자의 냉정한 판단을 가능하게 하며, 그에 대한 기업의 존속을 도모할 목적으로 책정한다.

위기관리 매뉴얼은 기업에 대해서 불측사태나 위기를 초래하는 외부환경 및 내부환경 변동에 대한 충분한 조사 분석으로부터 시작된다. 즉 그것은 ① 경제적 변동, ② 정치적 변동, ③ 법적 변동, ④ 국제적 변동, ⑤ 사회적 변동, ⑥ 자연적 변동, ⑧ 업계변동, ⑨ 회사내 변동 등이라 할 수 있다.

다음으로 그러한 불측사태나 위기에 대처하기 위해서 사전에 전략적 대응계획, 행동계획의 책정, 조기경보 시스템과 정보통신 시스템의 확립 등이 실현되지 않으면 안된다. 이렇게 해서 책정된 위기관리 매뉴얼은 2~3년에 한번씩은 체크되고, 재검토되어야 한다. 대부분의 기업은 불측사태가 발생하고 나서야 갑자기 당황하고, 그 때가 되어 비로소 돌발적 대응을 강구함으로써 불측사태 해결의 시기를 놓쳐버리는 경우가 많다. 그렇기 때문에 충분히 사전, 사후의 대책을 확립하고, 그러한 변화에 앞서가는 전략경영을 실시해야 할 것이다.

5.5 위험관리 컨설턴트

기업은 내부조직을 이용해서 위험관리를 실시하는 경우와 외부조직을 이용하는 경우가 있다. 전자는 내부 위험관리라고 할 수 있으며 전담의 전속 리스크 매니저를 가지고 있는 형태이다. 후자는 외부 위험관리라고도 할 수 있으며 전속의 리스크 매니저를 기업 내에 가지지 않고 외부의 위험관리 컨설턴트 또는 리스크 컨설턴트를 이용하게 된다. 따라서 경영전략형 위험관리를 실시할 경우와 보험관리형의 위험관리를 실시하는 경우에도 리스크 매니저나 위험관리 컨설턴트의 위치나 직책이 다르게 된다.

내부 위험관리를 담당하는 것은 리스크 매니저이지만 경영전략형 위험관리를 실시하는 경우에는 그 담당자는 당연히 상무이사, 혹은 상근감사와 같은 상부계층에 속하는 인물이 아니면 안 된다. 그러나 보험관리형 위험관리를 실시하는 경우의 리스크 매니저는 부장, 과장계층의 인물로 충분할 것이다.

외부 위험관리를 실시할 경우, 그것이 경영전략형 위험관리의 경우에는 경영컨설턴트나 중소기업 진단사의 이용이 가능할 것이다. 또 위험관리 컨설턴트가 경영전략형 위험관리의 이론과 실무에 전문성을 가지고 있는 경우에는 그 이용도 생각할 수 있다. 한편, 외부 위험관리로서 더구나 그것이 보험관리형 위험관리의 경우에는 위험관리 컨설턴트 회사(실질적으로는 보험대리점이나 보험브로커(broker), 경우에 따라서는 방재전문회사 등), 대형의 전문보험대리점 혹은 대형 보험브로커의 이용이 가능할 것이다. 이 경우에는 결국 어떻게 보험을 유효하게 사용할 것인가, 어떻게 보험료를 절약할 것인가가 위험관리의 중요한 업무내용이 된다.

여기에서의 보험브로커는 보험자와 동등하거나 또는 그 이상의 보험전문가이다. 브로커는 리스크의 실체를 파악하고 그 분석을 통해서 최적의 보험조건, 보험요율을 파악할 수 있는 능력을 가졌으며 위험관리의 기능과 한계를 이해하고 있다. 그러므로, 리스크의 적절한 상품화, 리스크 비용화, 클레임 처리의 신속화를 통한 보험관리형의 위험관리 컨설턴트로서의 직책을 다할 수 있는 것이다. 오늘날 그들은 단순한 중개인이나 보험회사에 위험을 분배하는 봉사적 존재가 아니고 보험회사에 계약을 분배하는 주인공의 역할을 수행하고 있다.

연 습 문 제

1. 파스칼과 다니엘 베르누이는 위험관리를 이론적으로 정립하는데 큰 역할을 하였다고 한다. 이들이 위험관리부문에 어떠한 공헌을 하였는지 문헌연구를 통하여 조사하여 논하시오.

2. 도덕적해이는 국내의 카드 및 신용불량자 문제, 또 국제적으로는 최근의 글로벌 금융위기와 상당한 관련이 있다고 한다. 어떻게 연관이 되고 있는지 논하시오.

3. 도덕적 해이는 보험의 개념이 생긴 이후로 지금까지 보험산업의 고질적인 문제로서 인식이 되고 있고 보험시스템 전반에 걸쳐 악영향을 미치고 있다 한다. 도덕적 해이와 보허산업의 연관성에 대하여 논하시오.

4. 학생들 본인과 학생들의 가족이 현재 노출되어 있는 위험을 1) 파악하고 이를 2) 빈도 및 심도 차원에서 평가하여 3) 어떻게 대처해 나갈 것인지에 대하여 위험관리의 과정에 따라 위험관리계획을 설정하시오.

5. 학생들이 졸업 후 진출하고자 하는 산업에서 관심이 있는 한 대기업을 선정한다. 그 기업의 국내외 사업을 파악하고 여러분이 그 기업의 위험관리자라면 어떠한 업무를 수행할 것인지에 대하여 논하시오.

제 13 장

투자 대안 분석

제1절 투자의 개념과 목적

1.1 투자의 개념

투자(investment)란 미래의 이득을 기대하고 현재의 현금이나 다른 자원의 일부 또는 전부를 특정한 자산에 맡겨 두는 것을 말한다. 다른 말로 표현하면, 투자는 현재의 소비를 포기하는 대신 미래의 소비를 늘리는 기회를 갖기 위한 경제행위이다. 주부들이 남편이 벌어 온 돈을 알뜰하게 사용하여 남은 돈을 은행에 저축하는 것도 일종의 투자 행위이다. 그것이 미래를 위해 현재의 소비를 줄이는 것으로 이해할 수 있기 때문이다.

사람들은 곧잘 투자와 투기(speculation)를 구분 짓는다. 투자는 개인뿐만 아니라 사회 전체에 기여하는 경제행위로 호의적으로 바라보아 주나, 투기는 마치 사회의 악으로 간주한다. 그러나 투자나 투기 모두 미래의 이득을 기대하고 현재의 소비를 희생한다는 점에서 개념적 차이는 전혀 없다. 이 둘을 종종 투자 기간의 장단, 불확실성의 정도, 생산부문에의 기여도, 그리고 도덕적 건전성과 같은 주관적이면서 사뭇 감정적인 잣대를 갖고 구분 지으려고 애쓰나, 그것의 엄밀한 개념적 차이는 전혀 없다.

1.2 투자의 대상

투자자의 부(富)를 증가시키는 투자대상에는 수많은 종류가 있다. 투자대상은 일반적으로 실물자산과 금융자산으로 나눈다. 실물자산(real asset)은 토지, 건물, 기계, 재고자산 등처럼 그 자체가 미래의 이익을 발생시키는 능력을 갖고 있는 자산을 말한다. 실물자산에는 유형자산이 대부분이나, 이익발생의 능력이 있는 인적자원이나 기술, 지식과 같은 무형자산도 이에 포함된다. 디지털경제 또는 신경제로 표방되는 21세기 세계경제의 역동성은 지식에 의해 주도되고 있는 만큼, 실물자산에서 지식과 기술이 차지하는 비중은 급속히 증가하고 있다.

금융자산(financial asset)은 주식, 정기예금, 국·공채, 회사채, 약속어음 등과 같이 그 자체는 이익발생의 능력이 없고 단지 실물자산이 벌어들이는 이익이나 자산에 대하여 청구권을 행사할 수 있는 자산을 말한다. 예를 들어 회사채에 투자한 사람은 그 회사의 실물자산이 벌어들인 이익에 대하여 이자지급이라는 형태로 청구권을 행사할 수 있으며, 주식 투자자는 지분에 따라 해당 기업의 실물자산이 벌어들인 이익에 대하여 배당지급이라는 형태로 청구권을 행사할 수 있다. 따라서 금융자산에 대한 재무적 투자(financial investment)는 실물자산에 대한 간접적 투자가 된다.

1.3 투자의 속성

투자대상이 어떠하든지 간에 투자에는 다음과 같은 두 가지 속성이 있다. 첫째, 투자란 미래의 이득을 얻기 위하여 현재의 소비를 포기한다는 점에서 투자는 시간(time)과 밀접한 관련을 맺고 있다. 둘째, 투자를 위한 현재의 희생은 확실(certain)한 것이나, 미래의 투자 수익은 불확실(uncertain)하다. 기대했던 미래의 투자수익은 실현되지 않을 수 있으며, 심지어 큰 손실을 입을 수도 있다. 이 점에서 투자는 위험(risk)과 밀접한 관련을 맺고 있다.

이 같은 투자의 두 가지 속성으로 인해 투자는 시간과 위험에 대한 선택 문제로 귀결된다. 투자자는 미래에 기대되는 투자 이익의 크기에 따라 기꺼이 포기하고자 하는 현재 소비의 규모가 결정된다는 점에서, 투자는 시간선호(time preference)의 문제로 볼 수 있다. 다른 한편, 현재의 확실한 소비를 포기하는 대가로 미래의 불확실한 투자 이득을 얻으려 한다는 점에서, 투자는 위험선호(risk preference)의 문제로 볼 수 있다.

제2절 투자 결정을 위한 기초 개념

2.1 투자 결정 과정

어떤 경제주체이든지, 그것이 가계가 되었든지 기업이 되었든지 간에, 투자자는 대체로 다음과 같은 과정을 거쳐 투자를 하게 된다. 우선 목표를 설정하고, 이의 달성을 가능케 하는 여러 투자 대안들(investment alternatives)을 적출해낸다. 예를 들어 은퇴 후 일시불로 받은 연금을 특정 자산에 투자하여 노년을 안정적으로 보내고자 한다고 하자. 이 목표를 달성하기 위해 이 자는 이 돈을 은행의 정기예금에 맡겨둘 것인가 아니면 주식에 투자할 것인가 또는 국·공채에 사들일 것인가를 심각히 고민할 것이다. 이 자가 좀 더 용기를 갖고 있다면 직접 가게를 차려 본격적으로 기업 활동을 하고자 결정을 내릴 수도 있을 것이다. 전자는 금융자산의 투자 대안에 대한 고민이라면, 후자는 실물자산의 투자 대안에 대한 고민이라 할 수 있다. 즉 투자 대안에는 어떤 것들이 있는 가를 알아내는 작업이다.

모든 투자 대안들 중에서 어떤 특정 대안을 투자대상으로 선정하기 위해서는 이들 각 대안이 실행되었을 때, 결과로서 나타날 모든 것을 예측하는 일이다. 즉, 각 대안의 투자에 소요되는 모든 비용과 그 투자에서 발생되는 모든 산출물을 예측하는 일이다. 마지막 단계에서는 이렇게 추정된 비용과 편익을 종합하여 투자 대안 각각의 종합적인 타당성을 평가하는 것이다. 이 단계에서는 어떤 투자대안을 채택할 것인가 또는 어느 투자 대안을 더 우선적으로 실행에 옮길 것인가를 결정하게 된다.

2.2 투자 대안의 결정에 있어서 지식 문제

투자결정 과정은 다음과 같은 세 가지의 지식을 요구한다. 첫째, 투자대안에 대한 지식, 둘째, 각 투자 대안의 편익과 비용에 관한 지식, 셋째, 투자대안의 비교와 평가와 관련된 지식이 그것이다. 이들 지식에 관한 문제를 아래에 조금 더 자세히 설명하기로 한다.

1) 투자대안에 대한 지식 문제

누구든지 투자를 하고자 할 때, 부닥치는 첫 번째 문제는 투자할 수 있는 곳이 도대체 어떤 곳이냐 하는 것이다. 이 세상에서 내가 투자할 수 있는 대상은 무수히 많이 존재한다. 그러나 이 모든 것을 파악한다는 것은 우리의 인지 능력에 비추어 볼 때, 거의 불가능하다. 하물며 가장 간단하다고 말할 수 있는 은행 예금에도 각각의 은행들이 팔고 있는 예금 상품들과 이들 상품들의 자세한 내용을 모두 안다는 것은 결코 쉬운 작업이 아니다. 기껏해야 자기가 자주 거래하는 은행의 몇몇 상품에 대해서 물어보는 것이 고작이다. 조그마한 가계를 차려보려고 하더라도, 어떤 재화나 서비스를 판매하는 가계를 차려야 하는지, 차린다면 어떤 곳에서, 장소가 결정되더라도 건물의 1층이 좋은지 아니면 2층이 좋은지 등, 투자대안들은 그 배합에 따라 무수히 존재하게 된다. 우리가 알고 있는 투자대안은 이 중 아주 작은 일부분에 불과하다.

경제학을 시작할 때, 누구나 가장 먼저 배우는 것이 '희소성의 법칙'이다. 인간의 욕망에 비해 자원은 상대적으로 희소하다는 것이 이 법칙이 의미하는 바이다. 이 법칙은 아마 경제학을 공부하지 않은 일반인조차 아는 것으로, 거의 상식적인 내용을 담고 있다. 그러나 우리가 한번 진지하게 생각해보자. 정말 자원이 부족해서 우리의 욕망을 다 채우지 못하고 있는가? 우리는 산길을 걷다가, 먹을 수 있는 산나물이나 열매를 만나더라도 이것이 먹을 수 있는지를 잘 알지 못하기 때문에 그것을 먹지 못하지 않는가! 이처럼 우리가 알지 못해서 선택하지 못하는 것들이 그리고 뒤에 가서야 후회하는 것들이 얼마나 많은지를 솔직히 생각해보아라. 따라서 경제의 문제는 자원의 상대적 희소성 문제 못지않게 지식의 문제에 있다. 문제의 선후를 따진다면 자원의 상대적 희소성 문제보다 지식의 문제가 먼저라 할 수 있다.

2) 편익과 비용에 관한 지식문제

특정 투자 대안을 선정하여 이를 사업으로 옮길 경우, 여기에 소요되는 비용이 구체적으로 어떻게 구성되는지를 파악한다는 것은 쉬운 문제가 아니다. 특히 비용을 회계학적 비용이 아니라 경제학에서 말하는 기회비용[1])으로 해석하게 되면

1) 하이에크(Friedrich v. Hayek)나 미제스(L. v. Mises)에 의하면 모든 비용은, 그것이 명시적 비용이든지 암묵적 비용이든지 간에, 주관적인 것이라서 정확히 말한다는 것은 근본적으

문제는 더욱 복잡하게 된다. 명시적 비용뿐만 아니라 소위 귀속비용이라 하는 암묵적 비용도 여기에 모두 포함되어야 하기 때문이다. 더욱이 이로부터 거두어들일 수 있는 편익[2)]을 정확히 파악한다는 것은 불가능하다. 왜냐하면 편익은 비용보다 더욱 미래와 연결되어 있기 때문이다.

특히 편익과 비용 항목 중에는 시장에 거래되지 않는 것들이 있다든지, 시장에 거래되더라도 시장가격이 왜곡되어 있다든지 할 때, 이를 어떻게 평가할 것인가 하는 근본적인 문제에 봉착할 수도 있다. 할인율에 관한 문제도 마찬가지다. 시간별로 발생시점이 모두 다른 비용과 편익 항목들을 동일 시점 상에서 비교하기 위해서는 할인율이 반드시 필요한데, 할인율 수준을 어떻게 적용할 것인가 하는 문제는 총편익과 총비용의 수준을 결정적으로 좌우하게 된다. 따라서 특정 대안의 편익과 비용 명세서를 책상 위에 펼쳐 놓고 이 둘을 비교한다는 것은 애초 가능한 일이 아니다.

3) 비교·평가에 관한 지식문제

개별 대안의 편익과 비용의 명세서가 모두 제출되었다면, 이 명세서들을 갖고 어떤 투자대안을 선정할 것인가를 비교 평가하는 것은 그다지 어렵지 않다. 이에 관한 지식은 기술적인 문제로서 주어진 계산 틀 속에서 수행되기만 하면 된다. 여러분이 이 장에서 배우는 것은 단지 이 계산 틀만 배우는 것이다. 이 점에서 여러분은 순전히 기술적인 것만 배우지, 투자에서 실질적으로 중요한 투자대안들과 이것의 비용과 편익에 관한 자세한 내용은 안타깝게 배우지 못하고 있는 것이다. 이를 위해서 여러분은 별도의 공부를 하고 실질적인 경험을 쌓아야만 한다.

투자대안에 관한 지식문제와 편익과 비용에 관한 지식문제를 고려할 때, 여러분이 투자대안에 관해 배우는 부분을 [그림 13-1]로 나타내었다.

로 불가능하다.

2) 민간부문의 투자 계획에서 편익은 곧 수입(revenue) 또는 수익(profit)을 말한다. 공공부문의 투자계획에는 편익이 유·무형, 장·단기, 직·간접, 실질적·금전적에 따라 다양한 편익을 말할 수 있으나, 기업의 투자 계획에서 편익이라 할 때는 단순히 이로 인해 벌어들일 수 있는 돈을 의미한다. 이 점에서 편익과 비용에 관한 지식 문제는 공공부문의 투자계획에서 매우 심각하며, 이에 따라 공공부문의 투자는 정치적인 의사결정 과정에 의해 이루어지며, 이의 편익·비용 분석은 '이론적 분석'이란 이름 하에 이 결정을 뒷받침해주기 위한 구색용에 불과한 것이 거의 대부분이다.

| 그림 13-1 | 투자 대안의 결정에 있어서 지식문제

2.3 요구수익률

투자의 목표는 수익률을 최대한 크게 하면서 위험을 최소화하는 것이다. 투자의 대가는 일정한 시간이 지난 뒤에야 일어나기 때문에, 투자자는 현재의 소비를 포기하고 그 대가가 미래에 일어날 때까지 투자의 시간에 대한 보상을 요구할 것이다. 다른 한편으로 투자자 자신의 투자가 손실을 볼 수 있고 아니면 적어도 다른 투자 대안에 비해 결과적으로 수익률이 낮을 수도 있다. 투자자는 이런 위험을 부담하는 데 대한 보상을 요구할 것이다. 따라서 투자자는 투자의 대가로 시간에 대한 보상(time premium)과 위험에 대한 보상(risk premium)을 요구하게 된다[3].

시간보상과 위험보상을 고려한 투자자의 요구수익률은 다음과 같이 나타낼 수 있다:

---

3) 투자의 기대효용 함수를 시간보상과 위험보상의 크기로 나타낼 수 있다면, 투자의 목적은 주어진 투자자의 조건에서 투자자의 기대효용(expected utility)이 극대화되는 것이다.

요구수익률 = 시간보상율 + 위험보상율

시간보상율은 일반적으로 정기예금 이자율이나 국·공채 수익률과 같은 무위험 자산의 수익률(risk-free interest rate)이다. 대체로 시중은행의 이자율이 시간보상율로 간주된다. 이는 기다리는 것에 대한 보상이 시장에서 객관적으로 가격화된 것이다. 시장이자율은 투자 결정에 있어서 가장 중요하게 고려되는 요소이다. 왜냐하면 투자자들은 위험보상율을 제외한 시간보상율만이라도 투자로부터 보장받으려고 하기 때문이다. 시장이자율은 자금수요량과 자금공급량에 의해 결정되며, 정부의 각종 경제정책, 경제성장과 물가상승과 같은 경기변동에 민감하게 반응한다.

투자자의 요구수익률은 투자위험이 증가할수록 증가한다. 투자자의 위험보상율이 증가하기 때문이다. 위험보상율은 영업위험, 재무위험, 그리고 유동성위험의 크기에 좌우된다. 영업위험(business risk)은 기업의 영업 과정에서 발생하는 위험을 말하며, 재무위험(financial risk)은 자금조달 과정에서 야기되는 위험을 말한다. 유동성위험(liquidity risk)은 투자대상을 어느 정도 쉽게 현금으로 바꿀 수 있느냐 하는 환금화(換金化)에 관련된 것이다.

2.4 투자의 독립성과 종속성

기업이 투자할 경우 그것이 다른 투자에 영향을 미치는지의 여부에 따라 투자를 독립적인 것과 종속적인 것으로 나눌 수 있다. 독립적 투자(independent investment)는 특정 투자안의 선택이 다른 투자 또는 투자안에 영향을 주지 않는 경우이다. 따라서 모든 투자안들이 독립적이면, 이들 투자안들을 각각 별개의 투자안으로 간주하여 투자안에 대한 평가를 내리면 된다.

기업에서 엄격한 의미에서 독립적인 안은 거의 없으나 실제적인 목적으로 안에 따라서는 독립적인 것으로 간주하는 것이 합리적인 경우가 있다. 일반적으로 투자안이 기능적으로 서로 다르고 이들 사이에 명백한 의존 관계가 존재하지 않는 한 이들 투자안은 독립적이라고 간주하는 것이 합리적이다. 예를 들어, 수치제어 밀링, 보안장치, 사무용 집기 등의 설비를 구입하는 데 관한 투자안들은 대개의 경우 서로 독립적이라고 생각할 수 있다.

종속적 투자(dependent investment)는 특정 투자안의 선택으로 다른 투자나 투자안의 선택이 영향을 받는 경우이다. 종속적 투자 중 특별한 것으로 상호 배타적 투자와 상호 인과적 투자가 있다. 상호 배타적 투자(mutually exclusive investment)는 특정 투자안이 선택될 경우 다른 투자안은 선택될 수 없는 경우이다. 상호 배타적 안들은 대개 의사결정자의 어떤 요구를 만족시키고자 할 때 그 요구를 만족시킬 수 있는 안이 여러 개 제시될 경우에 나타난다. 예를 들어, 어떤 토건업자가 추가적인 중장비를 필요로 한다고 가정하자. 이 업자가 필요로 하는 기능을 수행할 수 있는 장비에는 여러 가지가 있다. 이 안들은 초기비용 및 운영유지비가 각각 다르지만 한 가지 안의 선택이 다른 안의 선택을 배제하는 결과를 가져오기 때문에 상호배타적인 안들이라 할 수 있다.

투자안들 사이에 일어나는 또 다른 형태의 의존 관계에 상호 인과적 투자(contingent investment)가 있다. 이것은 어떤 투자안이 선택되면 다른 투자안의 선택이 필연적으로 수반되는 경우이다. 컴퓨터의 자기 테이프 장치의 구입은 중앙처리장치의 구입에 필연적으로 따르는 투자이다. 극단적인 예로서, 건물의 3층을 올리기 위해서는 1, 2층을 먼저 지어야 하는 것과 마찬가지이다.

제3절 투자 대안에 관한 비교·평가 방법

여러 투자 대안들의 수익과 비용에 관한 현금 흐름의 정보가 주어졌을 때, 이를 비교, 평가하여 어떤 대안이 기업의 가치에 가장 공헌할 수 있는지를 판단해야 한다. 이를 위해 투자 대안들의 현금 흐름을 공통의 기준으로 변경시킬 필요가 있다. 이 기준으로서 가장 흔히 사용되는 기법에는 아래 4가지가 있다.

① 회수기간법(PPM: Payback Period Method)
② 순현재가치법(NPVM: Net Present Value Method)
③ 연간등가법(AEWM: Annual Equivalent Worth Method)
④ 내부수익률법(IRRM: Internal Rate of Return Method)

3.1 회수기간법

회수기간법은 투자 대안의 선별을 위하여 통상적으로 활용되어 온 가장 간단한 방법이다. 회수기간은 투자에 투입된 모든 비용을 회수하는 데 소요되는 기간을 말한다. 투자 대안이 독립적일 경우, 개별 투자안의 회수기간이 기업 자체에서 정한 회수기간보다 짧으면 투자가치가 있는 것으로 간주된다. 만약 여러 투자안들을 비교할 경우, 투자안들이 상호배타적이라면 기업의 선택기준은 회수기간이 가장 짧은 투자안이 된다.

전통적인 회수기간 법의 가장 큰 이점은 계산이 단순하고 이에 필요한 정보가 그다지 많지 않아도 된다는 점이다. 왜냐하면 회수기간 법은 언제 총 투자비용을 회수할 수 있는지를 알기 위한 평가 방법이기 때문에, 다른 평가 방법들과는 달리 전 기간의 현금 흐름에 대한 정보를 수집할 필요가 없다.

【예제 13-1】 투자 대안에 대한 회수 기간 계산법

(단위: 천원)

기간	현금 흐름	자본비용(이자)을 고려하지 않은 누적 현금 흐름	자본비용(할인)을 고려한 누적 현금 흐름	
			연 할인율 15%를 고려한 자본비용	누적 현금 흐름
0	−105,000 + 20,000	−85,000	0	−85,000
1	15,000	−70,000	(−85,000) × (0.15)	−82,750
2	25,000	−45,000	(−82,750) × (0.15)	−70,163
3	35,000	−10,000	(−70,163) × (0.15)	−45,687
4	45,000	35,000	(−45,687) × (0.15)	−7,540
5	45,000	80,000	(−7,540) × (0.15)	36,329
6	35,000	115,000	(36,329) × (0.15)	76,778

위의 [예제 13-1]을 통하여 이를 보다 자세히 보자. (주)동양정밀은 10,500만원의 비용을 들여 새로운 공작기계를 구매하여 기존의 기계와 교체하였다. 기존 기계의 처분가치는 2,000만원이었다. 교체 후 이 기업의 수익과 비용을 모두 고려한 기간별 현금흐름은 위의 [예제 13-1]의 두 번째 칸과 같다.

먼저 시간의 가치를 고려하지 않은 전통적인 회수기간 법[4]에 의할 경우, 초기의 총투자비용이 회수될 수 있는 기간은 3년 조금 더 된다. 즉, 투자 후 3~4년 사이에 총투자비용이 회수될 수 있다. 만일 회사의 기준 회수기간이 3년 이하라면 이 투자 대안은 제외되지만, 그것이 4년 이상이라면 이 투자 대안은 채택될 것이다.

그러나 이 방법에는 시간의 가치가 전혀 고려되어 있지 않기 때문에, 잘못된 선택을 할 수 있다. 예를 들어, 다른 대안에 비해 회수 기간이 조금 늦은 투자 대안이라 하더라도 그것이 초기에 투자자금이 더 많이 회수된다면, 다른 대안보다 우월한 대안이 될 수 있다. 이는 현재 소유하고 있는 돈이 미래에 들어올 것으로 예상되는 돈보다 더 가치가 높다는 것을 고려하지 않았기 때문이다.

따라서 자본비용(할인)을 고려하였을 경우 [예제 13-1]의 투자 대안이 총비용을 회수할 수 있는 기간을 계산하여 보자. 이를 넷째 칸에 나타내었다. 기간 당 할인율을 15%라 하였을 경우, 각 기간 별 할인액을 차감한 누적 현금흐름을 보면, 이 투자안의 회수기간은 4~5년 사이임을 알 수 있다. 따라서 이 기업의 기준 회수 기간이 4년이라면, 자본비용을 고려하지 않았을 경우 채택되었을 이 투자 대안은 이를 고려할 경우에는 채택되지 못한다.

회수기간 법은, 자본비용을 고려하든지 그렇지 않든지 간에, 이처럼 계산이 단순하다. 그러나 이 방법에서는 회수기간 이후의 현금 흐름을 모두 무시하므로, 투자 회임기간이 긴 프로젝트가 가질 수 있는 장점을 고려하지 못하게 된다. 따라서 장기적인 투자 목적을 가진 대안을 평가할 때, 회수기간 법은 적절한 평가 기준이 되지 못한다.

3.2 순현재가치법

현재가치(present value)란 미래에 발생하게 될 현금흐름의 화폐가치를 현시점의 화폐가치로 평가한 금액을 말한다. 따라서 순 현재가치 법은 수익과 비용을 고려한 미래의 순 현금흐름을 미리 알 경우 그것의 현재가치를 계산하여 특정 대안이 투자가치가 있는지 아니면 여러 대안들 중 어떤 대안을 선택하여야 하는지를 평가하는 계산법이다. 그 계산법의 순서는 아래와 같다.

---

4) 이자 또는 할인의 계념을 고려하지 않은 단순한 계산법을 말한다.

단계 1 : 회사가 투자를 통해 기대하는 투자 수익률 즉 회사의 요구수익률을 결정한다. 요구수익률은 종종 위험보상율을 제외한 시간보상율만을 말하기 때문에, 최소 요구수익률이라고도 한다. 따라서 요구수익률은 시중은행의 이자율(할인율)로 대체되는 경우가 많다.

단계 2 : 매 기간별 수입과 비용의 현금흐름을 추정하여 매기의 순 현금흐름(=현금유입 - 현금지출)을 계산한다.

단계 3 : 회사가 결정한 요구수익률을 적용하여 매기의 순 현금흐름의 현재가치를 계산하고, 이들의 합을 구한다. 그 계산법은 아래와 같다.

$$NPV = (R_0 - C_0)/(1+r)^0 + (R_1 - C_1)/(1+r)^1 + (R_2 - C_2)/(1+r)^2 + \cdots \\ + (R_{n-1} - C_{n-1})/(1+r)^{n-1} + (R_n - C_n)/(1+r)^n$$

여기에서 NPV5)는 순 현재가치의 총합, R은 수입, C는 비용, r은 요구수익률, n은 기간을 말한다.

단계 4 : NPV의 값에 따라 투자 가치의 유무 또는 투자 우선순위를 판단한다. NPV가 양수이면 이 대안은 모든 수입의 현재가치 합이 모든 비용의 현재가치 합보다 크다는 것을 의미하므로 투자할 가치가 있다. 두 가지 이상의 투자안들을 비교할 경우, NPV의 값이 양수인 대안들 중 그 값이 큰 대안일수록 우선적으로 선택된다.

아래 [예제 13-2]를 통해 순 현금가치 법에 의한 투자 대안 선택 방법을 알아보도록 한다. 인제전자는 자동화 설비를 설치하기 위하여 다음과 같은 두 가지 대안을 고려하고 있다. 인제전자의 요구수익률이 10%라고 할 때, 어떤 대안을 선택하는 것이 가장 바람직한가? 세 번째 대안은 아래에 나타나 있지는 않지만 자동화설비를 설치하지 않는 것이다.

[예제 13-2]에는 순 현재가치 법에 의한 단계별 계산 순서에서 단계 1과 단계 2에 관한 정보가 이미 주어졌다. 우리가 할 일은 단지 기계적으로 단계 3의 방법에 따라 계산하는 것뿐이다. 그것은 아래와 같다.

---

5) 연간 순수입(R-C)이 매 기간 a로 일정하다면 NPV는 $a\{(1+r)^{n+1}-1\}/\{(1+r)^n r\}$로 간단히 나타낼 수 있다.

【예제 13-2】 순현재가치법에 의한 투자 대안 선택

(단위: 천원)

기간	대안 1		대안 2	
	비용	수입	비용	수입
0	1,000	0	2,000	0
1		300		600
2		400		800
3		600		1,000

대안 1 :

$$NPV = (0-1{,}000)/(1+0.1)^0 + (300-0)/(1+0.1)^1$$
$$+ (400-0)/(1+0.1)^2 + (600-0)\cdot(1+0.1)^3$$
$$= -1{,}000 + 272.7 + 330.6 + 450.8 = 54.1$$

대안 2 :

$$NPV = (0-2{,}000)/(1+0.1)^0 + (600-0)/(1+0.1)^1$$
$$+ (800-0)/(1+0.1)^2 + (1{,}000-0)\cdot(1+0.1)^3$$
$$= -2{,}000 + 545.5 + 661.1 + 751.3 = -42.1$$

대안 1은 투자 전(全) 수명에 걸쳐 현재가치로 54.1천원의 순 수익을 보장해주는 반면, 대안 2는 42.1천원의 순 손실을 초래한다. 따라서 투자 대안으로 당연히 대안 1이 선택된다.

[예제 13-2]에서 만약 요구수익률이 10%가 아닌 4% 또는 20%인 경우, 그것이 투자 대안 선택에 어떤 영향을 미치는지 살펴보자. 요구수익률이 4%인 경우, 대안 1의 NPV는 191.7천원이 되고 대안 2의 NPV는 205.5천원이 된다. 대안 1, 2 모두 양수이므로 투자 가치가 있으며, 하나만 선택해야 된다면 요구수익률 10% 때와는 달리 대안 1이 아니라 대안 2가 선택된다. 투자 대안의 선택에서 요구수익률을 어떻게 설정하느냐가 결정적임을 알 수 있다. 요구수익률이 20%일 경우, 대안 1의 NPV는 −125천원 그리고 대안 2의 NPV는 −365.7천원으로 대안 1, 2 모두 투자 가치가 없어진다.

3.3 연간등가법

연간 등가 기준은 이자를 고려하여 매년 지급해야 할 동일한 금액(연간 등가)을 계산하여 투자 대안들을 비교·평가하는 방법이다. 연간 등가를 계산하는 방법의 순서는 아래와 같다.

단계 1 : 매 기간별 수입과 비용의 현금 흐름이 주어지면 먼저 총 순현재가치(NPV)를 구한다.

단계 2 : 아래 공식에 따라 연간 등가(AE)를 구한다.

$$AE = (NPV) \times \{(1+r)^n r\} / \{(1+r)^n - 1\}$$

여기에서 AE[6]는 연간 등가, NPV는 총 순현재가치액, n은 투자기간, r은 요구수익률을 나타낸다.

[예제 13-2]를 연간 등가 법에 의해 투자 대안을 선별하여 보자. 아래 [예제 13-3]은 [예제 13-2]를 연간 등가 법에 의해 계산한 것을 요약한 것이다.

[예제 13-3]에서 대안 1과 2의 연간 등가(AE)는 아래와 같이 계산 된다:

$$AE_1 = (54.1) \times \{(1.1)^3 (0.1)\} / \{(1.1)^3 - 1\} = 21.75$$
$$AE_2 = (-42) \times \{(1.1)^3 (0.1)\} / \{(1.1)^3 - 1\} = -16.89$$

대안 1의 경우 연간 등가가 양수이므로 투자 가치가 있는 반면, 대안 2는 그것이 음수이므로 투자 가치가 없다.

[예제 13-3]에서 보는 바와 같이 연간등가법(AE)은 순현재가치법(NPV)을 통해 구한다. 따라서 굳이 AE를 사용할 필요가 있는가 하는 의문이 생길 것이다. 이는 현실에서 NPV 분석보다 AE 분석이 더 선호되고 AE 분석이 필요한 상황들이 많이 발생하기 때문이다. 기업이 매년 공시하는 재무제표나 연차보고서, 혹은 연간 예산편성 등과 같은 것이 좋은 예가 될 것이다. 이러한 것들을 분석하고 작성

6) 이 식은 이장의 주 5에서 초기 항 $a/(1+r)^0$를 제외한 후 a를 AE로 놓으면 쉽게 구할 수 있다. 초기 항을 제외하는 것은 연간 수입은 일반적으로 연말을 기준으로 하기 때문이다.

【예제 13-3】 연간등가법에 의한 투자 대안

(단위: 천원)

기간		순 현재가치	
		대안 1	대안 2
0		−1,000	−2,000
1		272.7	545.5
2		330.6	661.1
3		450.8	751.3
단계 1	NPV	54.1	−42.1
단계 2	AE	21.75	-16.89

하기 위하여 기업은 진행 중인 프로젝트에 대해 모든 사업 기간에 걸친 비용이나 수익보다 연간 등가로 계산된 비용과 수익을 더 유용하게 사용하기 때문이다. 이 외에도 AE 분석이 선호되는 것은 보고서 양식과의 일관성을 유지하기 위해, 비용과 이익의 단위화(單位化)로의 전환 필요성 때문에, 그리고 동일하지 않은 수명의 프로젝트를 비교하기 위해서다. 아래 [예제 13-4]를 통해 연간등가법에 의한 투자 적절성 여부를 판단해 봄으로써, 연간 등가 법이 자주 사용될 수 있는 이유를 확인하도록 한다.

【예제 13-4】 연간등가법에 의한 투자 적절성 여부 판단

> 수명이 5년인 기계를 2,000만원에 구입하려 한다. 5년 말 이 기계의 가치는 0이다. 이자율이 10%일 때 연간 수익이 얼마 이상이면 이 기계를 구입하는 것이 타당하겠는가? 이자율은 향후 5년 간 변하지 않는다.

이 기계의 구입이 타당하기 위해서는 5년간 총수익의 현재가치가 기계 값 2,000만 원 이상이어야 한다. 그러므로 순 현재가치(NPV)가 2,000만 원 이상이 되는 연간 등가 액은 아래와 같이 구해진다.

$$\begin{aligned} AE &= 2,000 \times \frac{(1+0.1)^5 \times 0.1}{(1+0.1)^5 - 1} \\ &= 2,000 \times \frac{0.161051}{0.61051} \\ &= 527.6\text{만 원} \end{aligned}$$

따라서 연간 527.6만 원 이상의 수익이 예상된다면 이 기계의 구입은 타당하다.

3.4 내부수익률법

내부수익률(Internal Rate of Return)이란 미래의 현금 흐름의 총 순현재가치(NPV)를 0으로 만드는 할인율을 의미한다. 즉 아래 식을 충족시키는 할인율(δ)을 내부수익률이라 한다.

$$NPV = (R_0 - C_0)/(1+\delta)^0 + (R_1 - C_1)/(1+\delta)^1 + (R_2 - C_2)/(1+\delta)^2$$
$$+ \ldots + (R_{n-1} C_{n-1})/(1+\delta)^{n-1} + (R_n - C_n)/(1+\delta)^n$$
$$= 0$$

특정 투자 대안의 내부수익률을 계산하여, 이를 기초로 하여 투자계획의 타당성과 우선순위를 평가하는 방법을 내부수익률 법이라 한다. 위 식에서 보듯이 순현재가치법과 내부수익률 법은 현금흐름을 할인한다는 점에서 두 평가 방법은 본질적으로 매우 밀접한 관계를 가지고 있다.

내부수익률 법에 의한 평가 기준은 내부수익률이 투자계획에 소요되는 자금의 최소한의 기회비용을 의미하는 시중은행의 할인율(r)보다 크면 채택하고 그렇지 않으면 기각하는 것이다. 다음으로 여러 투자 계획을 비교할 경우에는 내부수익률이 높은 순으로 투자의 우선순위를 배정하는 방식을 취할 수 있을 것이다.

그러나 이 방법을 사용할 경우, 그릇된 투자로 이끌 수 있는 위험을 내포하고 있다. [예제 13-5]를 통해 보다 자세히 검토해 보기로 하자. 내부수익률 법에 의할 경우 X와 Y는 시중 은행 할인율 6%보다 높기 때문에 모두 투자가치가 있다. 그 중에서도 X가 Y보다 선호된다. 그러나 순 현재가치 법에 의할 경우 Y가 X보다 더 선호된다. 이 상황에서 내부수익률만을 보고 Y보다 X를 우선적으로 선택했다면 잘못된 투자 행위를 범할 수 있다. 적정한 요구수익률이 선택되어 있다는 것을 전제로 한다면 현재가치 법에 의한 평가는 언제나 타당한 반면, 내부수익률 법은 잘못된 투자 선택으로 이끌 수 있다.

【예제 13-5】 내부수익률법에 의한 투자결정의 위험성

(단위: 천원)

		순수입(수입-비용)의 흐름	
		X	Y
기간	0	-1,000	-10,000
	1	1,100	10,800
내부수익률(δ)		10%	8%
총 순현재가치(NPV) (시중 은행 할인율 연 6% 가정)		37.74	188.68

내부수익률 법이 갖는 또 하나의 문제는 미지수 δ의 해(解)가 하나만 나오는 것이 아니라 여러 개가 나올 수 있어 과연 어떤 것을 내부수익률로 선택해야 할지가 분명하지 않다는 점이다. 위의 식은 n차 방정식이므로 n 重根이 나오는 특수한 경우가 아닌 한 여러 개의 상이한 해가 나오게 마련이다.

제4절 위험 하에서의 투자결정

앞 절에서 여러분은 투자에 대한 현금 흐름이 확실하다는 현실과 다소 동떨어진 가정 하에 투자결정 과정을 분석하였다. 이제 투자 수익이 위험하다는 보다 현실적인 가정 하에 투자결정 과정을 분석하기로 한다.

4.1 투자수익과 위험

확실성(certainty)은 투자자들의 기대가 하나의 값을 갖는 것을 말한다[7]. 그러나 기대되는 수익이 두 개 이상 여러 개가 있다면, 비록 그 각각의 발생 확률이 사전적으로 결정되어 있다 하더라도, 실제로 어떤 수익이 발생할지 정확히 예측할 수 없다는 점에서 그것은 불확실하다고 말할 수 있다. 거의 모든 투자 결정이

7) 이를 좀 느슨하게 정의한다면, 미래의 수익에 대한 투자자들의 기대가 아주 좁은 범위 내에 한정되어 있는 경우에도 확실성이라는 용어를 사용할 수 있을 것이다.

불확실한 상태에서 이루어진다고 보는 것이 현실적이다. 불확실한 상태에서 이루어진 투자는 당초에 기대한 수익을 달성하지 못할 가능성, 즉 위험(risk)이 존재하게 된다. 위험이란 현재의 어떤 결정에 대한 미래의 결과를 정확히 예측할 수 없는 상황을 의미한다. 위험은 일반적으로 미래수익성의 변동성으로 나타낸다. 변동성이란 미래에 실제로 얻게 될 수익률이 기대수익률로부터 편차를 가지게 될 가능성을 의미한다. 변동성의 크기를 측정하는 척도로서 분산(variance) 또는 표준편차(standard deviation)가 사용된다.

투자가치는 그 투자로 인한 미래의 투자수익에 달려 있는데, 그 투자수익은 기대한 것만큼 실현되지 않을 위험을 지니고 있다. 따라서 불확실한 상태에서 투자자들은 투자 가치를 예상 투자수익과 위험을 고려하여 평가한다.

4.2 기대수익률에 의한 투자결정

불확실과 위험이 어우러진 상황 하에서의 투자를 간단한 예를 통해 생각해보자. 여러분이 알뜰히 생활한 결과 얼마간의 돈을 모았고, 이 돈을 어디에 투자할 것인가를 고민한다고 하자. 이 때 여러분들은 어떤 투자 대안을 선택할 것인가? 선택의 범위를 금융 상품에 한정해서 보자. 여러분은 분명히 위험은 적으면서 수익이 높은 상품을 선택하고자 한다. 운이 아주 좋다면, 이런 상품을 발견할 수도 있을 것이다. 그러나 현실은 대체로 수익률이 높으면 위험이 크고, 위험이 적으면 수익률은 낮다. 여기에서 여러분의 고민이 커지고, 무엇을 선택해야 할지 당황해 한다. 일견 기대수익률이 가장 높은 상품을 선택하면 되지 않느냐 할지 모른다. 그러나 기대수익률만이 선택의 모든 기준이 되는 것은 아니다. 그것은 선택의 기준에 있어서 수익률에 관한 정보만 제공해주지 위험의 정도에 대해서는 아무 것도 말해주지 않는다. [예제 13-6]을 통해 이를 알아보도록 하자.

[예제 13-6]은 각각의 투자대안에 대해 주어진 기간 안에 거두어들일 수 있는 투자 수익과 그 확률에 관한 정보가 주어져 있다. A와 B는 확실한 투자를 나타내는 반면, C, D, E는 비록 각 사상(事象, event)의 확률이 사전적으로 주어져 있다할지라도 어떤 사상이 일어날지는 누구도 모른다는 점에서 불확실한 투자를 의미한다. 투자자가 무(無)위험 선호자라면, 그는 A와 B 중에서 수익률이 높은 A를 선택할 것이다. 선택 기준은 단지 수익률이란 점에서 그의 선택은 매우

단순하다. 복잡하게 살기 싫어하는 사람들은 대체로 이것을 선택할 것이다.

【예제 13-6】 기대수익률에 의한 투자결정

투자대안	A		B		C		D		E	
수익률 및 확률	수익률	확률	수익률	확률	수익률	확률	수익률	확률	수익률	확률
	5%	1	3.5%	1	24% 16% −10%	1/4 1/2 1/4	14% 10% −5%	1/4 1/2 1/4	30% 15% −50%	3/10 6/10 1/10
기대수익률	5%		3.5%		11.5%		7.25%		13%	

그러나 A와 B의 투자대안들은 위험을 수반하는 C, D, E의 대안들에 비해 수익률이 극히 낮다. 따라서 적지 않은 투자자들은 위험을 감수하더라도 조금 더 높은 수익률을 쫓아 C, D, E의 대안을 선택할 가능성이 높다. 여러분이 위험을 감수하지 않는 투자는 있을 수 없다는 신념을 갖고 있다면, A, B가 아니라 C, D, E를 선택하는 것이 합리적이다. C를 선택하면 24%, E를 선택하면 30%의 수익률을 올릴 수 있는 가능성이 있다. 반면에 10% 또는 50%를 잃을 수 있는 가능성도 함께 있다. 어떤 대안을 선택할 것인가?

그것을 판단해줄 수 있는 하나의 기준이 기대수익률이란 개념이다. 기대수익률은 수익률의 각 사상에 그것이 발생할 확률을 곱하여 모두 더한 것이다. 예를 들어 투자대안 C의 기대수익률은

$$\{24\% \times (1/4)\} + \{16\% \times (1/2)\} + \{(-10\%) \times (1/4)\} = 11.5\%$$

이다. 이러한 방식으로 기대수익률을 계산하여 [예제 13-6] 하단에 나타내었다. 기대수익률만 본다면, E가 최적의 투자대안으로 선택되어야 한다.

그러나 여러분은 기대수익률이 가장 높다고 투자의 반을 잃을 수도 있는 E를 선뜻 선택하기가 쉽지 않을 것이다. 여기에 18세기 수학자 베르누이(Nikolaus Bernoulli)가 최초로 지적한 세인트 피터스버그의 역설(St. Petersburg Paradox)이 있다. 예를 들어 동전의 앞면이 나오면 만원을 주며, 앞면이 나올 때 까지 게임을 계속하고 앞면이 나오는 순간 그 게임은 끝난다면, 여러분은 얼마의 참가비를

기꺼이 지불할 용의가 있는가? 최대한 기대수익만큼 참가비를 지불할 용의가 있다고 말할 수 있는가? 여러분이 이 게임의 기대수익을 계산해보면 그것은 무한대(∞)임을 알 것이다[8]. 그렇다면 여러분은 참가비로서 엄청난 돈을 지불한 후, 첫 번째 동전 던지기에서 앞면이 나와 만원만 받고 그 게임이 끝난다면 어떻게 하겠는가? 아마 이처럼 어리석은 선택을 하는 사람은 없을 것이다.

세인트 피터스버그 게임의 함정은 무엇인가? 그것은 기대수익은 무한대이지만, 동시에 위험도 무한대라는 사실이다. 앞면이 나중에 나올수록 상금액이 증가하지만 당첨확률도 감소하기 때문이다. 따라서 우리는 기대수익률의 기준 외에 또 다른 기준이 필요하다. 그것은 위험을 나타내는 미래수익의 변동치인 분산 또는 표준편차이다.

4.3 분산에 의한 투자결정

투자자들의 위험에 대한 태도는 사람에 따라 다르다. 위험에 대한 태도는 위험선호(risk lover), 위험중립(risk neutralist), 위험회피(risk averter)로 나눌 수 있다. 만약 우리가 위험에 대한 주관적인 태도를 고려해야 한다면, 투자 기준은 매우 복잡해지게 된다. 아마 일반적인 기준을 유도해낼 수 없을 것이다. 투자자가 위험선호자라면 「예제 13-6」에서 그는 기꺼이 E를 선택할 것이다. 그가 극도의 위험선호자라면 세인트 피터스버그 게임에서 그는 기꺼이 엄청난 참가비를 지불하고자 할 것이다. 따라서 이 경우에는 기대수익률은 위험 하에서의 유일한 투자결정 기준이 된다. 만약 극도의 위험선호 자가 아니라면, 투자자는 위험이 적으면 기대수익률이 높은 대안을 선택하게 될 것이다. 아래에서는 투자자가 위험회피 자라는 가정 하에, 기대수익률 기준 외의 또 다른 기준인 평균-분산 기준에 대해 설명하기로 한다.

기대수익률의 극대화(maximization of expected rate of return)는 위험이라는 요소 때문에, 투자결정에 있어서 완전한 기준이 될 수 없다. 즉, 투자자는 동일한 위험을 가지는 투자안들 중에서 가장 높은 기대수익률을 가지는 투자안을, 그리고 동일한 기대수익률을 가지는 투자안들 중에서 위험이 가장 작은 투자안을 선택하게 된다. 이것이 평균-분산 기준이다. 이 때 평균은 기대수익률의 개념이다.

---

8) 기대수익 = $(1/2)\cdot 1 + (1/2)^2\cdot 2 + (1/2)^3\cdot 2^2 + \cdots + (1/2)^n\cdot 2^{n-1}$

분산은 각 사상의 편차[9]를 제곱한 수에 그 사상의 확률을 곱한 값들을 모든 사상에 걸쳐 더한 것이다. 이를 다음과 같이 간단히 나타낼 수 있다:

$$\text{분산} = \Sigma(\text{편차}^2 \times \text{확률})$$

분산의 값이 적을수록 위험이 적다는 것을 의미하므로, 투자대안으로 선택할 수 있다. [예제 13-6]의 각 대안에 대한 기대수익률과 분산 및 표준편차를 나타낸 것이 [예제 13-7]이다.

【예제 13-7】 위험을 고려한 투자결정

투자대안	A		B		C		D		E	
	수익률	확률	수익률	확률	수익률	확률	수익률	확률	수익률	확률
	5%	1	3.5%	1	24% 16% −10%	1/4 1/2 1/4	14% 10% −5%	1/4 1/2 1/4	30% 15% −50%	3/10 6/10 1/10
기대수익률	5%		3.5%		11.5%		7.25%		13%	
분산	0%		0%		175.75%		52.69%		486%	
표준편차	0%		0%		13.26%		7.26%		22.05%	

[예제 13-7]에서 우리는 대안 E가 기대수익률은 가장 높지만, 분산이 486%로서 가장 위험한 투자임을 알 수 있다. 만약 분산만을 투자 결정의 기준으로 본다면, A와 B가 무(無)위험 투자로서 가장 바람직한 투자대안이다. C, D, E 중에서 선택한다면 D가 선택된다.

4.4 기대수익률-분산 기준

[그림 13-2]는 투자 대안을 기대수익률과 위험의 좌표 상에 나타낸 것이다. 기대수익률이 높으면서 분산이 적은 투자 대안이 당연히 바람직하다. 화살표 A와

9) 편차는 사상의 값과 평균치와의 차이를 말한다.

B 그리고 C의 투자 방향에 대해서는 투자의 우선순위를 분명히 결정할 수 있다. A와 같이 동일한 기대수익률에서 위험이 적은 투자가, B에서와 같이 동일한 위험에서 기대수익률이 높은 투자가 선호된다. 좌상향 방향의 C에서와 같이 화살표 방향에 따라 이동할수록 위험은 적으면서 기대수익률은 높아지기 때문에 투자의 우선순위는 분명하다. 그러나 투자의 우선순위를 결정지울 수 없는 것이 우상향 화살표 방향 D이다. 그것은 기대수익률이 높아질수록 위험도 높아지기 때문이다.

현실의 투자대안이 어려운 것은 대부분의 투자 대안들이 [그림 13-2]의 화살표 D와 같이 배열하기 때문이다. 이 경우 투자를 결정하는 것은 투자자들의 위험에 대한 선호도이다. 위험을 기피하는 사람일수록 기대수익률이 낮더라도 위험이 적은 투자를 선호할 것이고 그 반대인 사람은 위험하더라도 기대수익률이 높은 투자 대안을 선택할 것이다.

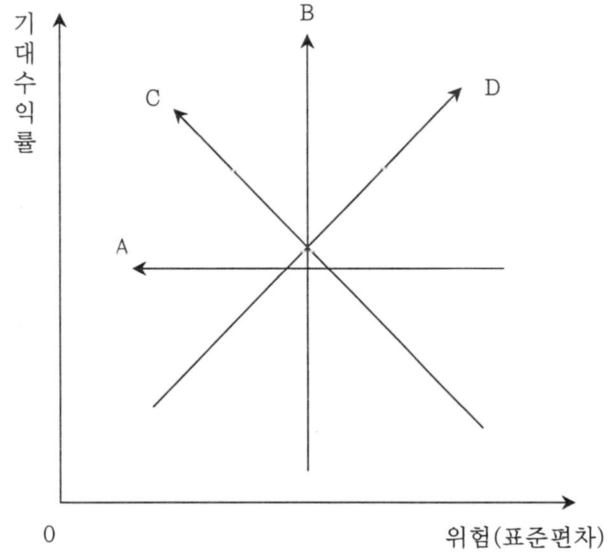

그림 13-2 기대수익률과 위험 하의 투자결정

연 습 문 제

1. 투자와 투기를 개념적으로 구분할 수 있는 방법이 있는지를 아래의 관점에서 토론하여 보아라.

(1) 투자 기간의 장단(長短)　　(2) 불확실성의 정도

(3) 생산적인지의 여부　　(4) 도덕적 건전성

2. 만약 당신이 5,000만 원을 갖고 아래와 같은 투자를 하고자 한다. 이 때 여러분의 투자가 성공을 거두기 위해서 고려해야 될 사항들을 공책에 적어보아라.

(1) 금융자산에 투자하고자 한다.

(2) 음식점을 차리고자 한다.

3. 2번 문제에서 여러분이 투자 성공을 위해 알아야 할 가장 중요한 사항이 무엇이라고 생각하는가?

4. 자동화 기계를 2억 원에 구입하고자 한다. 이 기계의 수명은 5년이며, 5년 뒤 이를 처분하면 세금을 공제한 후 5,000만원을 받을 수 있다. 현재 시중 이자율이 연간 10%이며 이 이자율은 향후 5년간 변하지 않을 것으로 예상된다. 연간 수익이 얼마 이상이면 이 기계를 구입하는 것이 타당하겠는가?

5. 투자 대안 A와 B는 현재와 미래 1기(1년 뒤)까지의 사업이다. 이들 두 사업의 수입과 비용의 흐름은 아래 표와 같다. 요구수익률이 연 10%일 때 아래 질문에 답하라.

(단위: 억 원)

기간	대안 A		대안 B	
	수입	비용	수입	비용
현재	0	100	0	1,000
미래 1기	150	20	1,500	300

(1) 내부수익률 방법에 의해 투자 대안 A와 B 중 어떤 대안이 선호되는지를 판단하라.
(2) 순 현재가치법으로 투자 대안 A와 B 중 어떤 대안이 선호되는지를 판단하라.
(3) 순 현재가치법과 내부수익률법에 의한 투자 대안 평가의 결과가 왜 다르게 나오는지를 생각해 보아라.
(4) 여러분은 어떤 투자 대안을 선택하겠는가? 그리고 그 이유는 무엇인가?

제 5 부

글로벌 경영과 경영전략

5부에서는 세계경제의 지구화로 인하여 국가간의 자원이동에 있어서 장벽이 점차 낮아지고 또한 국가간 상호의존도가 점차 높아지는 현상이 발생함으로써 기업의 국제적 활동에서 본질적으로 영향을 받을 수 있는 글로벌경영환경의 영향요소들에 대하여 설명한다. 그러나 지구화가 세계경제를 재편하고 있는 추세라면 최근 형성되고 있는 지역블록화는 역외국가의 기업들이 수출하는 제품들에 진입장벽을 펴고 있다. 블록화는 지역 내 시장을 대규모 시장으로 통합하여 역내기업들로 하여금 이익창출의 규모를 증가시키고 역외기업들로 하여금 대규모의 시장에 진출하게 함으로써 이익을 거두고자 역외기업들의 해외직접투자를 유인하고 있다. 즉, 이런 상황에서 기업은 전 세계시장을 하나로 보고 통합된 전략을 수립한다.

기업의 경영정책 역할은 기업의 각 기능, 생산, 재무 등과 같이 고유한 전문영역을 담당한다기보다 각 기능과 조직 간에 생길 수 있는 마찰과 갈등을 전사적인 차원에서 해결하고 자원 활용을 통한 균형을 유지함으로써 기업의 목표를 달성하는 것이라고 볼 수 있다. 전략은 기업의 사명과 목표를 달성하고 환경과의 관계를 관리하고 경쟁우위를 확보하기 위하여 전략을 수립하고 실행하는 과정이다. 따라서 5부에서는 글로벌 경영과 경영전략을 설명한다.

제 14 장

글로벌 경영

제1절 글로벌 경영환경

1.1 세계경제의 기본조류

세계경제의 글로벌화(Globalization)란 “국가간의 자원이동에 있어서 장벽이 점차 낮아지고, 또한 국가간의 상호의존도가 점차 높아지는 현상”이라고 정의 할 수 있다. 이와 같은 추세로 세계화가 진행되면 종국에는 소위 “국경없는 세계경제(The Borderless World economy)”가 등장하게 될 것이다. 그렇다고 해서 주권국가의 의미가 완전히 퇴색되는 것은 아니다. 적어도 21세기 전반부까지는 주권국가는 여전히 세계경제의 주요 행동주체로 남아 있을 가능성이 크다.

그렇다면 글로벌화를 가져오는 중대한 요인은 무엇인가?

첫째, 통신과 대중매체의 발달이다. 특히 통신위성, 팩시밀리, 인터넷 등 통신수단과 TV, VCR 같은 대중매체, 영상기기의 발달은 세계를 좁혀 놓는데 결정적 역할을 하고 있다. 예를 들면 Information Technology(Information Super Highway), CNN, MTV 등이 있다.

둘째, 무역장벽과 외환규제의 완화이다. 무역장벽이 낮아지고 UR타결로 인해 서비스와 투자, 지적소유권과 같이 광범위한 범위까지 자유화 물결이 예상된다. 또한 외환시장 자유화로 소위 “핫머니”라고 불리는 유동성자금의 국제적 이동으로 국가들의 독립적인 금융 통화정책이 어렵다. 예를 들면 환율, 금리변동, 헷지펀드 등이 있다.

셋째, 다국적기업의 산업형태이다. 1960년대 이후 다국적기업의 활동이 선진국의 해외직접투자 증가로 현저하게 나타난 기업집중형태로 인하여 세계적인 경영네트워크를 가지고 있는 다국적기업들의 사업형태자체가 세계경제의 상호 의존도 증가를 유도하고 있다. 즉 전세계시장을 하나로 보고 기업이 생산과 마케팅의 통합된 전략을 수립한다. 예를 들면 규모의 경제, 기술진보, 수요의 동질화, 무역장벽의 감소 등이 있다.

글로벌화가 세계경제를 재편하고 있는 추세라면 최근 형성되고 있는 지역적 경제 블록은 보다 대규모의 시장에 진출함으로써 이익을 거두자는 외부기업들의 해외직접투자를 유인하고 있다. 지역적 경제 블록의 예로 유럽연합(EU : European Union), 북미자유무역지역(NAFTA : North American Free Trade Area), 동남아국가경제연합(ASEAN : Association of South East Asian Nations)을 들 수가 있다.

1.2 국제사업활동의 범위와 형태

국제사업활동은 [그림 14-1]과 같이 크게 무역, 지적재산거래, 투자의 세가지로 나누어 볼 수 있다. 무역이란 상품의 수출입과 용역의 수출입을 가리키며, 지적재산거래란, 기술, 마케팅노하우, 경영노하우와 같은 무형자산을 시스템을 통해서 계약을 소유면에서 독립된 기업에게 파는 거래를 가리킨다. 마지막으로 투자란 외국기업의 주식을 일부 또는 전부를 소유하게 되는 사업을 가리킨다.

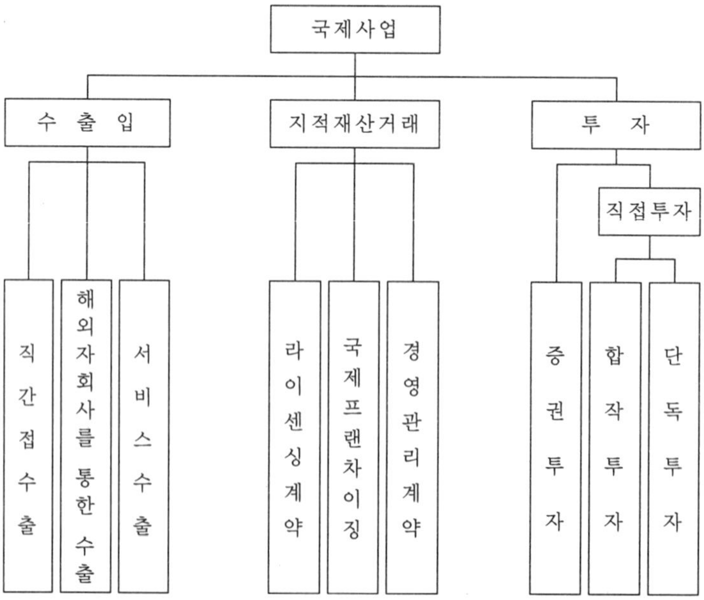

【그림 14-1】 국제사업활동의 형태

1.3 다국적 기업과 초국적 기업의 개념정의

다국적기업이란 해외 여러 나라에 자회사를 가지고 있으며, 그 자회사들이 본사에 의해서 지휘되고 통제되는 총체이다. 다국적기업으로는 GE, GM, SONY, Toyota, Samsung, Hyundai, LG가 있다. 글로벌화된 산업에서는 제품, 기술, 서비스가 각국으로 자유롭게 이동하며 인적자원과 자본의 흐름도 직접투자형식으로 자회사를 설립한 다국적기업들에게 활발하게 이루어지고 있다. UN의 통계에 따르면 세계적으로 약 35,000개의 다국적기업이 존재한다. 그리고 다국적 기업이 설립한 해외자회사들은 약 170,000개 있다.

초국적 기업은 지구전체를 대상으로 사업을 전개하며 특히 경영진이나 주주의 구성에서까지도 한 국가를 초월하여 조직되어 있는 기업으로 ABB, Royal Dutch & Shell, Nestle가 있다.

Perlmutter는 국제기업에 있어서의 본사의 자회사에 대한 태도를 중심으로 세 가지로 다국적기업의 유형을 나누고 있다. 첫째, 본국중심주의는 본국의 가치관과 경영시스템을 자회사에게 강요하는 체제로 한국과 일본의 기업에 많다. 둘째, 현지국중심주의이다. 각국의 문화와 환경이 서로 다르므로 현지에 맞는 방법으로 각국마다 경영한다. 셋째, 세계중심주의이다. 세계적으로 적용가능한 보편적인 정책을 추구한다. 본사와 자회사간에 대등하게 정보교환과 상호협조를 한다.

1.4 다국적 기업의 해외직접투자

다국적기업은 해외직접투자(FDI)를 통하여 자회사를 설립하고 제품, 기술, 서비스 및 자본과 인적자원 등 생산요소의 이동을 자유롭게 수행하고 있다. 이와 같은 다국적기업은 수많은 FDI활동을 통해서 각국에 경영활동의 거점을 확보한 후 이들 자회사와 본사를 연결하는 국제적, 범세계적 경영네트워크를 형성·구축·통합한다.

전세계적인 FDI 동향을 보면 1984년 이후부터 전세계 총생산량의 증가와 국제무역의 증가보다 빠른 속도로 증가하여 왔다. 이는 세계경제가 1980년대 중반부터 더욱 급속히 글로벌화 됨에 따라 단순한 무역보다는 직접투자를 통하여 글로벌화 되었다는 것을 의미한다. 해외직접투자는 전체의 80~84%가 선진국 중심으로 일어나고 있으며 개발도상국에 대한 다국적기업의 투자는 80년대 후반부터 증가하는 추세이다. 또한 개발도상국의 다국적기업화도 일어나고 있다.

일본의 Kenich Ohmae는 해외직접투자가 미국과 유럽, 그리고 일본을 세 축으로 하는 선진국중심으로 많은 양의 상호투자가 일어나는 현상을 트라이아드(Triad)라고 표현하였다[그림 14-2 참조].

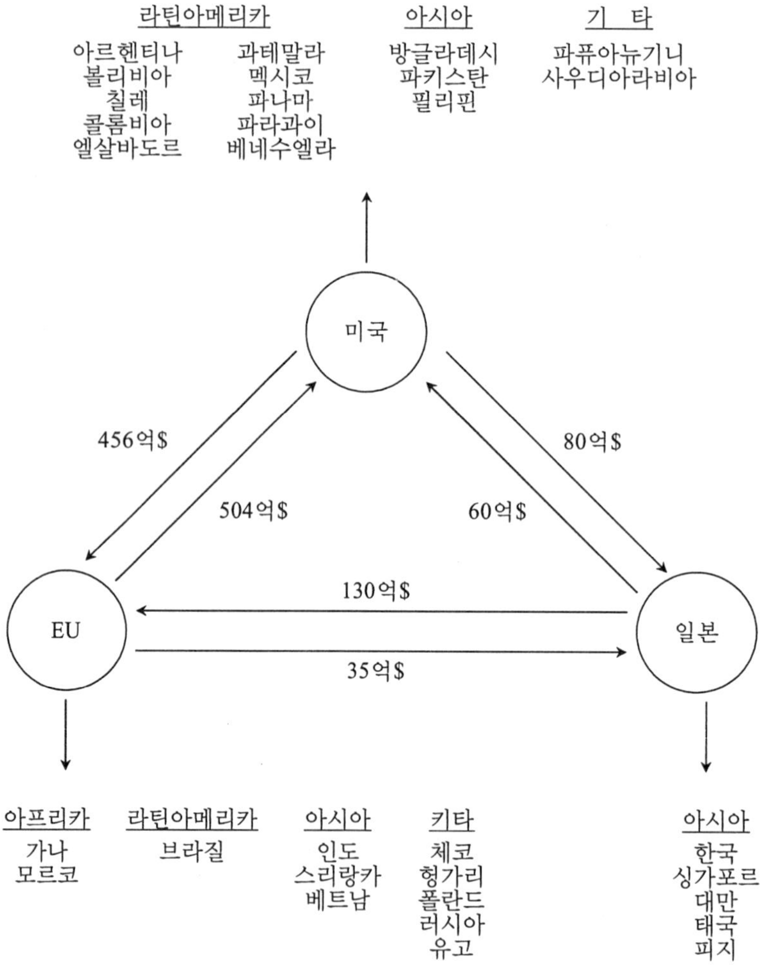

자료: 장세진(2003)

그림 14-2 Triad간의 투자현황

제2절 새로운 국제무역질서

2.1 지역경제통합

현재 세계경제에서 글로벌화와 더불어 지역주의 추세가 동시에 가장 뚜렷하게 나타나고 있는 현상이다. 적어도 21C 까지는 이런 두 경향이 보완 및 상충적인 측면을 유지할 것을 예견한다.

1) 세계경제의 블록화 추세

2차 세계대전 이후 동서 양 진영간의 정치적 양극화에 따라 국제경제는 서방의 시장경제와 사회주의 계획경제로 양분되었다. 1970년대에는 정치적인 측면에서의 동서 화해 분위기의 조성에 따라 경제적인 측면에서도 동서간의 대립은 크게 완화 되었다 이를 대신하여 동일진영내의 분극화 현상이 시작되었다. 서방은 미국, EC, 일본이 무역과 투자진출 면에서 경쟁을 하게 되었다. 미국은 주로 라틴아메리카 지역에서 우위를 보여 왔으며, EC 국가들은 아프리카 지역에서, 일본은 아시아에서 주로 활약하였다. 사회주의 경제에서는 정치적으로 소련과 중국의 헤게모니 경쟁이 심화되어 소련은 헝가리, 체코슬로바키아, 폴란드든 동구권 국가들과 코메콘을 형성하여 경제적인 블록을 이루었다. 중국은 인접한 아시아의 공산주의 국가들을 그 세력권 안에 두려고 노력하였다. 따라서 세계는 정치 군사적으로 동서 진영으로 분화되었으며, 경제적으로 더 많은 수의 블록을 형성하게 되었다. 그러나 소련의 붕괴이후 1991년 이라크의 쿠웨이트침공으로 인한 중동전쟁이후 양극체제는 막을 내리고 정치적 군사적으로 미국이 유일한 패권국가가 되었다. 그러나 경제적으로 미국의 경제력이 약화되고, 미국, EU, 일본의 3극체제가 등장하게 되었다. 21c초까지 이 세지역 간 경쟁은 더욱 치열해질 전망이다.

2) 지역경제통합의 정의

지역경제통합은 1957년 구주공동시장(ECM)의 결성 때부터 그 중요성이 나타나기 시작하였다. 지역경제통합은 상품교역, 노동력이동, 자본거래 등의 경제교류에 존재하고 있는 인위적인 장벽을 점진적으로 제거함으로써 2개 이상의 국가들이 동일한 경제단위로 되어가는 과정이다. 지역경제통합의 예로 EU, EFTA, NAFTA 등을 들 수 있다.

3) 지역경제통합의 단계

① **자유무역지역**(Free Trade Area)

2개 이상의 국가가 상호간의 관세를 인하, 철폐하고 무역의 양적 제한 조치를 제거함으로써 역내의 무역자유화를 실현시키는 것. 그러나 역외 국가들에 대하여 역내 국가들이 각각 독자적으로 관세와 무역제한조치를 계속 실시하게 된다. FTA는 관세동맹으로 가는 중간정거장이다. EFTA(European Free Trade Association), LAIA(Latin American Integration Association) 등이 이에 속한다.

② **관세동맹**(Customs Union)

관세동맹은 가맹국 상호간에 관세율의 인하 또는 철폐를 통하여 자유무역을 추구할 뿐만 아니라 역외 국가들에 대하여도 동일한 세율의 공동 관세를 적용하는 것이다. 이것은 관세에 관한 한 단일한 경제단위가 되어있는 상태, 간접수입의 가능성은 배제된다. CACM(Central American Common Market), CARICOM (Caribbean Community and Common Market) 등이 이에 속한다.

③ **공동시장**(Common Market)

공동시장은 역내에서 자유무역실시와 역외 국가들에 대한 공동관세 적용뿐만 아니라 역내국가간에 노동, 자본, 서비스 등 생산요소의 자유로운 이동이 가능한 단계를 말한다.

④ **경제통합**(Economic Integration)

경제통합에서는 역내 국가들 간에 상품과 생산요소의 자유로운 이동뿐만 아니라 금융, 재정, 운수, 통신, 사회복지 등 여러 분야에 걸쳐 통합을 이룬다. 결국 이 단계에서 어느 정도의 정치통합이 필요함.

4) 지역경제통합의 전제조건

첫째, 경제통합을 하고 있는 국가들이 서로 비슷한 경제발전 단계에 있어야 한다.

둘째, 경제통합을 이루는 국가들이 조화와 타협에 의해 정책을 결정하고 운용해야 한다.

셋째, 경제통합의 이익분배를 위한 제도적 장치가 마련되어 있어야함.

넷째, 통합이 이루어지는 국가들이 지리적으로 인접되어 있어야하고, 역내 교통여건이 어느 정도 조성되어 있어야 한다.

2.2 EU의 경제통합

1) EU(European Union)의 개요

EU는 유럽의 27개국들이 다섯가지 조약을 체결하여 설립된 지역 공동체이다. 인구는 4억9천만 명이고 GDP는 18조4천만US$의 세계최대경제주체이다. EU창설 회원국은 최초 EEC창립회원국인 프랑스, 서독, 이탈리아, 벨기에, 네델란드, 룩셈부르크, 그리고 1973년에 가입한 영국, 아일랜드, 덴마크, 1981년에 가입한 그리스, 1986년에 가입한 스페인, 포르투갈, 1995년에 가입한 스웨덴, 핀란드, 오스트리아이다. 2005년에 EU는 동유럽과 남유럽 국가들을 회원국으로 받아들여 8개국이 늘었다. EU는 2007년에는 루마니아, 불가리아를 받아들여 총 27개국이 되었다. 이러한 회원국의 증가는 향후 지속적으로 일어날 것이다.

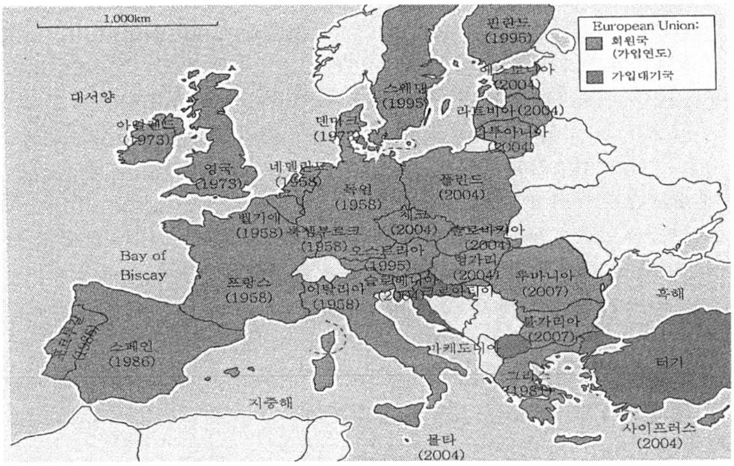

| 그림 14-3 | EU회원국 현황

2) EU의 발전배경

1951년 파리조약에서 유럽석탄철강공동체(ECSC)로 시작하여 1957년 로마조약에서는 유럽원자력공동체(Euratom)와 유럽경제공동체(EEC) 등 상기 3개의 공동체는 1967년 EEC를 중심으로 통합되었다. 1987년 유럽단일정서(Single European Act)가 발효되어 1992년 말에 EC단일시장이 출범하였고, 1991년 12월 구주연합조약[Treaty on European Union: 마스트리히트(Maastricht)조약]에 의하여 유럽연합의 성격으로 바뀌었다.

3) EU의 통합배경

2차 세계대전이후 유럽의 모든 국가들이 경제적 어려움을 겪고 이었다. 영국은 유럽경제의 재건을 위한 미국의 마샬원조의 배분을 담당하는 과정에서 OECD전신인 OEEC의 창립을 주관하였다. 그 취지는 마샬원조의 배분과 유럽국가들의 경제협력, 보호무역주의 요인제거, 국제수지의 불균형 축소, 통화들 간에 교환성 실현으로 유럽경제를 위한 많은 공헌을 하였다.

4) EU의 조직

EU의 조직은 4개의 중요기관으로 구성되어 있다.

① EU이사회

EU이사회는 EU기관들 중 가장 강력한 권한을 가지고 있으며 EU위원회의 제안에 따라 주된 입법행위를 수행하는 EU의 의사결정기관이다. 이사회는 일반이사회와 전문이사회로 구분하여 8월을 제외하고 매월 정기적으로 개최한다. 일반이사회는 회원국의 외무부장관이 참석하고, 전문이사회는 농업, 재무, 상공, 환경 및 노동 사회문제 등의 특정문제를 다루기 위한 담당 장관들의 참석한다.

② EU위원회

EU위원회는 EU의 집행기관으로써 임기는 4년으로 임명되는 17명의 위원으로 구성되며 회원국정부의 합의에 따라 연임이 가능하다. 위원회는 EU정책과 입법에 대해 제안하고 이사회는 이 제안을 토의 채택한다. 회원국의 개인 및 기업에 대한 규정위반 시 심사조치의 권한을 가지고 있다.

③ EU의회

유럽의회는 5년 임기로 각 회원국에서 선출된 518명의 의원으로 구성된다. 사무처에서는 EU의회의 조직 및 행정업무를 수행하고, 상임위원회에서는 농업, 어업, 식량, 운송 분야의 EU정책을 심의한다. 유럽의회는 "자문 및 감독기능수행"을 하도록 되어있어 통상적인 의회개념과 다르다.

④ EU재판소

EU재판소는 EU법의 해석과 적용에 대한 판결을 내림으로써 EU법의 준수를 보장하는 역할을 한다. 재판기능은 해석적용의 판결, EU입법의 사법적 심사를 수행하고, 자문기능은 EU법의 통일적인 적용을 위한 역할이다.

5) EU의 통합현황

EU통합의 근본적인 내용은 상품, 자본, 서비스, 사람 등의 자유로운 이동을 추구하는 것이다.

① 상품의 자유로운 이동

수량제한 이나 유사한 조치금지, 기술적 장벽제거를 위한 공동의 표준을 제정한나. 기업의 비용을 삼소시키고, 기술상벽을 제거하고, EU전체의 경쟁력을 제고하고, 간접세를 부과한다.

② 자본이동에 대한 제한 철폐

상품판매의 제한조치금지, 특정한 투자에 대한 차별적 과세조치의 금지(유가증권, 예금구좌, 금융대출)한다. 유럽통화제도(EMS)의 환율조정장치에 대한 환율변동폭기준 상하 15%내에서 조정결정, EU 금융시장의 통합은 금융서비스산업에 대한 규제를 철폐하고 금융시장확대를 위한 것이다. 은행, 증권, 보험분야를 통합하여 금융서비스의 질을 개선한다.

③ EU의 통상정책

통상정책은 회원국이 개별적이고 독자적으로 수행하는 것이 아니라 EU의 기관이 수행한다.

④ EU의 경쟁정책

기업의 경쟁제한행위를 규제하며, 이것은 1992년 EU통합의 완성을 위한 중요한 요소가 된다. 예를 들어, 기업협정, 기업연합에 의한 공동행위, 가격의 고정, 생산기술의 투자자원이다.

6) EU통합에 따른 국제기업

① EU통합후의 변화

현재 EU의 통합 상황을 볼 때 많은 변화가 예상이 된다. 먼저 통합에 따른 산업정책의 변화에 대한 전망이 가능하다. EU는 연구개발 프로젝트를 통하여 상호간의 협조체제를 강화하려 할 것이다. EU는 사양산업 보다는 하이테크 및 고부가가치 산업중심의 산업정책으로 전자, 항공, 사무기기 등 첨단분야를 집중적으로 육성한다. 또한 철강 및 조선분야의 재정자원을 제한하고 전자산업의 경쟁력을 보호한다. 외국기업에게는 EU의 이런 정책이 보호주의에 의한 장벽으로 작용한다. 통상정책에 있어서도 EU의 교역은 역내비중을 더욱 높여가고 있다. 또한 역내시장의 통일을 위한 노력과 제3국과의 특혜무역관계도 확대시키는 동시에 2차원적인 정책을 유지하고 있다. 그리고 동유럽과 새로운 무역협정추진으로 유럽경제권을 형성하고 있다. EU는 쌍무주의적인 통상협력을 선호하고 있어 무차별원칙을 토대로 한 다자간 무역체제에 커다란 위협이 되고 있다. GATT의 UR의 타결이 어려운 것도 이러한 사정이 반영된 결과이다. 또 EU의 역내에 진출한 역외 기업의 생산 활동에 대해서도 현지생산비율들을 통해서 제한을 가할 가능성이 있기 때문에 역외 기업으로서는 EU 역내 기업과 제휴하는 방안을 강화해야 한다.

② 우리나라와 EU통상현황

▣ 무역

2008년 한국의 대 EU수출규모는 $584억로 한국수출 전체의 13.8%이며, 수입은 $400억으로 전체의 9.2%를 차지하여 $184억의 무역흑자를 창출하고 있다. 이러한 통상규모는 중국 다음으로 한국의 제2교역 국가이며 최대의 무역흑자를 기록하는 국가의 하나이다. 또한, 한국에 투자를 제일 많이하는 국가가 바로 EU이다. 예를 들어, 한국의 투자국가순위를 언급하면 1위 EU $63.3억(전체의 54.1%), 2위 일본 $14.2억, 3위 미국 $13.3억이다(SDI 정책리포트, 2009)

EU의 관세는 공산품의 경우 평균 관세율은 4.2%로 미국의 3.3%보다 높다. 한편 우리나라의 경우 6.6%로 EU와 미국에 비하여 매우 높은 편이다. 예를 들어 세부품목별로 보면 자동차 10%, TV 등 영상기기 14%, 섬유 17%로 관세가 높아서 한-EU FTA발효시 자동차, TV 영상기기, 섬유 등의 수출 증대가 기대된다. 한편 사안이 민감한 농산품은 서로 보호대상 품목으로 정하여 한-EU FTA 관세 철폐에서 제외된다.

통상경쟁력 측면에서는 우리나라의 경우 EU에 대해 가전제품, 정보통신분야에서 경쟁우위가 있고 EU는 한국에 대해 법률, 금융, 항공, 환경, 의약품 산업에서 경쟁우위에 있다. 따라서 양국가의 산업이 서로 상호보완적이기 때문에 서로가 부가가치 창출과 경쟁력 강화 측면에서 모두 긍정적 효과를 창출할 것이 분명하다.

한-EU FTA

현재 한-EU는 2009년 10월 15일 FTA협정에 가서명한 이후 공식적인 발효를 기다리고 있다. 한-EU FTA가 발효되면 관세가 철폐됨에 따라 EU내 한국상품의 가격경쟁력이 높아지고 이는 수출증대→생산증대→고용증대의 선순환을 이룰 것이다. 한-EU FTA협정 발효로 우리나라의 수출물량은 4~5% 늘어날 것이 예측되며 GDP도 장기적으로 24조원 증가될 것이 예상된다(삼성경제연구소, 2009). 특히, 한-EU FTA는 정밀전자, 기계 및 부품 등의 수입이 일본에서 유럽으로 무역이전이 예상됨에 따라 일본과 무역적자가 다소 해소되고, EU와의 수출증대가 기대된다.

EU가 한국과 FTA를 추진하려는 이유는 한-미 FTA협정으로 인한 무역전환효과를 우려하여 한국과의 FTA협정을 신속히 추진하고 있다. 또한 한국은 EU의 경쟁상대인 중국과 일본을 견제할 수 있는 교두보 역할을 할 수 있다. 결론적으로 EU의 측면에서 한국과 FTA협정체결을 함으로써 아시아 시장의 테스트 마켓인 한국시장에서 성공하면 아시아에서 성공할 가능성이 확대된다.

한편 우리나라가 EU와 FTA를 추진하려는 이유는 유럽의 거대시장을 확보하여 수출증가효과를 기대하고 국내시장을 개방함으로써 산업경쟁력을 강화한다는 목표이다. 그러나 한-EU FTA발효전 우리나라로서는 준비해야 할 사안이 있다. 우선적으로 국가적-기업적 차원에서 EU전담조직을 구성하고 유럽에 친한국인사를 참여시켜 적극 활동하게 함으로써 친한국 지원세력의 네트워크를 구축하고 EU기관들에 대한 로비활동을 강화할 필요가 있다. 또한 EU의 행정과 금융의 중심역할을 하는 벨기에 모델을 벤치마킹하고 경제발전을 위하여 대기업과 중소기업이 함께 상생의 협력으로 발전하는 패턴을 이루어야 기업경쟁력이 강화될 것이다.

③ **기업 활동에 미치는 영향**

EU통합에 의한 각종 장벽이 제거됨에 따라 유럽시장의 광역화로 대규모시장으로 발전된다. 또한 마케팅활동에 장애가 되었던 규제가 철폐됨에 따라 기업활동에도 변화가 따라야 한다. 제품의 가격구조가 변화되거나 시장이 광역화되면 기업은 기존의 마케팅활동에 수정을 가해야 할 것이다. 운송 분야의 규제철폐로 물품의 자유로운 이동에 영향을 미친다. 시장의 대형화를 위하여 유통업체간에 M&A도 추진되고 있으며 제조업체의 경우 한 곳에서 집중적으로 생산하는 전문화 및 분업화 전략을 사용하고 있다. 조직적 홍보활동은 유럽 전체의 차원으로 이루어져야 할 것이다.

④ **우리나라 기업의 대응 전략**

EU의 시장은 매우 중요하므로 한국의 정부와 기업은 이를 극복하기 위한 대처 방안을 마련해야 할 것이다. 먼저 EU의 전문가를 양성하여야 하고 EU시장진출을 위한 유럽본부, 유통센터, R&D센터를 설립하여 EU전체를 대상으로 하는 전략수립이 필요하다. 이렇게 하는 것은 미국과 일본에 집중되어 있는 기술도입선의 다변화를 시킬 수 있는 계기가 될 수 있을 것이다. 그리고 EU의 통합의 일환으로 진행되고 있는 상품 및 기술규격의 표준화, 세계 최고수준의 그린시장을 위한 환경 규제 등도 주시하여야 한다. 우리나라는 EU의 FDI성공을 위한 유통과 금융서비스업에 대한 투자의 확대가 시급하다.

제3절 글로벌 금융환경

3.1 국제통화제도

기업 활동의 국제화, 세계화는 기업이 국제적 거래를 바탕으로 경영하는데 이때 국제통화시스템에 의해서 자국화폐에서 다른 화폐로 바꾸는 과정을 거치게 된다. 이와 같은 기능을 하는 시장이 외환시장이다. 따라서 금융환경의 변화와 자본시장의 현황과 성격을 알아야 한다.

1) IMF체제

IMF체제는 2차 세계대전이후 기업들에게 안정적인 국제금융환경을 제공하기 위하여 설립되었다. 2차 세계대전 이전에는 금본위제도가 기본적인 통화시스템이었다. 금본위제도란 각국화폐의 금과의 교환비율을 정하고 언제든지 금으로 태환성을 보장해주는 제도로서 1880년경부터 미국, 영국, 독일, 일본 등이 이 제도를 채택하여 왔다. 하지만 1차 세계대전의 발발로 인한 각국정부들이 전쟁비용을 충당하기 위한 화폐를 남발한 결과 금본위 제도가 붕괴되었고 1944년 미국 브래톤우즈에서 전세계 44개국이 안정된 국제통화시스템으로 복귀하기 위한 목적의 Bretton Words 회담에서 IMF시스템이라는 고정환율제가 탄생하게 되었다. 이 고정환율제는 미국 달러를 기축통화로 삼아 각국의 환율을 미국달러에 대한 환율로서 고정시켜 놓았다. 또한 금1온스 당 35USD로 언제든지 교환할 수 있도록 금과의 태환성을 보장하였다. IMF는 브래톤우즈의 시스템을 유지하기 위한 회원국에게 단기적으로 환란과 경제위기시 외환을 대여해주고 그 나라가 구조조정을 통하여 경제위기를 극복하도록 도와주고 있다. 브래톤우즈 시스템의 또 하나의 주요 기관인 세계은행이라고 불리는 IBRD는 개발도상국에게 장기적인 투자자금을 제공하기 위하여 설립되었다. 1970년대 초반 미국이 월남전쟁에 깊이 개입되면서 전쟁자금조달을 위한 달러화의 발행을 지나치게 많이 하였다. 그 결과 달러화의 가치폭락과 다른 국가들의 환율이 상대적으로 고평가되는 현상이 발생하게 되었다 그 결과 고정환율 제도는 붕괴하게 되었다.

2) 변동환율제

변동환율제란 환율이 그날 그 시간 수요공급에 의해 자유롭게 변동하는 제도를 의미한다. 1970년대 두차례 오일쇼크와 미국의 인프레이션은 환율급등을 부채질하였고, 환율변동에 대한 불확실성을 증대시키게 되었다. 1980년대에 미국의 연방준비은행이 이러한 인플레이션을 막기 위해 고금리 정책을 실시하였고 외국에서 각종 주식투자자금이 유입됨에 따라 달러화가 고평가 되는 현상을 낳게 되었다. 1985년 미국은 80년대 초반에 견지했던 고달러 정책을 포기하고 엔화와 마르크화에 대한 평가절하를 시도하였다. 1990년대 중반 이후 미국은 신경제의 호황으로 달러화가 평가 절상되었고 최근 이라크 전쟁과 북핵문제로 인하여 달러화는 평가 절하되는 추세에 있다.

변동환율제의 장점은 각국 통화정책이 자국의 사정에 따라 독자적으로 운영될 수 있다. 즉, 국제무역수지의 흑자와 적자에 따른 환율의 자유로운 변동이 가능하다. 변동환율제의 단점은 변동환율제로 인한 환율예측의 불확실성 발생으로 MNCs에 큰 위험으로 작용한다.

3.2 외환시장

1) 외환시장의 구성

외환시장(Foreign Exchange Market)이란 수많은 국제거래에 수반되는 국제통화간의 교환을 매개시켜주는 기관을 말한다. 즉 외환매입자와 외환매각자를 상호 연결시켜주는 은행조직 그 자체를 말한다. 외환시장의 참여자로는개인, 기업, 외국환은행, 중앙은행, 브로커 등이 있고 세계의 3대 자본시장은 뉴욕과 런던, 도쿄에 있다. 외환시장의 다양한 기능을 가능하게 해주는 것은 환율인데 이는 국제통화간의 교환 비율을 말한다. 현물환율(Spot Exchange Rate)은 통화를 교환하는 현시점에 적용하는 환율로 매입환율과 매도환율이 있다. 선물환율(Forward Exchange Rate :미래의 일정시기에 일정금액의 통화를 매입 혹은 매도하기를 계약을 맺을 경우 미리 결정된 미래 환율을 말한다.

2) 외환시장의 기능

① 이전기능(Transfer Function)

외환시장에서 내국통화와 외국통화간의 이전을 통하여 구매력의 국제적 이전이 행하여진다는 것이다.

② 신용기능(Credit Function)

외환시장의 매카니즘을 통하여 외국환은행이 신용공여의 기능을 담당하게 됨을 말한다. 예를 들어 환어음발행 및 할인 등이 있다.

③ **헷징기능**(Hedging Function)

대외거래의 수행과정에서 흔히 환율변동의 위험부담에 대처하기 위하여 선물환시장(Forward Exchange Market)을 이용하는 것이다.

3) 대외 결제 체계

국제간 상품이나 용역의 수출입으로 실물거래가 이루어짐과 동시에 외환지불이 따른다. 외환의 지불은 실물거래의 반대방향으로 대금결제가 이루어진다. 이러한 국제거래에서 대금결제체계는 민감한 문제가 발생하게 된다. 국제재무관리자는 결제통화의 결정, 적정환율의 결정, 거래간의 신용보증의 필요성, 결제방법의 선택 등으로 상황적 문제를 외환시장을 통한 대외결제체계로 해결한다.

국제간의 대금결제체계 하에서 개별국가의 외국환은행들은 본국과 국제거래를 하는 모든 국가들에 개설은행을 열어 놓아야 한다. 이러한 대금결체제계를 다자간 대금결제체계라고 하는데, 이러한 체계 하에서는 항상 각 나라의 통화에 대한 충분한 운전자금을 확보해야 하는 어려움이 있다. 이러한 어려움을 극복하기 위한 것이 기축통화를 통한 대외 결제 체계이다. 기축통화를 통한 대금결제체계는 대외결제를 위해 모든 통화를 보유하거나 모든 국가의 은행과 상호계정을 가질 필요가 없이 기축통화 발행국의 외환은행을 통하여 대외거래를 결제할 수 있게 되므로 다른 나라 통화보유의 필요성이 줄고 거래비용도 줄어든다.

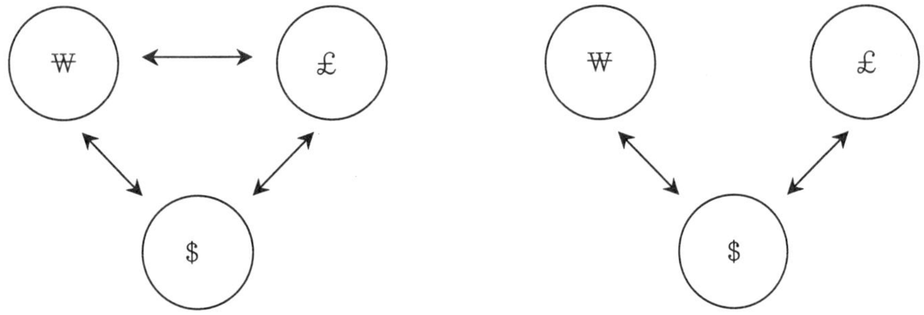

그림 14-4 국제간 대금 결제 체계

4) 선물환 시장

외환거래형태에는 현물환거래와 선물환거래의 두가지가 있다. 현물환거래는 외환의 즉각적인 인도와 인수를 요하는 거래이다. 선물환거래는 외환을 장래 어느 특정일에 인도, 인수할 것을 조건 하는 거래이다. 선물환시장은 무역거래자나 대외투자가들에게 매우 유용한 기구인데 이는 선물환시장이 현물환율의 변동에 따르는 제위험에 대한 경제적 보호수단을 제공하기 때문이다. 외국환에서 개별거래자는 외화표시자산의 총액과 외화표시부채의 총액이 서로 다른 오픈포지션에 있게 되면 현물환율의 변동에 따라 환위험에 노출하게 된다. 개별거래자는 이를 통하여 이익을 취할 수도 있고 손실을 입을 수도 있다.

선물환시장의 3대 행위로는 헷징과 환투기 재정이 있다. 환시장, 특히 선물시장의 기능 중에서 가장 중요한 것이 헷징이다. 외환시장 참여자들은 미래의 환율변동에 대한 예측과 적극적인 대응을 하기 위하여 의식적으로 외화표시자산과 부채를 다르게 소유하려고 노력한다. 또한 두 항목을 동일하게도 유지하려고 한다. 전자의 경우를 Open Position에 있다고 하고, 외화표시자산이 부채를 초과하는 경우 Long Position, 그 역의 경우 Short Position이라 한다. 환투기는 화폐의 현물시세가 단기적으로 변동할 가능성을 이용하여 적극적으로 이윤을 도모하려는 행위이다. 여기서 환투기자는 외환의 오픈포지션을 의식적으로 택하여 자신의 예측에 의해서 이익과 손실을 감수하려는 사람 또는 기관이다. 재정이란 어떤 상품가격이 외환시장 간에 상이할 경우 이 상품을 싼시장에서 매입하여 비싼시장에서 매각함으로써 매매수익을 얻는 행위를 말한다. 환재정(Exchange Arbitrage)은 상품이 특히 외환인 경우를 말하고, 금리재정(Interest Arbitrage)은 자금 혹은 채권의 경우인데 각시장이 동일하여질 때까지 이러한 재정거래가 이루어져 결국은 균형가격이 성립된다. 그 외에도 스왑거래가 있는데 통화스왑이란 현물거래와 선물거래를 동시에 진행하는 것을 의미한다. 스왑은 주로 다국적기업과 은행, 또는 은행간, 정부간에 사용되는 거래형태로써 일정량의 외환을 서로 다른 시점에서 팔거나 사는 계약을 동시에 맺는 형태이다.

제4절 해외직접투자(FDI)

4.1 기업의 국제화

기업이 기술, 브랜드, 마케팅 능력에 경쟁우위를 갖고 있을 때 이를 내수시장 뿐만 아니라 더 넓은 해외시장을 개척·활용하여 더 큰 수익을 확보하기 위하여 해외직접투자를 통한 국제화하는 과정이다.

Alfred D. Chandler의 기업국제화의 진화론에 따르면 역사적인 관점에서 규모의 경제, 범위의 경제, 생산자원의 가격과 가용성차이 등으로 기업은 한 지방에서 전국으로, 나아가서 세계로 변모하여 가는 양상을 설명하였다. 기업의 국제화 초기에는 시장지향성, 무역의 방향, 라이센싱 지향성, 외국기업과의 합작 또는 단독소유운영 등의 기준으로 가지고 외부지향적 시각(Outward Perspective)과 내부지향적 시각(Inward Perspective)으로 나누어 볼 수 있다

표 14-1 초기 국제화의 지향성과 단계

요 소	외부 지향적 시각	내부지향적 시각
• 시장지향성 • 무역의 방향 • 라이센싱 지향성 • 외국기업과 합작 • 단독소유투자	• 해외시상 • 수출 • 외국기업에 기술공여 • 본국 밖에서 외국에서 사업신설, 인수·합병	• 국내시장 • 수 입 • 외국에서 기술도입 • 본국 안에서 외국인 통제 자회사

4.2 기업의 국제화 과정

기업의 국제화 과정을 국제적 확장의 단계모델(Stage Model)로 보면 먼저 미국의 Franklin R. Root의 단계모델에서는 ① 간접비정기수출 혹은 수동적 수출 ② 능동적 수출 ③ 라이센싱 ④ 해외시장에서 합작투자 ⑤ 대규모 다국적 마케팅과 생산으로 발전한다.

두 번째로 일본 Kenich Ohmae의 세계경제의 범세계화 5단계로 보면 ① 수출

단계에서는 국내기업들이 최초로 해외진출을 위하여 무역회사나 독립적인 유통망에 의존하게 된다. ② 마케팅, 판촉, 서비스기능을 수행하는 현지자회사 세움. ③ 국내생산에 따르는 비용증가 및 어려움 증대로 생산 활동의 일부를 해외로 이전함. 그러나 현지생산과 판매가 통합된 시스템을 갖추지 못한다. ④ 기업이 완전히 현지기업이 되기 위해서 R&D, 재무, 생산의 기능을 현지로 이동(현지기업과 동등한 경쟁)한다. ⑤ 기업이 점차 R&D와 같이 기본적이고 공동의 활동을 전세계적으로 통일적 수행이 효율적이라는 것을 깨닫고 범세계적으로 통합의 단계로 이행하게 된다.

세 번째로 스웨덴의 Jan Johanson & Jan Erik Vahlne는 기업의 국제화를 국제개입도(International Involvement)의 점진적으로 증가하는 과정(Incremental Learning Process)을 설명하였다. 이는 ① 비정기적 수출 ② 대리상을 통한 수출 ③ 판매자회사 ④ 현지생산의 단계로 발전한다. Jan Johanson & Jan Erik Vahlne는 최근 산업시스템의 국제화 이론을 발전시켰다. 이는 기업의 국제화는 기업이 외국네트워크에서 사업상에 필요한 상대동반자들과 연결 관계에서 자신의 위치를 설정하고 발전시켜나가는 것이다. ① 사업확장(Extension) ② 외국네트워크내 침투(Penetration) ③ 국제적 통합(International Integration)으로 발전된다.

4.3 직접투자이론

직접투자이론은 1960년에 Stephen H. Hymer에 의하여 연구가 시작된 이후 20년간 상당히 많은 이론과 실증적 연구가 진행되었다. 한편 기술이전에 대하여도 다양한 접근방법을 통하여 가설에 대한 연구들이 계속되어 왔다. 하지만 직접투자이론이 설명하여야할 과제를 가지고 있다. 이는 첫째, 외국기업이 현지기업에 비해 갖는 불리한점에도 불구하고 왜 투자하는가에 관한 점이다. 둘째, 국제기업이 수출, 기술계약, 직접투자와 같은 여러 사업 대안 중에서 특정 사업형태를 어떻게 선택하는가 하는 점이다. 셋째, 왜 특정국가에다 플랜트의 입지를 정하느냐는 점이라 하였을 때, 이를 설명할 수 있는 직접투자이론을 종합하는 방향에서 기존의 이론을 설명해야 하는 점이다.

1) 독점적 우위이론(Monopolistic Advantage Theory)

킨들버거(C.P. Kindleberger)의 지도하에 Stephen H. Hymer가 미국기업이 유럽에 투자하는 현상을 설명하기 위한 이론이다. 외국기업이 해외사업 활동에서 정상적인 활동을 하기 위해서는 현지기업에 비해 갖는 필연적 불이익을 보전할 수 있는 독점적 우위를 가져야 한다. 외국기업의 단점은 언어와 문화의 차이(낯설고), 정부의 차별적 대우(외국인 비용) 가능성, 환율변동 및 정치적 변동의 추가적 위험을 가지고 있다. 이러한 불리한 점을 극복하고 다른 한편으로 사업을 영위할 수 있는 절대적우위(Absolute Advantage)가 있어야 한다. 절대적우위에는 기업특유우위(Firm-Specific Advantage), 국가특유우위(Country-Specific Advantage), 지역특유우위(Location-Specific Advantage)가 있다. 무역의 요소부존이론에서 교역에서의 우위요건인 생산요소가 국가특유와 장소특유우위의 특징을 갖는데 비해서 투자에 있어서 우위요건인 독점적 우위는 기업특유의 장점이다. Richard E. Caves는 기업특유우위를 제품의 차별화능력이라고 부른다. 여기서 기업특유의 지식으로는 기술, 브랜드, 마케팅노하우, 경영능력을 들 수 있다. 이러한 것은 지식의 공공재적 성격 때문에 한계사용비용이 거의 0에 가까운데 반해 현지기업이 그러한 지식을 획득하는데 상당한 투자가 필요하기 때문에 상대적으로 외국기업의 불리한 점을 극복하여 준다. 지식의 공공재적 성격은 사유화할 필요가 있어 FDI한다. 독점적 우위 이론은 두가지 한계를 가지고 있다. 첫째, 뚜렷한 독점적 우위가 없는 경우에도 직접투자가 일어난다. 둘째, 지식의 공공재적 특성 때문에 사유화할 필요가 있다고 하는데 지식, 특허는 상표권으로 보호되는 경우 굳이 FDI라는 방법으로 사유화하지 않더라도 보호된다는 점이다.

2) 내부화 이론(Internalization Theory)

FDI가 수출이나 기술계약과 다른 점은 FDI는 기업이 자회사를 설립하고 해외사업을 기업내부로 끌어들이는데 비하여, 수출 및 기술계약은 일단 독립된 두 기업간에 거래가 이루어진다는 점이다. 국제기업이 어떤 이유에서 시장거래를 지양하고 해외사업을 기업내부로 끌어 들이냐 하는 점이다. 내부화 이론은 이런 점을 착안하여 국제기업의 사업 활동을 설명하는 이론이다. 내부화 이론은 시장이 불완전(Market Imperfection)하기 때문에 거래를 내부화 한다는 것이다. 여기서 시장불완전성을 시장실패라고 하는데, 자연적 불완전성과 인위적 불완전성으로 양분된다.

표 14-2 내부화의 이유

자연적 시장불완전성	인위적 시장불안전성
• 우위의 공공재적 성격 • 거래비용의 과다 • 구매자 불확실성 • 품질관리 • 계약체결의 어려움	• 정부의 규제 • 관세 및 비관세 장벽 • 외환관리

내부화 이론의 한계는 첫째, 거래비용이론의 동원으로 자연적 시장불완전성은 설명하지만 인위적 시장불완전성은 설명해주지 못한다. 즉 중간재시장, 제품시장, 자본시장의 불완전성에 대한 설명이 없다. 둘째, 기업이 오히려 시장불완전성을 창조할 수 있다는 점이다. 시장을 선점하여 독점적 지위 향유를 위한 시장불완전을 창조한다. 셋째, 내부화 이론은 생산입지를 설명할 수 없다. 생산입지 요인은 주로 국가 및 지역특유의 요소이기 때문에 기업의 내부화 대상이 되기 어렵다.

3) 절충이론(Eclectic Theory)

J.H. Dunning은 독점적 우위이론과 내부화이론에 입지이론을 추가하여 국제생산에 관한 절충이론을 주장한다. 기업이 FDI를 하는데 그렇지 않은 기업에 비해 갖는 3요소의 우위가 있다. 더닝은 이 3요소가 모두 작용해야만 해외투자가 일어날 수 있다고 한다.

먼저, 소유특유우위(Ownership-Specific Advantage)는 기업특유의 지식우위, 경영과 마케팅 및 재무관리 능력, 수직적 통합능력(원료와 시장에 대한 통제력), 위험분산이 있다. 두 번째로 내부화 우위(Internalization Advantage)에는 거래비용의 감소, 구매자 불확실성의 감소, 정부규제의 극복이 있다. 세 번째로 장소특유우위(Location-Specific Advantage)는 국가의 요소부존도와 기술수준(생산함수), 정부의 지원과 규제, 정부 리스크와 문화적 특징이 있다. 상기 3요소 중에 소유특유우위는 다국적기업의 해외진출을 작동시키는 Push적인 역할을 하고, 장소특유우위(입지우위)는 다국적기업을 특성국가로 끌어들이는 Pull적인 역할을 하는 셈이다.

4) 기타 직접투자이론

① 환율위험 및 무역장벽회피

해외직접투자는 보호무역장벽의 우회수단으로 종종 사용된다. 외국현지생산의 대표적 이유는 수출에 대한 각종관세 및 비관세장벽 때문이다. 직접투자를 통한 생산지역 다변화는 환율변동위험으로부터 기업을 보호해 주는 역할을 한다.

② 제품수명주기와 과점적 경쟁

Theory of Product Life Cycle은 제품이 시장에 도입되어 사라지기까지 일정한 수명주기(도약기-성장기-성숙기-쇠퇴기)를 가지고 있으며, 이러한 수명주기가 국가간에 시차를 두고 진행되므로 그 과정에서 FDI가 발생하여 선진국에서 개도국으로 생산기지가 옮겨간다는 이론이다. 선진국에서 제품생산이 이루어지고 제품이 표준화됨에 따라 개발도상국으로 생산기지를 옮겨가며 FDI가 발생한다. 제품수명주기와 관련된 기술도입전략에서 기술도입의 필요성을 지닌다. 이는 일반적으로 기술도입은 연구개발비의 절감, 기존시장으로의 신속한 침투, 기술제공자의 경영능력 활용 등을 목적으로 하는 것이 보통이다. 두 번째로 중진국의 기술축적 모형에서 기술의 원천을 선정하는데 있어서 개발비용, 투자위험, 그리고 특정기술에 거는 전략적 시의성(Timing)등의 요소를 고려해야하고 도입된 기술이 국내에서 어떤 단계를 거쳐서 발전 되는가 분석이 필요하다.

과점적 경쟁이론은 과점적 산업에서 해외투자가 같은 시점에 집중하는 현상을 보인다. 해외투자패턴에서 서로 상대방의 전략을 모방하는 성향이 강하다. 예로 삼성전자가 영국 윈야드에 전자복합단지 설립을 하자. 현대전자가 영국 윈야드에 반도체공장 설립공포 후 진출하였고 LG전자는 영국 웨일즈, 뉴케슬에 생산법인 설립한 것이다.

제5절 경영정책과 전략의 개념

5.1 경영정책의 의미

경영정책은 경영학의 제분야 중에서도 가장 포괄적이고 최종영역이라 할 수 있다. 실제 기업경영활동을 경영학의 제영역으로 분해하여 재구성을 해보면 기업의 기초를 구성하기 위해서는 일차적으로 조직 및 정보시스템이 확립되고, 여기서 파생되는 자료를 처리하기 위한 회계 및 통제 체제가 이루어지며, 이와 같은 조직 및 회계의 하부 구조위에 생산·재무·마케팅 및 인사 부문이 4대 중요 기능으로서 경영 활동의 중심적 역할을 담당하고 있다. 이 위에 경영활동의 국제화가 이루어져 있는 기업의 경우에는 위에서 언급한 4개 중추 기능을 기반으로 하여 국제경영분야가 위치하고 있으며, 이러한 모든 경영분야 즉 조직, 회계, 생산, 재무, 마케팅, 인사 및 국제경영을 포괄적으로 지배하고 조정하는 역할을 담당하는 경영정책 및 계획이 마치 지붕과 같이 놓여 있다. 따라서 경영정책의 역할은 생산, 재무 등과 같이 고유한 전문영역을 담당한다기보다는 각 기능과 조직 간에 생길 수 있는 마찰과 갈등을 전사적인 차원에서 해결하고 균형을 유지함으로써 기업의 목표를 달성하는 것이라고 볼 수 있다.

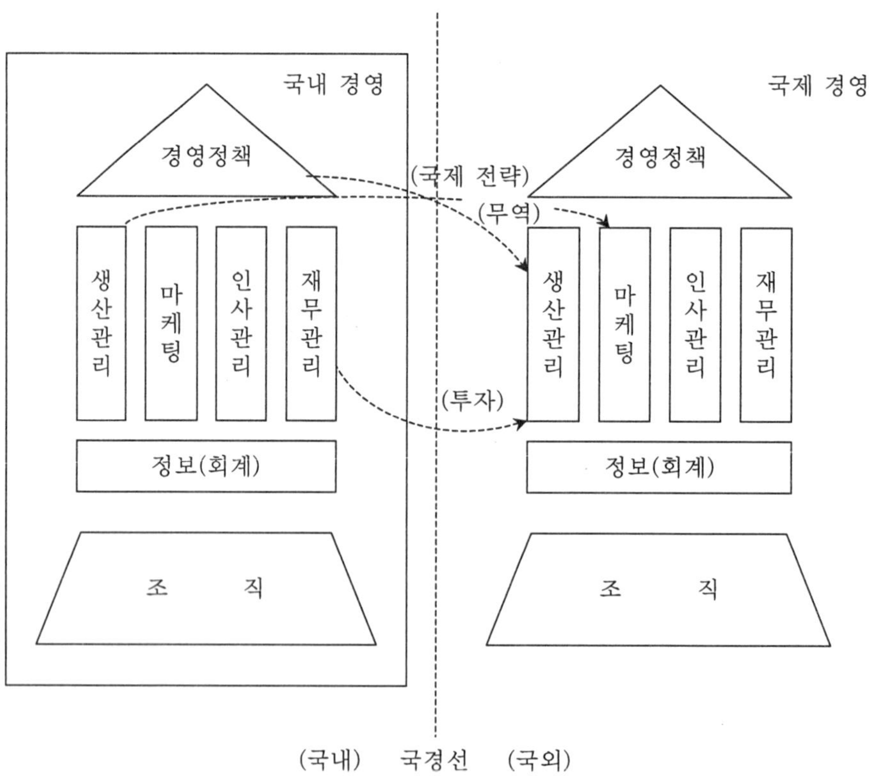

자료: 조동성(2008)

그림 14-5 기업의 경영학적 구조

어느 기능 간에도 이러한 마찰이 있게 되나 특히 생산관리 담당자와 마케팅관리 담당자 간에는 각자 가지고 있는 역할의 차이에 따라 기업 활동에 대한 견해 차를 보이는 경우가 자주 있다. 예를 들어 스웨덴에서 유수한 기업의 하나인 볼보자동차의 경우, 판매부서에서는 그 회사에서 생산하고 있는 각진 특성의 전통적 모형인 240, 740, 760 기존스타일 대신에 안전성에 기초한 유선형 스타일에 60S, 70S, 80S 뿐만 아니라, SUV(Jeep 스타일)를 생산하여 2000년대 초반부터 급격히 증가하기 시작한 여가선호의 고객을 겨냥한 마케팅 전략을 수립하였다.

이에 반하여 어셈블리 라인의 속도에 따라 생산량이 결정되는 공장측에서는 자동차의 스타일을 바꾸는 경우에는 어셈블리 라인을 정지하는 데서 오는 생산량의 감소와 추가 부품의 관리에서 파생되는 비용을 회피하기 위하여 자동차와 SUV 스타일의 다양화를 극렬 반대하였다.

이 경우 마케팅 관리자의 입장에서 보면 여가선호족의 등장과 함께 발생한 시장분할 현상에 대하여 시장점유율을 높이는 방법으로 각각의 시장에 적합한 제품을 개발하는 전략을 수립한 것으로 일견 타당한 전략이라 할 것이다. 그러나 생산관리자 입장에서도 기존 시설의 생산 능력을 극대화하기 위하여 자동차 스타일의 다양화를 회피하는 전략 역시 기업의 수입을 극대화를 도모한다는 면에서는 수긍이 가는 것이다.

이러한 조직 내부의 조직간에 일어나는 문제를 어떻게 해결해야 할 것인가? 위와 같은 갈등은 생산과 마케팅 담당자 사이에서 해결될 것이 아니라 이들의 상급자인 기업의 최고경영자인 사장(CEO)에 의하여 처리되어야 한다.

위의 경우 CEO의 입장에서 여가선호족의 시장규모가 얼마나 크며 앞으로 얼마나 오래 존재할 것인가, 새로운 제품(안전성에 기초한 유선형 S신차 및 SUV 스타일)을 생산하기 위한 시설투자에 필요한 자금능력 및 경영능력이 있는가? 등을 판단하여야 한다. 만일 이러한 능력이 없다면 생산능력과의 절충(Trade-Off)을 결정하기 위하여 당시의 시장 상황을 살펴보아야 한다. 이때 공장의 생산시설이 100% 가동되고 생산된 제품이 모두 손쉽게 판매되는 판매자 시장(Seller's Market)인 경우에는 생산관리 담당자의 주장을 채택하여 현 생산능력의 극대화를 도모하는 것이 합당할 것이고, 이와 달리 공장의 가동률이 100% 미만이고 생산된 제품이 팔리지 않은 채 재고가 누적되는 구매자 시장(Buyer's Market)인 경우에는 마케팅관리 담당자의 전략을 채택하여 새로운 제품으로써 시장침투를 도모하는 것이 바람직할 것이다.

이상과 같은 사례에서 나타난 바와 같이 경영활동에 대한 포괄적인 판단과 결정은 생산 또는 마케팅과 같은 한정된 분야의 담당자에게 맡길 것이 아니라 기업을 전체적으로 내려다 볼 수 있는 전반 경영자에 의하여 이루어져야 하며 이러한 경영의 영역을 경영정책이라 일컫는다.

기업의 정책적인 결정은 생산, 마케팅과 같은 기능에서 분석되고 판단되는 모든 자료를 종합적으로 검토한 후에 내려지는 것으로서 이러한 경영의 제분야를 종합적으로 이해한 연후에야 비로소 가능하다는 것을 의미한다.

5.2 전략의 개념

전략(Strategy)이란 한 조직이 나아가야 할 장기적인 방향을 제시하고 그 조직의 사명과 목표를 지속적 경쟁우위(Sustainable Competitive Advantage)를 유지하면서 달성하고자 자원을 활용토록 하는 종합적인 행동계획이라고 정의할 수 있다. 따라서 전략을 수립하면 기업은 자원을 합리적으로 배분하게 되고 경쟁자에 비교한 상대적 강점을 이용하고, 반면 약점은 완화하게 하며 환경을 이용하고 경쟁자의 가능한 조치에 맞설 수 있게 된다. 이와 같은 전략을 제대로 수립하면 기업은 다음과 같은 능력을 갖게 된다.

- 우리는 어디로 가고 있는가? 분명한 방향을 설정한다: 목적(Goal)
- 우리는 거기에 어떻게 도달할 것인가? 경쟁자와 비교한 강점과 약점의 내용을 알게 된다: 수단(Means)
- 행동을 위한 청사진은 무엇인가? 기업이 보유하는 주요 기능과 핵심역량(Core Competence)을 이용하는 프로젝트에 희소한 자원을 배분한다: 실행계획(Action Plans)
- 급격하게 변하는 정치적·사회적 환경의 요소를 규명하고, 어떤 경쟁자의 행동을 지켜보아야할 것인가를 인식한다: 평가(Evaluation)
- 우리가 정상궤도를 가고 있음을 어떻게 아는가?: 통제(Control)

5.3 경영전략의 개념

경영전략은 기업의 사명과 목표를 달성하고 환경과의 관계를 관리하고 경쟁우위를 확보하기 위하여 전략을 수립하고 실행하는 과정(Process)이라고 정의한다. 따라서 전략경영은 장기계획 또는 전략계획(Strategic Planning)보다 넓은 의미이다. 전략계획은 단순한 계획은 물론 실행과 통제를 포함할 뿐만 아니라 전략계획보다 폭넓게 환경 분석을 실시하는 것이다. 환경은 꾸준히 변하는 것이므로 전략경영이 중요하고 복잡한 것이다.

전략경영은 지속적이고 반복적인 작업이다. 전략수립과정[목적수립(Goal Formulation)-전략분석(Strategy Analysis: 환경분석-기회와 위협의 규명, 자원분석-강점과 약점의 규명)-전략수립(Strategy Formulation)-전략실행(Strategy Implementation)-전략통제(Strategic Control)]은 결코 중단하거나 일회성으로 끝나는 작업이 아니다. 또한 이러한 과정은 첫 단계로부터 시작하여 마지막 단계까지 진행하고 다시 첫 단계로부터 시작하게 된다. 따라서 전략경영은 일련의 절차를 거치는 과정이다.

경영전략은 마케팅, 생산, 재무와 같은 주요 기능부서로부터 자원과 전문기술을 지원받아 수립한다. 이러한 기능별 접근법(Cross-Functional Approach)은 어떤 한 부서가 경영전략수립에서 주도적 역할을 할 수 없도록 하고 동시에 모두 참여토록 하기 위함이다.

환경은 언제나 변하므로 이에 따라 기업은 사명과 목적을 달성할 전략을 계속해서 수정해야 한다. 예를 들면 새로운 법령이 제정된다든지 노동시장에 변화가 있다든지 경쟁자가 새로운 상품을 출시하여 시장에서 수도권을 행사하게 되면 CEO는 여기에 주의를 기울어야 한다.

5.4 경영전략의 중요성

오늘날 대부분의 조직은 장기적 성장과 성공에 있어서 전략경영의 중요성을 인식하고 있다. CEO는 그들 조직의 사명을 보다 명확하게 정의함으로써 조직이 나아가야할 방향을 뚜렷하게 제시할 수 있게 되었고 조직의 목적을 달성할 계획과 활동을 더욱 효과적으로 집중할 수 있게 되었음을 인정한다.

전략경영이 경영자들에 중요한 또 다른 이유는 기업경영에 영향을 미치는 환경에 급속한 변화에 준비하고 대처할 능력을 부여한다는 것이다. 이때 변화의 속도가 완만한 경우에는 단순히 과거의 경험에 의하여 목적과 계획을 수립하면 된다. 그러나 오늘날 에는 과거의 경험은 믿을만한 현실문제 해결에 가이드 역할을 하지 못하므로 미래에 발생할 고유한 문제와 기회에 합당한 전략을 개발하여야 한다.

전략경영은 언제나 장점만을 갖는 것은 아니다. 전략경영의 가장 큰 결점은 기업의 제품과 고객들과의 접촉이 없는 전략수립가들이 관료주의(Bureaucracy) 지향적인 행위의 흐름이 위험을 내포하고 있다. 비즈니스 위크(Business Week)의 조사에 의하면 기업들이 효과적인 경영전략시스템을 개발하기 위하여 외부의 전문가와 정교한 모델 및 계획프로그램 등에 막대한 투자를 하는 것으로 나타났다. 이러한 외부 전문가들은 기업내의 운영관리자들의 주도권과 힘을 도외시하고 기업의 실제적 필요성과는 관계가 먼 추상적인 개념에 입각하여 개발할 가능성이 있는 것이다.

경영전략수립에 막대한 자원(자금, 시간, 인력)의 투자가 소요되는데 전략 수행의 결과는 장단기 기간이 필요하다. 경영전략의 수행과정이 원만하게 이루어질 때까지는 조직은 중요한 결정에 조심스럽게 그리고 불확실하게 접근하게 된다. 따라서 기회를 상실할 가능성도 있다. 또한 전략경영은 가장 합리적이고 위험부담이 없는 대안에 국한시킴으로써 때로는 불확실하고 분석하기 힘들지만 좋은 성과를 초래할 수 있는 기회를 놓치고 말게 된다는 것이다.

5.5 전략기능의 3분법

경영이 무엇인가를 이해하기 위한 방법의 하나로 내용을 전략(Strategic Planning), 관리(Management Control) 및 운영(Operational Control) 라는 세 개의 범주를 구분하는 삼분법이 흔히 사용된다.

여기서 전략이란 하나의 조직이 장래의 목표를 설정하는 기능과 설정된 목표를 달성하기 위하여 가지고 있는 자금, 인력 등의 자원을 배분하는 기능을 뜻한다. 따라서 이러한 전략의 개념은 우리가 흔히 사용하는 정책(목표의 설정)과 그 하위개념인 협의의 전략(자원의 배분)이 뜻하는 바를 동시에 포함하는 광의의 개념으로 보아도 좋을 것이다.

두 번째, 관리란 결정된 목표와 전략을 가장 효과적으로 달성하기 위한 제활동을 의미한다. 흔히 합리적 경영이란 어휘가 뜻하는 것이 바로 관리가 지향하는 방향이다. 최근의 다양한 이론과 함께 시스템 접근법에 의한 대부분의 이론들이 관리의 연구에 치중되어 있다.

마지막으로 운영의 개념은 기업의 현장에서 일어나는 생산·판매·통제·조정 등의 구체적인 행위를 뜻하는 것으로 일단 관리상의 지침이 설정된 후에는 하나하나 행동에 대한 의사결정이 하부로 위양될 수 있는 단순하고 일상적이며 반복적인 기업 활동을 포함한다.

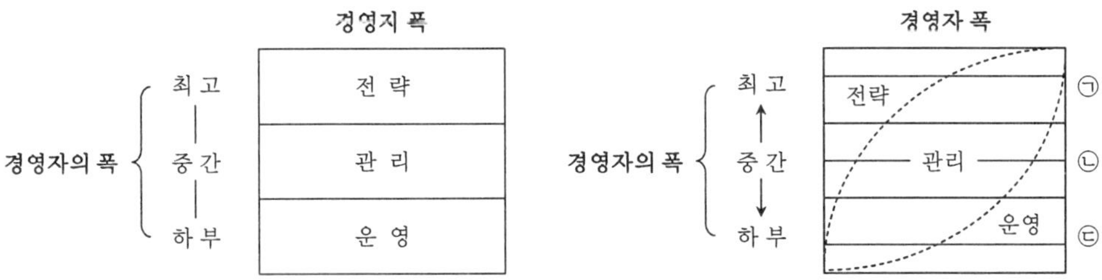

┃그림 14-6┃ 경영자와 경영의 관계

경영자와 경영의 관계는 위의 [그림 14-6]과 같이 풋볼 차트로 나타낼 수 있다. 여기서 풋볼과 같은 모양을 점선으로 표시한 것은 최고, 중간 및 하부 경영자 상호간에 그리고 전략, 관리, 운영 상호간에 엄밀한 분류를 하여 선으로써 구획하는 것이 적합하지 않는다는 것을 나타내기 위한 것이다.

그림과 같이 최고경영자의 경우, 시간의 대부분을 전략에 할당하고, 남은 시간의 상당량은 관리에, 그리고 극히 적은 부분만을 운영에 사용한다는 것을 보여주고 있다. 중간 경영자는 관리에 시간의 대부분을, 그리고 전략 및 운영에 나머지 시간을 할애한다. 하부경영자는 대부분의 시간을 업무 운영에 할당하게 된다.

5.6 조직전략의 유형

조직전략은 기업차원, 사업차원, 기능 차원에서의 전략을 포함한다. 기업의 최고경영자는 전형적으로 기업 차원 전략을 책임지며, 중간관리자들은 사업차원, 하부경영자는 기능 차원 전략을 책임진다. 이에 각각의 조직전략의 유형에 대해 자세히 살펴보자.

1) 기업차원 전략

기업차원 전략은 성장, 안정, 회복 전략으로 구분되어진다. 성장 전략은 제공되는 제품이나 담당하는 시장의 수를 확대하여 조직의 사업 증가를 도모하는 기업차원 전략이다. 이러한 성장 전략은 현재 사업과 관련이 있지만 다른 산업의 회사를 인수 또는 합병하여 회사가 성장하는 관련다각화와 서로 사업과 관련이 없는 산업의 회사들을 인수하거나 합병하여 성장하는 비관련다각화로 구분된다.

안정 전략은 현저한 변화를 도모하지 않는 기업차원의 전략이다. 이는 동일한 제품과 서비스를 동일한 고객에게 계속적으로 제공하고 시장점유률을 유지하며, 조직의 투자수익률을 유지하는 것을 포함한다.

회복 전략은 성과 하락을 야기하고 있는 조직의 약점을 대처하는 전략으로 사업축소 전략과 전환전략으로 구분하여 수행한다.

2) 사업차원 전략

조직이 각 사업 영역에서 어떻게 경쟁해야 하는지의 결정하는 조직전략으로 효과적인 사업차원 경쟁전략의 개발은 전략경영에서 중요한 개념인 경쟁우위에 대한 이해를 필요로 한다. 경쟁우위는 조직의 핵심 역량으로 조직의 자산이나 자원으로부터 경쟁자들이 갖지 못한 조직이 가진 능력을 의미한다. 그리고 여러 개의 복합 사업에 참여하는 조직들은 독립적이고 별도의 전략을 가지고 있는 전략사업부를 운영하여 제품과 서비스, 고객 등을 각 사업부 별로 정의하는 전략을 가져야 한다.

3) 기능차원 전략

기능차원 전략은 사업차원 전략을 지원하는 것으로 생산, 마케팅, 인사, 연구개발, 그리고 재무와 같은 전통적인 기능별 부서를 갖고 있는 조직에서 사업전략을 지원하는데 필요하다. 예를 들어 사업전략 의사결정을 할 때, 마케팅 부서는 새로운 판매계획과 광고물을 개발하고 생산부서는 생산공장에서 생산공정 및 장비를 통합하며, 인사부서는 종업원 선발과 교육훈련 프로그램을 갱신하는 활동을 한다.

연 습 문 제

1. 최근 세계경제는 글로벌화 하고 있는데 글로벌화의 개념을 정의하라.

2. 글로벌화를 촉진시키는 요인에 대해 설명하라.

3. 국제사업 활동의 범위와 형태에 대해 설명하라.

4. 다국적기업과 초국적 기업을 정의하고 차이점을 설명하라.

5. 일본의 Kenich Ohmae의 트라이아드(Triad) 현상에 대해 설명하라.

6. 지역경제통합을 정의하라.

7. 지역경제통합의 4단계를 설명하라.

8. EU의 발전배경과 통합배경에 대해 설명하라.

9. EU통합에 따른 우리나라 무역과 한-EU FTA에 대해 설명하라.

10. 변동환율제를 정의내리고 장점을 설명하라.

11. 외환시장의 3가지 기능에 대해 설명하라.

12. 국제간 대금결제 체계의 2가지 방법에 대해 설명하라.

13. 선물환 시장에 대해 정의내리고 선물환 시장의 3대 행위에 대해 설명하라.

14. 기업의 국제화 과정에서 스웨덴의 Jan Johanson & Jan Erik Vahlne의 모델을 설명하라.

15. 독점적 우위이론에 대해 설명하라.

16. 내부화 이론에 대해 설명하라.

17. J.H. Dunning의 절충이론에 대해 설명하라.

18. 경영정책이 왜 중요한지 설명하라.

19. 전략의 개념을 설명하라.

20. 전략경영 과정의 6단계를 열거하라.

21. 경영전략의 중요성을 설명하라.

22. 3가지 성장전략을 설명하라.

23. 전략사업부와 사업차원전략을 정의하라.

24. 사업차원 전략에서 경쟁우위의 역할을 설명하라.

25. 조직전략의 3가지 유형을 구분하여 설명하라.

제 15 장

경영전략

제1절 경영전략의 발전과정과 수준

1.1 경영전략의 발전과정

경영전략이란 ‘희소한 경영자원을 배분하여 기업에게 경쟁우위(competitive advantage)를 창출하고 유지시켜 줄 수 있는 주요한 의사결정’이다. 경영전략에 대한 관점은 시대별로 변하게 되는데 1950년에서 1960년대까지 경영전략은 미국의 다각화기업의 거대해진 사업을 효율적으로 운영·통제하기 위한 장기전략계획으로 설명된다. 즉, 장기전략계획을 통해 미래의 시장수요를 예측하고 이에 따라 중단기전략계획을 세우고 투자계획이나 재무 또는 마케팅전략을 수립하는 것이다. 1970년대 접어들면서 경영전략은 기업의 외부환경과 내부환경을 연계하여 상황별 적합한 조합을 찾아내는데 초점을 둔다. 당시 다각화된 미국의 대기업은 어떠한 사업부에 어느 수준의 자원을 배분해야하는지 문제시 되었는데, 이때 외부환경과 내부환경 분석을 통해 기회가 많은 사업부와 그렇지 못한 사업부에 대해 차별적으로 대처하기 위해서이다.

1980년 후반부터 경영전략은 이전과 달리 기업의 내부자원에 더욱 초점을 두게 된다. 경영전략은 기업의 자원, 기술, 지식, 역량 등과 같은 경쟁우위 요인을 효과적이며 효율적으로 획득하고 이를 지속적으로 유지하는 것을 말하는데, 경쟁우위를 확보하기 위해서는 기업이 축적한 내부자원이 경쟁기업보다 많거나 높은 가치를 나타내는 것들이어야 한다. 더욱이 기업의 내부자원이 경쟁기업이 획득하기 어렵고 모방이 어려운 자원이라면 기업의 우위는 더욱 지속된다. 따라서 자금 및 생산규모와 같은 유형자원보다 기술력 및 명성과 같은 무형자원이 더욱 가치 있는 자원으로 부각되고 기업은 이러한 무형자원을 확보·유지하는데 총력을 기울이게 된다.

따라서 경영전략분석을 위해서는 아래의 [그림 15-1]처럼 기업의 내·외부환경 분석이 선행되어야 한다.

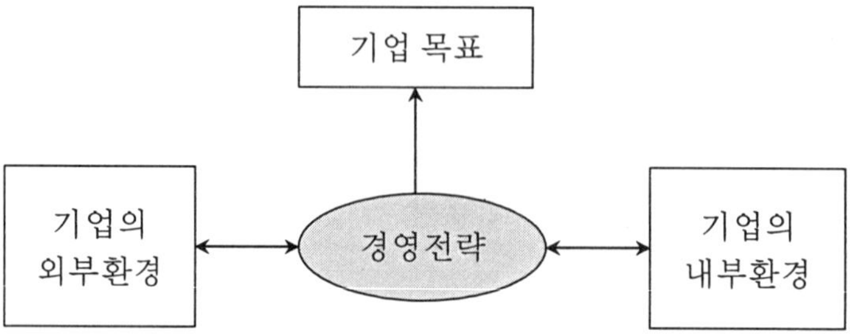

| 그림 15-1 | 경영전략분석의 기본틀

1.2 경영전략의 수준

경영전략은 어떠한 수준에서 분석하느냐에 따라 기업전략(corporate strategy), 사업부 전략(business strategy), 기능별 전략(functional strategy)으로 구분된다. [그림 15-2]에서 보듯이 기업전략은 기업의 활동범위를 정하는 것으로 어떠한 사업에 참여할 것인가를 결정하는 것이다.

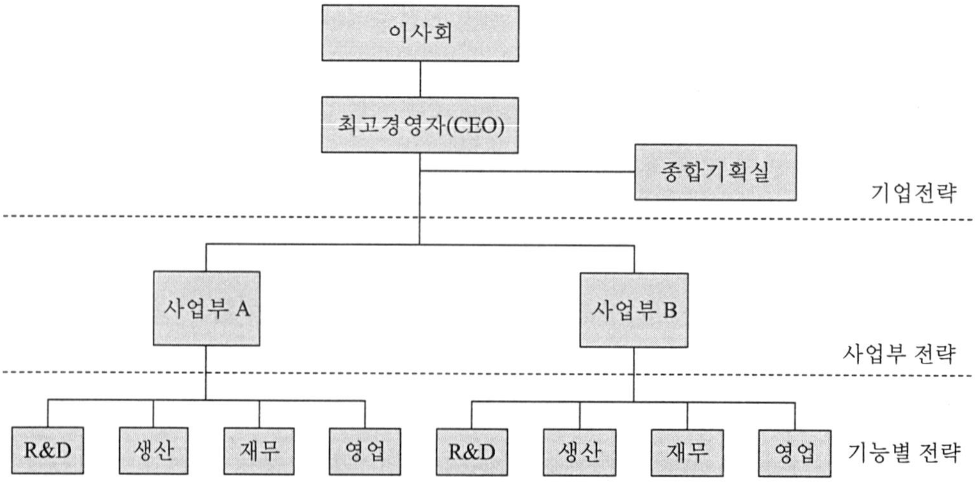

| 그림 15-2 | 경영전략의 분류

대표적으로 다각화 전략이 이에 속한다. 사업부 전략은 사업부에서 어떻게 경쟁할 것인가를 결정하는 것으로 경쟁전략이 이에 속하며, 기능별 전략은 마케팅, R&D등 기능부서별로 구체적인 수행방법을 결정하는 것이다.

제2절 경영전략 분석을 위한 기본틀

앞 장에서 설명한 것처럼 경영전략은 전략수립(strategy formulation), 전략실행(strategy implementation), 평가 및 통제(evaluation and control)라는 3단계로 구성된다. 여기서는 첫 번째 단계인 전략수립에 대해 살펴본다.

2.1 기업의 외부환경

기업의 외부환경은 크게 아래의 [그림 15-3]처럼 거시환경, 산업환경, 경영환경으로 구분할 수 있다. 일반적으로 기업 활동에 직접적 영향을 미치는 순서는 경영환경, 산업환경, 거시환경 순으로 말할 수 있다.

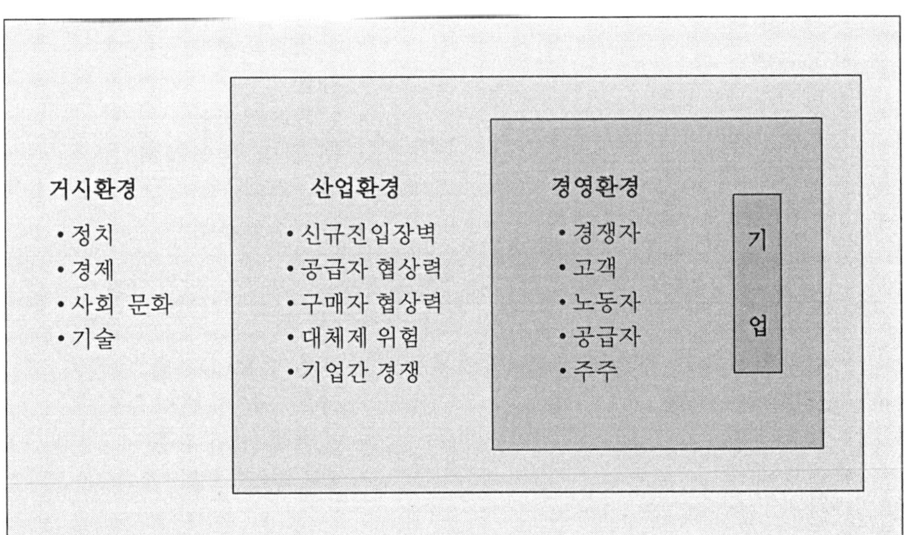

[그림 15-3] 기업의 외부환경

그러나 산업간 경계가 없어지는 현대의 지식경제체제하에서는 그 순서에 대한 큰 의미가 없어 기업은 외부환경 전체에 대한 변화를 항상 모니터링하고 있어야 한다. 그리고 기업의 외부환경은 점차 빠른 속도로 복잡한 형태로 변화하고 있으며 활용가능한 자원은 점차 감소되고 있는 추세이다. 더욱이 여러 국가에서 활동하고 있는 다국적기업의 경우, 국가마다 또는 한 국가라 할지라도 지역마다 환경을 이루는 요인이 다르므로 기업의 의사결정에 맞는 세밀한 분석이 요구된다.

1) 거시환경 분석 : PEST 분석

PEST(PEST; political, economic, social · cultural, technological environment) 분석은 기업의 거시환경을 파악하는데 유용한 분석도구이다. 아래 [그림 15-4]는 정치, 경제, 사회·문화, 과학기술과 관련된 일반적인 체크리스트를 정리한 것으로 PEST 분석도구를 활용할 때는 기업 활동에 미치는 영향을 고려하여 체크리스트를 추가·삭제할 수 있다.

PEST 분석	
정치(법 포함)	경 제
• 환경 규제 • 세금정책 • 고용법 • 지적재산보호법 • 경쟁규제 • 정치적 안정성 • 외국기업에 대한 규제	• 경제 성장율 • GNP • 사회인프라 • 환율 • 인플레이션율 • 금리 및 통화정책 • 세금수준 • 경기순환주기
사회·문화	과학기술
• 언어 • 인구통계자료, 인구성장률, 연령분포 • 생활양식 변화 • 교육수준 • 건강의식 • 삶의 태도 및 추구 가치	• 정부의 R&D지출 수준 • 정보기술의 변화속도 • 인테넷 사용수준 • 모바일 기술의 변화

그림 15-4 PEST 분석

2) 산업환경 분석: 산업구조분석(5 forces analysis)

산업구조분석이란 산업의 경쟁구조, 수익성, 성공요인 등이 5가지 구조적 요인에 의해 결정된다는 것으로, 1980년 마이클 포터 (Michael E. Porter)가 고안한 분석도구이다. 5가지 요인은 아래의 [그림 15-5]처럼 잠재 진입자, 대체재, 구매자, 공급자, 기존 기업간 경쟁을 말한다. 예컨대 해당산업에 신규 진입자가 많고, 대체재가 있고, 가격인하 및 품질향상 등으로 구매자가 행사할 수 있는 교섭력이 크고, 원자재 가격 및 물량공급 등으로 공급자가 행사할 수 있는 교섭력이 크고, 산업내 기존 기업산 경쟁이 지열할수록 산업의 매력도는 떨어지게 된다. 즉, 이러한 산업에서 활동하는 기업은 높은 수익을 예상하기 어렵기에 기업 전략 수립 시 이를 반영해야한다는 것이다. 또한 산업구조분석을 통해 산업이 앞으로 어떻게 진화할 것인가를 미래 예측할 수 있어 전략 수립에 도움을 줄 수 있다.

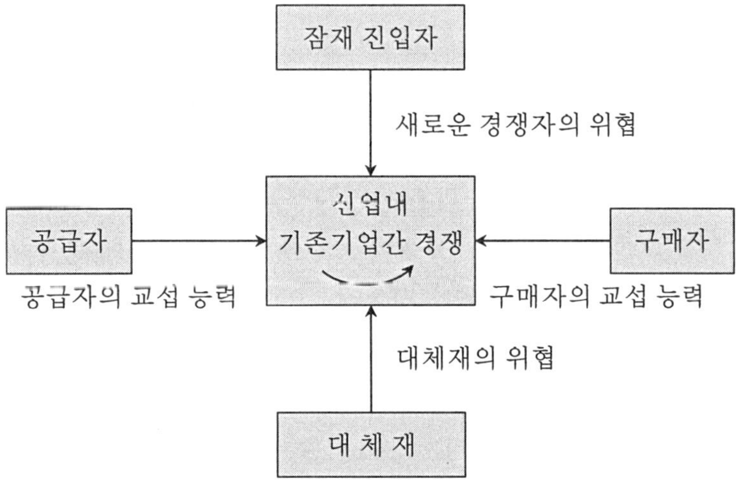

| 그림 15-5 | 포터의 산업구조분석

포터의 산업구조분석은 다양한 분야에서 그 유용성이 입증되었다. 하지만 산업구조분석은 산업구조가 일방적으로 기업의 경쟁구조와 수익을 결정한다는 정태적인 분석 모형으로 그 활용에 있어서는 주의가 필요하다. 왜냐하면 실제적으로 기업의 전략 역시 산업구조에 영향을 미치고 있어 산업구조와 기업간의 상호관계에 대한 동태적인 분석이 필요하기 때문이다.

한편 산업환경 분석에 있어서는 산업의 범위를 어떻게 정의하느냐가 중요하다.

예컨대 좁은 의미에서 산업의 범위를 탄산음료로 한정한다면 코카콜라와 펩시가 경쟁자가 될 것이다. 하지만 탄산음료뿐만 아니라 탄산이 가미되지 않은 코코아, 커피, 우유 등과 같은 청량음료로 설정한다면 다양한 기업들이 경쟁자로 추가될 것이다. 우리나라는 표준산업분류법으로 산업경계를 구분하고 있지만 실제 비즈니스에서 산업경계란 다르게 구분될 수 있다. 따라서 산업의 글로벌화 및 컨버전스 정도, 기업의 의사결정 유형 등에 따라 임의의 산업의 범위를 설정할 수 있다.

또한 산업환경 분석에 있어 해당산업이 어떠한 단계에 위치해 있는지 파악하는 것도 중요하다. 산업수명주기(ILC; industry life cycle)라고 하는 것은 산업 역시 사람의 수명과 같이 탄생부터 죽음까지 크게 4단계가 있으며 단계별 특징이 있다는 것이다. 아래의 [그림 15-6]처럼 새로운 산업은 도입기, 성장기, 성숙기, 쇠퇴기를 거치면서 소멸하게 된다. 도입기에는 새로운 산업에 대한 소비자의 인식이 충분하지 않아 시장수요가 많지 않다. 따라서 경쟁기업의 수가 많지 않으며 얼리어답터와 같은 소수의 고객이 존재한다. 하지만 성장기를 거치면서 시장수요는 급격히 확대되고 새로운 경쟁기업들이 우후죽순으로 대거 유입되면서 기업간 경쟁이 치열해진다. 그러다가 성숙기에 도달하게 되면 시장수요는 크게 늘어나지 않는 대신 기존 기업들의 생산량이 유지되면서 산업내 과잉생산 현상이 일어난다. 이때는 기술이 표준화된 단계로 기업간 경쟁은 주로 가격으로 이루어지므로 치열한 가격경쟁이 정점에 치닫게 된다. 마지막 단계인 쇠퇴기에서는 치열한 경쟁과 열악한 시장환경으로 산업이 소멸하게 된다.

산업수명주기(ILC)에서 Y축은 산업내 생산량을 의미하고 X축은 시간을 나타내므로 X, Y축의 길이가 늘어날수록 시장규모도 크며 수익률도 높은 산업이 된다. 흥미로운 것은 혁신적인 제품이 시장에 출시될 때 얼리어답터의 비율은 전체 수요자 중 약 13.5%라고 한다. 그리고 이보다 더 빠르게 구매하는 그룹을 이노베이터(innovator)라고 하는데 이는 전체의 2.5%라고 한다. 따라서 혁신적인 제품일수록 이러한 이노베이터와 얼리어답터의 반응이 산업의 성패를 가름할 수 있어 일부 기업은 이들을 대상으로 하는 별도의 마케팅을 펼치기도 한다.

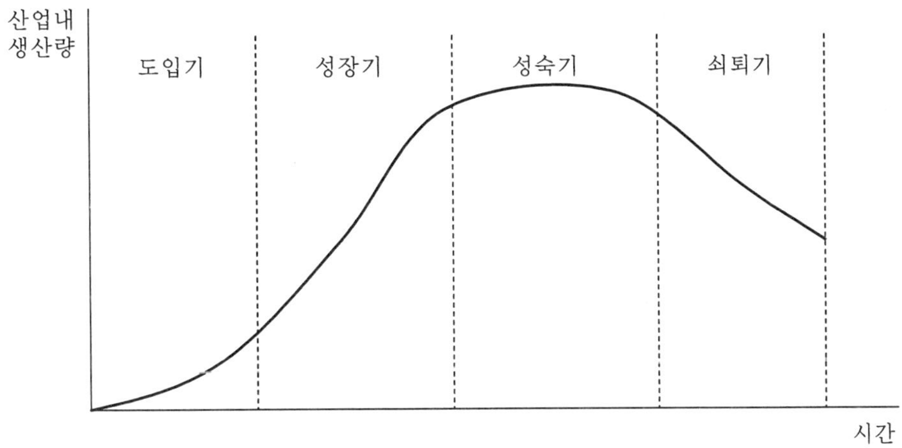

| 그림 15-6 | 산업(제품)수명주기(ILC)

3) 경영환경 분석

기업의 경영환경은 매일 일어나는 기업 활동에 직접적 영향을 미치는 환경으로 경쟁자, 고객, 노동자, 공급자, 주주 등이 이루어내는 환경이다. 경영환경 분석을 위해서는 정형화된 분석도구보다 각 요인의 특성을 파악하여 요인별 주요 특싱을 파악하는 게 중요하다.

일례로 경쟁자 분석은 우선 경쟁기업을 규명하고 경쟁기업이 보유하고 있는 자원의 종류와 특성 그리고 경쟁전략을 파악하는 것으로도 가능하다. 여기서는 아래의 <표 15-1>처럼 산업내 성공요인을 파악하고 각 요인에 대해 경쟁기업과 비교하여 현재 시장내 입지를 파악하는 경쟁자 프로파일 분석을 소개한다.

| 표 15-1 | 경쟁자 프로파일 예제

산업내 성공요인	가중치	순위*	점수
시장점유율	0.30	4	1.20
가격 경쟁력	0.20	3	0.60
공장 위치	0.20	5	1.00
원자재 가격	0.10	3	0.30
인력의 우수성	0.20	1	0.20
	1.0		3.30

* 순위는 매우 경쟁적인 위치에 있으면 5, 그 반대의 경우 1로 설정

2.2 기업의 내부환경

기업의 내부환경은 기업이 보유한 경영자원으로 [그림 15-7]처럼 크게 유형자산, 무형자산, 조직역량으로 구분할 수 있다. 즉, 경영자원은 우수한 유·무형 자산(having)을 우수하게 활용(doing)할 수 있는 능력을 말한다.

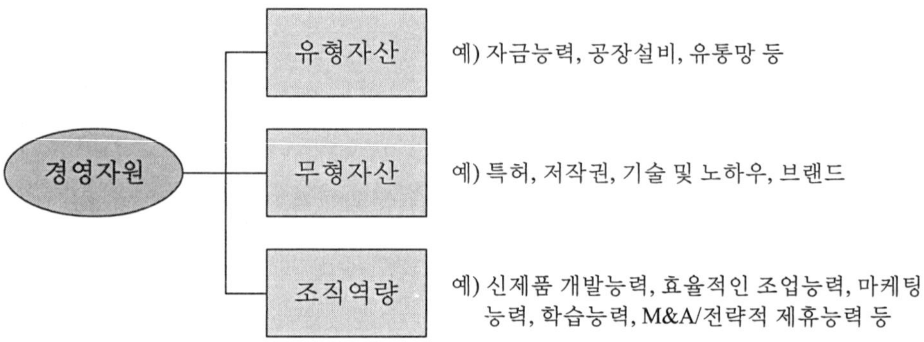

┃그림 15-7┃ 기업의 경영자원

유형자산은 자금능력, 공장설비, 무형자산은 특허, 저작권, 기술, 그리고 조직역량은 신제품 개발능력, 효율적인 조업능력 등을 말한다. 예컨대 코카콜라의 제조비법을 유형자산이라고 한다면 코카콜라의 브랜드 가치는 무형자산이 되며 코카콜라의 글로벌 판매망에 대한 코디네이션 역량은 조직역량이 된다.

1990년대 이후 기업의 내부환경 즉, 경영자원에 따라 경쟁력이 좌우된다는 관점이 대두되었다. 기업은 다양하고 풍부한 경영자원을 획득함으로써 경쟁기업보다 우위를 점할 수 있다는 것이다. 하지만 경영자원의 특성에 따라 그 지속성은 달라지는데 경쟁기업보다 가치 있고 희귀하며 모방이 어려운 경영자원을 보유한 기업일수록 그 우위의 지속성은 길어진다는 것이다. 따라서 최근에는 유형자산보다 기술, 지식, 기업문화와 같은 무형자산과 조직역량이 지속가능한 경쟁우위의 원천 또는 핵심 역량(core competence)으로 설명된다.

제3절 사업부 수준의 경쟁전략

사업부란 삼성그룹을 예로 들자면 삼성전자, 삼성중공업, 삼성생명 등의 사업 단위를 말한다. 사업부 수준에서는 경쟁우위를 유지하는 것이 가장 중요하므로 해당산업의 경쟁우위 요인을 파악하고 이를 효율적으로 획득하여 지속적으로 유지하는 전략이 필요하다.

경쟁우위는 기업의 외부환경 또는 내부환경에서 창출된다. 일례로 원자재 가격 또는 환율이 폭등하여 외부환경이 변했을 때 이에 대응하는 기업간 보유하고 있는 경영자원에 차이가 있거나 민첩하게 대처하는 능력에 차이가 있다면 기업의 경쟁우위는 크게 변화할 것이다. 또한 기업 내부의 혁신능력을 통해 신제품을 개발하거나 새로운 유통망을 개척한다면 기업은 새로운 경쟁우위를 창출하게 된다.

하지만 이러한 경쟁우위가 유지되려면 앞에서 언급한 것처럼 경쟁우위의 원천이 되는 경영자원이 가치가 있는 자원으로 경쟁기업이 쉽게 획득하거나 모방할 수 있는 자원이 아니어야한다. 따라서 현금, 공장시설 보다는 브랜드, 명성, 독특한 기업문화와 같이 경쟁자가 모방하고자 하여도 모방할 수 없는 자원일수록 경쟁우위는 오래 유지된다.

3.1 경쟁우위와 경쟁전략

경쟁우위 유형에는 아래의 [그림 15-8]처럼 비용우위와 차별화우위가 있다. 비용우위는 경쟁기업보다 낮은 원가로 동일한 제품을 제공하는 것이며 차별화우위는 경쟁기업보다 차별화된 제품을 제공함으로써 소요된 비용 이상의 가격 프리미엄을 받는 것을 말한다. 일반적으로 기업은 비용우위와 차별화우위 중에서 하나를 선택하는 것이 더욱 높은 이익을 낼 수 있다고 한다. 하지만 인터넷이 발달하면서 이러한 두 가지 우위를 동시에 달성하는 기업이 출현하고 있는 실정이다.

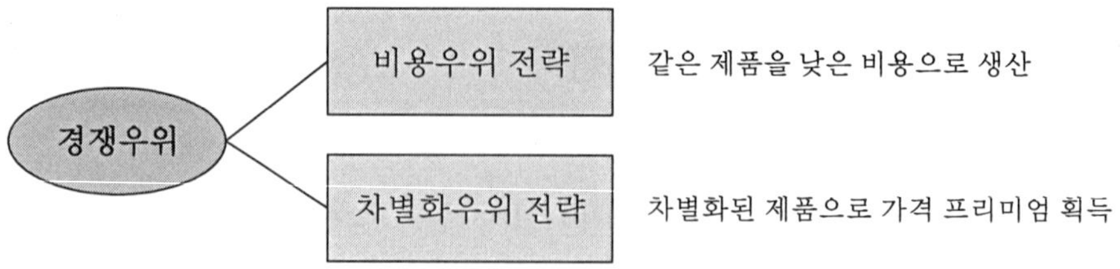

┃그림 15-8┃ 경쟁우위 유형

3.2 비용우위 전략과 차별화우위 전략

기업의 비용우위와 차별화우위를 파악하기 위해서는 우선 기업의 가치사슬(value chain)을 분석해야한다. 가치사슬이란 기업활동에서 부가가치가 생성되는 과정을 일련의 사슬처럼 나열한 것으로 1985년 마이클 포터 (Michael E. Porter)가 소개한 개념이다. 가치사슬은 [그림 15-9]처럼 보조 활동과 주 활동으로 구분되며 보조 활동은 보이지 않는 곳에서 주 활동을 뒷받침하고 있다.

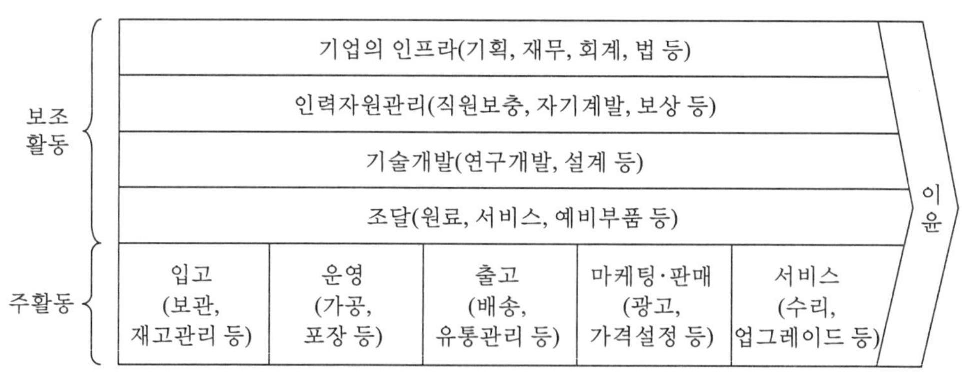

┃그림 15-9┃ 가치사슬

기업은 아래의 [그림 15-10]처럼 가치사슬 분석을 통해 비용우위 또는 차별화우위를 획득할 수 있는데, 현재 수행하고 있는 일련의 가치 활동을 나열하여 각 활동에서 비용우위 또는 차별화우위를 획득할 수 있는 방안을 모색하는 것이다.

비용우위를 결정하는 요인으로는 규모의 경제, 생산능력, 기업활동 간의 관련성, 사업부 간의 상호관련성, 수직적 통합, 학습효과, 경험곡선 효과, 입지 조건 등이 있다. 반면에 차별화우위는 기업이 제공하는 재품 또는 서비스의 품질, 기능, 디자인, 상표이미지 등이 경쟁기업과 차별화됨으로써 우위를 달성하는 것으로 이를 결정하는 요인은 비용우위 요인과 유사하다. 하지만 기업 또는 산업마다 가치 활동이 다를 수 있으므로 비용 및 차별화를 결정하는 요인 또한 다를 수 있다.

경쟁우위 확보

비용우위 전략	차별화우위 전략
- 비용을 낮출 수 있는 가치활동은? - 그럼, 어떻게 낮출 것인가?	- 제품/서비스의 차별화가 가능한 가치활동은? - 그럼, 어떻게 차별화 할 것인가?
<u>비용 결정요인</u> • 규모의 경제 • 생산능력 제고 • 기업활동간 관련성(예: 인건비 절약) • 사업부간 상호 관련성 • 수직통합 수준 • 경험곡선 효과 • 입지 조건(예: 중국에 생산공장) • 규제, 노동조합, 세금 등 제도적 요인	<u>차별화 결정요인</u> • 차별화된 서비스 • 차별화 정책 • 타이밍(예: 경쟁자보다 신제품 먼저 출시) • 기업활동간 관련성 • 사업부간 상호 관련성 • 수직통합 수준 • 입지 조건 • 규제, 노동조합, 세금 등 제도적 요인

┃그림 15-10┃ 가치사슬 분석을 통한 비용우위 및 차별화 우위전략

가치사슬 분석은 아래 [그림 15-11]처럼 크게 3단계로 진행할 수 있다. 우선 1단계에서는 기업이 진행하고 있는 일련의 가치 활동을 나열하고 이중에서 기업에게 핵심적인 가치를 제공하는 핵심 가치 활동을 파악하는 것이다. 이때 기업이 산업의 전체 활동 중 일부의 활동만을 수행하고 있다면 향후 기업인수 및 다각화를 통해 핵심 가치 활동을 추가할 수도 있다.

2단계에서는 핵심 가치 활동마다 비용구조 및 차별화 요인을 파악하는 것이다. 예컨대, 안정된 원자재구매가 필요한 산업에서 원자재구매 활동은 핵심적인 가치 활동이다. 따라서 이 단계에서는 어떠한 요인이 원자재구매 비용 및 원자재

구매 활동비용에 직접적인 영향을 미치는지 그 요인을 파악하는 것이다.

3단계에서는 가치사슬 전체로 볼 때 비용우위 또는 차별화우위를 확보할 수 있는 최종 방안을 결정하는 것이다. 2단계에서 파악된 요인들이 서로 배치되는 경우가 있기에 기업은 가치사슬 전체의 경쟁력을 고려하여 경쟁우위 확보를 위한 최종 방안을 결정하는 것이다. 예컨대 차별화 우위는 대부분 높은 비용을 수반하고 있기에 기업에게 핵심적인 가치를 창출하되 비용측면에서 큰 부담이 없는 방안들을 선택하도록 해야 한다.

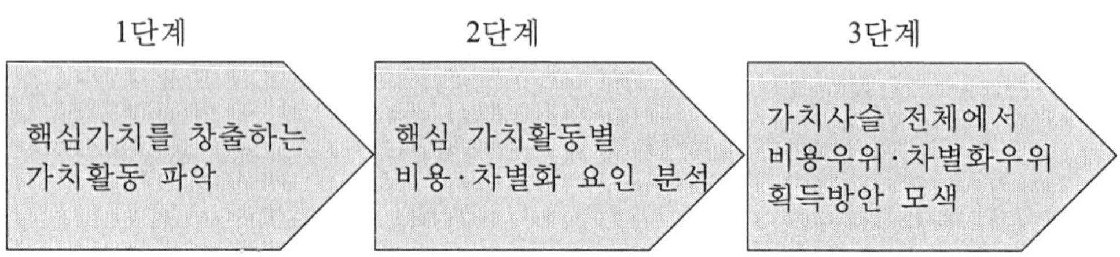

그림 15-11 가치사슬 분석의 프로세스

한편, 산업의 가치사슬을 분석할 때는 산업의 이익풀(profit pool)이 무엇인지 파악하는 것이 아주 중요하다. 이익풀 개념은 가르시(Orit Gadiesh)와 길버트(James L. Gilbert)가 컨설팅회사 Bain & Co.에 재직할 당시 1998년 Harvard Business Review 저널에 소개한 것으로 기업은 총매출 성장보다 순이익 증가에 더욱 집중하는 전략을 세워야 한다는 것이다.

이익풀은 산업의 가치사슬 중 각각의 가치 활동에서 얻을 수 있는 이익의 총집합으로 [그림 15-12]에서 보듯이 산업의 가치사슬을 A, B, C로 나열할 때 각각의 활동에 대한 매출 점유율은 C가 가장 높고 B가 가장 낮지만 B활동의 이익률이 20%에 달하고 있기에 기업은 B활동에 집중해야한다는 것이다. 또한 해당기업이 B활동을 수행하지 않고 있다면 이 활동을 추가하여 기업 전체의 이익률을 높이는데 활용해야한다. 따라서 이익풀은 새로운 이익의 원천을 확인할 뿐만 아니라 가치사슬 상에서 기업의 역량을 제고할 수 있다.

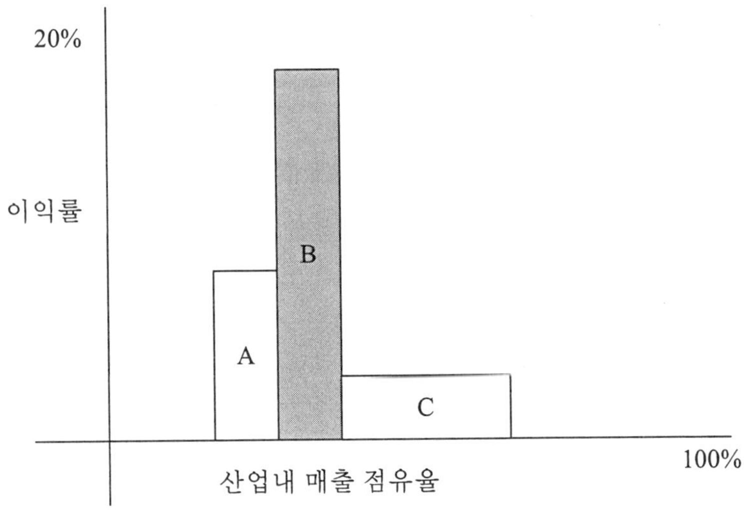

그림 15-12 이익풀의 개념

예를 들어 미국 자동차산업에서 주요 가치사슬은 제조, 신차판매, 중고차판매, 할부금융, 리스, 자동차보증, 유류판매, 자동차 보험, 자동차 정비, 자동차 부품 판매, 렌트 등의 활동으로 구분할 수 있다. 각각의 활동을 이익률로 따져보면 자동차 제조 및 중고차 판매에 대한 산업내 매출 점유율은 다른 활동에 비해 3~4배 높지만 영업 이익률에 있어서는 5%미만이다. 이러한 활동에 많은 기업이 참여하고 있어 경쟁이 치열하고 그 결과 이익률이 낮다는 것이다. 반면에 자동차 리스는 산업내 매출 점유율이 매우 낮지만 영업 이익률이 25%에 달하고 있다. 이는 산업내 매출 비중은 매우 낮으나 자동차 리스 서비스를 제공하는 기업이 많지 않아 기업간 경쟁이 치열하지 않고 그 결과 이익률이 높다는 것이다. 따라서 기업은 매출비율대비 이익률이 높은 가치 활동을 새로운 가치 활동으로 개발·추가하거나, 기존의 가치 활동을 점검하여 이익률을 높일 수 있는 방안을 마련할 수 있다.

제4절 기업수준의 전략

기업수준이란 삼성그룹을 예로 든다면 본사의 수준을 말하는데, 여기서는 기업 활동의 범위를 정하게 되는데 대표적인 전략으로는 다각화 전략과 수직적 통합 및 아웃소싱전략을 들 수 있다.

4.1 다각화 전략

다각화(diversification)란 한 기업이 여러 산업에 참여하는 것을 말한다. 다각화는 그 형태에 따라 참여하고 있는 산업간 관련성이 높으면 관련 다각화(related diversification), 한국의 재벌들처럼 참여하고 있는 산업간 관련성이 낮으면 비관련 다각화(unrelated diversification)로 구분할 수 있다. 기업은 다각화를 통해 새로운 성장동력을 갖출 수 있으며 위험을 분산할 수 있다. 또한, 범위의 경제를 누리거나 시장 지배력을 행사할 수 있으며, 다각화된 기업내부에 존재하는 자본과 노동을 활용할 수 있는 내부시장 활용의 이점이 있다.

다각화 전략으로 여러 산업에 참여하게 되면 다양한 사업을 효율적으로 관리할 필요가 있다. 보스톤 컨설팅사에서 고안한 BCG 매트릭스는 가장 유명한 사업 포트폴리오 관리기법으로 [그림 15-13]에서 보듯이 시장 성장률과 상대적 시장점유율로 사업을 4가지로 구분할 수 있다.

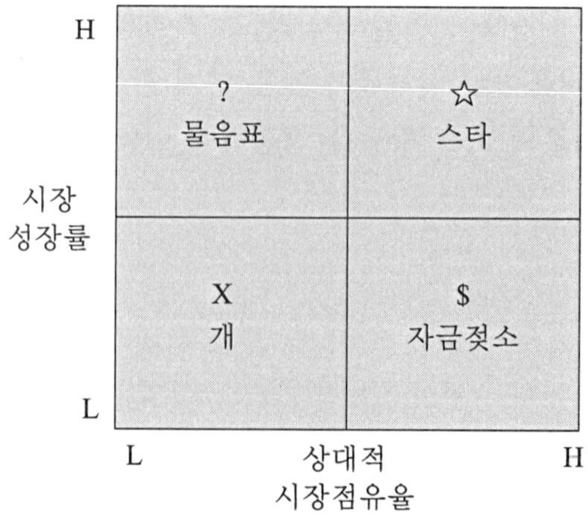

그림 15-13 BCG 매트릭스

스타(stars) 사업부는 높은 수익률로 안정적인 사업부이다. 따라서 이러한 상태를 유지하는 전략이 필요하며 더 나아가 여기서 창출되는 현금이 자금젖소(cash cows)에 지원되어 자금젖소(cash cows)가 스타(stars)가 될 수 있도록 지원하는 것이 필요하다. 물음표(question marks)는 연간 성장률이 높은 시장에서 낮은 점유율을 보이고 있는 사업부로 자금젖소(cash cows)로부터 자금을 지원받아 스타(stars)로 전환하는 전략이 필요하며 낮은 성장률과 점유율을 보이고 있는 개(dog)로 표시되는 사업에서는 철수하는 것이 바람직하다.

4.2 수직적 통합 및 아웃소싱 전략

수직적 통합(vertical integration)이란 기업이 공급과 구매활동에 있어 소유권을 가지고 통제권을 가지는 것을 말한다. 수직적 통합은 규모의 경제, 범위의 경제, 비용 감소, 안정적인 공급과 유통 등을 확보할 수 있어 유리한 전략이다. 예로, 항공 산업에서 항공사가 여행사와 항공기 유지 및 기내 케이터링과 같은 공급자 역할을 함께 수행하는 것을 들 수 있다. 여행사를 운영함으로써 안정적인 항공권 판매가 이루어질 수 있으며 항공기 유지 및 기내 케이터링업을 겸함으로써 공급요소를 안정적으로 확보할 수 있다. 이 외에도 석유 정제회사가 주유소를 운영하면서 석유 탐사와 같은 개발사업에도 진출해 있는 것을 예로 들 수 있다.

수직적 통합은 부품과 원료와 같은 공급요소에 대한 소유권을 가지고 이를 통제할 수 있는 후방통합(backward integration)과 유통에 있어 소유권을 가지고 통제할 수 있는 전방통합(forward integration)으로 구분된다.

아래의 [그림 15-14]처럼 다양한 형태의 수직적 관계가 있을 수 있다. 예로 제조업체의 경우 핵심부품 공급업체에 대해 100% 소유지분을 소유하고 있다면 이는 높은 수준의 수직적 통합이 이루어졌다고 볼 수 있다. 이러한 경우에는 공급업체에 대한 통제권이 100%라는 장점은 있지만 외부환경이 변하여 해당 부품이 불필요하다면 큰 손실은 물론이며 외부환경에 즉각적으로 대응하는데 어려움이 있다. 반면 필요한 부품을 시장에서 그때마다 조달하는 경우는 공급업체에 대한 통제권은 없으나 앞에서 언급한 것처럼 환경이 변화할 때는 즉각적으로 새로운 공급업체와 거래를 할 수 있어 유연성은 높다고 할 수 있다.

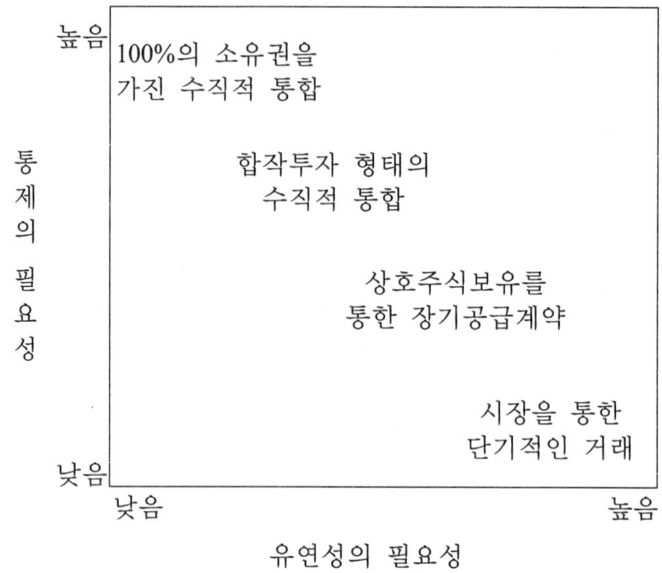

[그림 15-14] 다양한 형태의 수직적 관계

한편, 아웃소싱(outsourcing)은 [그림 15-14]에서 나타난 시장을 통한 단기거래를 말한다. 아웃소싱은 프로젝트 기준이 아닌 지속적인 서비스를 제공하는 것으로 하도급(subcontracting)과는 차별화되는 개념으로, 가치사슬의 일부를 더욱 효율적으로 수행할 수 있는 외부 기업에게 용역을 주는 것을 말한다. 기업은 아웃소싱을 통해 핵심 사업에 집중할 수 있으며 유연성을 확보하거나 비용을 절감할 수 있어 다양한 부문에서 이득을 얻을 수 있다.

아웃소싱을 결정할 때는 자사가 해당 활동에 핵심역량이 없거나 자사의 핵심활동이 아닌 경우에만 실행하는 것이 바람직하다. 그렇지 않으면 자사의 핵심역량을 빼앗길 수도 있기 때문이다. 최근에는 가상기업(virtual corporation)이라 하여 극히 제한적인 핵심 활동을 제외한 모든 활동을 아웃소싱하는 기업도 있다.

연 습 문 제

1. 기업은 왜 외부환경을 이해하고 연구해야하는지 그 이유를 설명하시오.

2. 기업의 거시환경을 분석하는 기법은 무엇이며 이를 통해 기업은 무엇을 얻을 수 있는지 실명하시오.

3. 산업수명주기(industry life cycle)가 산업환경 분석에 왜 중요한지 그 이유를 설명하시오.

4. 포터의 산업구조분석(5 forces)에서 5가지 요인은 산업의 잠재적인 이익에 어떻게 영향을 미치는지 설명하시오.

5. 포터의 산업구조분석(5 forces)에 대한 한계를 논하시오.

6. 가치사슬(value chain) 분석은 무엇이며 이를 통해 기업은 무엇을 얻을 수 있는지 설명하시오.

7. 기업은 내부의 강점과 약점을 어떻게 파악할 수 있으며 이러한 요인이 기업 전략수립에 왜 중요한지 그 이유를 설명하시오.

8. 기업의 핵심역량은 구체적으로 어떠한 것이 될 수 있는지 그 예를 들어보시오.

9. 기업수준(corporate-level)의 전략이 21세기 경영환경에서 왜 중요한지 그 이유를 논하시오.

10. 아웃소싱(oursourcing) 전략은 아웃소싱하는 기업이 어떠한 조건에 처해 있을 때 더욱 유리한지 그 예를 들어보시오.

연습문제 해답

제2장 시장가격과 국민소득의 결정

2. 균형가격은 30, 균형거래량은 120.
4. 균형가격은 상승, 균형거래량은 증가.
5. 변화시키지 않는다.
8. 80조원.
9. 감소한다.

제4장 기업의 생산과 비용

12. MPK=30, MPL=5, r=500, w=200
 MPK/r = 30/50=0.6, MPL/w= 5/200=0.025, MPK/r > MPL/w
 화폐비용단위당 한계생산을 비교해 보면, 기계가 노동자보다 유리한 경우이다. 따라서 노동자의 수를 줄이고 기계를 더 구입하는 방향으로 노동과 자본의 투입을 변경할 것이다.
15. 평균비용의 정의로부터 총비용 $TC(Q) = AC(Q) \cdot Q$
 $TC(Q) = 3Q^3 - 400Q^2 + 000Q$
 한계비용 MC(Q)는 총비용을 Q에 대해 미분한 것으로 정의되므로
 $MC(Q) = 9Q^2 - 800Q + 2000$

제8장 협상과 게임

3. (1) 존재한다.
 (2) 내쉬균형이 존재한다. 균형은 전략 C와 전략 F의 조합이고 이때 보수쌍은 (12, 12)이다.
4. (1) 존재하지 않는다.

제10장 기업과 회계정보

1.

회계거래	계정범주	거래요소간 결합	회계처리			
			차변		대변	
②	자산, 부채	자산의 증가 ↔ 부채의 증가	상품	500,000	외상매입금	500,000
④	자산, 부채	자산의 증가 ↔ 부채의 증가	현금	1,000,000	차입금	1,000,000
⑥	비용, 자산	비용의 발생 ↔ 자산의 감소	소모품비	50,000	소모품	50,000
			또는			
			소모품비	50,000	현금	50,000
⑦	비용, 자산	비용의 발생(또는 자산의 증가) ↔ 자산의 감소	보험료	250,000	현금	
			또는			
			선급보험료	250,000	현금	250,000
⑧	비용, 자산	비용의 발생 ↔ 자산의 감소	재해손실	25,000	상품	25,000
⑩	자산, 부채	자산의 증가 ↔ 부채의 증가	비품	155,000	미지급금	155,000
⑪	비용, 부채	비용의 발생 ↔ 부채의 증가	급여	80,000	미지급비용	80,000
⑫	비용, 부채	비용의 발생 ↔ 부채의 증가	전기료	50,000	미지급비용	50,000

2.

계정과목 범주	해당 계정과목
자산	현금, 단기대여금, 선급비용, 상품, 비품, 건물, 차량운반구, 기계장치, 매출채권, 토지, 소모품, 미수금, 미수수익
부채	단기차입금, 매입채무, 미지급금, 미지급비용
자본	자본금, 이익잉여금,
수익	매출, 이자수익, 용역수익
비용	급여, 매출원가, 소모품비, 임대료, 운반비, 통신비, 광고선전비, 수도광열비, 이자비용, 보험료, 임차료

3.

일자	분개				영향
	차변		대변		
3/1	당좌예금	500,000	현금	500,000	자산의 증가와 감소
3/2	현금	200,000	자본금	200,000	자산과 자본의 증가
3/5	비품	100,000	미지급금	100,000	자산과 부채의 증가
3/8	외상매출금	300,000	용역수익	300,000	자산의 증가와 자본의 증가 (수익의 발생)*
3/10	차량유지비	80,000	현금	80,000	자산의 감소와 자본의 감소 (비용의 발생)*
3/15	전화료 (통신비)	50,000	현금	50,000	자산의 감소와 자본의 감소 (비용의 발생)*
3/20	미지급금	100,000	당좌예금	100,000	자산과 부채의 감소
3/23	현금	200,000	외상매출금	200,000	자산의 증가와 감소
3/25	급여	50,000	현금	50,000	자산의 감소와 자본의 감소 비용의 발생)*
3/26	지급임차료	60,000	당좌예금	60,000	자산의 감소와 사본의 감소 (비용의 발생)*
3/30	이자비용	30,000	미지급비용	30,000	부채의 증가와 자본의 감소 (비용의 발생)*

* 수익에서 비용을 차감한 잔액을 '당기순이익 혹은 당기순손실'이라고 하며, 회계순환과정의 마감분개 과정에서 보았듯이, 당기순이익(또는 당기순손실)은 '이익잉여금'이라는 계정과목을 통하여 '자본'으로 대체되어진다. 따라서 기업에 현금의 유입을 가져나 주는 수익의 발생은 결국 자본을 증가시키는 거래가 되며, 비용의 발생은 현금의 유출을 수반하는 거래로서 기업의 지본을 감소시키는 거래가 되는 것이다.

4.

1) 분개

일자	차변		대변	
4/1	현금	15,000,000	자본금	15,000,000
4/2	차량운반구	4,000,000	현금	4,000,000
4/2	비품	1,800,000	현금	1,000,000
			미지급금	800,000
4/3	선급보험료	720,000	현금	720,000
4/5	소모품	550,000	미지급금	550,000
4/5	현금	200,000	선수용역수익	200,000
4/12	매출채권	1,700,000	용역수익	1,700,000
4/18	현금	1,300,000	매출채권	1,300,000

일자	차 변		대 변	
4/29	연료비	600,000	현금	600,000
4/30	광고선전비	70,000	현금	70,000
4/30	급여	1,100,000	현금	1,100,000
4/30	매출채권	1,500,000	용역수익	1,500,000
4/30	보험료	20,000	선급보험료	20,000

2) 원장에의 전기

현 금(1)

4/1	자본금	15,000,000	4/2	차량운반구	4,000,000
4/5	선수용역수익	200,000	4/2	비품	1,000,000
4/18	매출채권	1,300,000	4/3	선급보험료	720,000
			4/29	연료비	600,000
			4/30	광고선전비	70,000
			4/30	급여	1,100,000
			4/30	차기이월	9,010,000
		16,500,000			16,500,000

매출채권(2)

4/12	용역수익	1,700,000	4/18	현금	1,300,000
4/30	용역수익	1,500,000	4/30	차기이월	1,900,000
		3,200,000			3,200,000

소모품(3)

4/5	미지급금	550,000	4/30	소모품비	360,000
			4/30	차기이월	190,000
		550,000			550,000

선급보험료(4)

4/3	현금	720,000	4/30	보험료	20,000
			4/30	차기이월	700,000
		720,000			720,000

차량운반구(5)

4/2	현금	4,000,000	4/30	차기이월	4,000,000

비　　품(6)

4/2	현금 등	1,800,000	4/30	차기이월	1,800,000

미지급금(7)

4/30	차기이월	1,350,000	4/2	비품	800,000
			4/5	소모품	550,000
		1,350,000			1,350,000

선수용역수익(8)

4/30	용역수익	100,000	4/5	현금	200,000
4/30	차기이월	100,000			
		200,000			200,000

자 본 금(9)

4/30	차기이월	15,000,000	4/1	현금	15,000,000

용역수익(10)

4/30	집합손익	3,300,000	4/12	매출채권	1,700,000
			4/30	매출채권	1,500,000
			4/30	선수용역수익	100,000
		3,300,000			3,300,000

급　　여(11)

4/30	현금	1,100,000	4/30	집합손익	1,100,000

보 험 료(12)

4/30	선급보험료	20,000	4/30	집합손익	20,000

연 료 비(13)

4/29	현금	600,000	4/30	집합손익	600,000

광고선전비(14)

4/30	현금	70,000	4/30	집합손익	70,000

소모품비(15)

4/30	소모품	360,000	4/30	집합손익	360,000

3) 수정전시산표의 작성

수정전시산표

진공청소㈜ 2009년 4월 1일부터 2009년 4월 30일까지 (단위: 원)

잔 액	합 계	계정과목	합 계	잔 액
9,010,000	16,500,000	현 금	7,490,000	
1,900,000	3,200,000	매출채권	1,300,000	
550,000	550,000	소 모 품		
700,000	720,000	선급보험료	20,000	
4,000,000	4,000,000	차량운반구		
1,800,000	1,800,000	비 품		
		미지급금	1,350,000	1,350,000
		선수용역수익	200,000	200,000
		자 본 금	15,000,000	15,000,000
		용역수익	3,200,000	3,200,000
1,100,000	1,100,000	급 여		
600,000	600,000	연 료 비		
70,000	70,000	광고선전비		
20,000	20,000	보 험 료		
19,750,000	28,560,000		28,560,000	19,750,000

4) 기말 결산정리분개

일자	차 변		대 변	
4/30	소모품비	360,000	소모품	360,000
4/30	선수용역수익	100,000	용역수익	100,000

5) 수정후시산표의 작성

수정후시산표

진공청소㈜ 2009년 4월 1일부터 2009년 4월 30일까지 (단위: 원)

계정과목	수정전시산표		결산정리분개		수정후시산표	
	차변	대변	차변	대변	차변	대변
현금	9,010,000				9,010,000	
매출채권	1,900,000				1,900,000	
소모품	550,000			360,000	190,000	
선급보험료	700,000				700,000	
차량운반구	4,000,000				4,000,000	
비품	1,800,000				1,800,000	
미지급금		1,350,000				1,350,000
선수용역수익		200,000	100,000			100,000
자본금		15,000,000				15,000,000
용역수익		3,200,000		100,000		3,300,000
급여	1,100,000				1,100,000	
연료비	600,000				600,000	
광고선전비	70,000				70,000	
보험료	20,000				20,000	
계	19,750,000	19,750,000				
소모품비			360,000		360,000	
합계			460,000	4600,000	19,750,000	19,750,000

6) 마감분개

일 자	차 변		대 변	
4/30	용역수익	3,300,000	집합손익	3,300,000
4/30	집합손익	2,150,000	연료비	600,000
			광고선전비	70,000
			급여	1,100,000
			보험료	20,000
			소모품비	360,000
4/30	집합손익	1,150,000	이익잉여금	1,150,000

7) 손익계산서 및 재무상태표의 작성

7-1) 손익계산서의 작성

손익계산서

진공청소㈜ 2009년 4월 1일부터 2009년 4월 30일까지 (단위: 원)

급여	1,100,000	용역수익	3,300,000
연료비	600,000		
광고선전비	70,000		
보험료	20,000		
소모품비	360,000		
당기순이익	**1,150,000**		
	3,300,000		3,300,000

7-2) 재무상태표의 작성

재무상태표

진공청소㈜ 2009년 4월 30일 현재 (단위: 원)

현금	9,010,000	미지급금	1,350,000
매출채권	1,900,000	선수용역수익	100,000
소모품	190,000	자본금	15,000,000
선급보험료	700,000	이익잉여금	1,150,000
차량운반구	4,000,000		
비품	1,800,000		
	17,600,000		17,600,000

8) 장부의 마감*

집합손익(16)

4/30	연료비	600,000	4/30	용역수익	3,300,000
	광고선전비	70,000			
	급여	1,100,000			
	보험료	20,000			
	소모품비	360,000			
	이익잉여금	1,150,000			
		3,300,000			3,300,000

이익잉여금(17)

4/30	차기이월	1,090,000	4/30	집합손익	1,090,000

* 다른 계정과목에 대한 원장의 마감은 위의 2) 전기에서 이미 제시하였음.

제11장 자본의 조달과 관리

1. 부채, 자기자본
2. 벤처캐피탈
3. 상업어음
4. 발행시장, 유통시장
5. 이익배당청구권
6. 영업순환기간, 현금전환기간
7. 리스
8. 가중평균자본비용
9. 총자산회전율
10. 주가수익비율(P/E, PER)
11. 80일
12. 456,250천원
13. 순현재가치>0 이므로 리스한다.
14. 300만원
15. ROA=7.2%
16. 12배

제13장 투자 대안 분석

4. 기계 구입이 타당하기 위해서는 연간 수익이 기계 구입비용과 5년 뒤 이 기계를 처분할 때 받을 수 있는 금액의 현재 가치를 고려한 금액(NPV) 이상을 보상받을 수 있어야 한다. 따라서 총 연간 등가 액의 현재 가치는 아래와 같이 구할 수 있다.

NPV = (기계구입 비용) − (기계처분 시 받을 수 있는 금액의 현재가치)

= (−2)/(1+0.1)0 + (0.5)/(1+0.1)5

= −1.689539억 원

$$AE = 1.689539 \times \frac{(1+0.1)^5 \times 0.1}{(1+0.1)^5 - 1} = 0.445606\text{억 원}$$

연간 약 4,457만 원 이상의 수익이 나면 이 기계를 구입하는 것이 타당하다.

5. (1) 대안 A의 내부수익률(r_1)

$$(0-100)/(1+r_1)^0 + (150-20)/(1+r_1)^1 = 0 \quad \therefore r_1 = 0.3$$

대안 B의 내부수익률(r_2)

$$(0-1{,}000)/(1+r_2)^0 + (1{,}500-300)/(1+r_2)^1 = 0 \quad \therefore r_2 = 0.2$$

대안 A의 내부수익률(r_1)이 대안 B의 내부수익률(r_2)보다 크므로 대안 A가 선호된다.

(2) 대안 A의 순 현재가치 (NPV_1)

$$NPV_1 = (0-100)/(1+0.1)^0 + (150-20)/(1+0.1)^1 \fallingdotseq 18.2\text{억 원}$$

대안 B의 순 현재가치 (NPV_2)

$$NPV_1 = (0-1{,}000)/(1+0.1)^0 + (1{,}500-300)/(1+0.1)^1 \fallingdotseq 90.9\text{억 원}$$

대안 B의 순 현재가치 (NPV_2)가 대안 A의 순 현재가치 (NPV_1)보다 크므로 대안 B가 선호된다.

참고문헌

감천모, 김도균. 「기업인수, 합병의 전략적 활용」, 현대경제연구원, 1995.

김규영, 「알기쉬운 투자론」, 박영사, 2002.

김동옥, 「증권투자의 기초」, 대명, 2004.

김동훈, 「보험론」, 학현사, 1993.

김민환, 「재무관리」, 우리경영아카데미, 2004.

김혁, 백원선, 백태영, 「회계와 사회」, 신영사, 2004.

박경규, 「신인사관리」, 홍문사, 2001.

박찬석, 김규태, 최성호, 「경제성공학」, 영지문화사, 2004.

박찬수, 「마케팅원리」 제2판, 법문사, 2002.

방기환, 「중소기업 오너가 알아야 할 경영지식 100가지」, 청림출판, 2000.

우동기, 박재호, 이성근, 정준표, 장영두, 「성공전략 협상」, 영남대학교 출판부, 2003년.

이은섭, 「해상보험론」, 신영사, 1992.

이재기, 김동환, 「현대투자론」, 시그마프레스, 2003.

이정규, 김동옥, 김건우, 「재무관리」, 홍문사, 2002.

이정전, 「환경경제학」, 박영사, 2000.

이준구, 「재정학」, 다산출판사, 2002.

이준구, 「미시경제학」, 제4판, 법문사, 2003.

이중우, 「기업의 세계화 추진과 네크워크 구축전략」, 인제대학교. 1999.

이학식, 「마케팅」, 법문사, 2004.

이학종, 양혁승, 「전략적 인적자원관리」, 박영사, 2005.

임창희, 「신인적자원관리」, 명경사, 2003.

장세진, 「글로벌 경쟁시대의 경영전략」. 박영사, 2007.

장세진, 「글로벌 경쟁시대의 국제경영」. 박영사, 2002.

장세진, 「한국기업의 글로벌경영사례집」. 박영사, 2000.

장세진, 「한국기업의 세계경영전략과 국제네트워크」, 박영사. 1995.

장영광, 「현대투자론」, 신영사, 2004.

정운찬, 「화폐와 금융시장」, 율곡출판사, 2003.

정혜영, 김권중, 「새로운 회계원리」, 산문출판, 2005.

최정표, 「산업조직경제학」 제3판, 형설출판사, 2003.

하바드 경영대학원, 「재무관리의 핵심전략」, 청림출판, 2004.

한국은행, 「우리나라의 금융시장」, 2004.

한국은행, 「우리나라의 금융제도」, 한국은행, 2004.

황규대, 「인적자원관리」, 박영사, 2002.

Armstrong and Kotler, 「Marketing: An Introduction, 7th ed.」, Prentice Hall, 2005.

Bodie, Zvj and Alex Kane (남상구, 이영기, 최승두 공역), 「기본투자론」, 한국맥그로힐, 2002.

Deaton, Angus and John Muellbauer, 「Economics and Consumer Behavior」, Cambridge University Press, 1980.

Fudenberg, Drew and Jean Tirole, 「Game Theory」, The MIT Press, 1992.

Gadiesh, Orit & James L. Gilert, "Profit Pools: A Fresh Look at Strategy", Harvard Business Review, Vol. 76, No.3, pp.139-147, 1998.

Gaither, Norman, 「Production and Operations management 7th ed.」, Duxbury Press, 1996.

Grant, Robert M., 「Comtemporary Strategy Analysis: concepts, techniques, applications 3rd ed.」, The Free Press, 1998.

Krajewski, Lee J. and Larry P. Ritzman, 「Operations management Strategy and Analysis 5th ed.」, Addison-wesley, 1999.

Mankiw N. Gregory, 「Principles of Economics」, Dryden Press, 1997.

Maurice S. Charles and Christopher R. Thomas, 「Managerial Economics 7th ed」, McGraw Hill, 2002.

Mishkin, F. S., 「The Economics of Money, Banking, and Financial Markets」, Addison Wesley, 2004.

Mishkin, F. S., 「화폐와 금융」, 한티미디어, 2004.

Pearce, John A. & Richard B. Robinson, 「Strategic Management: Formulation, Implementation, and Control 9th ed.」, McGraw Hill. 2005.

Porter, Michael E., 「Competitive Strategy」, The Free Press, 1980.

Porter, Michael E., 「Competitive Advantage: Creating and Sustaining Superior Performance」, The Free Press, 1985.

Stevenson William J., 「Operations Management 8th ed.」, McGraw Hill, 2005.

Thuesen, Gerald J., and W. J. Fabrycky (김영희 외 공역), 「경제성공학」, 청문각, 2003.

찾아보기

(ㅊ)

[저자 약력]

김 동 옥

연세대학교 행정학과(행정학사)/Pace Univ. 경영학과(경영학석사)/경희대학교 경영학과(경영학박사)
한국금융공학회 부회장
인제대학교 경영학부 교수

김 성 태

서울대학교 중국어중국문학과(문학사)/ Texas A&M 경제학과(경제학박사)
포항산업과학기술연구소 주임연구원 역임
국민경제학회 이사 역임
한국경제통상학회 이사
Columbia Univ. 동아시아 연구소 방문교수 역임
George Mason Univ. 경제학과 방문교수 역임
인제대학교 국제경상학부 교수

김 영 구

서울대 경영학과(경영학사)/서울대 경영학과(경영학석사)/서울대 경영학과(경영학박사)
한국마케팅학회 이사
한국마케팅과학회 부회장
한국마케팅관리학회 부회장
인제대학교 경영학부 교수

배 진 영

부산대학교 경제학과(경제학사)/서강대학교 경제학과(경제학석사)/Freiburg Univ. 경제학과(경제학박사)
산업연구원(KIET) 연구원 역임
대외경제정책연구원(KIEP) 연구위원 역임
한독경상학회 부회장
한국하이에크 소사이티 감사
한국질서경제학회 감사
한국비교경제학회 이사
인제대학교 국제경상학부 교수

손 정 민

경희대학교 지리학과(이학사)/ 경희대학교 국제경영학과(경영학석사)/연세대학교 경영학과(경영학박사)
연세대학교 경영연구소 동아시아연구센터 연구원 역임
연세대학교 경영연구소 중국경영연구센터 연구원 역임
문화관광부 문화산업국 콘텐츠진흥팀 전문요원
한국국제경영학회 이사
인제대학교 경영학부 교수

이 도 화

한국해양대학교 항해학과(공학사)/Univ. of Massachusetts 경영학과(경영학석사)/Purdue Univ. 경영학과(경영학박사)
POSCO 경영연구소 책임연구원
한국인사조직학회 부회장
한국인사관리학회 부회장
한국기업윤리학회 부회장
동아대학교 경영학과 교수

이 상 일

서울대학교 경제학과(경제학사)/서울대학교 경제학과(경제학석사)/University of IOWA 경제학과(경제학박사)
한국은행조사부 근무
포항공과대학교 교양학부 겸임교수 역임
Cornell University 객원교수 역임
인제대학교 국제경상학부 교수

이 성 희

동아대학교 회계학과(경영학사)/동아대학교 회계학과(경영학석사)/부산대학교 회계학과 박사과정 수료
삼일회계법인 회계사 역임
이원회계법인 회계사 역임
이화회계사무소 회계사 역임
인제대학교 경영학부 교수

이 중 우

연세대학교 경영학과(경영학사)/Uppsala Univ. 경영학과(경영학석사)/Uppsala Univ. 경영학과(경영학박사)
현대경제연구원 경영전략실장 역임
대한경영학회 이사, 한국경영학회 이사
한국국제경영학회 감사, 상임이사
Uppsala Univ. 객원교수 역임
한국국제경영관리학회 회장
인제대학교 경영학부 교수

이 광 봉

한국해양대학교 항해학과(이학사)/Georgia State Univ.위험관리 및 보험학과(경영학석사)/Georgia State Univ. 위험관리 및 보험학과(경영학박사)
생명보험협회 보험문제연구소 연구위원 역임
한국리스크관리학회 이사
인제대학교 국제경상학부 교수

장 영 일

서울대학교 경영학과(경영학사)/서울대 경영학과(경영학석사)/서울대 경영학과(경영학박사)
한국 생산성학회 이사
인제대학교 경영학부 교수

장 영 재

부산대학교 경제학과(경제학사)/Univ.of Califonia Los Angeles 경제학과(경제학석사)/Texas A&M Univ. 경제학과(경제학박사)
인제대학교 경영학부 교수

채 두 병

영남대학교 경제학과(경제학사)/영남대학교 경제학과(경제학석사)/영남대학교 경제학과(경제학박사)
Emory University 객원교수 역임
영상아카데미 이사
인제대학교 국제경상학부 교수

홍 완 표

서울대학교 경제학과(경제학사)/서울대학교 경제학과(경제학석사)/서울대학교 경제학과(경제학박사)
UC, Sandiego 객원교수 역임
인제대학교 국제경상학부 교수

제3판
공학도를 위한 **경제와 경영학**

초판발행 2005년 8월 27일
개정판발행 2010년 2월 27일
제3판인쇄 2014년 8월 25일
제3판발행 2014년 8월 30일

지은이 김동옥 · 김성태 · 김영구 · 배진영 · 손정민 · 이도화 · 이상일
이성희 · 이중우 · 이광봉 · 장영일 · 장영재 · 채두병 · 홍완표
펴낸이 박노일
총괄기획 김중용
편 집 심성보 · 김인숙

펴낸곳 pnc publishing and culture 피앤씨미디어
경기도 고양시 일산동구 강송로 153 310-1501
등록 제396-2012-000203호
전 화 070)7550-3758 팩 스 02)718-8554
홈페이지 www.pncmedia.co.kr 이메일 pnc@pncmedia.co.kr
ISBN 979-11-5730-023-5 93320

정 가 20,000원